환단의 후예 6
(人-2권)

曉岩 金永泰 著

머리말

처음 동북아를 석권하던 사람들의 얘기를 쓰겠다고 마음을 먹은 지 벌써 십 년이라는 세월이 지났다. 그동안에 많은 일이 있었다. 40년 가까운 세월을 천형으로 받아들이던 강직성 척추염으로 굽은 등을 바로 세우는 정형 수술을 받았다. 크게는 IMF와 Sub Prime Loan의 파탄에서 시발된 금융 대란이 있어서 많은 기업과 국가들의 부침이 있었다.

동북아에서는 수천 년 동안에 이보다 더한 국가와 민족들의 흥망성쇠가 있었다. 그런 역사를 다루다 보니 동양의 일은 어떤 지역의 사건들보다 흥미를 돋우는 일이 많았다. 한 가지 분명한 것은 많은 사건이 있었으나, 그 속에 일관되게 흐르는 맥은 백성을 위하는 세력이 결국 득세한다는 진리였다. 어떤 강력한 집단이나 개인도, 백성을 외면할 때에는 응징을 받고 멸망하고 마는 것을 알 수 있었다.

백성을 위하여 일하려면 많은 대립적인 세력을 하나로 묶고 포용해야 한다. 나만이 옳으니 모두 따라오라는 식의 유아독존의 태도로는 큰 그림을 이루어낼 수가 없었다.

본시 이 동북아의 주인공은 하나의 뿌리에서 발생했다. 지금은 다른 나라를 이루어 각축하고 있지만, 원래는 같은 핏줄로 상부상조하던 사람들이다.

세상은 바야흐로 큰 블록을 이루며 한 덩어리가 되어 일을 벌이기 시작하고 있다. 유럽이 그렇고, 미주가 그렇다. 작은 지역에서 서로 파당을 짓고 싸우는 추태는 그만 두고 대동단결해야만 살아남는 시대가 되었다.

이 소설에 나온 사람들의 얘기를 통해 앞으로의 삶에 조금이라도 도움이 될 수 있는 교훈을 얻을 수 있으면 그보다 보람 있는 일은 없을 것으로 생각한다.

소설을 쓰면서 되도록이면 역사적인 사실을 살려 나가려고 했지만, 더러는 어떤 자료를 보아도 역사의 연결 고리를 찾지 못할

때가 있었다. 그럴 때마다 합리적인 추리를 가해서 얘기를 이어나
갔는데, 그런 점이 엄청나게 힘들고 시간과 에너지를 너무 많이 소
비하고 말았다.

　지명이나 인명에 있어서 현지 원음을 존중해서 표현하다보니
다소 생소한 느낌을 주기도 했지만, 한자 표기를 병행하여 어색함
을 줄이는 노력을 계속했다. 한자를 잘 쓰지 않는 사람들에게는
도리어 더 거북하게 되었을지 모르는 일이라, 쓰고 난 뒤에도 기분
이 개운치 못한 것이 한이 되었다.

　끝으로 어려운 환경 속에 여섯 권에 이르는 장황한 얘기를 펼칠
수 있게 해 준 어문학사의 윤석전 사장에게 감사드린다.

2010년 2월
효암 김영태

차 례

제 1 장

율령시대로 들어가는

야마도 왕조

1 야마도 왕조의 실권자가 되는

소가노 우마꼬蘇我馬子

"고구려의 사신이 고시越[1]의 해안에 표류해 왔다고 하던데, 지금 어디에 있는가?"

야마도 왕조의 30대 오오기미 후도다마시기[2]가 물었다. 후도다마시기가 왕위에 오른 해[3]의 5월의 일이었다.

구다라노 오오이노미야百済大井宮[4]의 대궐에서 태자와 오오오미大

---

1 고시越 : 뒷날의 후구이福井県 쓰루가敦賀市에서 야마가다山形県 쇼나이庄内지방의 일부에 걸친 고대의 세력권. 689~692년의 대보율령大宝律令에 의해 수도가 있는 긴키近畿에 가까운 지역부터 에치젠越前, 엣추越中, 에치고越後国의 3국으로 분할됨. 전체를 엣슈越州로 부름.

2 후도다마시기 : 누나쿠라노 후도다마시키노 미고도渟中倉太珠敷尊(572~585년 재위), 기기紀記의 30대 비다쓰텐노敏達天皇.

3 서기 572년 : 야마도 비다쓰敏達 원년, 고구려 평원왕平原王 14년.

4 구다라노 오오이노미야百済大井宮 : 뒷날의 오오사카大阪府 고오치河内 나가노시長野市 오오이太 井의 땅. 또는 奈良県 北葛城郡 廣陵町 百濟이라고도 함. 선제 때부터 백제와의 관계가 밀접해

臣를 데리고 선제의 유훈인 미마나任那 부흥책을 논하는 자리에서였다. 이때의 오오오미는 소가노 우마꼬蘇我馬子였다. 선제5 때에 임명된 소가노 이나메蘇我稲目가 죽은 뒤로, 그의 아들인 우마꼬가 오오오미를 맡고 있었다.

우마꼬가 말했다.

"대행마마의 유지를 받들어 벌써 여러 달을 야마시로山背6의 사가라相樂 객관에 머물고 있습니다."

"대행마마의 대상으로 바쁜 바람에 미처 챙기지 못했구나. 이미 대행마마에게 보고된 것인데, 여태 버려둔 것은 잘못된 일이지. 얼른 그들이 갖고 온 공물과 국서를 받아오도록 해라. 그리고 사신들을 극진히 대접해야 한다. 앞으로 미마나 부흥을 위해서는 고구려와의 협조가 필수란다."

며칠 뒤에 고구려의 국서를 받은 오오기미는 오오오미에게 그 국서를 주어 내용을 알아보도록 했다. 그런데 야마도의 학자들이 이 국서를 해독하려고 사흘 밤낮으로 힘썼으나 실패하고 말았다. 마침 후나비도船史의 자리에 있던 백제의 귀화인 왕진이王辰爾가 이 소식을 듣고 나타났다.

"무얼 그렇게 애를 쓰고 있는가? 어서 이리 주게."

지면서 대궐의 이름에까지 백제가 붙게 됨.
5 선제 : 아메구니오시하라 히로니와天國排開廣庭=긴메이欽命텐노天皇(539~571년 재위). 기기의 29대 천황.
6 야마시로山背 : 뒷날의 교토京都 남부.

왕진이는 고구려의 국서를 뜨거운 김에 쐬었다. 그런 뒤에 젖은 국서 위에 명주 베를 덮고, 그 위를 두드려서 국서에 적힌 글을 알아볼 수 있게 베꼈다.

"이걸 보시오. 이 국서는 까마귀 날개처럼 검은 바닥에 글씨를 먹으로 쓴 것이랍니다. 그래서 얼른 알아볼 수가 없게 되어 있지요. 그러나 이렇게 하면 글씨가 모두 드러나게 된다오."

"참으로 대단하구나. 왕진이가 학문을 소홀히 했다면 이런 것을 해낼 수가 없었을 것이다. 박사들은 들어라. 너희들이 수는 많으나 왕진이만 못하구나. 앞으로 왕진이의 재주를 배우도록 해라. 그리고 왕진이는 대궐에 들어와서 짐을 보좌하도록 해라."

이 고구려의 사신은 고시와 사가라의 호족들을 야마도의 왕족으로 알고, 가지고 온 공물을 나누어 주고 지냈다. 대사가 실수한 것을 깨닫고 고국에 보고하면 엄벌을 받을 것이라고 한탄을 하자, 부사副使로 따라온 자들이 작당해서 대사를 암살했다. 이 사건을 조사한 야마도의 관원에게 부사의 무리가 꾸며서 말했다.

"대왕께서 대사에게 여인을 주셨는데, 대사가 무엄하게 거절했습니다. 이런 무례한 일이 어디 있습니까? 그래서 저희들이 대왕을 위해 처벌했습니다."

야마도의 관원이 이들을 더 이상 문초하지 않고, 대사만 격식에 따라 장사 지내어 주었다.

가을이 되어 고구려의 사신이 귀국했다가, 다음 해의 여름인 5월에 다시 고시로 왔다. 야마도의 조정에서는 이번에는 사신을 접대하지 않고, 기비吉備의 해운 책임자인 나니하難波를 시켜서 바로 귀국시키도록 조처했다. 가을이 되어 나니하와 고구려의 사신들이 나니하와 고구려의 배 두 척에 분승하고 고구려를 향해서 떠났다. 그런데 얼마 가지 않아 큰 파랑을 만났다. 나니하는 고구려의 사신 두 명을 바다에 던져서, 해신의 노여움을 달래고 천신만고 끝에 돌아와서 보고했다.

"바다 가운데 커다란 고래가 나와 배와 노를 갈아 먹었습니다. 저희들이 고래에게 먹히지 않으려고, 고구려 사람을 바다에 희생으로 바쳐 무사함을 얻을 수 있었습니다."

"그럼 고구려의 배는 어떻게 되었는가?"

"저희들은 잘 알지 못합니다. 아마도 거친 파도를 이기지 못하고 용왕의 밥이 되었을 것입니다."

"저런 거짓말이 있는가? 저놈들을 기비吉備로 돌아가지 못하게 해라. 대궐에서 잡부로 일하게 하되 도망치지 못하도록 감시해라."

야마도의 오오기미大王가 지시했다.

다음 해 여름 5월에 다시 고구려의 사신이 고시의 해안에 도착했다. 7월이 되자 고구려의 사신은 상경해서 말했다.

"저희들이 작년에 야마도의 송사送使와 함께 귀국길에 올랐으나,

어찌 된 일인지 송사의 배가 따라오지 않았습니다. 저희들이 먼저 고구려에 도착해서, 저희 배에 탔던 오오시마노大嶋 오비도首[7] 이와히磐日를 송사의 자격으로 받아들여 태왕마마께서 극진한 대접을 해주셨습니다. 마마께서는 지금까지 송사가 나타나지 않는 것을 보니, 무슨 곡절이 있는 것으로 생각된다 하시며, 저희들을 보내어 그 까닭을 알아오라 하셨습니다."

이제야 오오기미가 사실을 알게 되었다. 나니하를 불러 죄를 물었다.

"조정을 속인 것이 죄의 하나요, 이웃나라의 사신을 익사시킨 것이 죄의 둘이로다. 너의 죄는 용서할 수가 없도다."

나니하가 단죄되었다. 고구려와 야마도의 공식적인 교섭은 처음에는 이처럼 허무하게 실패로 끝났다.

오오오미大臣 소가노 우마꼬는 무슨 수단을 써서라도 야마도 왕조의 주도권을 쥐고 싶었다. 그에게는 오오무라지大連로 있는 모노노베노 모리야物部守屋가 강력한 군사력을 기반으로 사사건건 대립해 오는 것이 항상 두통거리였다. 모노노베 씨는 오오기미 가家보다 먼저 천손으로 가와지河內[8]에 강림했다고 전해지는 니기하야히노 미고도饒速日命[9]의 후손이었다. 야마도의 군사 씨족으로 대대로 오오무라지의 가바네姓를 승계하는 호족이었다. 이에 비하여 우마꼬의 조상은 전설적인 대재상 다게우지노 스구네武內宿禰의 후손으

---

7 오비도首 : 오오히도大人의 약칭. 수장首長의 뜻.

8 가와지河內 : 뒷날의 오오사카부大阪府 가다노시交野市.

9 니기하야히노 미고도饒速日命 : 환단의 후예 천天 2권 215쪽 참조.

로 한반도에서 도래한 남부여족 출신이었다. 소가 씨는 우네비야
마畝傍山[10]의 북쪽에 거점을 잡고 일어난 씨족이었다. 이들은 세력
을 키우면서 소가가와曽我川를 따라 남하했다. 이 씨족이 뿌리를 내
린 곳은 아스카飛鳥라고 불렸는데, 한반도에서 이주해온 도래인渡來
人이 몰려 사는 지역이었다. 특히 야마도노 아야東漢처럼 안라가야
安羅伽倻나 백제에서 건너온 사람들이 많았다. 아스카는 세도나이카
이瀬戸内海를 거쳐 나니하難波지방으로 온 도래인들이 야마도로 들어
가는 입구에 있는 지역을 말하는데, 야마도를 재건하는 세력의 중
심지가 되었다. 한반도에 있는 여러 나라들과 교류하는 데 필요한
어학이며, 농기구나 무기의 생산기술 같은 고도의 지식이나 기술
이 아스카에 축적되어 야마도의 번영을 주도하고 있었다. 소가 씨
는 이런 세력을 일찍부터 장악하여 야마도 최대의 세력으로 클 수
있었다.

소가 씨가 등장하기 전의 야마도의 호족은 뒤에 천황으로 부른
오오기미게大王家와 신화시대부터 함께 활약했던 모노노베物部, 오
오도모大伴, 카즈라기葛城, 기비吉備 정도가 그 주류였다. 다게우지노
스구네의 아들 소가노 이시가와蘇我石川 때에 소가 씨가 조정의 재
정권을 장악하기 시작하더니, 손자인 마치滿智, 증손 가라꼬韓子, 고
손 고마高麗에 이르기까지 안라와 백제 및 신라계의 도래인들이 소
가 씨의 산하에서 활약했다. 신라계의 하다秦 씨가 출납을 맡았고,
가야계의 아야漢 씨가 곳간 관리를 했는데, 이들 도래인은 새로운

---

10 우네비야마畝傍山 : 뒷날의 나라奈良県 가시하라시橿 原市 소가쵸曽我町.

지식과 기술을 무기로 삼아서 경제적인 기반을 잡고 권력의 중추에 등장하게 되었다. 백제의 중신 목만치木滿致가 470년대 후반에 아스카로 와서 소가노 마치가 되어 카즈라기葛城에 영지를 갖게 되었다는 설도 있는데, 그 때문인지 소가 씨는 카즈라기를 자기네의 본관으로 주장하고 있었다. 백제왕 개로蓋歯의 아우인 곤지왕昆支王이 461년에 야마도로 건너 왔을 때에는, 카즈라기의 쓰부라노 오오오미円大臣의 영지를 얻어서 거처로 삼았다. 이런 관계로 소가 씨와 도래인의 관계는 다른 어떤 호족보다도 친밀했다. 고마의 아들인 이나메稻目는 히로니와11 오오기미의 비로 기다시히메堅塩媛와 오아네노기미小姉君 자매를 바쳐서 국구가 되어 황실마저 주름잡게 되었다.

　소가 씨가 모노노베의 세도를 꺾으려면 용의주도하고 치밀한 계획을 만들어야 했다. 선제 때에도 소가노 이나메蘇我稻目와 모노노베노 모리야의 아버지인 모노노베노 오고시物部尾興 사이에 불교에 대한 의견 차이로 크게 다툰 적이 있었다. 소가의 집안에서 대대로 오오오미大臣를 맡아 국정을 살폈으나, 오오무라지大連를 맡은 모노노베의 집안과는 주도권 쟁탈전이 끊임없이 일어났다. 소가 씨는 궁궐과 사찰을 짓는 곤고구미金剛組를 산하에 넣고 수도의 모습을 화려하게 바꾸어 나가면서 실권을 점점 장악했다. 이 곤고구미가 후세까지 오랫동안 그 명맥을 유지한 것을 보면 이들의 세력

---

11 히로니와 : 아메구니오시하라기 히로니와天國排開廣庭, 기기의 29대 긴메이欽明텐노(539~571년 재위).

이 대단했던 것을 알 수 있다. 소가노 우마꼬는 아버지의 뒤를 이어 오오오미가 되자, 모노노베와 대립하는 숨막히는 환경을 일거에 바꿔야겠다고 결심했다.

비다쓰敏達 6년[12]을 전후해서, 해마다 신라의 사절이 공물을 가지고 와서 교역을 청했는데, 야마도 조정에서는 미마나任那를 부흥시키는 데 협조하라고 하면서 이를 접수하지 않고 돌려보냈다. 그런데 백제에서 온 아시기다葦北[13] 군주의 아들이라고 하는 자가 나타나서, 미마나 부흥에 한몫을 할 테니 도와달라고 했다. 백제에서 두 번째로 높은 달솔達率 관위에 있는 일라日羅라는 사람이었다. 일라는 오오기미의 초청을 받아 왔다고 하면서, 입고 온 갑옷을 벗어 오오기미에게 바쳤다. 오오기미는 이 자를 활용해서 선제의 유훈인 미마나 부흥을 달성하라고 칙령을 내렸다.

일라가 말했다.

"백제는 선박 300척에 많은 백제인을 실어 쓰구시筑紫로 보내어, 쓰구시에 신라에 대항하는 세력을 심겠다고 했습니다. 이는 백제의 음모이니 짐짓 허락하신 척 하십시오. 그러면 백제인들이 자기들의 계획대로 되겠다고 생각하여, 여자와 아이들을 잔뜩 태워 나타날 것입니다. 야마도의 조정에서는 이끼壹岐와 쓰시마對馬島에 군사를 주둔시켜서, 이들이 오면 모두 잡아 가두고 요소요소에 성채를 만들어 방어하도록 하셔야 됩니다. 그런 뒤에 백제로 사신을

---

12 비다쓰敏達 6년 : 서기 577년, 신라 진흥왕 37년, 고구려 평원왕 19년, 백제 위덕왕 24년.
13 아시기다葦北 : 뒷날의 구마모도겐熊本県 아시기다고오리葦北郡.

보내어, 백제의 왕을 오라고 하십시오. 만약 왕이 응하지 않을 때에는 백제의 상좌평上佐平과 왕자들이라도 오도록 지시하시면, 절로 한반도의 세력이 복종하게 될 것입니다."

그런데 일라가 한 말을 세작을 통해 전해 받은 백제의 은솔恩率과 참관參官이 부하인 덕이德爾와 여노余怒를 불러서 일렀다.

"아무래도 일라를 그냥 두어서는 백제에 해를 끼칠 것이다. 우리가 쓰구시를 지나갈 적에 이를 죽여 없애면, 귀국 후에 높은 관직을 받도록 추천할 것이니 너희들이 해치워라."

덕이와 여노는 일라가 객관을 떠나 나니하로 갈 적에 밤낮으로 죽일 수 있는 기회를 밤낮으로 엿보았다. 마침내 섣달그믐에 일라를 살해할 수 있게 되었다. 그동안은 일라의 온몸에서 빛이 나와서 차마 이를 해하지 못했는데, 그믐밤에는 일라를 둘러싼 빛이 없어져서 쉽게 해칠 수가 있었다. 일라가 죽었다가 다시 깨어나서 말했다.

"이자들은 내가 데리고 있던 종자들이다. 결코 신라의 짓이 아니다."

야마도의 조정에서는 이 사건을 조사하다가 일라의 처자와 일라가 타고 온 배의 사공들을 이시가와石川[14] 지역의 구다라무라百濟村를 비롯한 여러 마을에 분산 수용했다. 그리고는 덕이와 여노의 자백을 받아 은솔과 참관을 모두 포박했다. 조정에서는 이들의 처분을 일라의 유족에게 일임했다. 유족들이 죽음으로 이들을 다스

---

14 이시가와石川 : 뒷날의 오오사카부大阪府 미나미가와지南河内 지역.

리고, 일라의 무덤을 아시기다로 옮겼다.

　모노노베와 제사를 주관해온 나가도미中臣 집안의 집요한 반대로 불교가 공인되지 못했다. 그런 가운데에서도 소가 씨는 이나메 시절부터 집안에 불당을 모셨다. 비다쓰 13년 9월에 백제에서 온 미륵보살 석상과 군사 씨족인 사혜기佐伯 씨가 갖고 있던 불상을 우마꼬가 거두어서 집으로 모셔왔다. 그리고는 사방에 사람들을 보내어 불교 수행자를 찾게 했다. 마침 고구려왕이 승려 혜편惠便을 보내어 왔기에, 우마꼬가 그를 스승으로 모셨다. 그런 뒤에 백제계 도래인의 한 사람인 구라즈구리鞍部의 촌장 시메다치도司馬達等의 딸 시마嶋를 득도시켜 젠신니善信尼라는 비구니로 만들었다. 이 때에 젠신니의 나이는 겨우 열한 살이었다. 하나만으로는 외롭다 하여 백제계 도래인의 딸 도요메豊女와 이시메石女로 다시 두 사람의 비구니를 만들어 각각 선장니禪藏尼와 혜선니惠善尼로 이름을 지었다. 2월에 불당을 우마꼬가 사는 집의 동쪽 끝에 만들어 미륵 석상을 안치하여 세 사람의 비구니로 하여금 모시게 했다. 그러자 시메다치도가 잿밥에서 얻었다고 하면서 사리를 바쳤다.

　우마꼬가 사리를 쇠망치로 두들겨 부수려고 했으나, 전혀 깨지지 않고 도리어 쇠망치와 모루만 박살이 났다. 사리를 물속에 던졌더니, 주문을 외우는 대로 물속에서 뜨고 가라앉았다. 불법의 신비한 힘에 취한 사람들이 더욱 부처님을 믿게 되었다. 우마꼬는 다시 이시가와의 별장에도 불당을 세우고, 탑의 꼭대기에 사리를 모시게 한 뒤 대법회를 열었다.

그런데 우마꼬가 병이 나서 점쟁이에게 물었다.

"어찌 내가 이렇게 몸이 아픈가?"

"이나메 오오오미께서 모셨던 불상을 훼손했기 때문에, 부처님께서 마음을 상하셔서 탈을 내신 것입니다."

우마꼬는 자신의 병을 치유하기 위해서 불교의 힘을 빌리기로 결심했다. 그래서 아들을 보내어 오오기미에게 고하게 했다.

"마마, 소신의 아비가 병이 났습니다. 여러 가지 약을 써 봤으나 효험이 없습니다. 소신이 부처님에게 기도하는 법회를 거행하려고 하오니 허락해 주소서."

"오오오미가 몸이 편찮다고 하니, 짐도 걱정이 되오. 부처님의 효험을 얻어서라도 빨리 나아서, 나랏일을 돌봄에 지장이 없도록 해야 할 것이오."

오오기미가 윤허했다.

그런데 공교롭게도 이때부터 장안에 몹쓸 병이 유행하게 되었다. 3월이 되자 오오기미의 측근에 있던 모노노베노 모리야와 나가도미노 카쓰미中臣勝海가 아뢰었다.

"소신들이 말씀 드린 것을 어찌 받아들이지 않으십니까? 대행마마 때부터 마마에 이르기까지 역병이 유행하여 많은 백성들이 고초를 겪고 있습니다. 이는 필시 이단의 귀신인 부처를 소가의 오오오미가 숭상해서 퍼뜨리기 때문입니다. 어서 이를 금하소서."

"그렇군. 그렇다면 당장에 불법을 금지시켜라."

오오기미가 말했다.

모노노베노 모리야가 무사들을 몰고 소가의 집을 습격했다. 불당에 들어간 모노노베는 불상 앞에 책상다리로 앉아서 무사들을 시켜서 사리를 모신 탑을 부수고 불로 태웠다. 타다 남은 불상은 나니하의 수로에 버렸다. 이날은 구름도 없는데, 바람이 불고 비가 왔다. 모노노베는 우비를 입고 서서, 우마꼬와 그를 따르는 무리를 공격하면서, 사혜기佐伯의 수장 미무로御室를 시켜서 우마꼬가 아끼는 세 비구니를 잡아오게 했다. 우마꼬가 통곡하면서 저항하다가 세 비구니를 빼앗겼다. 미무로의 부하들이 비구니들을 저자로 끌고 가서, 옷을 홀딱 벗기고 엉덩이와 어깨를 회초리로 갈겼다. 이런 일이 있은 지 얼마 되지 않아서, 오오기미가 마마에 걸리고 말았다. 오오기미의 미마나를 재건하려는 계획도 이 바람에 수포로 돌아가고 말았다. 마마는 전국에 퍼졌다. 많은 백성들이 마마에 걸려 피부가 타서 울부짖으며 죽어갔다.

　　백성들의 원성이 크게 올랐다. 백성들이 떠들었다.

　　"이 모든 일이 불상을 태운 죄 때문이다."

　　다시 몇 달이 지나 6월이 되어서도, 우마꼬의 병은 차도를 보이지 않았다. 우마꼬는 아들을 보내어 오오기미에게 빌도록 했다.

　　"마마, 저의 아비의 병이 낫지 않습니다. 아무래도 부처님의 가호를 더 빌어야만 할 것 같습니다. 부처님께 기도드릴 수 있게 허락해 주소서."

　　"그대만 불법을 받들도록 해라. 그러나 다른 사람에게는 권하지 말라."

오오기미가 마지못해 다시 허락했다.

우마꼬가 가까스로 오오기미의 윤허를 받아서, 세 사람의 비구니를 다시 데리고 왔다. 그는 새로이 정사精舍를 지어 불상과 비구니를 모시고 정성을 다하여 기도했다.

8월이 되어 오오기미가 마마를 이기지 못하고 붕어했다. 오오기미의 빈소가 야마도의 히로세廣瀨15에 세워졌다. 오오기미가 붕어하면 중요 대신들이 그의 치적을 칭송하는 말을 올리게 되어 있었다. 우마꼬는 오오오미로서 큰 칼을 차고 먼저 나가 송사를 읊었다. 그러자 모노노베노 모리야가 조롱했다.

"네 모습이 꼭 화살 맞은 참새 같구나."

다음이 모노노베노 모리야의 차례였다. 그는 손발을 덜덜덜 떨면서 송사를 읊었다. 우마꼬가 이를 보고 큰소리로 웃었다.

"요령을 달면 소리가 많이 나겠군."

이러니 두 사람은 화해할 수가 없었다.

선대 오오기미의 총신이던 미와노기미 사가후三輪君逆가 쓰구시의 무사 하야도隼人를 동원하여 빈소를 철저하게 경호했다. 빈소에는 대비가 된 카시기야히메炊屋姬가 지키고 있었는데, 소복을 입은 모습이 눈이 시리도록 예뻤다. 평소에 대비를 연모하고 있던 아나호베穴穗部 황자가 그녀를 가까이 하고자 빈소로 들어가려 했다. 아나호베는 돌아가신 오오기미의 배다른 동생이었다. 그는 오오기미라는 권좌가 탐이 나서, 카시기야히메를 통해 유리한 위치를 확

---

15 히로세廣瀨 : 뒷날의 나라겐奈良県 北葛城郡廣陵町 부근.

보하려는 뜻도 있었다. 미와노기미가 이를 막았다. 아나호베가 큰 소리로 물었다.

"누구냐? 이곳을 지키는 자가."

"미와노기미입니다."

"문을 열어라."

"안 되겠습니다. 아무나 들어올 수가 없습니다."

"아무나 들어갈 수 없다니? 나는 아나호베 황자다. 어서 문을 열어라."

문을 열라고 하고 열지 못하겠다고 하는 일이 일곱 번이나 되풀이 되었다. 그러자 아나호베가 우마꼬와 모리야를 보고 말했다.

"사가후가 무례하구나. 빈청에서 송사를 올리면서 말하기를 '조정을 어지럽히지 않고 거울처럼 맑게 가꾸어 두려는 것이다'고 했다. 이는 내가 들어가는 것이 조정을 어지럽히는 것이라는 소리니, 정말 무례하기 짝이 없다. 지금 여기에 오오기미의 자제가 많이 모였고, 두 분 중신도 계시니, 누가 마음대로 일을 꾸밀 수 있으리. 내가 빈청 안을 보려고 해도 가로막아 문을 열지 않는다. 벌써 일곱 번이나 거절하니, 이놈을 반드시 베어 죽이고 말리라."

아나호베는 빨리 야마도 조정을 장악해야겠다고 생각했다. 그래서 오오무라지인 모노노베노 모리야를 끌어들이기로 했다. 아나호베가 모리야에게 말했다.

"오오무라지, 어서 저 못된 놈을 잡아 죽이시오. 그놈의 자식 두 놈도 함께 처단하시오."

모리야가 군사를 몰고 빈청으로 쳐들어갔다. 사가후는 빈청에서 태후의 거처로 몸을 피했다가 마침내 모리야의 군사에 잡혀 죽었다.

이런 일이 벌어지는 참에 오오오미 소가노 우마꼬가 들어섰다. 마침 아나호베가 모리야를 좇아가려는 것을 보고 우마꼬가 말리면서 말했다.

"왕자는 죄인을 가까이 하는 법이 아니오."

우마꼬가 붙드는 소매를 뿌리치고 아나호베가 가려는 것을 우마꼬가 다시 제지했다. 어쩔 수 없이 아나호베가 자리에 주저앉는데, 모노노베노 모리야가 나타나서 말했다.

"사가후 일당을 잡아 죽였소."

우마꼬가 한탄하면서 말했다.

"천하의 대란이 멀지 않았구나."

그러나 모리야는 비웃으며 말했다.

"너 같은 작은 신하가 알 바가 아니니라."

9월 초닷샛날에 히로니와 오오기미의 넷째 아들 타치바나노 도요히橘豊日[16]가 왕위에 올랐다. 다음 해의 4월에 오오기미가 새로 거둔 곡식을 올리며 천지신명에게 제사를 지냈다. 그런데 제사를 지내고 돌아온 오오기미가 병이 나서 누웠다. 오오기미는 신하들을 돌아보며 말했다.

"짐은 불법의 삼보三寶에 귀의하려 하노라. 경들은 알아서 일을

---

16 타치바나노 도요히橘豊日: 기기紀記의 31대 요우메이텐노用明天皇(585~587년 재위).

처리하라."

신하들이 오오기미의 분부를 받들어 어찌할 것인지를 논하는데, 둘로 의견이 갈렸다. 모노노베 오오무라지와 나가도미는 오오기미의 뜻을 거역하면서 떠들었다.

"어찌 조상 대대로 모셔온 신을 배반하고, 이방의 신을 모실 수 있는가? 그런 짓은 할 수 없는 일이다."

그러나 소가노 우마꼬의 의견은 달랐다.

"황상의 뜻을 누가 거역하리. 분부대로 모셔라."

우마꼬의 지시에 따라 오오기미의 배다른 동생, 아나호베穴穗部 황자가 도요구니豊國 법사를 내전으로 모시고 들어가서, 부처님께 오오기미의 쾌유를 빌게 했다.

우마꼬는 이런 사태가 나리라고 미리 짐작하고 있었다. 그래서 얼마 전부터 소가 집안과 관련되는 황자들과 비빈들을 한자리에 모아서, 반대 당인 모노노베를 물리칠 계략을 다졌었다. 이들은 누나인 기다시히메堅鹽姬의 딸인 카시기야히메炊屋姬[17]와 누이동생 오아네노기미小姉君의 아들 하쓰세베泊瀬部 황자 그리고 외손자 격인 다게다竹田, 우마야도厩戸 황자들이었다. 그와 함께 충신 도미노 이치이迹見赤檮도 불러서 군사들을 단속하라고 일러두었다. 모두 소가의 세력 규합의 중심이 될 인물들이었다.

도요구니 법사가 내전에 들어간 것을 안 모노노베노 모리야는

---

17 카시기야히메炊屋姬 : 카시기야히메노미도炊屋姬尊, 기기 30대 오오기미의 황후, 뒤에 33대 스이고텐노推古天皇(592~628년 재위)가 됨(서기 554~628년).

비위가 틀려 버럭 하고 화를 내었다. 마침 한 부하가 황급히 들어와서 모리야의 귀에 대고 속삭였다.

"많은 신하들이 소가의 편을 들어, 우리의 퇴로를 차단하려 하고 있습니다. 어서 오오무라지께서는 피하십시오."

모리야가 얼른 그 자리를 떠나 별장으로 가서 사람들을 다시 소집했다. 그러자 나가도미가 군사를 거느리고 달려와서 그를 도왔다. 나가도미는 모노노베와 함께 아나호베 황자를 유력한 황위 계승권자로 밀었다. 그래서 30대 오오기미인 후도다마시기의 태자인 히고히도彦人[18] 황자와 다게다 황자들을 해치려고 두 사람의 형상을 딴 인형에 못을 박아서 저주했다. 얼마 지나지 않아 형세가 불리해지자, 나가도미는 모노노베의 곁을 떠나 히고히도 황자가 있는 곳으로 갔다. 얼마 뒤에 나가도미가 히고히도 황자와 작별하고 나오는 것을 우마꼬의 충신 도미노 이치이가 단칼에 쳐 죽였다.

다음 해 4월이 되자 타치바나노 도요히 오오기미가 붕어했다. 다시 황위 계승권을 놓고 다투는 싸움이 모노노베와 소가의 양 진영 사이에 일어났다. 모노노베노 모리야는 오오무라지로서 군사를 모아 아나호베 황자를 오오기미로 추대하려고 서둘렀다. 5월에 모리야는 비밀리에 사람을 아나호베 황자에게 보내어 사냥하러 나갈 것을 제안했다. 이들은 아와지淡路에서 사냥을 빙자하여 군사를 동원해서 반대파를 일거에 해치울 생각이었다. 그런데 그 계획

---

18 히고히도彦人 : 오시사카노 히고히도노 오오에노미고押坂彦人 大兄皇子. 30대 오오기미 후도다마시기敏達天皇의 큰아들.

이 탄로가 났다.

소가의 진영에서는 대소동이 났다. 6월 초이레의 일이었다. 대왕대비가 된 카시기야히메를 모시고, 오오오미 소가노 우마꼬와 그의 일당인 사헤기佐伯, 하지土師, 이쿠하的의 수장들이 한자리에 모였다. 카시기야히메가 대왕대비의 자격으로 명령했다.

"그대들은 군사를 몰아 신속히 나가서 아나호베와 그의 아우 야캬베宅部 황자를 주살하라."

사헤기 등이 아나호베 황자의 궁궐을 에워싼 뒤에 이들 형제를 쳐 죽였다.

7월이 되자 두 진영의 전투가 본격적으로 벌어지게 되었다. 소가노 우마꼬 오오오미는 여러 황자들과 귀족을 총동원해서 모노노베노 모리야 오오무라지를 멸망시키기로 했다. 소가의 편에 선 황자들로는 하쓰세베泊瀨部, 다게다竹田, 우마야도廐戶, 나니하難波, 카스가春日 등의 여러 황자였고, 중신으로는 소가노 우마꼬蘇我馬子, 기노오마로紀男麻呂, 고세노오미巨勢臣, 가시하노오미膳臣, 카즈라기노오미葛城臣 등이었다. 이와는 별도로 오오도모大伴, 아베阿倍, 헤구리平群, 사까모도坂本, 카스가春日의 수장인 오미臣들이 군사를 몰고 모노노베의 별장이 있는 시부노가와澁河[19]를 습격했다.

모노노베노 모리야는 친히 가족과 노비들을 이끌고, 볏단을 쌓은 성에 의지해서 싸웠다. 모리야는 별장 가운데 우뚝 선 팽나무 위에 올라가서 활을 쏘며 독전했고, 집 안이나 들에 있던 모노노베

---

[19] 시부노가와澁河 : 가와치河內의 시부가와고오리澁川郡, 뒷날의 오오사카부大阪府 후세시布施市.

의 군사들이 힘을 다하여 싸웠다. 소가의 군사들이 당해 내지 못하여 세 번이나 물러갔다.

이 전투에 우마야도 황자가 어린 나이에 참가하고 있었는데, 고전하는 소가의 군사들을 보고 말했다.

"자칫하면 패전하고 말 것 같구나. 싸움에 이기려면 부처님께 빌어야지."

그는 붉나무로 사천왕상을 만들어서 머리에 이고 맹세했다.

"우리가 적을 이길 수 있게 해 주시면, 반드시 사천왕을 모시는 사찰을 만들리라."

열다섯 살밖에 되지 않은 어린 황자가 들먹인 사천왕은 호국의 사천왕이라고 불리는 불법의 수호신이었다. 동방의 지국천왕持國天王, 서방의 광목천왕廣目天王, 북방의 다문천왕多聞天王 그리고 남방의 증장천왕增長天王으로, 이 네 명의 천왕은 불교의 우주 중심에 있는 수미산의 주인인 도리천주切利天主, 제석천帝釈天인 인드라의 외신外臣으로 우주를 지키는 신이었다. 그러자 소가노 우마꼬가 다시 맹세했다.

"모름지기 여러 천왕天王과 대신왕大神王께서 우리를 도와 효험을 주시게 된다면, 사탑을 세워 삼보三寶를 전하도록 하리라."

우마꼬의 군사들이 벌떼처럼 덤벼들었다. 도미노 이치이가 팽나무 위에서 분전하고 있는 모노노베노 모리야를 발견하고, 화살을 쏘아 맞혀서 나무 아래로 떨어뜨렸다. 괴수가 전사하자, 모노노베의 군사들이 패주했다. 모노노베의 가족들이 모두 싸우다가 죽었다. 모노노베의 군사들은 검은 옷을 입고 있었는데, 히로세廣瀬의 산야에 새까맣게 흩어져서 도망쳤다. 일부는 사냥몰이를 가장해서 도망치기도 했으나, 대부분이 갈대밭을 헤치고 그 속에 숨었다. 성과 이름을 갈고 어디로 숨었는지 행방을 알 수 없는 자도 많았다.

이 싸움에서 수훈을 세운 도미노 이치이는 모노노베 씨의 영지 가운데 논 일만 경頃을 상으로 받았다. 모노노베 씨의 영지와 노예는 둘로 나뉘어 반은 우마꼬의 차지가 되었다. 우마꼬의 아내가 모노노베노 모리야의 동생이어서 우마꼬가 상속할 권한이 있다고 주장했기 때문이었다. 나머지 반은 우마야도 황자가 세운 셋쓰노구니攝津國[20]의 사천왕사四天王寺에 기증했다. 우마꼬는 다시 아스카에 호오고오지法興寺를 세워서 전란 중에 했던 맹세를 지켰다.

이해[21] 팔월에 대왕대비 카시기야히메와 여러 중신이 하쓰세베泊瀬部 황자[22]를 오오기미로 모셨다. 카시기야히메는 황태후가 되었다. 이때부터는 오오무라지가 없어지고, 소가노 우마꼬가 오오오미가 되어 모든 국정을 도맡아 결정하여, 소가 씨의 전성시대가 시작되었다.

---

[20] 셋쓰노구니攝津國 : 뒷날의 오오사카大阪府大阪市天王寺区.

[21] 서기 587년 : 신라 진평왕 9년, 고구려 평원왕 29년, 백제 위덕왕 34년.

[22] 하쓰세베泊瀬部 황자 : 기기의 32대 수슌崇峻텐노(587~592년 재위).

2 야마도노 아야東漢와
비극의 대왕 하쓰세베泊瀬部[23]

"오 춥구나. 무슨 날씨가 이런가? 이리 추워서야 경비를 제대로 할 수 있겠는가?"

소가의 경비대장 고마駒가 추위에 곱은 손가락을 비비며 말했다. 소가노 오오오미를 경호하러 아마가시甘樫 언덕에 있는 저택으로 온 그를 보고 아우인 시무志努가 투덜댔다.

"형님, 우리는 언제까지 야마도의 호족들 아래에서 시중을 들어야 합니까? 소가의 집안도 한반도 출신이라 들었습니다. 우리보다 먼저 이 땅으로 건너온 것뿐인데, 우리가 그들의 시중을 들어야 하니 말이 되지 않습니다. 우리는 그래도 한漢나라의 대방군帶方郡에 뿌리를 두고 있는 아야가야[24] 왕족 출신이 아닙니까? 형님께서 야

---

23 하쓰세베泊瀬部 : 기기의 32대 천황. 수슌텐노崇峻天皇(587~592년 재위).

마도노 아야東漢의 수장인 아다이直[25]로 게시니, 무슨 조치를 해야 할 것입니다. 언제까지나 우리가 이들의 아래에서 수발만 들어야 할 것입니까?"

"너무 그러지 마라. 내게도 생각이 있단다. 우리의 실력을 한번 따져보자. 우선 우리의 제철기술은 당대 제일이지. 신라에서 온 하다秦 씨의 기술은 우리 것보다 후진 것이거든. 그래서 우리가 만드는 무기는 남의 추종을 허락하지 않는단다. 이백 년 전쯤 우리의 조상들이 이곳으로 찾아왔지. 호무다노 오오기미[26] 10년에 아지노오미阿智使主 할아버지께서 가야의 열일곱 고을 사람들을 데리고 온 뒤로, 우리 집안에서 야마도의 오오기미大王와 오오오미大臣를 경호하는 임무를 수행하고 있지 않은가. 조금만 더 참으면, 우리가 이곳의 중심 세력으로 자라게 될 것이다. 그동안은 강력한 소가 집안을 거들며 지낼 수밖에 없어. 조금만 더 참아라."

고마는 키가 크고 어깨가 떡 벌어진 20대 후반의 청년이었다. 얼굴이 갸름하고 검은 눈썹이 짙게 자란 아래 콧날이 우뚝했다.

"허긴 그렇군요. 형님. 우리 야마도노 아야에는 일곱 집안[27]이 있지요. 그 가운데에서도 고안무高安茂 박사는 백제의 오경박사가

---

24 아야가야 : 아라가야安羅伽倻. 뒷날의 경남 함안군에 있던 나라.

25 아다이直 : 가바네姓의 하나. 가바네에는 직무를 나타내는 구니노미얏고国造, 아가다노누시県主, 이나기稲置가 있고, 지위나 격식을 나타내는 것으로 기미公, 오미臣, 무라지連, 미얏고造, 아다이直, 오비도首, 고니기시王 등이 있음. 그 가운데 가장 격식이 높은 것이 오미臣, 무라지連이고, 그 가운데 가장 유력한 자로 오오오미大臣와 오오무라지大連가 있음.

26 호무다노 오오기미譽田大王 : 기기의 제15대 천황. 오우진텐노應神天皇.

27 야마도노 아야의 일곱 집안 : 朱·李·多·皂郭·皀·段·高의 7성으로 됨.

아닙니까? 단양이段陽爾 박사도 백제 출신인 것을 보면, 이곳의 오오기미나 오오오미와 비교해도 전혀 꿀리지 않는 문무를 겸비한 집안이라 할 수 있습니다. 더군다나 우리 집안사람들은 셈에 밝아서 야마도의 재물을 관리하는 일에 큰 역할을 하고 있지 않습니까?"

"가만있어. 저기 한 여인이 오는군. 시녀를 거느리고 오는 것을 보니 귀하신 분 같은데. 네가 잘 알아보도록 해라. 모노노베를 토벌한 지 얼마 되지 않아 세상이 뒤숭숭하거든. 이 집에 드나드는 사람은 철저히 미리 챙겨야 한다."

"알겠습니다. 형님."

시무가 나가서 여인을 맞았다.

"누구십니까? 저녁이 다 되었는데, 이곳에 오시니."

"비마마를 모르십니까? 오오오미의 따님이시자, 오오기미의 비가 되시는 분을 몰라보십니까?"

"오오기미라니요? 하쓰세베泊瀨部 마마를 말씀하시는 것입니까? 그렇다면 가와가미노 이라쓰메河上娘女가 아니십니까? 어디에 다녀오시는 길입니까? 오시는 길에 별일이 없으셨습니까?"

시무가 공손히 절하면서 물었다.

"경비를 하느라 수고가 많으셔요. 저기 계시는 분이 고마駒 아다이直 아니신가?"

여인이 얼굴을 가리고 있던 쓰개치마를 벗으며 방긋이 웃었다. 횃불에 비친 흰 볼에 팬 보조개가 예뻤다.

"참으로 아름다운 여인이군. 저 터질 듯한 가슴이며, 나긋나긋한 허리하며. 오오기미의 비로서는 아까운 여자야."

여인이 다소곳하게 인사하는 것을 고개를 숙여 답하면서, 고마는 젊은 피가 뜨겁게 솟아오르는 것을 느끼며 자기도 모르게 몸을 떨었다.

하쓰세베는 3대 전의 오오기미 히로니와廣庭와 소가노 우마꼬蘇我馬子의 누이인 오아네노기미小姉君 사이에 태어난 아들이었다. 형인 아나호베穴穗部가 보위를 엿보다가 우마꼬에게 죽임을 당하자, 오오기미로 추대되어 보위에 올랐다. 아나호베가 소가의 적인 모노노베와 동맹하지 않았더라면, 보위를 얻을 기회가 없을 사람이었다. 그는 가와가미와는 외종 간이었다. 당시의 야마도 조정의 상류층에는 근친혼이 유행했다. 부모의 한쪽만 다르면 형제자매 간에도 혼인을 하는 경우가 많았다. 예컨대 2대 전 오오기미인 후도다마시기太珠敷[28]와 다음 대의 오오기미가 될 카시기야炊屋[29]는 이복 남매간이면서 결혼을 했고, 선대 오오기미 도요히豊日[30]와 결혼한 아나호베 마히도穴穗部間人도 도요히의 이복 여동생이었다. 그러니 외종간의 혼사는 흔했다.

하쓰세베가 즉위하자마자, 백제에서 혜총법사惠總法師를 비롯한

---

[28] 후도다마시기太珠敷 : 기기의 30대 비다쓰敏達텐노.
[29] 카시기야炊屋 : 기기의 33대 스이고推古텐노.
[30] 도요히豊日 : 기기의 31대 요우메이用明텐노.

여섯 명의 승려를 보내어 부처님의 사리를 바쳐왔다. 동시에 은솔恩率 수신首信, 덕솔德率 개문蓋文, 나솔奈率 복부미신福富味身 등을 보내어 조調를 바쳤다. 그리고 절을 짓는 목수, 탑의 상륜相輪을 주조하는 박사, 기와를 굽는 기술자, 그림을 그리는 화공 등이 한반도에서 건너왔다. 소가노 우마꼬는 백제의 사신인 수신이 돌아가는 편에 겐고오지元興寺에 있던 젠신니善信尼 등을 보냈다가 2년 뒤에 귀국시켜 사구라이데라櫻井寺에 거처하게 했다. 이들 비구니들이 돌아오자, 한반도에서 건너온 씨족의 딸들이 연이어 불교에 귀의해서 절에 들어갔다.

소가의 저택에서 처음 만난 이후로 고마는 밤마다 가와가미의 생각에 잠을 이루지 못했다. 그는 여러 날을 고민하다가, 구라하시倉梯의 후미진 곳에 새로 지은 대궐로 가와가미를 찾아갔다. 오오기미의 대궐을 경비하는 부대가 고마의 부하였기 때문에, 고마의 출입을 간섭하는 사람은 없었다. 맑은 하늘에 별이 총총한 가운데 그믐달이 부끄러운 듯이 내려다보고 있는 밤이었다. 고마는 가와가미가 거처하는 별채의 창밖에 서서 휘파람을 여러 번 불었다. 한참 만에 창이 열리면서 하얀 얼굴이 밖을 내다보는 것이 불빛에 비쳤다.

"누구요? 거기서 휘파람을 부는 자가."

가와가미의 목소리는 구슬을 은쟁반에 굴리는 것처럼 맑았다.

"접니다. 이라쓰메娘女. 야마도노 아야 고마입니다."

"아, 며칠 전에 소가의 저택에서 본 고마 님이시군요. 어찌 이 밤중에 여기까지 오셨나요?"

"이라쓰메에게 아뢸 말이 있어서 왔습니다."

"거기 밖은 쌀쌀할 텐데, 안으로 들어와서 말씀하시죠."

"아닙니다. 아직 날씨가 견딜만합니다. 약간 추운 것이 정신도 맑아져서 좋습니다."

"무슨 말인데요."

대궐 안의 여인들 사이에 고마의 평판이 좋게 나 있어서, 가와가미도 준수하게 생긴 이 청년에게 은근히 호감을 갖고 있었다.

"저 그믐달을 보소서. 저 달이 서산에 지면 다시 해가 돋겠지요?"

"해야 언제나 뜨는 것이 아니오?"

"저는 저 달과 함께 하늘을 나는 새가 되어 이라쓰메를 지키고 싶습니다."

"아이, 무슨 말씀을. 고마 님이 새가 되어 절 지키다니요."

"견우와 직녀가 은하수를 건너서 만날 때에 다리를 놓은 것이 까치가 아닙니까? 저는 그런 까치가 아니라, 바로 세발 까마귀가 되어 달 같은 이라쓰메를 모든 악귀로부터 지켜드리고 싶습니다."

한동안을 두 사람이 말을 주고받는데, 별채의 뒤 안에서 인기척이 났다. 고마가 손을 창문으로 뻗으며 말했다.

"누가 오나 봅니다. 이라쓰메, 오늘은 이만 가겠습니다. 내일 밤이맘때에 다시 오겠습니다. 그때에는 방안에 들어가서 많은 얘기를 나누고 싶습니다. 약속하소서. 다시 만나시겠다고."

"좋아요. 그럼 낼 저녁에 다시 만나요."

고마가 어둠 속으로 자취를 감추었다.

다음날 밤에 고마가 다시 와서 휘파람을 세 번 불었다. 그러자 이번에는 기다렸다는 듯이 얼른 이라쓰메가 나타나서 고마를 방으로 불러들였다. 두 사람은 이날 밤 서로의 마음을 알리며 함께 보냈다. 가와가미는 하쓰세베의 비가 되었으나, 소가노 우마꼬의 딸이라고 해서 하쓰세베의 내침을 받았다. 하쓰세베는 자기를 허수아비처럼 대궐 속에 가두어 놓고 모든 정사를 마음대로 좌우하는 우마꼬가 몹시 거북했다. 그러니 우마꼬의 딸인 가와가미에게 정이 갈 리 없었다. 하쓰세베는 정비인 오오도모노 고데꼬大伴小手子를 사랑해서 그 사이에 남매를 낳았다. 게다가 최근에는 모노노베노 후쓰物部布都라는 여인을 비로 삼아, 밤마다 그녀를 찾았다. 그래서 가와가미는 독수공방의 쓸쓸한 생활을 강요당하고 있었다. 한창 무르익은 몸매를 갖고 있는 가와가미로서는 너무나도 척박한 신세였다. 그런 참에 고마 같은 대장부가 제 발로 찾아왔으니, 이보다 반가운 일이 없었다. 몇 년을 두 사람이 남몰래 만나서 밀통을 하다보니 이제는 떨어질 수 없는 사이가 되었다. 하루는 가와가미가 고마의 품에 안기면서 속삭였다.

"고마 님, 우리가 이렇게 남몰래 만난 지도 몇 년이 지났는데, 오오기미가 눈치를 채면 큰일이 아니오? 무슨 조치를 강구해야 하지 않겠어요?"

"염려 마세요. 제게 생각이 있습니다. 조금만 더 참으시오."

고마가 상전인 소가노 우마꼬를 찾아갔다. 우마꼬의 두터운 신임을 받고 있던 그는 가와가미를 아내로 취할 뜻을 알려서, 우마꼬의 허락과 도움을 얻을 생각이었다. 그런데 고마를 만난 우마꼬의 표정이 어두웠다. 미처 말을 꺼낼 기회를 얻지 못한 고마에게 우마꼬가 말했다.

"야마도노 아야, 지금 수하에 군사가 몇이나 있는고?"

"왜 그러십니까? 한 천 명은 되는데요."

"지금 많은 군사들이 쓰구시로 가 있지? 신라가 미마나의 조調31를 보내오지 않아 이를 징벌하고, 신라에 병합된 미마나를 부흥하라고 했는데. 그래서 군사들이 모두 쓰구시로 가 있지? 도대체 몇 명이나 갔었지? 이만 명이 넘는다 했던가?"

"그렇습니다. 지금은 기노오마로紀男麻呂를 비롯한 여러 장수들이 모두 쓰구시에 집결해 있습니다. 출진에 앞서 두 명의 사신을 각각 신라와 미마나에 보내어 교섭하고 있다고 들었습니다."

"그런데 말이야. 오오기미의 비로 있는 오오도모노 고데꼬大伴小手子가 사람을 보내어 왔어."

"고데꼬 비가 뭐라고 해왔습니까?"

---

31 미마나의 조調 : 가야에서 야마도와 교역하던 공물貢物. 야마도에서는 세금처럼 당연히 받아야 하는 것으로 간주함. 뒤에 가야가 신라에 병합되자 신라가 승계했으나, 차차 교역이 적어지면서 두 나라 사이에 분쟁의 씨가 되었음.

"오오기미께서 시종들을 무장시키고, 수하에 사람들을 모으고 있다고 하는군. 분위기가 심상치 않아 무슨 일이 날 것 같다고 해."

"무슨 일이 나다니요? 우리 야마도노 아야 군사들이 대궐을 철저히 지키고 있는데, 별일이야 있겠습니까? 그리고 오오기미의 시종이야 몇 명이 되지 않습니다."

"아니야, 마음을 놓아서는 안 될 일이다. 만약에 쓰구시의 장군들과 통하면, 대군을 불러올릴지 모르지 않은가. 게다가 또 한 가지 걱정되는 일이 있어."

"무엇인데요."

"바로 엊그제 일이지. 그날이 10월 초나흘이었지. 오오기미에게 산돼지 한 마리를 잡아서 바친 사람이 있었다네. 그런데 그 산돼지의 목을 따서 생피를 보약으로 드는 자리에서, 오오기미가 한마디 한 것이 있다는데, 몹시 귀에 거슬리는군."

"뭐라고 했는데요."

"산돼지를 손으로 가리키면서 '언젠가 이 돼지의 목을 자르듯이 짐이 싫어하는 자를 베리라'고 했다는 거야."

"아니, 그게 무슨 뜻입니까?"

"오오기미가 싫어하는 자가 누구겠는가? 오오기미를 보위에 올린 뒤로 정사에 관여하지 못하게 산속에 대궐을 짓고 나오지 못하게 한 것이 나였거든. 등극한 지 5년이 되었지만 그동안에 내전 깊이 비빈을 거느리고 편히 살게 만들었지. 아마도 마음대로 바깥출

입을 못한 것을 원망하고 있을 거야.”

“그렇다고 누구 덕에 보위에 오른 것인데. 은혜를 몰라도 분수가 있지. 그런데 고데꼬 비가 그런 말을 전해온 까닭은 무엇입니까? 원래 오오기미와 고데꼬는 사이가 좋아서 하치꼬蜂子 황자와 니시기데錦代 공주를 낳지 않았습니까?”

“그게 최근에 사이가 벌어진 거야. 아마도 모노노베노 후쓰物部布都를 더 가까이 하게 된 것 같아.”

“모노노베노 후쓰라면 우리가 멸망시킨 모리야守屋의 누이가 아닙니까? 그렇다면 오오기미가 모노노베의 잔당과 힘을 합치게 된 것이군요. 얼른 손을 쓰지 않으면 다시 큰 난리가 날 것 같습니다.”

“그래서 걱정을 하고 있던 참이야. 우리가 빨리 대처하지 않으면, 실기를 할 가능성이 점점 커지고 있어. 이 일만 해결하면 걱정이 없겠는데.”

우마꼬는 오오기미를 할 수만 있다면 거세하고, 소가 집안의 피가 섞인 황자와 자기의 딸 가와가미를 짝지어서 다음의 오오기미로 삼을 생각이었다. 그렇게 되면 자기의 혈통이 황위에 오르게 되고 자기는 국구로서 자손대대로 영화를 볼 터전을 공고히 마련할 수 있을 것이 아닌가? 그러나 그는 고마에게는 자기의 속마음을 알리지 않았다.

“제가 대책을 강구해 보겠습니다. 오오기미가 힘을 쓰지 못하게 되면 될 것이 아닙니까?”

고마는 이야말로 천재일우의 기회라고 생각했다. 큰 공만 세우면 그 보상으로 가와가미를 아내로 얻을 수 있을 일이었다. 그런 생각에 고마의 심장이 두근거리기 시작했다.

"그대가 그렇게 해 주겠는가? 성공만 하면 원하는 대로 무엇이든지 보상할 것이네."

"걱정하지 마소서. 소신에게 모든 것을 맡기소서."

고마는 큰 주먹으로 가슴을 두드리며 자신 있게 말했다.

고마는 우마꼬의 집을 하직하고 곧바로 대궐의 가와가미에게 달려갔다.

"내가 왔소. 이라쓰메. 드디어 때가 되었소."

"무슨 좋은 일이 있기에 이렇게 기뻐하시오?"

"하쓰세베를 베어 없앨 수가 있겠어요."

"오오기미를 베어 없애다니요?"

"하쓰세베를 없애면, 우리가 부부가 될 수 있을 것이 아니오."

"그래도 주군이신데, 시역을 할 수야 없지요. 제발 무지막지한 말씀은 함부로 하지 마시오."

"아니오. 오오오미의 허락을 받았소."

"무슨 허락을요? 우리 아버지가 오오기미를 베랍디까?"

"아니, 직접 그러시지는 않았지만, 오오기미가 불온한 움직임을 보인다고 걱정하시기에, 내가 대책을 강구하겠다고 했더니, 잘만 하면 내 소원을 모두 들어주겠다고 하셨소."

"그래도 사람을 죽이는 일만은 하지 마시오."

"알았소. 나만 믿고 기다리시오. 일이 끝나면 데리러 올 것이니, 아무 데도 가지 말고 방에 있으시오."

고마는 나는 듯이 돌아갔다.

하루가 다시 지났다. 고마가 우마꼬를 찾아왔다.

"오오오미, 내일 동국의 조를 바치는 의식을 대궐에서 행하게 하셔야겠습니다."

"동국의 조라니? 동국의 백성들로부터 공출하게 한 물건을 말하는가? 오랜 소원이 하나 풀렸군. 우리 야마도의 세력권이 크게 확장된 것이니, 여러 신하들과 의논해서 오오기미에게 바치는 의식을 거행해야겠군. 알겠다. 곧바로 오오기미에게 아뢰어 준비하도록 하겠다."

다음날 구라하시 궁倉梯宮에는 소가의 일족을 비롯한 여러 신하들이 모여들었다. 우마꼬는 오오오미로서 이 식전에서 축사를 올려야 했다. 대궐의 주변을 야마도노 아야의 군사들이 겹겹으로 포위했다. 쥐새끼 한 마리도 허가 없이는 대궐을 드나들지 못하게 삼엄한 경비를 폈다. 우마꼬가 황금으로 장식된 긴 칼을 허리에 차고 정장하여 대전으로 들어갔다. 그가 들어가자 궁궐의 출입문이 모두 잠겼다. 이런 일들이 모두 비밀리에 진행되어 오오기미의 시종들은 눈치를 채지 못했고, 설령 일부가 눈치를 챘더라도 삼엄한 분위기에 주눅이 들어 옴짝달싹 못했다. 오오기미 하쓰세베는 정전의 옥좌에 좌정했다. 옥좌 앞에 구슬로 꿴 발을 치고, 오오기미의 모습이 아래에서 보이지 않게 만들었다. 단 아래의 가운데에 오오오미 소가노 우마꼬가 축사를 쓴 두루마리를 두 손으로 펴서 들고 읽기 시작했다. 그의 목소리는 대전 내에 쩌렁쩌렁 울릴 만큼 우렁찼다. 그가 반쯤 읽었을 때에, 대전의 옥좌 근처에서 비명이 들렸다. 오오기미의 곁에 시립하고 있던 고마가 칼을 빼어 오오기미를 벤 것이었다. 오오기미는 그 자리에서 즉사했고, 뿜어 나오는 피에 젖어 벌게진 고마는 옆문으로 도망을 쳤다. 단 아래에서 축사를 읽던 우마꼬가 얼른 단상으로 올라가서 주렴을 올리게 했다. 그곳에는 피투성이가 되어 쓰러진 오오기미의 주검이 있었다. 우마꼬는 돌아서며 군신을 향해 고함을 쳤다.

"오오기미께서 시해되었다. 야마도노 아야 고마가 한 짓이다. 빨리 어의를 부르고, 군사를 보내어 고마를 잡아 오너라."

"내가 오오오미를 위해 오오기미를 베었다. 오오오미의 대권 장악의 일등 공신이 내가 되었으니, 지금부터 가와가미와 시골에 가서 숨어 있다가, 정국이 안정되면 나와서 우리의 혼인을 허락 받고 백년해로하리라."

고마는 하늘을 날아 구름 위를 달리는 기분으로 한걸음에 별채로 달려가서 가와가미의 방문을 두드렸다.

"이라쓰메, 내가 왔소. 얼른 나오시오. 함께 우리 시골로 갑시다. 얼마 동안만 숨어 있으면, 오오오미가 우리를 맞아 줄 것이오. 크게 상을 받을 것이니, 그동안만 숨어서 지냅시다."

고마가 서두르는 바람에 가와가미는 짐도 챙기지 못하고 따라나섰다. 하루를 오솔길로만 찾아서 두 사람은 고마의 사촌 집이 있는 시골로 도망쳤다. 그런데 밤이 새기도 전에 우마꼬가 보낸 포졸들이 들이닥쳤다.

"대역죄인은 나와서 오라를 받아라."

"아니, 나더러 대역죄인이라니. 그럼 오오오미는 무엇이 되는가?"

고마가 중얼거렸다.

"네 이놈, 고마야. 네가 오오오미의 따님이자, 오오기미의 비이신 가와가미노 이라쓰메를 겁탈해서 도망친 죄를 물어 우리가 잡으러 왔다. 빨리 나와 포승을 받아라."

"뭐라고? 이라쓰메를 겁탈했다는 죄를 묻는다고? 이건 말이 안되지 않나. 오오오미가 그렇게 시키던가?"

"이놈, 무슨 말이 이리도 많은가? 어서 나와 오라를 받으래도."

"이라쓰메는 날 따라온 것이지, 내가 그녀를 겁탈한 것은 아니다. 무언가 오해가 있는 듯하니, 오오오미를 뵙게 해 달라."

고마는 어디까지나 떳떳한 척했다. 우마꼬만 만나면 모든 것이 해결될 것이었다. 정적을 죽였으니 상을 받았으면 받았지, 처벌 받을 일은 아니었다.

그런데 고마의 예상은 모두 빗나가고 말았다. 포졸들은 고마를 끌고 가서 하옥시켰다. 사흘이 지나도록 아무도 고마를 찾지 않았다. 이윽고 문초를 받기 위해 흰 모래가 깔린 정원에 끌려 나온 고마를 보고 우마꼬가 말했다.

"그대의 죄를 알렸다. 첫째는 대궐을 지키는 수장이 오오기미의 비를 겁탈했다. 둘째로는 오오기미를 시해했다. 그보다 큰 죄는 대궐의 기밀을 밖으로 알린 일이다. 그대는 죽어 마땅하다."

항변할 시간을 주지 않고 즉석에서 처형했다. 하쓰세베노 오오기미의 장례도 이례적으로 하루 만에 치러졌다. 당시 오오기미의 장례는 여러 달에서 길게는 삼 년을 빈소에 안치했다가 능을 조영한 뒤에 예를 갖추어 성대히 치러지는 것이 관례였는데, 하쓰세베의 경우에는 하루도 지나지 않아 땅에 묻히고 말았다. 그의 아들인 하치꼬 황자는 아버지가 시해된 직후에 동북으로 도피해서 중이 되었고, 니시기데 황녀와 비인 오오도모 고데꼬도 동북으로 도망쳐서 사람들에게 누에치는 기술을 전하면서 여생을 보냈다.

이렇게 되고 보니 소가노 우마꼬는 정적이 되는 사람은 모조리 죽여 없앤 셈이 되었다. 적대 세력의 수장인 모노노베노 모리야를 비롯해서 조카인 아나호베穴穗部 황자를 죽이고, 그 동생인 하쓰세베를 오오기미로 모시더니, 이마저 고마를 시켜 시해했다. 우마꼬는 암살자의 입을 막기 위해서 고마마저 처단하니, 권력을 위해서는 피도 눈물도 없는 사람이었다. 그러나 그도 마음의 한구석에는 걸리는 것이 있었던 것 같다. 고마를 처형하면서도 그의 아우인 시무는 살려서 야마도노 아야 집안을 잇게 했다. 시무가 야마도노 아야를 사가노우에坂上 씨로 성을 바꾸어 후세로 이어갔는데, 우마꼬가 형을 처형한 일을 원망해서 소가의 산하에서 이탈하고 반대 세력에 가세하게 된 것은 뒷날의 얘기이다.

3 우마야도 황자厩戸皇子

"어마마마, 무얼 그렇게 생각하고 계십니까?"

수심에 잠긴 아나호베노 하시히도穴穗部間人 대비를 보고 우마야도 황자가 물었다. 서기 592년 11월 하순의 일이었다.

"황자의 외숙들이 모두 죽었으니, 우리가 앞으로 어떻게 해야 할지 걱정이 되어 그런단다."

대비가 황자를 반기며 말했다. 대비는 며칠 전에 시해된 하쓰세베 오오기미의 선대인 타치바나노 도요히豊日32 오오기미의 비로 그와의 사이에서 첫 아들로 우마야도를 낳았다. 대비로서는 외숙인 소가노 우마꼬가 자기의 친동생을 둘이나 연달아 죽였으니, 자신과 아들의 장래를 걱정하지 않을 수 없었다.

---

32 타치바나노 도요히橘豊日 : 기기의 31대 천황인 요우메이텐노用明天皇(585~587년 재위).

"어마마마, 너무 걱정 마소서. 소자가 카시기야炊屋33 고모님과 상의하여 큰 화를 입지 않도록 만들겠습니다."

카시기야는 3대 전의 후도다마시기太珠敷34 오오기미의 미망인으로 대왕대비로 있었다.

"그래, 황자만 믿는다. 잘해 다오. 카시기야는 보통 분이 아니니 조심해라. 황통을 자기의 아들로 이을 욕심이 있으니, 잘못하면 의심을 품고 널 해치려고 할지 모른단다."

그러나 대비의 걱정은 기우에 지나지 않았다. 카시기야는 아들 둘과 딸 다섯을 두었는데, 아들은 모두 허약해서 황통을 이을 인물이 못 되어 고민에 빠져 있었다. 당시의 오오기미의 보위는 형제 간에 승계하는 것이 관례였고, 그 다음으로 생모의 신분에 따라 황자의 차례가 되었다. 그런데 아나호베 대비와 카시기야 대왕대비는 모두 4대 전의 오오기미, 히로니와廣庭35의 딸로서, 그들의 어머니는 지금의 오오오미의 아버지인 소가노 이나메蘇我稲目의 딸들이었다. 이나메의 첫 딸인 기다시히메堅鹽姫가 낳은 것이 대왕대비이고, 둘째 딸 오아네노기미小姉君에게서 난 것이 대비였다. 다시 말하자면 이들은 배다른 자매간이었다. 그러니 궁중에서도 세력다툼이 심했고, 모든 정쟁의 뒤에는 두 사람의 그림자가 항상 따라

---

33 카시기야炊屋 : 도요미게카시기야 히메豊御食炊屋姫, 또는 누가다베 황녀額田部 皇女라고도 하며, 기기의 33대 텐노가 된 스이고텐노推古天皇(592~628년 재위).

34 후도다마시기太珠敷 : 오사다노누나구라노후도다마시기譯語田渟中倉太珠敷. 기기의30대 비다쓰 텐노敏達天皇(572~585년 재위).

35 히로니와廣庭 : 기기의 29대 긴메이텐노欽明天皇 (531 또는 539~571년 재위).

다녔다.

"대왕대비 마마…, 고모님. 제가 왔습니다. 우마야도입니다. 제가 말씀드릴 게 있어서 왔습니다. 주변을 물려주소서."

"황자가 왔구나. 오랜만인데. 요즈음은 워낙 시국이 어수선해서 그렇지 않아도 걱정이 되었는데, 잘 왔다. 안으로 들어와서 다식茶食이나 들면서 얘기를 나누자. 어서 들어오너라."

카시기야 대왕대비는 다식이 들어오자, 시종과 시녀들을 멀리 물렸다. 우마야도가 방문을 살며시 열고 바깥을 살펴보고서는 다시 들어와, 차를 한잔 들고 입을 열었다.

"그동안 엄청나게 큰 난리를 겪었습니다. 모노노베 집안은 쑥대밭이 되었습니다. 그리고 오오기미와 그의 형제분들이 모두 참살을 당했으니. 고모님, 우리 외가가 너무 횡포를 하는 듯한데, 이러다가는 황실의 혈통이 끊어질 것 같아 걱정이 되어 왔습니다."

"쉬. 황자는 말씀을 삼가라. 낮말은 새가 듣고 밤말은 쥐가 듣는다고 하지 않으냐. 소가의 첩자가 곳곳에 있는데, 함부로 그런 말을 하다가 황자도 화를 입지 않는다고 누가 장담하겠느냐?"

"고모님, 여기 누가 있다고 걱정을 하십니까? 저는 오직 우리 야마도 황실의 장래가 염려되어 고모님을 뵈러 온 것인데, 무엇을 이렇게 조심만 하십니까?"

만 열여덟 살이 된 우마야도는 당당했다.

그러나 대왕대비는 워낙 조심성이 많고 영리한 여인이었다.

"황자, 모든 일에 조심해야 한다. 우리 집안을 걱정하는 것은 고맙지만, 함부로 소가의 오오오미를 비방해서는 안 되지. 지금 야마도의 재정과 병권을 모두 장악하고 있어서, 우리 황실의 힘만으로는 대항할 수가 없으니, 복지부동으로 몸조심해야 할 수밖에 없단다."

"그렇더라도 고모님과 제가 힘을 합해서 이 난국을 헤쳐 나가야 하지 않겠습니까? 지금 황실 내에 고모님 외에 누가 있습니까? 소가와 맞서서 황실의 권위를 유지해 주실 수 있는 분은 고모님밖에 없답니다."

우마야도는 대왕대비보다 친근감이 가는 고모라는 호칭을 되풀이해서 쓰면서 대왕대비의 기색을 살폈다. 그는 어릴 때부터 대단히 총명해서 한 마디를 들으면 열을 알아듣고, 열 사람의 말을 한꺼번에 들어도 한 마디도 틀리지 않게 다시 되풀이할 수 있는 비상한 재주를 지녔다. 아나호베노 하시히도 대비가 만삭인 몸으로 대궐 안을 살피러 나갔다가, 마구간 입구에서 아들을 낳았다고 해서 이름을 우마야(마구간)의 도(문)라고 지었다.

우마야도 황자는 백제에서 온 오경박사 각가覺嘉에게서 유학을 배웠다. 그는 미래를 설계하는 재주가 있었다. 그래서 부황이 장래가 촉망되는 그를 각별하게 귀여워했다. 카시기야 대왕대비도 이 조카가 특출한 것을 일찍부터 눈여겨보고 있었다. 아들인 다게다竹田 황자를 황위 계승의 제일 후보로 생각했었는데, 몸이 약해서 저 세상으로 일찍 떠난 뒤로는 마땅한 사람이 없었다. 그녀에게는 또 하나의 아들이 있었으나, 이도 또한 허약해서 도무지 오오기미를 삼을 재목이 못 되었다. 근친결혼이 심한 당시에는 우마야도 같은 우수한 인재가 나오기도 하지만, 다른 한편으로는 허약하고 우둔한 자식도 많이 생겼다. 카시기야에게 다만 한 가지 걸리는 점이 있다면, 우마야도의 어머니와 배다른 자매간으로 두 사람이 모두 황실의 세도 다툼의 구심점에 서 있다는 점이었다. 그러나 지금 우마야도가 스스로 찾아와서 자기를 돕겠다고 청하고 있으니, 이보다 다행스러운 일이 없었다. 한참을 말없이 황자가 다과를 들고 있는 것을 보고 있던 대왕대비가 입을 다시 열었다.

"황자여, 그러면 소가노 우마꼬를 우리 편으로 만들 계책이 있는가? 어디 황자의 복안을 들어보세."

"고모님, 소가노 우마꼬蘇我馬子 오오오미大臣는 고모님과 우리 어머님의 외숙입니다. 그리고 아직은 소가 씨가 황통을 찬탈할 정도의 위세를 갖추지 못하고 있습니다. 게다가 야마도의 주력군 2만여 명이 쓰구시에 가 있으니, 고모님이 먼저 오오오미를 만나서 넌지시 그의 뜻을 물어 보는 것입니다. 오오기미를 시해한 뒤로 마땅한 후계자를 신속히 정하지 않으면 안 되는 처지라, 고모님이 오오오미와 모든 일을 협의할 것임을 약속하면, 반드시 고모님을 황위에 추대하겠다고 할 것입니다."

"내가 어찌 황위를 이을 수 있겠는가? 여자의 몸으로."

"무슨 말씀을 하십니까? 야마도의 조정에는 여인이 지도자가 된 사례가 여러 번 있었습니다. 아마데라스 오오미가미天照大神나 진구 황후神功皇后의 예를 보더라도 여인이 야마도의 조정을 이끌어 가실 수가 있습니다. 고모님이 천지신명을 모시는 성찬을 준비하는 일에만 관심이 있는 것처럼 말씀하시고, 오오오미의 정권을 인정한다고 하시면 될 일입니다. 생각해 보십시오. 지금 오오오미가 직접 오오기미로 등극하지 않는 한, 고모님을 빼고 달리 누구를 모시겠습니까?"

"그래도 황자가 있지 않은가? 황자야말로 보위를 이을 자격이 충분하지."

대왕대비는 여전히 마음이 내키지 않는 눈치였다. 그러자 황자가 다시 강조했다.

"고모님, 오오오미의 입장에서 생각해 보세요. 저 같은 청년을 오오기미로 삼으면, 하쓰세베의 재판이 될까 봐 꺼리지 않겠습니까? 차라리 저를 고모님의 태자로 삼아 섭정을 맡겨, 오오오미를 돕도록 시키겠다고 하십시오. 그러면 오오오미도 안심할 것입니다."

"알았다. 황자의 조언이 크게 도움이 되었다. 오오오미를 만나서 얘기해 보지."

드디어 대왕대비가 마음을 정했다.

대궐에 여러 신하들이 모였다. 오오기미의 자리를 오래 비어 둘 수 없다 하여 신하들이 카시기야에게 보위에 오를 것을 진언했다.

대왕대비가 세 번을 사양했다가, 오오기미의 신표인 거울과 신검을 받아들여 도유라노 미야豊浦宮36에서 보위에 올랐다. 그녀는 자색이 단정하면서도 아름답고, 예의 바르며 절도가 있는 것이 바로 천군天君의 모습을 지니고 있었다. 서기 592년 12월 초여드레의 일이었는데, 즉위하자마자 그때까지 쓰던 칭호인 오오기미大王를 스메라미고도, 다시 말해 텐노天皇로 고쳤다. 다음 해 정월에 백제에서 온 부처님의 사리를 호오고오지法興寺37의 불탑에 모신 뒤에, 4월에 우마야도 황자를 황태자로 삼아 정사를 섭정하게 했다. 모노노베와의 전투에서 황자가 부처님께 도움을 청하면서 맹세한 대로 사천왕사四天王寺를 나니하難波에 건축하기 시작했다. 다음 해의 봄에 텐노天皇는 황태자와 오오오미에게 조서를 내려서 불佛, 법法, 승僧의 삼보三寶를 세워 불교를 널리 포교할 수 있게 했다. 그러자 신료들이 앞 다투어 절을 지었다. 왜인들이 절을 '데라寺'라고 부르게 된 것이 바로 이때부터였다. 원래 절은 관청을 뜻하는 말이었다. 중국의 한漢나라 밍디明帝 때에 백마사白馬寺를 건립하면서 사찰을 관청으로 썼다. 사찰을 백제에서 절이라고 한 것을 야마도에서 데라라고 하게 되었다.

즉위 후 3년이 된 해38의 5월에 고구려의 영양태왕이 보낸 혜자

---

36 도유라노 미야豊浦宮 : 뒷날의 奈良県 高市郡 明日香村 豊浦.

37 호오고오지法興寺 : 아스카飛鳥에 건립한 야마도의 초기 사찰 가운데 가장 큰 절. 소가 씨가 시주가 되어 그 강성한 세력을 자랑한 곳. 백제의 기술자가 만든 사찰로 탑을 중심으로 북, 동, 서에 금당을 배치하고, 탑의 전방에서 세 금당을 둘러싼 회랑의 북쪽에 강당을 두고, 중문 앞의 남대문과 회랑 서쪽의 서대문을 둠. 겐고오지元興寺라고도 부름.

慧慈법사를 황태자가 스승으로 모셨다. 불교에 대하여 더 깊이 알고 싶기도 했지만, 고구려와 수隋의 정세와 문물제도를 살피기 위한 뜻이 많았다. 7월에는 신라를 침범하기 위하여 쓰구시에 보냈던 군사를 4년 만에 다시 야마도로 불러왔다. 황태자는 고구려의 승려만이 아니라 백제에서 온 혜총慧聰 스님도 스승으로 모시고 불교를 진흥시키는 일을 적극적으로 추진해 나갔다. 다음 해 11월에 호오고오지法興寺가 준공됐다. 오오오미의 아들 젠도고노오미善德臣로 하여금 이 절을 맡아 관리하게 하고, 혜자와 혜총의 두 스님을 거처하게 했다. 즉위 후 5년이 된 해의 4월에 백제의 위덕왕이 왕자 아좌阿佐를 보내어 왔다.

황태자는 알고 싶은 것이 많았다. 혜자법사를 만난 황태자가 말을 꺼냈다.

"스님, 고구려와 수의 관계가 험악해진다고 들었는데, 중국 대륙을 통일한 수와 비할 때 고구려의 국력이 비교가 되지 않을 정도로 약할 텐데, 어찌 고구려가 동북에서 큰소리를 치고 있습니까? 법사께서는 우리 야마도는 수와 연합하지 말고, 고구려와 협력해서 신라를 도모하라고 하시는데, 도대체 고구려의 힘이 어디서 나는 것입니까?"

"황태자마마, 고구려는 오래 전에 세 가지 일을 해냈습니다. 우

---

38 즉위 후 3년이 된 해 : 스이고推古 3년, 서기 595년, 신라 진평왕 17년, 고구려 영양왕 6년, 백제 위덕왕 42년.

선 지금부터 이백 이십여 년 전인 소수림왕 2년에 전친前秦으로부터 불교를 들여왔습니다. 그리고는 불교를 나라를 지키는 중심 사상으로 삼았습니다. 그전까지 고구려에는 동명성왕을 모시는 사람들과, 칠성七星이나 수신燧神을 모시는 사람들, 천군을 통해 일월신을 모시는 사람들, 공맹孔孟의 가르침을 따르는 사람들 등으로 사상이 하나가 되지 못하여 서로 권세를 다투어 왔습니다. 불교가 들어오자, 사람들이 부처님의 대자대비하신 뜻을 받들어 모시게 되어, 차차 한마음으로 뭉치게 되었습니다."

혜자법사의 말을 듣고 황태자가 말했다.

"그러고 보니 우리도 마찬가지 형편이군요. 야마도의 팔백 신을 모시는 신도神道와 왕인王仁박사가 전해주어 널리 배우게 된 유교와 도교, 게다가 최근에는 불교까지 포교하게 되니, 황실이나 호족들만이 아니고 모든 백성들이 어느 가르침을 따라야 할지 몰라 헤매고 있는 셈이지요. 늦게나마 오오오미와 함께 불교를 널리 퍼뜨리기로 했고, 법사를 비롯하여 많은 승려를 고구려와 백제에서 들여오게 되었으니 천만다행한 일이지요. 그런데 고구려가 세 가지 일을 해내었다고 하시니, 나머지 둘은 무엇이지요?"

"두 가지 가운데 하나는 율령律令을 소수림왕 3년에 제정해서 반포한 것입니다. 율律이란 형벌이나 제재를 가할 때에 적용하는 형법을 뜻하고, 영令이란 명령과 금지에 대한 사항을 규정한 법입니다. 특히 사람에게 부과하는 세稅와 세대 단위로 거두는 조租의 분량을 미리 공시해서 가혹한 착취를 하지 못하게 만들었지요. 율령으로 백성들로 하여금 해야 할 일과 해서는 안 될 일을 미리 알 수 있게 하여 나라의 기강과 질서를 잡게 되었습니다. 이 두 가지의 법은 서로 연계해서 활용하게 됩니다."

"우리도 율령을 빨리 제정해야 하겠습니다. 그런데 마지막 한 가지는 무엇입니까?"

"마지막 한 가지는 학문, 예술, 무예, 산업을 진작시키기 위해 태학과 경당을 세워 귀족이나 평민이 모두 면학에 힘쓰도록 장려한 일입니다. 그러는 한편 무예도 장려하여 한 해에도 여러 번 무술 경시대회를 열어 인재를 널리 등용하기도 했습니다."

혜자의 말이 끝나자 황태자는 무릎을 탁 하고 치면서 감탄했다.

"법사께서는 저번에 백제에서 온 혜총 스님과 엊그저께 백제에서 온 아좌태자와 함께 과인의 일을 도와주시면 좋겠습니다. 우리 야마도가 그동안 여러 가지로 어려움이 많았습니다. 중앙에 오오오미와 오오무라지를 두어 정사를 다루게 해 왔으나, 그들 아래에 있는 오미臣와 무라지連 이외에도 지방마다 구니노미얏고國造, 아가다누시県主 등의 여러 호족이 있는데다가, 새로운 기술을 들여온 사람들의 수장으로 오비도首나 아다이直 따위가 있어, 서로 그 신분이나 직책의 높고 낮음이 분명하지 않습니다. 율령을 정하기 전에 이런 것도 바로 잡아야 할 것입니다. 지금 야마도의 실권은 소가의 집안에 집중되어 있습니다. 이런 실정도 참작해야 하는지라 법사님 같은 분의 조언이 필요합니다."

"황태자마마께서 무엇을 뜻하고 계시는지 알 것 같습니다. 소승이 혜총 스님이나 아좌태자와 상의해서 힘을 합하여 돕도록 하겠습니다."

혜자법사가 호오고오지 강당의 협실에서 혜총 스님과 아좌태자를 만났다.

"두 분께서 백제에서 오셨으니, 야마도의 황실과는 오래 전부터 각별한 사이이신 것으로 알고 있습니다. 소승이 비록 고구려에서 왔으나, 우마야도 황태자를 도와서 야마도가 크게 발전하도록 만들고 싶습니다. 두 분께서는 백제의 학문, 예술, 종교에 밝으신 분이시니, 힘을 빌려 주셨으면 합니다."

"우마야도 황태자께서는 지금 대궐의 남쪽에 있는 카미쓰미야上宮 궁전에 계시지 않습니까? 황태자께서는 오 년 전의 모노노베 토벌전에서 붉나무로 사천왕의 모습을 새겨서 전승을 기원하셨다고 들었습니다. 그렇다면 불교에 대하여 조예가 깊은 것으로 보이는데, 어떤 수준이십니까? 이번에 사천왕사를 건립하게 된 것도 그때의 맹세 때문이었다지요. 법사께서 아시는 대로 말씀해 주십시오."

혜총이 말했다.

"황태자의 불심은 대단하답니다. 몸소 승만경勝鬘經39과 법화경法

---

39 승만경勝鬘經 : 불경의 하나. 유송劉宋의 구나발타라求那跋陀羅가 번역한 경전으로 승만부인이

華經[40]을 강독하실 수 있는 수준에 이르렀습니다.”

“그렇게 대단하신가요? 사서삼경과 노장老壯의 가르침은 어느 정도이십니까?”

“백제의 오경박사 각가覺哿를 사사해서 그 또한 상당한 경지에 이르신 것으로 알고 있습니다.”

두 사람의 대화를 듣고 있던 아좌태자가 물었다.

“그렇다면 우리가 거들어야 할 일이 무엇입니까?”

“소승이 알기로는 세 가지가 있습니다. “

“세 가지라니요?”

혜총과 아좌태자가 동시에 물었다.

“첫째는 야마도의 관위를 제정하여 신료들과 호족에게 수여하고 그들의 위계질서를 바로 잡는 것입니다. 물론 관모와 관복도 제정해야 하지요.”

“그거야 고구려와 백제의 관위를 참작해서 정하면 될 것이니, 그리 어려운 일이 아니군요. 허나, 우리나라에 비하여 많이 뒤지는 나라라 새로운 것을 소화할 수 있을지 모르겠습니다.”

아좌태자가 말했다.

“큰 혼란이 일어나지 않도록 먼저 소가의 집안사람들에게는 특별한 관위를 제수하고, 나머지는 출신 성분을 따지지 않고 능력에

일승一乘 사상, 여래장 사상을 설법하는 대표적인 대승大乘 경전.

[40] 법화경法華經 : 묘법연화경妙法蓮華經. 서기 406년에 구마라주鳩摩羅什가 번역한 경전. 28 품으로 되어 있어서 이승작불二乘作佛과 석존의 구원성불久遠成佛을 설법한 대승大乘 경전 가운데 최고의 묘법을 알려주는 경서.

따라 매기되, 충분한 기간을 두어 서서히 자리 잡게 만들어야 할 것입니다. 지금은 소가가 가장 강력하니까요."

혜자법사는 용의주도한 사람이었다. 일을 추진함에 있어서 신중을 기했다.

"다음으로 가장 중요하고도 힘든 것이 있습니다. 이는 야마도 내 호족간의 투쟁을 잠재우고, 군신이 하나가 되어 백성을 진심으로 위하는 정치를 펴는 일입니다. 그러기 위해서는 율령의 근본이 되는 헌법을 만들어 반포하는 것입니다."

"헌법이라니 무엇을 말합니까?"

혜총이 물었다.

"국어國語의 진어晉語나 관자管子의 7법[41]에 헌법이라는 말이 나오는데, 나라를 다스림에 있어서 모든 지시나 명령을 내릴 수 있는 근거를 밝힌 것을 말합니다. 이는 만백성의 생각과 행동의 근본이 되는 것입니다. 누구나 헌법을 지키면서 말과 행동을 해야 하지요."

혜자의 말에 나머지 두 사람도 머리를 끄덕였다. 이윽고 혜총이 말했다.

"그건 대단히 중요한 것이군요. 그렇다면 당대의 여러 사상을 소화해서 반영해야 하겠습니다. 불교, 유교, 도교, 법가 등의 성현의 가르침을 요약해야 할 것이라, 정말로 어려운 일이 되겠습니다. 그리고 야마도의 사정을 잘 아는 귀족 가운데 학문이 높은 분을 한

---

[41] 국어國語의 진어晉語나 관자管子의 7법 : "國之憲法也" "有一切之治, 故能出號令, 明憲法矣".

두 분 더 모셔서 함께 일했으면 합니다."

"그렇습니다. 우리 모두가 황태자께 말씀 드려서 두 분 정도를 더 모시도록 합시다."

"아까 세 가지를 황태자께서 하고 싶어 하신다 했는데, 마지막 한 가지는 무엇입니까?"

혜총이 물었다.

"황태자께서는 불교를 더욱 장려하면서도, 이 나라에 이미 있는 신도나 먼저 들어온 유교와 도교와도 혼연일체가 되도록 만들고 싶어 하십니다. 그러기 위해 스隋나라와 직접 교류해서 심오한 불법과 스의 문물을 배워오게 할 생각을 하십니다."

"우리 백제나 고구려를 통해 배우기가 갑갑하신 모양입니다, 그려."

혜총과 아좌태자가 함께 웃었다.

세 사람의 주청으로 백제에 유학했다가 돌아온 젠신니善信尼와 오경박사 각가覺哿가 이들의 작업에 합류했다.

황태자는 이런 일을 다섯 사람에게 맡기고서는 몇 달에 한 번씩 그 진척도를 챙겼다. 그러는 동안에도 야마도의 조정에는 군사적인 일이 많았다. 특히 야마도노 아야東漢의 고향인 함안咸安의 안라가야安羅伽倻가 신라의 침략을 받아서 비명을 올리고 있었다. 신라와는 불침을 조건으로 야마도가 일정한 공물을 받기로 했었는데,

최근에는 제대로 보내어 오지 않았다. 안라가야마저 신라에 병탄되면 야마도가 한반도에 발을 붙이지 못하게 될 것이었다. 신라와의 교섭은 나니하노 기시難波吉土 이와카네磐金가 맡고 있었다. 이와카네는 신라에 다녀오면서 까치 두 마리를 갖고 와서 나니하에서 기른 일이 있었는데, 다음 해에는 공작 한 마리를 다시 신라로부터 들여왔다. 야마도에 없는 신기한 선물을 한반도에서 많이 보내어 와서 교역을 촉구했다. 서기 599년 9월에는 백제에서 낙타 한 마리, 노새 한 마리, 양 두 마리, 흰 꿩 한 쌍을 보내어 왔다.

서기 600년이 되자 신라가 안라가야를 다시 침범했다. 소가노 우마꼬가 만여 명의 군사를 보내어 신라를 치게 하자, 신라는 잠시 강화하는 척하다가 야마도의 군사가 철수하자 이내 다시 안라가야를 침범했다. 이런 일이 거듭되니 도무지 그대로 둘 수가 없었다. 602년 2월에 황태자의 아우인 구메來目 황자를 토벌 장군으로 삼아 이만 오천 명의 군사를 쓰구시로 나가게 했다. 배를 모으고 군량을 준비하다가 6월에 이르렀는데, 구메 황자가 병이 나서 더 이상 신라로의 출병이 불가능해졌다. 다음 해 2월에 구메 황자가 죽어서 그 뒤를 다기마當摩 황자가 이었으나, 이번에는 그를 따라갔던 부인이 도중에 죽어서 다기마가 더 이상 움직이지 못하게 되었다. 신라와는 이렇게 분쟁이 많았으나, 백제나 고구려와는 좋은 관계가 유지되었다. 백제에서 관륵觀勒 스님이 달력이나 천문지리의 서적과 함께 점성술을 가르치는 둔갑방술遁甲方術의 서책을 가지고 왔다. 야마도에서는 서생 몇 명을 뽑아서, 관륵 스님의 가르침을 배우게 했다. 고구려의 승려 승륭僧隆과 운총雲聰이 야마도에 온 것도 같은 시기의 일이었다.

603년 11월이 되었다. 혜자법사가 함께 일하던 사람들을 데리고 황태자를 찾아왔다. 황태자가 반가이 맞으며 말했다.

"어서들 오시오. 그동안 수고가 많았지요."

"황태자마마께서는 변함이 없으십니까? 소승들이 워낙 우둔해서, 너무 시간을 허비한 것이 아닌가 걱정됩니다. 겨우 이제야 분부하신 일을 마무리 지을 수가 있게 되었습니다."

혜자법사가 말했다.

"그래 관위를 어떻게 정하셨소?"

"고구려는 12개에서 13개의 관위를 쓰고 있고, 백제는 16개 관위를 쓰고 있습니다. 그리고 관위에 따라 관복과 머리에 쓰는 관이 다릅니다. 우리는 관위를 12개 계급으로 정하고자 합니다. 가장 윗자리에 대덕大德을 두고 그 아래에 소덕小德, 대인大仁, 소인小仁, 대례大禮, 소례小禮, 대신大信, 소신小信, 대의大義, 소의小義, 대지大智, 소지小智의 12관위를 두는 것이 좋을 것으로 생각합니다. 대덕과 소덕은 자줏빛 관복을 입게 하되 대덕의 것은 짙은 색깔로 구분하는 것이 좋을 것입니다. 마찬가지로 대인과 소인은 파란색, 대례와 소례는 붉은색, 대신과 소신은 노란색, 대의와 소의는 흰색, 대지와 소지는 검정색으로 하되, 대자가 붙은 관위에 보다 짙은 색깔로 관복을 입게 하는 것이 좋겠습니다. 관의 색깔도 관복과 마찬가지로 하되, 설날에는 관에 우즈髻華를 꽂아 축하하도록 하면 좋겠습니다. 우즈로는 금, 은, 표범의 꼬리, 꿩의 깃 등을 써서 그 신분의 귀천을 첫눈에 알 수 있게 만들어야 되겠습니다."

"좋군요. 그 능력과 직책에 따라 텐노께서 관위를 호족들에게 친히 제수하시면, 모두 승복할 것이오. 황실의 권위를 세우는 일이니 꼭 시행해야겠는데, 아무래도 초기에는 소가蘇我를 비롯한 유력 호족들이 반발할 가능성이 많지 않을까 그것이 염려가 되오."

우마야도 황태자는 모처럼 화합으로 뭉친 호족들이 또다시 편을 갈라 싸우게 될까 봐 걱정했다.

"마마, 너무 걱정하지 마소서. 이런 일은 급하게 서두르면 낭패를 당하게 됩니다. 지금은 소가 집안이 가장 강력하니, 이 12관위 위에 오오오미를 그대로 두고 특별히 우대하면 될 것입니다. 장차 시간을 두고 서서히 고쳐 나가면 되는 일이고, 우선은 텐노께서 직접 임명하신다는 사례를 만드시면 되는 일입니다. 소가 이외의 집안을 적절히 12개 관위에 경중과 지위의 고하를 따져서 임명하도록 했다가, 앞으로 나라를 위해 뚜렷한 공적을 세운 자를 승진시켜 나가면 될 일입니다. 가장 중요한 것은 텐노의 권위를 받아들이게 하고, 변화는 서서히 일으키게 하는 것입니다."

"알겠소. 우선 관위제도부터 반포하도록 합시다. 수고들이 많았소."

"마마, 분부하신 세 가지 가운데 남은 두 가지는 다음에 소상히 아뢰도록 하겠습니다. 먼저 관위제도의 정착에 힘쓰소서."

스이고垂古 11년[42] 12월 5일에 정전에 모든 황족과 신료들이 모였다. 텐노가 옥좌에 높이 앉아서 아래를 내려다보는데, 오오오미 소가노 우마꼬와 황태자 우마야도가 한 단 아래에 관복을 입고 시립했다. 텐노가 황태자에게 말했다.

"황태자, 이번에 새로 정한 관위제도에 대하여 짐의 조칙을 읽도록 하시오."

"삼가 어명을 받들어 모시겠습니다."

황태자는 오오오미에게 가볍게 인사한 뒤, 신료들을 내려다보며 조서를 읽었다. 새로 정한 관위 12계階에 대한 설명이 끝나고, 모든 황족과 신료들이 대궐에서 퇴청했다.

다음 해 원단에 텐노는 신료들에게 주는 관위를 발표했다. 텐노는 신료들에게 친히 관위에 따라 의관을 수여했다. 거명된 신료들이 한 사람씩 단상으로 올라와 의관을 받아 갔다. 오오오미가 모든 관위의 위에 있는 것을 알고 소가 집안의 사람들은 만족해했다. 소가노 우마꼬는 미리 황태자로부터 새로운 제도의 취지와 내용을 들어 알고 있었기 때문에, 이 식전이 거행되는 동안 시종 미소를 띠며 지켜보고 있었다.

"이제야 외국에 사신으로 갈 때에도 권위가 설 수 있게 되었군.

---

42 스이고垂古 11년 : 서기 603년.

지금까지는 관위가 없어서 얼마나 창피했는지 모른다."

　스이고 8년에 즤로 파견되었던 제1차 견즤사遣隋使, 오노노이모
꼬小野妹子가 안도의 한숨을 쉬었다. 7세기의 동아시아에서 중국의
남북조와 고구려, 백제, 신라가 모두 관위를 갖고 있는데 야마도만
없었으니, 어깨가 움츠러드는 것은 어쩔 수가 없었다. 즤와의 교
역에 활약했던 공으로 대덕으로 승진한 그는 가문의 영광으로 알
고 기뻐했다. 다른 호족들도 제 나름대로 만족해 보였다. 처음으
로 반포된 관위제도는 성공적이었다. 이 관위제는 701년까지 여러
번을 개정해 나갔다. 12계階가 48계까지 불어났다가 다시 30계로
줄었고, 명칭도 정正 1위, 종從 1위 식으로 알기 쉽게 고쳤다. 그러
나 이는 거의 100년에 가까운 세월이 흘러서 율령관위제律令官位制
로 이행한 뒤의 일이었다. 그만큼 신분제도의 정착에는 많은 세월
과 공이 들었다.

4 17조 헌법憲法

"헌법의 조문을 몇 개로 하면 좋을 것인가?"

혜자법사가 물었다.

"조문의 수가 무에 그리 중요합니까? 여러 가지 내용을 담다가 보면, 절로 정해질 것입니다."

혜총이 말했다. 그러자 오경박사 각가가 정색을 하면서 주장했다.

"그렇지 않습니다. 헌법은 관료들의 마음가짐과 행동방식의 근본을 정하는 것이니, 선현의 가르침을 많이 참작해야 합니다. 관자管子의 오행편五行編에 도道는 아홉 가지가 있으며, 지리에는 여덟 가지가 있다고 했습니다. 그리고 원래 양陽의 극極에 달한 수가 아홉이고, 음陰의 극에 달한 수가 여덟입니다. 이 두 가지 수를 더하면 열일곱이 되니, 열일곱 개의 조문에 내용을 담는 것이 좋을 것으로 생각합니다."

"그게 좋겠군. 다른 분들은 이의가 없으신가?"

아무도 답을 하지 않자, 혜자법사가 말했다.

"좋습니다. 열일곱 개의 조문에 내용을 담도록 합시다."

그러자 혜총이 말했다.

"어떤 글이나 첫 줄이 가장 중요합니다. 우리가 이 헌법의 첫 줄에 무엇을 쓰면 좋겠습니까? 제 생각에는 화위귀和爲貴가 좋을 것 같습니다. 부처님께서는 공동생활에서 모든 사람이 명심해야 할 여섯 가지의 덕목을 육화六和[43]라 하셨습니다. 아래위의 사람들이 화목하게 논의하면 절로 도리가 통할 것이니, 화합을 강조했으면 합니다."

그러자 각가가 말했다.

"불교에서 그렇게 가르치기도 하지만, 공자께서도 예법을 지키기 위해서는 딱딱하게 굴지 말고 온화하게 처신하는 것이 제일이라 하셨습니다.[44] 지금 우리 야마도에는 한반도와 중국에서 엄청나게 많은 사람들이 이주해 왔습니다. 서로 사고방식과 문화 그리고 생활양식이 판이한 사람들이 함께 살게 된 셈이지요. 그러니

---

[43] 육화六和 : 첫째는 계화戒和로 같은 계율을 가짐으로써 서로 화동和同하고 애경愛敬하라.
　　둘째는 견화見和로 정법正法에 의한 정견正見으로 의견을 같이 하라.
　　셋째는 이화利和로 이익을 균등하게 나누어 가져라.
　　넷째는 신화身和로 부드럽게 행동하라.
　　다섯째는 구화口和로 자비롭게 말하라.
　　여섯째는 의화意和로 남의 뜻을 존중하라.
[44] 論語 學而 제일편 : 有子曰, 禮之用, 和爲貴.

서로 상대방의 처지를 이해하는 것이 무엇보다도 시급한 일이 됩니다. 지금까지의 야마도는 호족들의 연합체였습니다. 그러나 지금부터는 텐노를 중심으로 화합해서 싸우지 말고 일하는 법을 배워야 할 것입니다."

"좋습니다. 그런 취지로 제일 조를 다듬도록 합시다."

혜자가 정리했다.

"다음으로 강조해야 할 것은 부처님을 믿는 일입니다. 삼보三寶, 즉 불佛, 법法, 승僧을 공경하며, 부처님의 가르침을 받드는 사람은 항상 좋은 일을 하게 됩니다. 태생부터 나쁜 사람은 없는 법이니, 불심佛心을 갖도록 지도하면 좋은 세상을 만들 수 있게 됩니다."

이번에는 젠신니善信尼가 한마디 거들었다.

"좋은 말씀을 하셨소. 우리 야마도의 중심에 불교를 두자는 말씀이시지요. 그러지 않아도 야마도의 조정을 보면, 친인척 간에도 유혈이 낭자하게 서로 죽이고 싸우는 것이 다반사가 되어 있어요. 이제는 불심으로 서로 이해하고, 싸우지 않게 만들어야 하지요."

혜총이 찬성했다.

"불교를 너무 강조한다고 해서, 태초부터 백성들이 믿어온 팔백만 신을 저버릴 수는 없습니다. 그리고 공맹의 교나 노장의 가르침도 너무 배척해서는 화위귀和爲貴를 정한 제일 조에 어긋나게 됩니다. 그래서 불교와 함께 신도, 유교, 도교에 대하여도 함께 소중히 하도록 가르쳐야 할 것입니다."

오경박사 각가가 의견을 달았다.

혜자법사를 비롯한 다섯 사람은 이런 식으로 학식과 지혜를 총 동원해가며 밤낮으로 논의해서, 신료들에게 가르칠 사항을 열일 곱 조목에 담아 나갔다. 참고한 선현의 글이 엄청나게 많았다. 시 경詩經, 예기禮記, 효경孝經, 논어論語, 상서尙書, 관자管子, 순자荀子, 손자 孫子, 한비자韓非子, 좌전左傳, 문선文選, 한서漢書 등과 함께 승만경, 법 화경 등의 불경도 섭렵했다.

"나라를 다스리는 데에는 고래로 예禮를 중심으로 해야 한다고 전해 옵니다. 예는 사회 질서를 지키기 위한 생활규범이 됩니다. 항상 남을 존경하는 태도와 감사하는 기분으로 행동하는 것이 예 의 근본이 됩니다. 정치를 맡은 사람일수록 예의가 바르지 않으면 안 된다는 것도 밝혀 두어야 하겠습니다. 다른 나라와 왕래할 때 에도 예법을 존중하면 대접을 받습니다."

아좌태자가 강조했다.

"하늘 아래 임금님은 한 분뿐이고, 모든 신하는 임금님을 받들 어 모셔야 한다는 것도 담아야 되겠습니다. 텐노는 한 사람뿐이며, 지방을 다스리는 왕이나 구니노미얏고國造, 아가다누시県主 따위는 텐노가 임명하여 파견한 것임을 밝혀 두어야 합니다. 그래야만 지 금까지의 호족 집단 정치체제에서 텐노 중심의 정치체제로 바꿀 수 있게 됩니다. 이는 정치권력의 소재를 밝히는 일이니, 가장 중 요한 설명이 될 것입니다."

각가가 말했다.

"그렇습니다. 위로는 임금님을 모시고, 정치를 맡는 사람부터 예의를 바르게 지켜야 하지요. 사리사욕을 버리고, 공평하고 사심을 버린 입장에서 송사를 재판해 나가야, 좋은 정치가 이루어지게 되지요."

아좌태자의 의견이었다.

"인재를 널리 구하고 적재적소로 활용해야 합니다. 그리고 모름지기 나라를 다스리는 관료는 아침 일찍 출사하고, 퇴출은 저녁 늦게 해서, 백성의 고초를 두루 살필 수 있어야 함을 강조합시다. 아첨을 일삼거나 거짓말을 밥 먹 듯하여, 신의가 없는 사람을 멀리하고, 나라에 공헌하고 백성을 구휼하는 일을 높이 평가해서, 논공행상을 잘 해야 할 것입니다. 권선징악과 신상필벌은 사람들을 다스리는 데에 필수가 되는 일입니다."

각가의 말이었다.

"너무 자상하게 기술하면, 헌법의 권위가 떨어지지 않을까요? 관료들의 처신에 대해서는 간략하게 적는 것이 어떨까요?"

젠신니가 지적했다.

"아닙니다. 요즈음의 관료들의 근무 태도를 보니, 출퇴근 시간을 강조할 필요가 있습니다. 오오오미부터 오전에는 안 나오니, 관료들의 집무 태도가 느슨해지지 않습니까?"

아좌태자는 야마도 조정의 근무 태도가 불만스러웠다.

"그럼, 출퇴근에 대한 말도 넣도록 합시다."

각가가 동의했다.

"남을 시기하거나, 남에게 한을 품거나 하는 일은 하지 못하게 만들어야 합니다. 특히 바쁜 농사철에 백성에게 부역이나 병역을 시키는 일은 금해야 합니다."

젠신니는 백성을 혹사하는 것을 금하자고 주장했다.

같은 말이라도 어떻게 표현할 것인가에 대한 토의도 진행되었다. 많은 주장들을 정리한 끝에 혜자법사가 다음과 같은 말로 마무리를 지었다.

"헌법의 제일 조에서 강조했지만, 상하가 화목해야 하겠습니다. 어떤 일이든지 결정할 때에는 독단을 해서는 안 됩니다. 반드시 많은 사람들의 의견을 듣고 논의해야 합니다. 사소한 일은 텐노의 재량으로 정할 수도 있으나, 국가의 대사는 독단으로 처리해서는 안 된다는 것을 다시 강조하는 것이 좋겠습니다. 지금까지 우리들이 논의해 온 것을 열일곱 개의 조문에 잘 다듬어서 황태자마마에게 보고 드리도록 합시다."

이들이 작업한 내용을 보고 받으면서, 황태자는 각 조문의 표현 하나하나를 세심하게 살펴서 다듬었다.

스이고 12년[45] 4월에 황태자의 주청을 받아 텐노는 17조 헌법을 반포했다. 스이고텐노는 두뇌가 명석한 사람이었다. 그녀는 황태자로 하여금 법령과 조직의 정비와 불교의 진흥에 힘쓰게 하면서, 전성기의 소가 씨와의 세력 균형에 금이 가지 않도록 조정하는 일

---

45 스이고 12년 : 서기 604년.

에 신경을 썼다. 외숙인 소가노 우마꼬가 본거지로 삼고 있는 가즈라기葛城 고을을 차지하려고 욕심내었을 때에도, 그녀는 다음과 같은 말로 완곡하게 거절할 정도로 중심을 잡을 줄 알았다.

"오오오미는 짐의 외숙이시지만, 나라의 땅을 개인에게 양도하게 되면, 짐은 어리석은 여인이라고 후세에 비난을 받게 될 것이고, 오오오미도 불충하다고 비방을 받게 될 것이니, 이것만은 들어드릴 수가 없어요."

공정하게 처신하는 여제의 신임을 활용하면서도, 오오오미 소가노 우마꼬와 호족들의 반감을 사지 않도록 세심하게 처신해 황태자는 많은 개혁을 주도했다. 12등의 관위 설정, 17조 헌법의 반포, 호류지法隆寺를 비롯한 여러 사찰을 건립하고 많은 전답을 기증하여 일족의 근거지를 굳게 다진 일 그리고 스이고 14년에 오노노 이모꼬小野妹子를 즤에 파견해서 학문과 불교를 배워오게 한 일 등 많은 개혁이 황태자의 주도로 이루어졌다.

9월이 되자 조례에 임하는 신료들의 예법을 개정했다. 모든 신료는 정전에 드나들 때에, 두 팔을 땅에 짚고 두 다리를 꿇는 자세로 거동하게 하고, 퇴출하면서 문턱을 넘었을 때에야 서서 나가는 것을 허락했다.

다음 해 4월에 텐노가 황태자와 오오오미를 비롯한 여러 신료에게 칙서를 내려서, 구리 2만 3천 근과 황금 759냥으로 장륙불丈六佛 열 구를 구라쯔구리노 도리鞍作鳥로 하여금 주조하게 했다. 도리는 시메다치도司馬達等의 손자로 젠신니의 조카였다. 구라쯔구리베鞍作

部에 속했는데, 이들은 안장을 비롯한 마구를 만드는 기술자 집단으로, 한반도에서 건너온 지가 얼마 되지 않는 사람들이었다. 야마도가 장륙불을 짓는다는 소식을 전해들은 고구려의 영양태왕이 황금 320냥을 보내어 왔다. 다음 해 4월에 주조된 장륙불을 간코지元興寺의 금당에 안치했다. 간코지는 소재지의 이름을 따서 아스카데라飛鳥寺라고도 했는데, 소가 씨의 번창과 구원을 위해 세운 사찰이었다. 장륙불의 키가 커서 금당 안으로 들어가지 못하게 되자, 도리가 꾀를 내어 문을 부수지 않고도 안치할 수 있게 만들었다. 이때의 공과 조부 때부터의 불교 진흥에 기여한 공로를 치하하여, 아후미近江의 사카다坂田군에 있는 논 20정부를 텐노가 하사했다. 도리는 이 논에 절을 지어 텐노의 은총에 보답했다.

　7월이 되어 황태자가 승만경을 사흘 동안 강론했다. 승만경은 대승경전으로, 아유사국阿踰國의 왕비 승만에게 어머니가 불법에 귀의할 것을 권하는 장면에서 시작되는 경서이다. 친정 부모의 간절한 권유로 부처님께 귀의한 승만부인은 부처님으로부터 장차 성불하리라는 수기를 받게 된다. 모두 15장으로 되어 있는데, 승만부인이 스스로 다짐하고 맹세하는 열 가지 서원誓願이 중심에 있었다. 이 경전에서는 진리를 수호하고, 널리 가르침을 퍼뜨리며, 나쁜 법에 빠진 자로부터 항복을 받아야 한다는 적극적인 포교정신이 보살의 정신이라고 설명하고 있다. 특히 여성의 서원과 깨달음을 통해 진리를 터득할 수 있다는 것을 설교한 점이 다른 경전과 달랐다. 황태자는 28품品으로 된 법화경도 호류지法隆寺 근처에 있는 오카모도岡本 궁에서 강론해 텐노를 기쁘게 했다. 법화경은 묘법연화경妙法蓮華經, 무량의경無量義經, 불설관보현보살행법경佛說觀普賢菩薩行法經의 삼부로 되어 있는 대승경전大乘經典으로, 대승불교 최고의 경전이었다. 황태자의 강론을 듣고 크게 기뻐한 텐노가 하리마播摩의 논 100정부를 황태자에게 하사했다. 황태자는 이 논을 일족이 의지하는 또 하나의 절인 이카루가데라斑鳩寺에 기부해서 재정적으로 풍족하게 만들었다.

황태자가 섭정하는 시기에는 대륙과 한반도와의 왕래가 대단히 빈번했다. 이미 앞에서 적은 사람들 이외에도 야마도로 건너오거나 다녀간 사람들이 많았는데, 스이고 15년46 이후의 대표적인 사례만 적으면 다음과 같았다.

15년 7월에 오노노이모꼬가 즤에 파견되었다가 이듬해 4월에 즤의 베이스칭裵世淸과 12명의 사절단을 안내해 왔다. 사절단의 귀로 편에 여덟 명의 유학생을 야마도에서 즤로 다시 파견했다. 이해에 신라에서 많은 사람들이 귀화해왔다. 스이고 17년 4월에 백제의 중 도흔道欣과 혜미惠弥가 인솔한 승려 10명과 속인 75명이 쓰구시에 표류해 온 것을 본국으로 송환했다. 18년 3월에는 고구려의 영양태왕이 승려 담징曇徵과 법정法定을 보내어 왔다. 담징은 오경에 밝았고, 채색법과 양질의 종이와 먹을 만드는 법을 야마도의 사람들에게 가르쳤다. 7월에는 신라와 안라가야에서 사신들이 다

---

46 스이고 15년 : 서기 607년, 고구려 영양왕 18년, 신라 진평왕 29년, 백제 법왕 8년, 즤隋의 大業 3년.

녀갔다. 이들은 보름 동안 환대를 받고 본국으로 귀국했다가, 다시 8월에 방문해 왔다. 20년에는 백제에서 정원을 조경하는 기술자와 산악散樂을 잘 추는 백제인이 귀화해 왔다. 산악은 고대 티베트와 천축의 가면극으로, 서역을 통해 중국 남조에 전해진 비속하면서도 우스꽝스러운 춤이었다. 22년에는 이누가미노기미犬上君 미다스키御田鍬 등을 䝼로 보냈다가 다음 해에 돌아오면서 백제의 사신을 데리고 왔다. 11월에 황태자의 스승인 혜자법사가 고구려로 돌아갔다. 24년 7월에 신라가 높이 2척의 금동불을 보내어 왔다. 28년 8월에 고구려가 사신을 보내와서 䝼隋 양디煬帝의 30만 대군을 섬멸했다고 하면서, 낙타 한 마리와 노와 포석기 같은 병기를 선물해 왔다.

황태자는 이런 외교의 일에만 힘쓴 것이 아니라, 백성 가운데 곤경에 처한 사람을 친히 구휼하기도 했다. 다음과 같은 전설이 전해질 정도로 그는 늙고 병든 사람들을 특별하게 돌보았다.

스이고 21년 12월에 황태자가 가다오까片岡 산으로 놀러간 적이 있었다. 길가에 굶주려서 피골이 상접한 노인이 누워 있었다. 노인은 황태자가 그 이름을 물어도 답하지 못할 정도로 기진맥진했었다. 황태자가 이를 보고 음식물을 손수 주어 먹게 하고, 입고 있던 옷을 벗어서 입혀주었다. 그러면서 노래를 지어 부르고 "편히 쉬고 있으시오"라고 말하고 돌아왔다. 그가 지었다는 노래가 다음과 같이 니혼쇼기日本書紀[47]와 만요슈萬葉集[48] 등에 전했다.

---

47 니혼쇼기日本書紀 : 나라奈良 시대에 완성한 일본 최고의 칙찬勅撰 정사正史. 신대에서 지토우持

"가다오까 산으로 가는 고갯길에,

허기져서 쓰러진 나그네여 가엾다.

어버이도 없이 태어난 것인가?

다정한 사랑의 손길도 없는 것인가?

끼니 없이 쓰러진 그 나그네여 가엾다."

다음날, 황태자가 사람을 보내어 노인을 살피게 했다. 그런데 살피러 갔던 사람이 돌아와서 보고했다.

"마마, 그 노인은 이미 죽었습니다."

"불쌍한 사람이다. 그 유해를 장사 지내어 주도록 해라."

황태자가 몹시 애통해 하면서, 하인들에게 다시 지시했다. 며칠 뒤에 황태자가 말했다.

"그 노인은 보통 분이 아닐 것이다. 도가에서 말하는 진인眞人이 틀림없을 거야. 그 무덤에 가서 다시 살펴보고 오너라."

시종이 다시 노인의 무덤에 다녀와서 아뢰었다.

"마마, 무덤에 가봤는데, 손댄 흔적이 없는데도, 관을 열어 보니 시신이나 유골이 사라지고 없었습니다. 다만 관 위에 태자마마가 주신 의복만이 개켜서 놓여 있었습니다."

황태자가 그 의복을 가져오게 해서 아무 일이 없었던 것처럼 몸

統텐노까지의 조정에 전한 신화, 전설, 기록 등을 한문으로 기술한 편년체의 사서. 30권. 서기 720년에 도네리舍人 친왕親王이 찬함.

48 만요슈萬葉集 : 만세에 전하는 노래, 만 개의 노래를 모은 것이라는 뜻으로 일본 최고의 노래모음. 20권으로 닌도구仁德 천황비의 노래에서 47대 준닌텐노淳仁天皇 때인 서기 759년까지 350년간 여러 사람이 지은 장가長歌, 단가短歌, 연가連歌 등 4,500수와 한시, 서한 등을 수록함. 오오도모노 야카모치大伴家持(716~785)가 편찬의 주역이 되었다고 전함.

에 걸쳤다. 사람들은 신기하게 여기면서 두런거렸다.

"성자는 성인만이 아는가 보다."

황태자는 백제나 고구려에서 전해 주는 불교만을 배운 것이 아니었다. 그를 측근에서 보좌한 사람들 가운데에는 하다秦 씨 사람들이 있었다. 이들은 신라계로, 오래 전에 유쯔기노기미弓月君가 인솔해서 귀화해온 사람들이었다. 야마도의 각지에 살면서 베를 짜는 기술로 많은 공헌을 해왔다. 이들의 사찰로 알려진 고류지広隆寺의 미륵보살 반가사유상弥勒菩薩半迦思惟像이 신라의 불상을 닮았고, 지붕에 신라식 기와를 인 것을 보면 이들이 신라에서 귀화한 사람들임을 알 수 있었다. 황태자는 소가 씨가 백제계의 불교를 도입한 것을 보고, 하다 씨를 통해서 신라계의 불교를 지지 세력으로 삼았다. 그만큼 황태자는 호족 가운데 최강인 소가 씨와 대립되면서도, 싸우지는 않게 절묘한 균형세력을 만들어서 오오오미의 전횡을 견제해 나갔다. 스이고 23년에 황태자는 삼경의소三経義疏를 저술했고, 28년에는 오오오미와 합작으로 국기国記와 텐노기天皇記를 편찬해서 텐노의 지위를 크게 높였다.

많은 일을 해내던 황태자가 스이고 30년인 서기 622년에 이카루가斑鳩 궁에서 과로로 쓰러졌다. 24년간을 황태자의 비로서, 4남 4녀를 낳은 카시와데노 오오이라쓰메膳大郎女가 황태자의 회복을 기원하면서 정성껏 간호하다가, 2월 21일에 사망했다. 그러자 다음 날에 황태자가 아내를 뒤쫓아 가듯 49세의 나이로 숨을 거두었다. 황태자가 돌아간 소식을 듣고 왕족들과 신료들부터 만백성에 이르기까지 모두들 비탄에 잠겼다. 나이 많은 사람은 사랑하는 아들을 잃은 듯했고, 젊은이들은 자애로운 부모를 잃은 듯이 구슬피 울었다. 모두들 말하기를 "해와 달이 빛을 잃고, 천지가 이미 무너졌다. 이제부터 누구를 의지해야 할 것인가?" 하고 비통해 했다.

밭을 갈던 농부는 쟁기를 멈추고, 곡식을 찧던 여인은 공이질을 그만 두며 슬픔으로 어찌할 줄을 몰라 했다. 바로 시나가磯長릉에 장사를 지냈다. 소식을 들은 고구려의 혜자법사는 황태자를 위해 재를 올렸다. 스스로 불경을 강론하는 날에 그는 맹세했다.

"야마도에 성인이 있었다. 카미쓰미야노 도요도미미노 미꼬上宮豊聰耳皇子라고 한다. 실로 하늘이 내리신 분으로 성인의 깊은 덕을 지니고 야마도에 탄생하셨다. 성군이신 우왕禹王, 탕왕湯王, 문왕文王의 삼통三統을 넘치는 큰 인물로, 큰일을 추진하며 삼보를 공경해서 만백성의 어려움을 구하셨다. 이는 진실로 대성인이시다. 이제 황태자께서 이미 돌아가시니, 내가 나라는 다르지만, 창자가 끊기는 아픔을 느낀다. 나 홀로 살아간들 무슨 뜻이 있으랴. 내년 2월 5일에 나도 황태자를 따라 죽으리라. 그리하여 황태자와 정토淨土에서 다시 만나서 함께 중생을 제도하리라."

혜자법사가 서약한대로 다음 해 2월 5일이 되자 입적하니 사람들이 말했다.

"황태자만 성인이 아니고 혜자법사께서도 성인이시다."

황태자가 훙거薨去한 뒤 100년이 지나자, 후세의 사가들이 그를 쇼토쿠聖德 태자로 시호를 올려 적었다. 황태자가 돌아간 4년 뒤에 오오오미 소가노 우마꼬도 죽었다. 오랫동안 국정을 맡아 왔던 중신들을 차례로 잃은 스이고 여제도 노경의 적막감을 어찌할 수 없었다. 스이고 36년 3월 7일에 텐노는 75세의 나이로 후계자를 지명하지 않고 붕어崩御했다. 9월 20일에 그녀의 유언에 따라 사랑하던 아들 다게다竹田 황자의 묘에 합장되었다.

제 2 장

김유신의 탄생

1 가야 세력과 신라 왕족의 합세

"저기 가는 여인이 누구네 집 규순가? 참으로 아름답군. 바우야,
얼른 가서 어느 집 규순지 알아 오너라."

금관가야 왕손인 김서현金舒玄이 종자를 보고 일렀다.

"그분은 만명萬明공주입니다. 갈문왕 입종葛文王 立宗49의 손녀라
합니다."

"갈문왕 입종이라면 진흥왕마마의 아버님이 아니냐? 그렇다면
저 규수가 숙흘종肅訖宗마마와 만호태후50의 따님이란 말인가? 지

---

49 갈문왕 김입종葛文王 金立宗은 신라 시대의 왕족으로 지증 마립간의 아들이고 법흥왕의 동생이
자 사위였으며 진흥왕의 생부임. 법흥왕의 맏딸 지소태후와 혼인하여 삼맥종(뒤의 진흥왕), 숙
흘종肅訖宗 형제를 낳음.

50 만호태후 : 진평왕眞平王의 모후母后. 만호태후는 본남편인 동륜태자銅輪太子가 먼저 죽자 갈문
왕葛文王 김입종金立宗의 아들이며 진흥왕眞興王의 동생인 숙흘종肅訖宗과 사이에서 만명을 낳
음.

금 거처하시는 곳이 어딘가?"

"나리, 공주님은 보통 신분으로는 가까이 가지 못하십니다. 더욱이 갈문왕의 손녀라면, 구중궁궐 깊이 사는 분이라, 그 거처를 함부로 알 수가 없습니다. 공주님일랑 잊어버리시고, 가시는 사냥길이나 빨리 가십시다."

바우가 서현이 탄 말고삐를 잡고 걸음을 재촉하면서 말했다.

"무슨 소리. 비록 신라에 들어와서 지내지만, 나는 본시 가야의 왕손으로 진골眞骨이니, 가야와 신라의 인연으로 보더라도 내가 어찌 신라의 공주를 가까이 할 수 없단 말인가? 잔소리 말고 얼른 거처를 알아 오너라."

서현은 가야의 무인들 가운데서도 기골이 장대하고 혈기가 왕성한 청년이었다. 그는 일명 소연逍衍이라고 했는데, 이때에 만노군萬弩郡[51] 태수로 있었다. 마침 서울의 남당南堂에 공무로 다녀오는 길이었다. 서현의 아버지, 김무력金武力은 금관가야의 마지막 왕인 구형왕仇衡王의 셋째 아들이자, 금관가야 시조인 수로왕首露王의 11세손이었다. 무력은 신주도新州道 행군총관行軍摠管으로 있을 때에, 백제왕 성왕聖王과 그의 장수 4명을 잡고, 만여 명의 머리를 잘라 대승을 거둔 장수였다. 서현은 무력이 진흥왕의 딸 아양阿陽을 아내로 맞아 낳은 아들이었다.

"만명공주님이십니까? 저는 만노군 태수 김서현입니다. 가야 시조의 12세손입니다. 공주님을 뵙게 되어 기쁘기가 한량이 없습

---

51 만노군萬弩郡 : 뒷날의 충북 진천鎭川.

니다. 아무쪼록 저의 얼굴을 익혀 두소서. 차차 뵙게 될 날이 있을 것입니다."

서현의 말씨는 공손했으나, 젊은 무인의 건장한 체구와 당당한 기품이 만명공주의 시선을 끌었다. 만명공주도 이렇게 자기를 소개하는 젊은이에게 호감이 갔다. 그녀는 약간 부끄러운 듯, 부채로 입을 가리며 다소곳이 말했다.

"태수님께서 소녀를 어찌 알아보시는지 모르겠습니다만, 가야 시조의 12세손이시라면 혹시 김무력 장군의 아드님이 아니신지요?"

"그렇습니다. 우리 집안을 아시는군요. 공주님께서 괜찮으시다면 한번 찾아뵐까 하는데."

"제가 있는 곳을 아십니까? 신월성新月城이랍니다. 낮에는 이렇게 나와 다닙니다만, 밤에는 집에서 서책을 읽으며 지냅니다. 태수님께서 좋으시다면 한번 놀러 오십시오. 함께 시국도 얘기해 보고, 인생사에 관한 의견도 교환해 보고 싶습니다. 태수님께서 선정을 베풀고 계시다고 만노군 백성들의 칭송이 자자하다고 들었습니다. 어떻게 해서 백성을 편안하게 만드시는지 그 요령도 알고 싶습니다."

그날 밤 서현은 신라의 왕성인 금성金城의 동남에 있는 신월성으로 찾아갔다. 가야 출신 무사들이 각 성의 경비병으로 근무하고 있어서, 성안으로 들어가기가 별로 어렵지 않았다.

"공주님, 계십니까? 낮에 길에서 뵌 서현입니다. 공주님과 차나 나누면서 얘기를 나누고 싶어서 왔습니다."

서현이 공주가 거처하는 궁실 밖에서 작은 목소리로 말했다. 그러자 문이 열리면서, 한 시녀가 나와 공손히 인사를 하며 그를 맞았다.

"어서 들어오소서. 공주님께서 기다리고 계십니다."

시녀를 따라 방으로 들어가니, 공주가 정중하게 서현을 맞으며 의자를 권했다.

"어서 오세요. 오늘 낮에 처음 뵈었는데, 벌써 소녀를 찾아오시다니, 성미가 꽤 급하신 것 같습니다. 옛날, 가야 출신의 8세 풍월주, 문노공도 윤궁궁주尤宮宮主를 취할 때에 민첩하게 행동하셨다고 들었습니다. 가야의 무인들은 모두 문노공처럼 행동이 잽싼가 봅니다."

공주가 말하면서 재미있다는 듯이 활짝 웃었다.

"우리 가야 무인은 모두가 호탕해서 무엇을 해도 거침이 없답니다. 그러니 서두르다가 혹시 결례하는 일이 있더라도, 크게 나무라지는 마십시오."

"먼저 차를 올리겠습니다. 죽로차竹露茶예요. 지리산의 대나무 잎에서 떨어지는 이슬을 먹고 자란다지요. 이 차를 한 모금 마시면, 기분이 한결 맑아지고 입안이 부드러워지지요."

공주가 찻잎을 한 줌 집어 손으로 닦고 비빈 뒤에 다관에 넣고 뜨거운 물을 부어 차가 우러나는 것을 기다렸다가, 찻잔에 곱게 부어 두 손으로 받쳐 들며 권했다.

"한잔 들어보세요."

"고맙습니다. 차의 향기가 참으로 은은한 것이 좋습니다."

서현은 찻잔을 입에 대고 몇 모금을 마시고, 찻잔과 다관을 차례로 살핀 뒤에 탄성을 올렸다.

"어쩌면 이 찻잔과 다관이 이렇게 우아합니까? 마치 공주님의 모습과 같습니다."

"아니, 부끄럽게 그런 말씀을 하세요?"

공주가 몸을 꼬며 말했다. 그 모습이 원앙새처럼 귀여웠다. 서현이 자기도 모르게 한숨을 쉬었다.

"신라에도 이처럼 풍류를 즐기시는 분이 있다는 것을 미처 몰랐습니다. 우리 가야의 시조 할아버지의 왕비이신 보주황태후普州皇太后[52]께서 시집오실 때에, 중국에서 차의 묘목을 가지고 오셨다고 합니다. 그 뒤로 지리산 서쪽 기슭의 구릉지에 차나무를 심어서, 철마다 그 잎을 따서 여러 가지로 차를 달여서 복용해왔습니다. 공주님께서는 잎차와 가루차 가운데 어떤 것을 더 좋아하십니까?"

"소녀는 잎차를 즐기지요. 특히 이 죽로차를 좋아하지요. 맛이 어떻죠?"

"참으로 좋은 차로군요. 그런데 공주님께서는 서책을 즐기신다고 들었습니다. 지금 보시는 것은 무엇입니까? 한번 보아도 되겠습니까?"

서현이 공주가 책상에 펼쳐둔 책을 살펴보려고 몸을 움직였다.

---

52 보주황태후普州皇太后 : 김수로 왕비 허황옥. 환단의 후예 1권 제3장 해양족과의 제휴 참조.

"아니, 부끄러워요. 태수님께 보여드릴 만한 것이 못 되는데."

"이건 시경詩經이 아닙니까? 그래 지금 보시던 노래는 무엇입니까? 소인에게 들려주소서."

"시경 가운데 국풍에 실린 관저關雎라는 노래지요. 시경은 4부로 되어 있는데, 국풍國風에는 중국 황허유역의 민요가 담겼고, 대아大雅와 소아小雅에는 의식에서 부르는 노래를 모았어요. 마지막 것이 송頌이라고 해서 제사 때에 쓰이는 시지요."

"공주님께서 시를 즐기시니 정말 다정다감한 분인 것 같습니다."

서현은 우선 공주의 박식함에 놀랐다.

"관저는 사랑의 노래지요. 요조숙녀의 마음을 이처럼 잘 표현한 노래는 드물 것이랍니다. 죽로차를 한잔 더 드시면서 들어보세요."

공주가 곁에 둔 가야금을 무릎에 얹고 줄을 뜯으며 노래하기 시작했다. 공주의 목소리가 방 안에 퍼지니, 산골짜기 개울물이 흐르는 소리 같이 맑았다.

"구구 하고 우는 물수리가, 關關雎鳩

모래섬에 앉았네. 在河之洲

품위 있고 얌전한 아가씨가 窈窕淑女

군자의 좋은 짝이 되려네. 君子好逑

물 위의 마름 나물 參差荇菜

좌우로 떠다니네. 左右流之

품위 있고 얌전한 아가씨가 窈窕淑女
자나 깨나 찾고 있네. 寤寐求之

찾아도 못 만나서 求之不得
자나 깨나 그리워하네. 寤寐思服
언제나 만날지 悠哉悠哉
잠 이루지 못하고 뒤척이네. 輾轉反側

물 위의 마름 나물 參差荇菜
이리저리 따오네. 左右采之
품위 있고 얌전한 아가씨가 窈窕淑女
금슬을 벗으로 삼았네. 琴瑟友之

물 위의 마름 나물 參差荇菜
이리저리 삶았네. 左右芼之
품위 있고 얌전한 아가씨가 窈窕淑女
종과 북을 치며 즐기고 있네. 鍾鼓樂之"

노래를 다 부른 공주가 가야금을 옆으로 치우며, 두 뺨에 홍조를
띠며 자세를 고쳐 앉았다. 가야금의 맑은 소리와 어울린 부드러운
목소리에 한동안 취해 있던 서현은 무릎을 치면서 탄복했다.

"공주님의 노래는 정말 아름답습니다. 노래의 뜻 또한 사람의
애를 끊는 내용입니다. 이런 노래를 듣고 마음을 움직이지 않는

사내가 있겠습니까?"

"아니 너무 칭찬하지 마세요. 부끄럽게."

공주가 옷고름을 만지작거리며 말했다.

"그런데 한 가지 궁금한 것이 있습니다. 오늘 낮에 공주님을 처음 뵙고, 이분이야말로 한평생을 함께 할 수 있겠다고 했더니, 종자인 바우가 분수에 넘치는 욕심이라고 말하면서 말렸습니다. 신라의 골품제도가 엄격하다고 들었습니다만, 공주님을 가까이 모시지 못할 정도로 차별이 심하다면 예삿일이 아닙니다. 공주님께서는 어떻게 생각하십니까? 신라의 골품제도를."

서현은 솔직한 성품이라, 단도직입적으로 핵심적인 질문을 했다. 그런데도 공주의 안색은 변하지 않았다. 공주는 자세를 바로 고치며, 빙그레 웃었다.

"신라 초창기에 박씨와 석씨의 두 집안이 번갈아 가며 왕이 되었어요. 김씨로 왕통이 바뀌면서, 왕권을 강화하기 위해 성골을 만들었다고 하지요. 법흥왕께서 율령을 반포하시면서 성골, 진골과 6두품에서 1두품까지의 골품제도가 확립되었답니다. 법흥왕께서는 당신을 중심으로 아버님인 지증왕과 아우 입종, 따님인 지소부인, 입종의 아들과 따님까지만 성골 신분을 갖도록 엄격히 제한하셨어요. 말하자면 금상의 아버지와 형제, 자녀 및 조카를 성골로 삼으신 것이지요. 율령에 따르면 대가 바뀔 때마다 금상과 그의 아버지, 형제자매, 자녀와 조카들만 성골이 될 수 있기 때문에, 그 수가 극히 제한되었지요. 왕의 대가 바뀌면 이 범주에서 벗어나는 왕족은 진골로 신분이 내려간답니다. 진골이라 하더라도 아래의 골품과 혼인해서 낳은 자녀부터는 6두품 이하로 신분이 내려간답니다. 왕위에 오르지 못하면서 아들이 왕이 된 갈문왕 같은 성골은 근친끼리라도 혼인해서 그 신분을 유지하려고 노력합니다."

"참으로 엄격하군요. 근래에 신라 왕실이 근친혼으로 얼룩진 까닭을 알 것 같습니다. 그런데 근친혼을 거듭하다보면, 우수한 자질보다 열성 인자가 증폭되어, 허약하고 우둔한 사람이 많이 태어날 수 있다고 합니다. 성골이 취약해질까 봐 걱정이 됩니다."

서현은 이런 제도는 타파해야 한다고 생각해서 나쁜 점을 특히 강조했다.

"그렇지요. 근자, 왕자나 공주들 가운데 음란하고 난폭한 자가 더러 나타나는 것도 근친혼의 폐단이지요."

공주는 최근의 문란했던 신라 왕실에 대한 생각이 미쳐서, 침울한 표정을 감추지 않고 말했다.

"성골과 진골 외에는 어떤 신분이 있습니까?"

서현으로서는 대충 아는 일이었지만 공주가 어느 정도로 실정을 알고 있는지 알고 싶었다.

"진골 아래에 6두품에서 1두품까지의 여섯 골품이 있어요. 그리고 이런 두품 층 아래에 평인平人 신분이 있답니다. 평인은 백성이라고도 하지요. 이들은 대체로 농사를 짓거나, 장사를 하는 사람들과, 집이나 그릇, 옷, 그림, 조각 같은 것을 만드는 기술자 그리고 군인, 관청의 사인使人들인데, 노동으로 생계를 유지한답니다. 요즈음에 와서는 3두품, 2두품, 1두품과 평인의 차이가 애매해져서 구분이 잘 되지 않게 되었어요. 우리나라 사람의 8할 정도가 평인입니다. 이들은 3년간 국가를 지키는 병역이나 부역에 종사하게 되어 있어요. 그리고 농사를 짓는 평인은 조租라고 하여, 한 해에 거두어들이는 곡식의 일부를 상전에게나 국가에 바쳐야 합니다. 적어도 소출의 3할은 바치는데, 많을 때에는 7할이 넘게 부담하는 경우도 있어서, 백성의 고초가 이만저만이 아니라 하지요. 이뿐만 아니라 조調라고 해서 뽕나무, 잣나무, 호두나무에서 생산되는 물건을 바치는 것도 있어요.

왕경에서는 6부에 리里, 왕도에 방坊을 두고 있는데, 그 안에 몇 개의 마을이 있습니다. 평인이 규칙을 어기면 한마을 사람들 모두의 책임으로 모는 연좌제가 있어서, 심한 경우에는 부 전체를 처벌할 때도 있다고 합니다. 이 평인 신분의 아래에 노비가 있어서 힘든 잡역을 맡고 있어요. 전쟁 포로나 범법자나 거지와 그의 자손들이 노비가 되는데, 재물처럼 사고팔 수 있어요. 우리 백성들의 1할 정도는 노비랍니다. 불교가 들어온 뒤로 많은 사람들이 승려나 여승이 되었지요. 그런데 이런 사람들은 골품의 규제를 받지 않아요. 성골 신분으로도 진흥왕처럼 임종 시에 삭발하고 승려가 된 분도 있답니다.”

공주는 구중궁궐에서 자랐으나 수시로 바깥출입을 하면서 백성의 살림을 파악하고 있었다. 그녀의 설명은 자세하고 구체적이었다.

"골품제도가 엄격한 것은 알겠으나, 실지로 어떤 차별을 받습니까? 저희 가야 왕손은 진골로 대접을 받고 있어서 큰 지장을 느끼지 못합니다만, 거주지가 골품에 따라 제한되는 것을 보니, 많은 차별이 있는 것을 느꼈습니다. 혹시 공주께서 알고 계시는 일이 있으면 말씀해 주십시오."

서현은 공주가 한 번 더 따라준 죽로차로 목을 축이고 다시 물었다.

"거주지는 골품에 따라 규제되지요. 월성(대궁大宮), 만월성(양궁梁宮), 금성(사량궁沙梁宮)의 세 왕궁에 주인으로서 살 수 있는 자격은 성골만이 지닐 수 있답니다. 진골은 궁 밖의 왕도에 살 수 있습니다. 서울에는 여섯 부가 있고, 부마다 여러 리가 있고, 리 안에 많은 마을이 있는데, 6두품 이하의 경우 골품에 따라 부나 리, 또는 마을로 거주 지역이 규제됩니다. 이는 왕경인王京人이라 하여 서울에 사는 사람들의 경우이고, 지방에서는 5두품인 진촌주眞村主와 4두품인 차촌주次村主가 평인과 노비를 거느리고 살게 되어 있답니다. 진촌주가 여러 차촌주를 산하에 거느리고 있는데, 이들 가운데에는 주州, 군郡, 현縣, 소경小京을 맡는 관원으로 근무하게 되는 사람도 있어요."

공주가 하얀 천을 펼쳐서 그 위에 먹으로 지도를 그리면서 자세히 설명했다.

신라의 골품제도는 엄격했다. 거주지만 규제하는 것이 아니라, 관직으로 나가는 것도 골품에 따라 차등을 두었다. 진골이면 가장 높은 관위인 이벌찬伊伐飡으로부터 최하위인 조위造位까지 아무거나 맡을 수 있지만, 6두품은 6등급인 아찬阿飡, 5두품은 10등급의 대나마大奈麻, 4두품은 12등급의 대사大舍까지밖에 오르지 못했다. 낮은 골품 때문에 특출한 능력이 있더라도 큰일을 맡지 못하게 되어 인재를 등용하는 데에 큰 지장이 있었다. 게다가 모든 생활양식이 골품에 따라 달라졌다. 옷의 색깔, 수레의 재료, 말의 장식, 기물의 장식, 집이나 방의 크기와 장식 등을 골품에 따라 상세히 구분해서 규제했다. 진골 신분의 경우를 예로 들면, 방의 너비와 길이는 24척을 넘겨서는 안 되고, 계단은 3단 이상을 만들지 못했다. 수놓은 병풍을 치지 못하고, 자단紫檀이나 침향沈香으로 수레나 평상을 만들지 못하게 하고, 금, 은, 옥으로 장식도 하지 못하게 했다. 그런 차별이 두품마다 있는데, 4두품에서 평인에 이르는 사람의 경우, 방의 길이와 너비가 15척을 넘기지 못하고, 대문이나 4방문을 만들지 못하며, 마구간에 말을 2마리 이상 기를 수 없게 했다.

서현은 백제와 인접한 곳의 태수를 맡고 있으면서, 이런 골품제도에 얽매어서 훌륭한 인재를 쓰려 해도 높은 관직에 등용하지 못하는 애로를 겪고 있었다. 그래서 답답한 마음을 공주에게 알려서 이해를 구하고 싶었다.

"너무 골품에 집착하면, 사람을 쓰기가 어려워집니다. 가야 명장 문노도 윤궁궁주尤宮宮主에게 장가들기까지는 풍월주에 오르지 못했습니다. 혁혁한 무공으로도 41세가 되도록 풍월주에 오르지 못한 것을 보면, 골품제도의 폐단을 짐작할 수가 있습니다. 많은 인재가 이 제도 때문에 초야에 묻히고 맙니다."

서현이 탄식을 하면서 이렇게 말하자, 공주도 고개를 끄덕였다. 공주 역시 골품제도의 폐단을 잘 알고 있었다.

신라의 관직은 주로 세 계통으로 되어 있었다. 행정을 맡는 서열은 영令, 경卿, 대사大舍, 사지舍知, 사史로 그 위계가 정해져 있었다. 사원을 다스리는 관직으로는 금하신衿荷臣, 상당上堂, 적위赤位, 청위靑位, 사史가 있었고, 무관으로는 장군將軍, 대감大監, 제감弟監, 소감少監, 졸卒로 이어졌다. 지방 관직은 주州를 맡는 군주軍主, 총관摠管, 도독都督에서 군을 맡은 군태수郡太守와 그 아래의 현령縣令(소수少守)으로 서열이 정해져 있었다. 그런데 이런 관직들도 관위에 따라 맡을 수 있는 신분이 정해져 있었다. 예컨대 영은 대아찬大阿飡에서 태대각간太大角干까지의 관위를 가진 자만이 오를 수 있었다. 말하자면 진골이라야 된다는 뜻이었다. 또한 경은 나마奈麻에서 아찬阿飡까지의 관위를 가진 자가 될 수 있으니, 6두품 이상이라야 될 수 있는 셈이었다. 화랑도를 이끄는 화랑이나 화랑을 거느리는 영수인 풍월주도 진골만이 될 수 있었다. 골품에 따라 각종 관위에 오르는 자격이 주어지고, 관위가 정해져야 관직을 맡을 수 있는데, 관직을 맡게 되면 녹읍祿邑 또는 관료전官僚田이라는 전답을 받게 되고, 세조歲租 또는 월봉月俸이 지급되었다. 특히 공로가 있을 때에는 재화와 전장田莊 그리고 노비를 지급하기도 했다.

"태수님께서는 백성들을 온정으로 돌보신다고 소문이 자자합니다. 많은 관리들이 저마다 사리사욕으로 백성의 고초를 돌보지 않아서, 곳곳에서 민원이 일어나고 있어요. 그런데 ·오직 만노군에서는 원성이 없고 도리어 칭송만 들려오니, 어떻게 된 일이지요?"

공주가 물었다.

"특별한 혜택을 준 것이 아닙니다. 그저 저녁마다 소관 구역을 돌면서, 굴뚝에 끼니를 짓는 연기가 나는지 살펴보았지요. 식량이 모자라서 끼니를 끓이지 못하는 집에는 하인들을 시켜서 곡식을 한 포대씩 마당에 놓고 오라고 시켰답니다. 가뭄이 들어서 딸을 내다 팔려는 사람에게는 보리쌀이나 피륙을 주어 군으로 데리고 오라고 했지요. 이들에게 누에치기와 삼 삼기를 가르쳐서 집으로 돌려보내는 구휼 사업을 계속했습니다. 이런 일에 쓰일 재물은 우리 가야 왕가에서 비축한 것을 썼습니다. 그랬더니 우리 군에는 거지나 도적이 생기지 않더군요."

"참으로 대단하시군요. 다들 치부하기에만 혈안이 된 세상에서, 태수님처럼 베푸시는 분이 계시니, 이 얼마나 훌륭한 일입니까? 참으로 우러러 보입니다."

공주의 말은 공치사가 아니었다. 서현을 올려다보는 눈에 존경하는 기색이 완연했다. 두 사람은 밤이 이슥하도록 많은 얘기를 나누다가, 며칠 뒤에 다시 만나기로 하고 헤어졌다.

이런 일이 있은 뒤로 서현과 만명은 사흘이 멀다 하고 서로를 찾았다. 어떤 때에는 만명공주가 서현을 따라 만노군까지 따라갔다. 그러다보니 차차 두 사람의 관계가 소문나게 되어서, 마침내 만명의 아버지인 숙흘종肅訖宗의 귀에까지 들어갔다. 숙흘종은 노발대발했다.

"아니, 만명이 가야 놈과 놀아났다고? 어찌 이런 일이 있을 수 있는가? 성골의 반열에 속할 자가 가야의 무리와 논단 말인가? 절대로 그대로 둘 수가 없다. 장차 왕위를 이을 고귀한 분들과 사귀어야, 성골 신분을 유지할 수 있을 터인데, 어찌 이렇게 함부로 처신하는가? 이제 이년이 바깥출입을 못하게 해야겠다. 잡인이 찾아오지도 못하게 감시를 철저히 해라."

숙흘종은 만명공주를 궁실에 가두고, 경비를 세워 감시하게 했다.

그러던 어느 날 밤, 하늘에 구름이 짙게 깔리고, 신월궁에 강풍이 몰아치더니, 천둥번개가 잇달아 쳤다. 번쩍 하고 번개가 치고 우르르 꽝 하고 벼락이 떨어져서, 신월궁의 궁문이 산산조각 났다. 문밖에서 여러 날 동정을 살피고 있던 서현과 바우가 벼락 치는 순간을 전후해서 궁문을 부순 것이었다. 이들은 궁 안으로 몸을 날렸다. 서현이 만명공주의 거실 밖에 이르자 인기척에 수하를 하는 경비병을 주먹으로 쳐서 실신시킨 후 방문을 두드렸다.

"공주님, 접니다. 서현입니다. 공주님을 구하러 왔습니다. 어서 나와서 도망갑시다. 밖에 말을 세워두었으니, 함께 만노군으로 갑시다. 공주님, 어서 서두르세요."

서현이 방문을 활짝 열고 안으로 들어갔다. 방 안에서 바깥 동정을 살피고 있던 공주가 황급히 옷가지와 서책만 챙기고 나와서 바우의 도움을 받으며 말 등에 올랐다. 세 사람은 말을 몰아 억수

같이 퍼붓는 빗발을 가르며 서북으로 치달았다.

몇 시진이 지났을까? 그토록 심하게 불던 비바람이 멎으면서, 먼동이 하얗게 터왔다. 서현은 만명공주를 만뢰산성萬賴山城[53]으로 안내했다. 만뢰산성은 만노군에서 가장 높은 산인 만뢰산에 외적의 침략을 막기 위해 쌓은 석성이었다. 며칠을 이곳에서 쉬면서, 서현은 바우를 보내어 서울의 동정을 염탐하게 했다. 바우가 돌아와서 서현에게 보고했다.

"나리, 신월성에서는 난리가 났더군요. 숙흘종마마께서 공주님이 사라진 것을 알고 노발대발하셨답니다. 군사를 풀어서 사방을 수색했으나 공주님을 찾지 못하자 숙흘종마마는 상심에 빠졌는데, 마마를 무마시킨 분이 김용춘金龍春 이찬伊飡이라 합니다. 이찬이 기왕 이렇게 된 것을 탓해서 무엇 하느냐고 숙흘종마마를 설득하셨다고 합니다. 마침내 숙흘종마마께서 성골 신분을 망각한 딸은 잊겠노라고 선언하시고 자리에 누우셨다고 합니다. 지가 이찬 어른을 찾아뵈었습니다. 이찬이 절 알아보시고, 나리가 공주님을 모시고 간 것을 확인하시더니, 안도하시는 기색이셨습니다."

김용춘은 진지왕의 아들로 진평왕의 딸 천명부인을 아내로 맞은 사람이었다. 미실궁주와 노리부가 진지왕을 폐위시키고 진평왕을 보위에 모실 때에, 난을 피하여 양산의 취산에 숨었었다. 이 곳은 김무력의 근거지였다. 뒤에 김무력의 주선으로 다시 조정에 나올 수 있었던 김용춘은 평소에 가야 출신 무인들과 교분을 갖게 되었

---

[53] 만뢰산성萬賴山城 : 뒷날의 충북 진천읍 북쪽에 있는 산성. 해발 611.7m.

다. 그는 서현을 어릴 때부터 눈여겨보아, 장차 훌륭한 장수가 될 것으로 짐작하고 있었다. 그런데 그 서현이 숙흘종의 딸과 연분을 맺게 된 것을 알고, 못내 반가워했었다. 마침 진평왕이 왕자를 얻지 못하고 딸만 여럿을 두고 있었기 때문에 왕실을 보필할 남자가 모자랐다. 용춘은 가야 출신 무인의 집안과 손을 잡고 실권을 장악할 생각으로 있었다. 그러던 참에 서현이 만명을 데리고 도망친 사건이 터진 것이었다. 용춘은 이때야말로 가야인들의 마음을 사는 절호의 기회라고 생각해서 왕실을 설득하고 무마하기 위해 애썼다. 덕분에 서현과 만명의 일을 신라 왕실에서 묵인하게 되었다.

서현은 만뢰산 동쪽에 있는 작은 산 아래에 담을 축조하고 그 안에 집을 지었다. 사람들은 이곳이 담 안에 있는 밭이라고 담안밭이라 불렀다. 길일을 택하여 서현과 만명은 이곳에서 화촉을 밝혔다. 두 사람은 포부가 같았다. 신라의 구습을 혁파하고 외적의 침입을 막아, 백성 모두가 편히 살 수 있는 고장을 이룩하는 꿈이었다. 서현은 어릴 때부터 시조 할아버지의 가르침에 대하여 귀가 따갑도록 들어왔다.

"서현아, 시조 할아버지께서는 가야를 개국하면서 홍익인간을 강조하셨단다. 모든 백성을 사랑하고 널리 인간세계를 이롭게 하라고 하셨다. 우리 가야 왕실이 신라에 귀부한 것도 신라와 힘을 합하여 이런 소망을 이루어보자는 뜻이었다. 그러니 너도 장차 커서 이 나라를 지키기 위해 외적을 물리치고, 백성을 어루만져서 살기 좋은 세상을 만들도록 노력하거라."

2 화성과 토성의 정기를 받은 아이

담안밭에서 즐거운 나날을 보내던 어느 날 아침에 부부가 밥상 머리에 앉아서 이야기를 주고받았다.

"여보, 이상한 꿈을 꾸었소. 경진庚辰일 밤에 형혹熒惑 두 별이 내게 내려와서 깜짝 놀라 깨어보니 꿈이었다오"

형혹이란 화성과 토성을 말했다. 경진일이란 17일을 말했다. 음양오행에 따르면 천간天干에서 경과 진은 모두 양陽에 속하는데 경은 금을 뜻하고, 진은 지지地支에서 토에 속했다. 그래서 경진일은 토가 금을 낳고 상생을 하는 날로 간주했다. 그러자 만명부인이 말했다.

"저도 신축辛丑일 밤에 금으로 만든 갑옷을 입은 한 동자가 구름을 타고 집 안으로 들어오는 꿈을 꾸었습니다. 신축은 38번째 날인데 이 역시 신이 금이고, 축이 토에 속해서 토가 금을 낳고 상생을 하는 날이 됩니다. 우리 부부가 전후하며 비슷한 길몽을 꾸니, 필시 칠성님께서 훌륭한 아들을 점지하시겠다는 뜻일 것입니다. 이처럼 좋은 일이 어디 있겠습니까?"

그로부터 얼마 지나지 않아 만명부인에게 태기가 있었다. 두 사람이 꿈을 꾼 때로부터 스무 달이 지나서 만명부인이 옥동자를 낳았다. 서현은 태를 거두어 집 뒤의 산에 묻었는데, 뒤에 이 산을 태령산胎靈山[54]이라 불렀다. 서현이 멱수 마을에서 미역을 빨아서 국을 끓여 산모에게 바쳤다. 이때가 진평왕 건복 17년[55]이었다.

아기가 태어난 지 며칠이 지났다. 아기를 목욕시키던 유모가 아기의 등을 가리키며 신기한 듯이 탄성을 올렸다.

"이걸 보세요. 도련님의 등에 검은 점이 많습니다."

"어디 보자. 이게 무슨 모양인가? 북두칠성처럼 생겼군. 이 아이를 칠성님이 점지하신 증좌가 여기에 있었구먼."

만명부인이 아기의 등을 살피면서 말했다.

"그런데 아기의 이름을 무엇이라고 짓지? 나리께 여쭈어보자."

만명부인이 서현에게 가서 아기의 이름을 재촉했다. 서현이 말했다.

"내가 경진일 밤에 좋은 꿈을 꾸어 이 아이를 얻었소. 그러니 경진이라고 했으면 좋겠는데, 고래로 날짜로 이름을 짓는 법이 아니

---

[54] 태령산胎靈山 : 충북 진천의 만뢰산 동쪽에 있는 봉우리. 해발 450m.

[55] 진평왕 건복 17년 : 서기 595년, 쉬원디 가이황 15년, 고구려 영양왕 6년, 백제 위덕왕 42년, 야마도 스이고 4년.

라 했소. 경庚과 비슷한 글자에 유庚가 있고, 진辰과 신信이 소리가 비슷하니 이름을 유신으로 삼을까 합니다. 중국의 남북조 시대에 남과 북의 문학을 집대성하신 어른의 이름이 유신庚信[56]이라고 했소. 이 아이도 장차 남북을 아우르는 큰 인물이 되어야 할 것이 아니오? 부인 생각은 어떠시오?"

"참으로 좋은 이름이라 생각되어요. 김유신 하고 불러보니, 소리도 매끄러워 부르기가 좋네요."

유신은 건강한 아이였다. 몇 년이 지나는 동안에 키가 쑥쑥 자랐다. 동네 아이들과 함께 쏠고개에서 활을 쏘고, 태령산 앞에 있는 치마 바위에서 말달리기 수련을 했다. 그러다가 짬이 나는 대로 장수굴에 들어가서 천자문을 익히고 경전과 병서를 읽었다. 언제나 유신이 앞장섰다. 무술을 익힐 때만이 아니라 글을 배울 때에도 한번 들으면 잊어버리지를 않았고, 하나를 배우면 서너 가지로 활용할 줄 알았다. 이런 유신에 대한 소문이 대궐에까지 퍼졌다. 소문을 들은 만호태후가 유신을 한번 보기를 원했다. 서현을 사위로 인정하지 않고 있던 만호태후는 유신을 만나보고 크게 반겼다. 넓은 이마에 콧날이 오뚝하고, 큼직한 눈의 눈동자는 검은 수정 같이 검게 빛나서 영특하게 생겼다. 게다가 또래의 소년에 비해 키가 머리 하나 차이만큼 크고, 튼튼한 몸매를 지니고 있는 것이 우선 마음에 들었다. 태후는 외손자가 이렇게 무럭무럭 자라

---

56 유신庚信(513~581년) : 字 子山. 南陽新野(뒷날의 河南) 남북조 문학을 집대성한 자로, 남조문학의 화려하고 아름다운 표현에 북조문학의 강건하고 청신한 기풍을 하나로 융합하여 독특한 예술적 기풍과 격식을 표현하게 함.

고 있다는 것이 무엇보다도 든든했다. 태후가 유신을 가까이 하다가 보니, 자연히 서현을 사위로 인정하게 되었다. 이런 일이 있은 뒤에 서현은 양주총관良州摠管[57]으로 승진해서 백제와 싸우게 되어 큰 전공을 세웠다.

천지가 바뀌어도 사람이 사는 한 세상은 변함없이 이어진다. 금관가야가 신라에 귀부한 뒤로 금관가야의 왕족은 신라 귀족인 진골로 대접을 받고 살아왔다. 김수로왕의 혈통은 신라의 김씨 왕조의 시조인 김알지에게도 이어져 있으니, 이들은 본시 같은 집안이었다. 더욱이 유신은 신라 진흥왕의 외손으로 신라 왕실의 혈통마저 이었으니, 어디에 가도 당당히 대접을 받을 수 있어야 했다. 그러나 신라의 귀족들은 가야에서 온 신참 귀족을 쉽게 받아들이지 않았다. 곳곳에서 따돌려서 설움을 겪게 했다. 유신이 활동을 활발히 함에 따라, 그를 질투하는 서라벌의 아이들이 편을 짜고 따돌렸다. 유신이 아우 흠순欽純을 데리고 폭음하면서 신세를 한탄했다.

"어쩌면 서라벌 놈들이 이리 거만한가? 우리 가야 출신이 거들지 않으면, 고구려나 백제의 공격을 막지 못해 결딴이 날 처지이면서. 아우야, 우리가 화랑도로서 계속해서 수련해 나가야 할 것인지 결심이 서지 않는구나. 오늘은 술이나 마시고 우리의 신세를 한탄해 보자."

---

57 양주총관良州摠管 : 뒷날의 경남 양산梁山에 주를 두어 그 장관을 총관이라고 함. 뒤에 도독으로 명칭을 변경함.

흠순은 형이 이처럼 흐트러지는 것을 전에는 본적이 없었다. 흠순이 형에게 말했다.

"형님, 우리가 훌륭한 화랑이 될 수 있도록 천지신명에게 기도를 드려보십시다."

유신이 아우의 권에 따라, 치마 바위에서 승마와 궁술로 훈련하다가 저녁이 되면 신궁으로 가서 기도를 드렸다.

"서라벌의 시조이신 박혁거세 거서한에게 기도드립니다. 그리고 금관가야의 시조 할아버지께 기도드립니다. 이 나라에 태평성세를 만들 수 있도록 도와주소서. 아직은 한반도의 동남에 있는 소국이지만, 언젠가는 천하를 통일하여 널리 사람들에게 이익을 줄 수 있게 힘이 생기도록 도와주소서."

유신의 정성스런 기도를 눈여겨보던 천군天君이 있었다. 아직 이팔청춘의 아리따운 처녀였다. 그녀는 유신의 늠름한 모습에 매력을 느꼈다. 기도를 마치고 나오는 그에게 손짓을 해서 신궁 옆의 암자로 안내했다. 그녀가 차려온 다과를 들던 유신이 말했다.

"누구신지요. 저를 이렇게 대접해 주시니 고맙기 한이 없소이다. 그런데 술도 한잔 주시면 더욱 감사하겠소만."

"소녀는 신궁에서 서라벌의 시조와 소지 마립간 이후의 대왕마마의 신위를 모시고 있는 천관天官입니다. 술이라 하시니 신궁에서 숙성해온 황금주를 드리겠습니다. 잠시만 예서 쉬고 계십시오."

"황금주라 하셨소? 거 참 좋은 술이지요."

유신이 천관의 나가는 뒷모습을 거슴츠레 뜬 눈으로 바라다보왔다. 서라벌의 서울에서 가장 귀하게 생각하는 술이 황금주였다. 황금주는 찹쌀과 쌀에 누룩을 띄워서 양조한 술인데, 뼛속 기능을 보강하고 눈을 밝히는 정력제인 구기자와 간을 보강하고 해열 작용을 하는 국화꽃을 곁들여서 천마산의 암반수로 버무려 19일을 숙성시킨 술이었다. 천관이 내어온 황금주를 유신이 마시고 거나하게 취했다. 천관이 유신에게 술을 따라주면서 말했다.

"화랑은 참으로 준수하게 생기셨습니다. 필시 고귀한 핏줄을 이으신 분인 것 같습니다. 어느 댁의 귀공자이신지 말씀해 주십시오."

"귀공자라니요? 나는 금관가야 왕손으로 진흥대왕마마의 외손인 김유신이라 하오. 이 나라에서는 왕족들이 홀대하는 진골 말단에 이름이 있는 사람이지요."

유신의 말투에는 자조하는 기색이 섞여 있었다.

"소녀가 뵙기에는 공자께서는 얼마 안 가서 풍월주가 되실 분으로 생각됩니다. 요즈음 화랑들을 보면 공자보다 허우대나 기골이 한참 미치지 못해 보입니다. 너무 스스로를 가벼이 하지 마십시오."

"고맙소. 천관이 그렇게 말해주니 용기가 나는군요. 자, 한잔 더 따르시오. 그리고 내 잔도 한잔 받으시오."

유신이 건네는 잔을 받아 옆으로 몸을 꼬며 술을 마신 천관이 다시 술을 따라 권했다. 그녀의 두 볼이 상기되어 불그스름해져서 마치 모란이 피는 것 같았다.

유신은 이런 일이 있은 뒤로 날마다 무예수련이 끝나면 홀로 백마를 몰고 천관을 찾았다. 두 사람의 정분이 무르익어갔다. 차차 유신의 몸가짐이 술과 색에 절어서 흐트러지기 시작했다. 마침내 어머니인 만명부인에게 탄로가 났다. 만명부인이 유신을 불렀다.

"유신아, 요즈음 네가 하는 행동을 보니 수상하구나. 술과 여인을 가까이 하는 기색인데, 한창 때에 신세타령이나 하고 주색에 빠져서야 되겠느냐? 아버지와 내가 너를 낳을 때에 형혹의 정기와 칠성의 가호를 받았다고 기뻐했었느니라. 장차 이 나라의 동량이 되어 국태민안할 수 있게 만들 인물로 자랄 것을 기대했는데, 네가 지금 하는 짓을 보니 참으로 한심하구나. 무엇을 고민해서 이처럼 바른 처신을 하지 못하는 것이냐?"

만명부인의 꾸중은 대단했다. 눈물을 흘리면서 유신을 타이르고 또 타일렀다. 한 시진을 어머니의 질타를 듣다가 유신도 홀연히 깨달았다. 그는 어머니에게 읍소했다.

"어머님, 제가 아무리 열심히 공부하고 무예를 닦아도, 가야 출신이라고 사람들이 따돌립니다. 그래서 울적한 마음을 다스리지 못하다가, 신궁에 있는 천관을 사귀게 되었습니다. 그녀와 함께 있으면, 세상의 구차한 시름은 다 잊게 됩니다. 제가 어떻게 하면 다시 마음을 고쳐 잡을 수 있을지 가르침을 주소서, 어머님."

"너의 이름을 생각해보아라. 유신은 화성과 토성의 정기를 받아 태어난 것이고, 중국의 남북조 문학을 집대성하신 성현의 존함을 본뜬 것이니라. 그만큼 우리 부부가 너에게 거는 기대가 크단다.

가야의 왕인 조상께서 신라에 귀부하신 것도 진한과 변한의 힘을 합하여 한반도를 통일한다는 큰 포부가 있었기 때문이었지. 그 숙원을 너의 대에 가서 이룩하고, 골품제의 폐단을 개혁해서 만민이 고루 잘 사는 나라로 만들 일을 너에게 맡기겠다는 생각으로 너를 길러 왔단다. 그런데 한창 나이에 주색에 빠져서 헤어나지 못하니, 어떻게 그런 대업을 이룩할 수 있을 것인가? 네가 가야 출신이라 하여 서라벌 사람들의 멸시를 받을 수도 있겠지만, 무예와 학문을 닦고, 인격을 도야하면 반드시 이들을 이끌어나갈 수 있는 힘이 생길 게야. 더욱이 너는 진흥대왕의 외손인 셈이니, 비록 성골은 아니지만 당당한 진골이니라. 결코 내 말을 귓가로 흘려듣지 말고 당장 정신을 차리도록 하거라."

유신은 우둔한 아이가 아니었다. 어머니의 정성 어린 충고를 들은 뒤로 굳게 결심했다.

'이제부터는 여인을 멀리하고 술을 삼가리라.'

며칠 뒤에 치마 바위에서 화랑도들이 두 편으로 갈려 싸우는 훈련이 있었다. 유신이 속한 낭도들이 크게 이겼다. 전승의 기쁨을 축하하는 자리에서 낭도들이 권하는 술을 받다가 유신이 거나하게 취했다. 집으로 돌아가겠다고 생각한 유신은 애마에 올랐다. 홀로 말을 몰고 집으로 돌아가는 길에 깜빡 잠이 들었다. 낮의 훈련에서 치른 격투의 피로가 몰려온 것이었다. 말안장에 올라 앉아 고삐만 붙들고 있던 유신이 소스라치게 놀라며 잠에서 깨었다.

"공자님, 어서 오십시오. 참으로 오랜만입니다. 어서 안으로 들어오세요."

천관이 반갑게 맞는 인사였다. 유신의 말은 늘 하던 대로 신궁을 찾아간 것이었다.

'아니, 이럴 수가 있나? 내가 어머님께 맹서했는데. 다시는 이곳을 찾지 않겠다고 맹서했는데. 이 말이 나를 그르치게 하는구나. 천관과의 유대를 단칼에 끊으려면, 내가 타고 온 말을 베어버려야겠다.'

유신은 천관과의 끈끈한 정을 끊기 위해서 결심했다. 그는 허리에 차고 있던 칼을 빼어 말의 목을 쳤다. 비명을 올리며 말이 땅에 쓰러졌다. 선혈이 사방에 낭자했다. 깜짝 놀란 천관이 긴소매로 얼굴을 가리는 사이에 유신은 신궁에서 나왔다. 뒤에 남은 천관이 흐느껴 울면서 불렀으나, 유신은 뒤도 돌아보지 않고 집으로 줄달음질했다. 그 뒤로 유신은 신궁에 발을 끊었다. 유신을 그리워하던 천관은 한을 품고 노래를 부르다가 병이 나서 죽었다. 여자의 원한은 한여름에도 서리를 내리게 한다고 했는데, 유신의 앞날도 결코 평탄하지 못할 것 같았다.

유신이 열다섯이 되자 화랑으로 뽑혔다. 많은 낭도들이 그를 중심으로 활동을 하게 되자, 유신은 차츰 자기의 역량이 부족함을 느끼기 시작했다. 북쪽에서는 고구려와 말갈, 서쪽에서는 백제 그리고 남쪽에서는 왜구가 침범하는 것을 보고도, 큰 힘을 발휘하지 못하는 것이 속이 타고 안타까웠다. 그는 결심했다. 더 많은 재주를 길러야겠다고. 그래서 그는 목욕재계하고, 하늘과 부처님께 향을 피우고 제를 지낸 뒤에, 중악의 동굴로 혼자 들어갔다. 그는 이 동굴에서 물만 먹으면서 벽을 향해 가부좌를 하고 기도했다.

"천지신명과 부처님께 비나이다. 우리 신라가 아직 힘이 없어서 여러 적국의 침략을 당하고 있습니다. 무고한 백성들이 하루도 편히 살 수 없게 되니, 어떻게 하면 이런 고초를 면하게 할 수 있겠나이까? 제가 작은 힘이나마 보탤 수 있게 지혜와 힘을 기르게 해 주소서."

나흘을 동굴 안의 커다란 암반 위에 가부좌를 하고 기도하다가 선정禪定에 빠졌다. 물만 마시며 지내려니, 처음에는 시장기가 들어 견디기가 어려웠으나, 차차 정신이 맑아지는 것을 느끼게 되었다. 갑자기 등 뒤에 인기척이 나면서 카랑카랑한 목소리가 동굴 안에 메아리쳤다.

"무슨 일인가? 귀한 공자가 홀로 동굴에 있으니. 여긴 독거미와 사나운 짐승이 설치는 곳인데. 다치면 어쩌려고."

유신이 얼른 자리에서 일어나 돌아보니, 흰 수염을 길게 늘어뜨린 노인이 들고 있던 선장으로 유신을 가리키고 있었다. 유신이 공손히 절하면서 말했다.

"저는 이 나라에 태어나서 화랑이 되었습니다. 저의 힘이 비록 약하지만, 나라가 환란을 계속 당하고 있어서 이를 극복하는 방법을 찾다가 이곳으로 왔습니다. 벌써 며칠을 천지신명과 부처님께 힘과 지혜를 주시도록 기도를 드려왔습니다. 노인장께서는 어디서 오신 어르신인지요? 존함을 가르쳐 주시고 나라를 구하는 길을 교시하여 주십시오."

"나는 아무 데서나 자고 돌아다니는 사람이오. 내 이름은 난승難
勝이라고 한다네."

"어르신이야말로 우리 신라를 구할 방도를 가르쳐주실 분인 것
같습니다. 부디 저희들이 사방의 강적들을 물리치고 삼한을 통일
해서 나라를 안정시킬 수 있는 방술을 가르쳐 주소서."

유신이 거듭 허리를 굽히면서 간절하게 청했다. 노인이 얼마 동
안 묵묵히 답을 하지 않다가, 유신이 눈물을 흘리면서 간청을 다시
하자 말문을 열었다.

"그대가 아직 나이도 어린데, 강적들을 물리치고 삼한을 통일할
꿈을 꾸고 있다니 정말로 장한 일이로다. 내가 비방을 가르쳐 줄
것이니, 잘 익혀서 실천하여야 하느니라. 이 비방은 함부로 써서는
안 된다. 반드시 삼한을 통일하여 민생을 구제하는 일에만 써야
하느니라. 만의 하나라도 의롭지 않은 일에 사용하게 되면 도리어
재앙을 당하게 될 것이니라. 내가 한 말을 깊이 새겨서 결코 어기
는 일이 없어야 한다."

노인은 품 안에서 비방을 적은 두루마리를 끄집어내어 유신에
게 주었다. 유신이 두루마리를 두 손으로 받아서 공손히 절을 하
고 고개를 들어 보니, 노인의 모습이 보이지 않았다. 깜짝 놀란 유
신이 동굴 밖으로 뛰어나갔다. 사방을 두리번거리는데, 벌써 산길
을 내려가는 노인의 뒷모습이 자욱한 안개 속에 희미하게 보였다.

"어르신, 저를 버리지 마세요. 다시 가르침을 주소서."

유신이 큰소리로 외치며 따라가는데, 노인은 뒤도 돌아보지 않고 안개 속으로 사라졌다. 그 뒤에는 산새의 우는 소리가 간간이 들릴 뿐 온 산이 귀가 멍하도록 적막해지면서, 노인이 사라져간 쪽으로 햇빛만이 오색 무늬를 이루며 찬란하게 비쳤다. 유신은 다시 동굴로 돌아와서 노인이 건네준 비방을 읽고 또 읽어 한 자도 남김없이 암송했다. 근 달포를 중악 동굴에서 수련한 유신이 동굴을 떠나 마을로 내려오다가 비통한 소식을 들었다. 진평왕 33년58 10월에 백제가 신라의 가잠성假岑城을 쳐서 함락시키고, 성주 찬덕讚德을 베어 죽였다. 유신은 이 비보를 듣자, 다시 결심한 바가 있어 보검을 들고 바로 인박산咽薄山59에 들어갔다. 인박산에서 심신을 단련하면서 검법을 비롯한 무술과 병법을 익혔다. 유신의 정성에 감동했는지 인박산에 들어간 지 사흘째 되는 밤에 별빛이 유신의 보검을 비추더니 보검이 절로 칼집에서 튀어나오면서 잉잉 울었다. 그런 뒤로는 유신의 검법이 크게 달라져서 웬만한 나무그루나 짐승은 단칼에 베어 넘길 수 있게 되었다.

유신이 열여덟이 되었을 때에 제15세 풍월주로 임명되었다. 가야 계통 무인으로는 8세 풍월주 문노공 다음으로 두 번째 풍월주가 된 셈이었다. 문노공이 마흔하나에 풍월주가 되었고, 김용춘공이 열여덟 살에 13세 풍월주가 된 것을 보면, 유신의 입신양명이 빠른 것임을 알 수 있다.

---

58 진평왕 33년 : 서기 611년.

59 인박산咽薄山 : 열밝산의 이두식吏讀式 표기가 바로 '咽薄山'. 열은 '환하게 열리다'라는 뜻이며, '밝薄'은 명明을 말하며, 환하게 열리고 밝은 산이라는 뜻. 뒷날의 백운산白雲山.

유신이 풍월주가 되자 가야 계통 낭도의 한 사람이 그를 찾아와서 불평했다.

"공은 가야 정통으로서 어찌 저와 같은 가야 계통 낭도를 크게 쓰지 않으십니까?"

그러자 유신이 정색을 하면서 그를 나무랐다.

"나는 태후마마의 외손자라 가야의 정통이면서도 신라의 정통도 겸하고 있다. 어찌 내가 가야 계통 낭도만을 편애해서야 되겠는가? 승진을 하고 싶으면, 공을 세워야 하는 것이야. 내가 가야 정통이라고 가야 출신을 편애하면 어떻게 모든 낭도를 통솔할 수 있단 말인가?"

유신이 이끈 화랑도를 용화향도龍華香徒라 불렀다. 용화는 미륵불彌勒佛의 상징이고, 향도는 불교를 믿는 집단을 뜻했다. 용화라는 말은 미래불인 미륵이 후세에 인간세계에 내려와서 용화수龍華樹 아래에서 인연이 있는 사람들에게 세 번 설법해서 구제한다는 설화에서 유래했다. 화랑은 미륵의 화신이라 인간세계를 구제할 사람으로 이 당시의 사람들이 믿고 있었다. 유신이야말로 바로 도솔천兜率天60에서 인간세계로 환생한 미륵이라고 사람들은 믿고 따랐다.

---

60 도솔천兜率天 : 불교에서 욕계欲界 제육천의 4번째 천계天界. 내외 2원院이 있는데 내원에는 장차 부처가 될 보살이 마지막 생을 보내고, 외원에는 미륵보살이 살고 있다고 함.

3 김유신과 김춘추

  신라의 화랑도는 여러 갈래로 나뉘어 서로 주도권을 다투었다. 골품을 따지지 않고 인재를 뽑아 등용하여 국력을 강화하려는 무리가 있었으니, 이를 통합원류統合元流라 했다. 대체로 문노파 중 최고가 되는 정예 무사들이었다. 이와는 별도로 대원신통을 받들려고 하는 자들이 있었는데, 지소태후의 명령을 따르는 자들이었다. 이들은 보리랑과 숙리부를 중심으로 뭉쳤다. 이와는 별도로 정숙태자를 풍월주로 내세우고 원광을 부제로 삼은 패가 있어서 이화류라 불렀다. 통합파 중에서도 천주공을 세우고 서현을 부제로 삼은 파가 있었는데, 이 파가 가야파였다. 여러 풍월주 가운데에서도 11세 풍월주 하종夏宗은 15세에 화랑도가 되어 역사를 토함공에게, 노래를 이화공에게, 검술을 문노공에게, 춤을 미생공에게 각각 배위 그 정수를 얻은 가장 빼어난 풍월주가 되었다. 한때 풍월주인 하종과 부제인 보리공이 서로 주장이 달라서 사이가 벌어졌는데, 하종공이 이를 해결하기 위해 이화공에게 가르침을 청했다. 이화 공이 신국神國의 도는 우주 차원의 기를 이용해서 서로 시비하며 다투지 않고 화합하는 길을 이루게 하는 것이라고 해서 모두들 그 의 가르침을 좇아 싸우지 않고 뭉치게 되었다.

김유신은 외조모인 만호태후의 명으로 하종의 딸 영모令毛를 아내로 맞았다. 김유신이 18세에 입산수도를 마치고 하산하여 15 세 풍월주가 된 뒤로, 근 18년 동안 낭도들을 이끌고 전국의 산천 을 다니며 심신을 단련해 나갔다. 그러나 그는 가야 출신이라는 출신 성분 때문에 서라벌에서의 입지를 쉽게 구축할 수가 없었다. 할아버지인 김무력은 신라의 17관등 가운데 으뜸인 각간角干이었 으나, 아버지 서현은 제3위인 소판蘇判에 그쳤다. 당시의 서라벌 세 력이 그만큼 대단한 영향을 주었다. 김유신은 이런 딱한 환경을 혁파하기 위해서 오랫동안 고민했다. 진한과 변한의 세력이 한데 뭉쳐야만 삼국의 각축에서 살아남을 수 있는데, 그러기 위해서는 무엇보다도 먼저 서라벌의 정통인 성골, 진골과 가야의 정통인 진 골이 한데 뭉쳐야만 한다고 유신은 굳게 믿었다. 유신이 노심초사 하고 있는 것을 보다 못한 누이동생 문희文姬가 안을 내었다.

"오라버니, 서라벌의 왕족 가운데 가장 빼어난 분이 김춘추金春秋 공으로 보입니다. 오라버니께서 그분에게 절 소개해 주세요. 춘추 공은 오라버니보다 아홉 살이나 아래이지만, 진지왕眞智王61마마의 손자이시니, 앞으로 이 나라의 동량이 되실 분으로 알고 있습니다."

"춘추공이야 김용춘金龍春 장군의 아들이 아니냐? 김용춘 장군은 우리 아버지께서 어머니와 결혼하실 때에 생긴 말썽을 무마하여 주신 분이지. 그분의 아들이니 너와 가까이 지내게 되면, 대를 이어 돈독한 연분을 갖게 될 것이니 이보다 양가를 위해 좋은 일이 없을 게다. 그러나 어떻게 너희들을 가깝게 만들지?"

"오라버니, 그분을 우리 집으로 모셔 오세요. 뒷일은 제게 맡기시고."

다음날 아침에 문희의 언니인 보희寶姬가 밥을 먹으면서 동생에게 말했다.

"아우야, 어젯밤 내가 이상한 꿈을 꾸었어. 서악西岳에 올라가 오줌을 누었는데, 서라벌이 그 오줌에 잠기고 말았단다. 온통 지린내가 나서 코를 쥐고 끙끙거리다가 잠에서 깨었거든."

그러자 문희가 말했다.

"언니, 그 꿈 길몽인 것 같소. 내가 사겠소. 어서 내게 파시오. 내가 아껴온 비단 치마를 드리리다."

문희는 평소에 해몽에 대한 글을 즐겨 읽고 있었다. 산정에 올라가서 눈 소변으로 온 장안이나 나라가 잠기게 되는 꿈은 선류몽 旋流夢이라 해서 대단한 길몽으로 전했다. 대체로 비정상적으로 왕

---

61 진지왕眞智王 : 신라 25대(576~579년) 사륜舍輪 또는 금륜金輪이라고 이름 한 진흥왕의 둘째 아들. 어머니는 사도부인思道夫人. 태자가 일찍 죽어 왕위를 이음. 음란하고 국사를 돌보지 않는다 하여 재위 4년 만에 화백회의和白會議의 결정에 따라 폐위됨.

위를 계승하는 인물과 관련된 꿈이었다. 나라를 일으키는 시조의 태몽보다는 못하지만, 태초에 세상을 지배하던 거인이 오줌을 싸는 꿈이라, 왕을 낳게 된다고 풀이하고 있었다. 그런 일을 알고 있던 그녀는 언니를 졸라서 그 꿈을 샀다. 그런데 그날 오후에 꿈과 같은 일이 일어났다.

신라의 화랑도들이 즐기는 놀이에 축국蹴鞠이 있었다. 축국은 기원전 300년쯤의 전국시대戰國時代에 군사훈련 삼아 즐겼던 놀이였다. 한나라 때에는 12명이 한 조가 되어 두 편이 대항해서 공을 구문毬門에 넣어 공이 들어간 수로 승패를 판정하는 놀이로, 궁정 안에서 대규모로 경기를 했었다. 공으로는 새털을 채운 가죽 주머니나 공기를 불어 넣은 동물의 오줌통을 썼다. 그런데 신라의 화랑도가 즐기는 축국은 공을 혼자 차거나 둘 내지 여럿이 공을 차면서, 땅에 공을 떨어뜨리면 지는 것으로 판가름 했었다. 김유신은 김춘추에게 축국을 하자고 꾀었다.

김유신의 집 앞의 넓은 뜰에서 두 사람은 한나절 공을 찼다. 제기처럼 땅에 떨어뜨리지 않고 차려니 여간 힘든 것이 아니었다. 유신은 무예로 단련되어 발재간이 대단했다. 일곱 번을 두 발로 차다가 힘껏 춘추에게 공을 넘겼다. 춘추도 유신에 못지않아 날렵하게 몸을 솟구쳐 공을 받아 유신에게 다시 넘겼다. 주위에서 두 사람의 공차는 모습을 보면서 한 사람이 이기면 그의 식솔들이 갈채를 보냈다.

"어엿차, 이걸 받아라."

기합과 함께 유신이 공을 찼다.

"오냐, 어디 보자."

춘추가 받아 차 넘기려다가 발을 헛디디며 가까스로 몸의 균형을 잡았다. 두 사람이 서로 어울려 발길질을 하다가, 유신이 넘어지면서 춘추의 옷고름을 밟았다.

"뿌드득" 소리가 나면서 춘추의 옷고름이 뜯어졌다. 춘추가 엉거주춤 웃옷을 두 손으로 감쌌다. 유신이 이마의 땀을 훔치면서 미안한 기색으로 다가왔다.

"춘추공, 옷을 망가뜨렸군요. 미안하오. 집 안에 들어갑시다. 술을 한잔 하는 동안에 옷을 고쳐 드리리다. 자, 어서 들어갑시다. 이리로 오시오."

두 사람은 사랑채로 들어가서 술상을 받고 앉았다. 유신은 안채로 사람을 보내어서 보희더러 나와서 인사하라고 일렀다. 그런데 보희는 외간 남자가 와서 오라버니와 술상을 벌이고 있다는 것을 듣고, 창피하다며 나오지 않았다. 유신은 보희가 오지 않는 것을 알고, 혀를 끌끌 차면서 아우인 문희를 불렀다. 문희는 오라버니가 일부러 그를 데리고 온 것을 알기 때문에 예쁘게 단장하고 사랑으로 나왔다.

"얘야, 어서 와서 인사 드려라. 춘추공, 이 아이가 제 누이 문희요."

유신이 춘추에게 누이를 소개했다. 문희가 얌전하게 큰절을 했다. 춘추가 옷고름이 뜯어져서 앞섶이 열리는 것을 두 손으로 가리면서 문희의 인사를 고개 숙여 받았다.

"춘추공이 나와 공을 차다가 내 잘못으로 옷고름이 뜯어졌다. 네가 꿰매어 드렸으면 좋겠다. 할 수 있겠느냐?"

"어려운 일이 아닙니다. 소녀가 나중에 안채로 갖고 들어가서 고쳐 오겠습니다. 그동안 오라버니 저고리를 빌려드리소서."

"그래? 그렇게 하기로 하고. 어서 이리 와서 춘추공에게 술을 한 잔 올려라."

유신의 말이 떨어지자, 문희가 춘추의 곁으로 다가가서 두 손으로 주전자를 들고 잔에 가득히 술을 따랐다. 술을 따르는 문희의 옷소매가 스치면서 향긋한 냄새가 춘추의 코를 간질였다. 두 사람의 시선이 마주쳤다. 문희가 수줍은 듯이 몸을 꼬며 얼굴을 돌렸다.

'아름다운 규수군. 시원스런 눈매며, 오뚝한 콧대가 예쁘게 아문 입과 함께 귀티가 나는군. 가야에 이런 요조숙녀가 있었던가?'

춘추가 상기된 얼굴로 잔을 받아 마시면서 속으로 뇌까렸다.

두 사람은 문희가 따라준 술을 마시며, 시국에 대하여 담소했다.

"춘추공, 우리 신라가 서라벌파니 가야파니 하여 화랑도부터 패를 지어 다투니, 이래서야 고구려나 백제를 이길 수가 없어요. 우리 두 사람만이라도 힘을 합쳐서 우리 신라가 삼한을 통일하도록 지도해 나가야겠습니다. 춘추공, 어떻게 생각하시오. 자, 술 한 잔 더 드시며 말씀해 보시오."

"유신공, 말씀 잘하셨소. 우리 신라는 아직 소국이라 북으로는 고구려와 말갈, 서쪽으로는 백제의 눈치를 봐야 한다오. 그런데 화랑도들이 통일원류로 뭉치지 못하고, 여러 파로 나뉘어 다투고 있으니 한심하기 짝이 없소. 유신공이 나와 함께 이들을 하나로 뭉쳐서 나라를 지킵시다."

이날 밤 춘추는 술에 만취해서 유신의 사랑채에서 잠이 들었다. 밤중에 갈증이 나서 깨었는데, 곁에 여인이 다소곳이 시중들고 있었다. 깜짝 놀란 춘추가 몸을 일으키고 자세를 고치며 말했다.

"뉘시오? 그대가."

"소녀입니다. 김유신의 누이 문희입니다. 옷을 꿰매어 갖고 왔더니, 공자님께서 술에 취하여 주무시기에 깨어나실 때까지 기다리고 있었습니다. 소녀는 공자님을 오래 전부터 알고 있습니다. 소녀의 아비와 어미가 혼인할 적에 공자님의 아버님께서 도와주셨다고 들었습니다. 오라버니께서 평소에 공자님을 많이 칭찬하셨지요. 서라벌에 인물이 많다 해도 공자님만한 분이 없다고 하셨어요."

춘추가 등잔의 심지를 돋우며 살펴보니, 술자리에서 볼 때보다 한결 고결해 보이는 여인이었다. 학처럼 두 어깨가 부드럽게 흐르는 것이 건드리면 금시 날아갈 듯이 가뿐해 보였다. 도톰한 젖가슴이 저고리의 앞섶 사이로 보일 듯 말 듯 하는 것이 남정네의 혼을 흔들었다. 한창 젊은 혈기에 못 이겨서 춘추는 문희를 와락 끌어안았다.

"내가 낭자를 가까이 하고 싶소. 낭자는 날 받아 주시겠소?"

"공자님께서 소녀를 영원토록 버리지 않으신다면, 소녀도 공자님을 모시고 싶습니다. 서라벌과 우리 가야가 하나가 되도록 공자님을 모시고 진력하고 싶습니다."

말은 조리 있게 하면서도 문희의 몸이 와들와들 떨고 있는 까닭은 무엇일까? 결국 두 사람은 이날 밤에 운우의 정을 통하고 말았다.

이날 이후로 두 사람은 자주 만났다. 어떤 때에는 뒷동산의 풀밭에서 정분을 나누기도 했고, 어떤 날 밤에는 문희의 방에 춘추가 몰래 찾아들었다. 얼마 뒤에 문희가 아이를 잉태했다. 차차 배가 불러온 것을 본 유신이 다잡아 물었다.

"네가 누구와 정분이 난 것이냐? 시집도 안 간 처녀가 배가 불러오다니. 누가 너를 이런 지경으로 만들었느냐? 어서 이실직고 하렷다."

유신이 서슬이 시퍼렇게 야단을 쳤다. 그러나 문희는 말을 하지 않았다. 유신이 가신들을 시켜서 안마당에 나뭇단을 산더미처럼 쌓고 불을 지피게 했다. 연기가 하늘 높이 올랐다. 유신은 불이 제대로 붙으면 가법에 따라 문희를 화형에 처하겠다고 선포했다. 누가 아기의 아비인지 파악되지 않을 때, 가야 명문의 명예를 지키기 위해서는 화형에 처할 수밖에 없는 것이 가야의 전통이었다.

남산에 올라가 신하들과 장안을 내려다보고 있던 덕만공주德曼公主[62]가 멀리 연기가 나는 것을 보고 주변에 물었다.

---

62 덕만공주德曼公主 : 신라 27대 선덕왕善德王(서기 632~647년) 진평왕의 장녀. 어머니가 김씨 마

"저 연기가 무엇인가? 게 김유신 공의 집이 아닌가? 어서 가서 어찌 된 일인지 알아보고 오너라."

공주는 여러 귀족들과 함께 남산에서 내려와, 김유신의 집 쪽으로 걸음을 재촉했다. 사정을 알아본 시종이 숨을 가쁘게 내쉬면서 돌아와 말했다.

"김유신 공이 누이를 태워 죽이겠다고 불을 피운 연기입니다. 어서 가서 말리소서. 안 그러면 그 여인은 죽고 맙니다."

"왜 그런다던?"

"김유신공의 누이가 시집도 안 갔는데, 배가 불러왔다 합니다. 가문의 명예를 더럽혔으니 죽어 마땅하다며, 막 불을 지르고 있습니다."

공주의 일행이 유신의 집에 당도했다. 공주가 왔다는 기별을 받고 유신이 황급히 나와 맞았다.

"처녀가 애를 배었다고 마구 태워 죽인다니, 그런 법이 어디 있습니까? 연유를 알아보고 조치를 해야 할 것이 아닙니까? 유신 공."

"쟤는 죽어서 마땅하지요. 누구와 정을 통했는지 실토를 안 한답니다. 우리 가문에서는 아비를 모르는 아이를 낳게 되면, 태워서 죽이게 되어 있습니다. 누가 그 아비인지를 알기 전에는 방면하지 못합니다."

그러자 공주를 따라왔던 귀족들 가운데 한 사람이 얼굴이 하얗

야부인摩耶夫人.

게 질리면서 앞으로 나왔다.

"내가 잘못했소. 유신공, 용서하시오. 내가 공의 누이를 건드렸소. 용서하시오."

모두들 놀라서 처다보니 김춘추였다. 덕만공주가 껄껄 웃으며 말했다.

"아니, 춘추공이었구려. 까딱했더라면 애매한 처자 하나 죽일 뻔했소. 어서 가서 저 처자를 구하시오. 내가 특별히 그대들을 짝지어 주리다."

덕만공주는 내심 반가웠다. 서라벌 출신의 왕족인 춘추와 가야파의 거두인 김서현의 딸이 결혼한다면 나라 안의 거대한 두 세력이 힘을 합칠 수 있게 되기 때문이었다. 공주는 어릴 때부터 머리가 잘 돌았다. 중국의 황제가 보낸 병풍화에 그려진 모란에 나비와 벌이 없는 것을 보고, 그 꽃에 향기가 없을 것이라고 추정할 정도로 두뇌가 명석했다. 그런 그녀가 이런 기회를 놓칠 리가 없었다. 왕족 가운데 가장 똑똑한 춘추의 딱한 사정을 살펴서 은혜를 베풀면, 장차 자기가 왕위를 계승하는 일에 큰 힘을 보태어 올 것이 틀림없었다. 게다가 김유신의 누이를 구해줌으로써 강력한 가야 출신 군벌의 환심을 사게 되니 일석이조가 아니겠는가? 더욱이 김춘추는 이미 정부인으로 보량寶良이 있어서, 문희를 첩으로 데리고 갈 수도 없는 처지라 난감해하고 있었다. 공주가 특별히 제이부인으로 삼으라고 권하니, 김춘추가 희색이 만면해졌다. 당시의 풍습으로는 왕위 계승권에 가까이 있는 자라도 가야의 여인과 연을 맺으면 한 골품을 내려가야 했으나, 공주가 특별히 주선해서 부왕의 허락을 받아 춘추가 제 골품을 지닐 수 있게 했으니, 춘추는 오직 감지덕지할 뿐이었다. 문희가 김춘추의 둘째 부인으로 들어온 지 얼마 되지 않아, 보량이 아이를 낳다가 죽었다. 이때에 낳은 딸이 고타소古陀紹였다. 이 고타소는 뒷날에 대야성에서 백제군에게 공격 받아 남편인 김품석金品釋과 함께 죽었다. 어쨌든 그런 일은 후일의 일이고, 보량이 죽자 문희는 제일 부인으로 승격했다. 언니로부터 꿈을 산 문희는 뒤에 춘추가 왕위에 오르자, 왕비가 되어 그 다음 왕이 될 법민法敏을 낳았다.

마침내 신라의 왕실과 김유신은 인척관계가 되었고, 이를 발판 삼아 김유신은 가야 출신이라는 신분의 벽을 아버지에 이어 다시 넘어서 권력의 중심에 설 수 있게 되었다.

진평왕眞平王 51년[63] 8월에 왕명에 따라 고구려의 낭비성娘臂城[64]을 치게 되었다. 이찬 임영리任永里, 파진찬 김용춘金龍春과 김백룡金白龍, 소판 김대인金大因과 유신의 아버지인 김서현金舒玄 등과 함께, 34세가 된 김유신은 당주幢主[65]의 자격으로 출전했다. 고구려군의 반격으로 신라군에 사상자가 많이 생겼다. 패색이 짙었을 때에 유신이 나섰다.

"원광법사께서 가르치시기를 임전무퇴臨戰無退라 하셨다. 어찌 화랑도를 이끄는 풍월주로서 적을 향해 등을 돌릴 수가 있겠는가?

---

63 진평왕 51년 : 서기 629년, 고구려 영양왕 12년, 백제 무왕 31년.

64 낭비성娘臂城 : 뒷날의 충청북도 청주.

65 당주幢主 : 군주軍主에 속하는 부대의 지휘관.

옷깃을 들면 갖옷이 바르게 되고, 벼리를 당기면 그물이 퍼진다고 했다. 내가 옷깃과 벼리가 되겠다. 모두들 나를 따르라."

일언지하에 유신이 말을 몰고 앞장서서 적진으로 돌격했다. 순식간에 유신이 칼을 휘둘러서 수백 명의 적병을 무찌르고 적장의 목을 베니, 군사들이 함성을 올리며 그를 따라 돌진했다. 이 싸움에서 신라군이 크게 이겨 5천여 명의 적병을 죽이고 천여 명을 사로잡으니, 낭비성의 사람들이 겁을 먹고 성문을 열고 투항해 왔다.

제 3 장

당의 대두와
고구려와의 싸움들

1 쉬隋를 멸망시키고 중원을 통일하는 당唐

"아버님, 이러고 계실 때가 아닙니다. 쉬양디隋煬帝가 민심을 잃은 지금이 거병할 때입니다. 오랜 수탈로 황폐해진 민생을 구하고, 사방에서 봉기하는 도적들을 막아서 천하를 통일하는 일은 아버님 외에는 하실 분이 없습니다."

몸이 단 리스민李世民이 아버지, 당공唐公 리옌李淵에게 호소했다.

리옌은 쉬隋의 황실과 마찬가지로 셴비에鮮卑계의 우촨진武川鎭 군벌 출신 귀족이었다. 그는 자기가 노자老子 리얼李耳의 후손이라고 말했다. 북조우北周가 셴비에 풍습으로 돌아가는 정책을 폈을 때에, 성으로 다야씨大野氏를 하사 받아 한때 다야라고 부르다가 다시 중국식으로 성을 바꾸어 리씨가 되었다. 혁혁한 무공으로 태위太尉에 오른 것이 그의 조부 리호李虎였다. 나라를 세우는 일에 공을 세운 여덟 사람의 공신 중 하나였기 때문에, 리호는 팔주국八柱國이라 부르는 여덟 명의 장수의 하나가 되었다. 리호가 죽으면서 당궈공唐國公으로 추서되자, 자손들이 대대로 이를 세습하게 되었다. 리옌도 7세에 부친을 여의면서 당궈공에 봉해졌다. 당唐은 원래 넓고 큼을 뜻했다.

리옌의 집안은 황후를 배출해온 명문이었다. 특히 리옌의 숙모는 쉬원디隋文帝의 비로서 두구황후獨孤皇后라 칭했다. 그래서 리옌은 어릴 때부터 쉬원디의 총애를 받아, 쉬원디가 등극하자 경호직인 천우비신千牛備身에 임명되었다. 그 뒤 출세를 거듭하여 주자사州刺史와 군태수郡太守 같은 외직과 전내소감殿內少監과 위위소경衛尉少卿을 역임했다.

쉬양디隋煬帝가 고구려를 원정할 때에 화이웬진懷遠鎭에서 군량의 운반을 감독했었다. 613년 6월에 양쉬안간陽玄感의 반란이 일어나자, 리옌은 홍화弘化 유수가 되어 반군을 막았다. 쉬양디가 행궁에 있을 때에 병으로 문후를 드리지 못한 적이 있었다. 마침 생질녀인 왕씨가 쉬양디의 후궁으로 있었는데, 리옌이 찾아오지 않음을 책하여 "죽임을 당해야 알 것인가?" 하고 쉬양디가 책했다는 말을 전해왔다. 리옌이 몹시 두려워하면서 백방으로 손을 써서 겨우 모면할 수가 있었다. 쉬양디가 펀양궁汾陽宮으로 오자, 리옌을 샨시山西로 보내어 반군 수천 명이 룽먼龍門성을 공격하고 있는 것을 물리치게 했다. 615년에 투르크가 쉬의 국경을 침범하자, 이를 요격해서 물리쳤다. 616년에 쉬양디가 장도우江都로 피신하면서 리옌을 타이옌太原을 지키는 유수留守로 임명했다. 타이옌은 샨시山西 고원의 고도로, 펀허汾河가 남북으로 흐르는 황허로 합류하는 중간에 위치했다. 이 지역에는 황허黃河문명의 유적이 많았다. 뤄양洛陽과 베이징北京을 잇는 교통요지로, 북방의 유목민족이나 남쪽의 한족이 서로 거점을 확보하려고 각축하는 곳이었다. 기원전 497년에 진晉의 호족 자오씨趙氏가 진양晉陽이라는 도읍을 이곳에 건설한 것이 타이옌의 시초였다. 친시황디秦始皇帝와 한漢나라 때에 타이옌군의 정청이 이곳에 있었고, 오호 십륙국의 전친前秦이 이곳을 수도로 삼았다. 그 뒤 남북조시대에는 북조에서 이곳을 별경別京으로 삼았다. 이 시대에는 장안長安, 뤄양洛陽에 이어 황허黃河 유역에서 세 번째로 큰 도시가 되어 있었다.

마침 타이옌의 수도인 진양궁晉陽宮 부감副監으로 페이즈裴寂가 근무하고 있었다. 페이즈는 샨시山西의 푸주蒲州 사람으로, 리옌과 뜻이 맞아 밤낮으로 술자리를 함께 하면서 시국을 논했다. 페이즈는 징자오군京兆郡 우공武功66 사람 류원징劉文靜과 친했는데, 이들은 리옌이 천하를 도모하려는 큰 뜻을 품고 있는 것을 알고 자주 왕래하게 되었다. 류원징은 전사한 아버지의 자리를 이어 의동삼사儀同三司가 되어 진양령晉陽令으로 있었다.

하루는 밤중에 봉화가 오른 것을 보고 페이즈가 한탄했다.

"천하가 난세인데, 나는 어디에서 살아야 할 것인가?"

류원징이 웃으면서 말했다.

---

66 징자오군京兆郡 우공武功 : 뒷날의 샨시陝西省 샨양咸陽市.

"천하가 어지러울 때에는 영웅호걸이 한 몫을 한단다. 우리 두 사람이 지금 같은 낮은 신분으로 있을 때가 아니지."

이보다 먼저 류원징은 리옌의 둘째 아들 리스민李世民을 만나보고, 다음과 같이 페이즈에게 인물평을 한 적이 있었다.

"당공의 아들은 보통 인물이 아니다. 한漢의 가오주高祖[67]나 웨이魏의 타이주太祖[68]에 버금가는 큰 인물이 될 것이다."

리스민은 네 살 때에 어떤 서생이 아버지인 리옌을 찾아와서 "용과 봉황의 자태를 지니고 있어서, 자라서는 세世상을 평정해서 민民중을 안심시킬 것이다[69]"고 평했다고 전하는데, 이것이 리스민의 스민世民이라는 휘諱의 유래가 되었다. 이런 말이 새어나가면 큰 화를 입을 것이라고 생각한 리옌이 그 서생을 찾아서 죽이려고 했으나, 행방이 묘연해서 추포를 단념했다.

참고로 휘는 아버지나 주군이 부를 수 있는 이름으로, 다른 사람이 휘로 부르는 것은 무례한 짓이 된다. 천자의 휘나 부친의 휘는 신하나 자식이 사용을 기피하는 풍습이 있어서, 글을 지을 때에도 휘에 해당하는 문자는 쓰지 않는 법이었다. 리스민이 열여섯 살 때에 처음으로 출전해서 투르크에 포위된 쉬양디를 얀먼雁門에서 구출하는 묘책을 건의했다는 일화가 그의 영민함을 찬양하는 사

---

[67] 한漢의 가오주高祖 : 류방劉邦(B.C. 247~B.C. 195, B.C. 202~B.C. 195년 재위)으로, 친시황디秦始皇帝가 죽은 뒤에 천하를 다투어 전한前漢을 수립함.

[68] 웨이魏의 타이주太祖 : 자오자오曹操(155~220년). 삼국시대의 하나인 웨이魏의 시조. 화베이華北를 통일하여 웨이왕魏王이 됨. 뒤에 아들이 황제가 되자, 추존해서 우디武帝라 함. 묘호는 타이주太祖.

[69] 龍鳳之姿天日之表其年几冠必能済世安民 : 新唐書本紀第二.

례로 전한다.

류원징은 양샨간과 함께 반란을 일으킨 리미李密의 인척이라 하여 하옥된 적이 있었다. 리스민이 따로 거병 계획을 상의할 자가 없어서, 비밀리에 감옥에 들어가서 류원징을 만나 계책을 물었다.

"류공, 지금 천하가 대란에 빠지고 말았는데, 가친이 타이엔의 유수로 계시면서도 거병을 하지 않으려고 하십니다. 어떻게 하면 거병을 결심하시게 할 수 있을까요? 나를 도와주시오."

류원징은 리스민의 말을 반기면서 말했다.

"난을 평정하려면 탕왕湯王70이나 우왕武王71 그리고 한漢의 가오주高祖나 광우디光武帝72처럼 새로운 왕조를 세우지 않으면 안 될 것입니다."

"말은 쉽지만 그게 어디 그렇게 쉬운 일입니까? 거사를 성공하려면 많은 인재를 모아야 할 터인데, 어디에 그런 인재들이 있겠습니까? 세상을 바로 잡을 큰 계책을 가진 자가 누구입니까?"

"쉬양디가 장도우江都로 도망간 뒤로, 도적들이 황허黃河와 뤄스이洛水73에 넘칩니다. 도적들이 결탁해서 큰놈은 주현州縣을 차지하고, 작은놈도 산야에 들끓고 있습니다. 그 수가 수만에 이르니, 올바른 주인이 나타나 이들을 규합하면 천하를 도모하는 데에 부족

---

70 탕왕湯王 : 인殷 왕조를 창업한 왕.

71 우왕武王 : 조우周 왕조를 창업한 왕.

72 광우디光武帝 : 후한後漢의 시조, 류슈劉秀.

73 뤄스이洛水 : 중국 샨시陝西省 남동부의 친링秦嶺에서 출발하여 허난河南의 뤄양洛陽 남쪽을 흘러 황허에 합류함.

함이 없을 것입니다. 지금 펀주汾州와 진주晉州에 도적을 피하여 숨어 있는 사람들이 있습니다. 제가 그들을 지휘하는 호걸들을 잘 알고 있습니다. 제가 부르면 10만이 넘는 군사를 얻을 수 있겠습니다. 여기에 타이옌의 관군 수만을 합쳐서 거병하면, 누가 이에 항거할 수 있겠습니까? 이들을 몰고 관중關中으로 들어가 천하를 호령하면, 왕업이 절로 이루어질 것입니다."

류원징의 말을 듣고 답답하던 가슴이 뚫린 리스민이 크게 웃으며 말했다.

"공의 말씀이 제 뜻과 같습니다. 절 도와주십시오."

그리하여 리스민이 페이즈, 류원징 등과 함께 리옌을 만나서 거병을 권했다. 그런데 리옌은 워낙 큰일이라 두려움이 앞서서 쉽게 결정을 내리지 못했다. 류원징과 페이즈가 입을 모아 진언했다.

"공은 원래 역모 혐의를 받기 쉬운 땅에 계십니다. 지금 투르크를 이기지 못한 일로 자칫 공의 책임을 물어 투옥될 가능성이 있습니다. 일을 서두르지 않으면 낭패를 당하십니다. 어찌 아직도 주저하고 계십니까? 진양晉陽의 무사들은 강건하고, 말 또한 실합니다. 그리고 궁전의 곳간에 물자가 풍부하니 능히 대사를 도모할 수 있습니다. 지금 관중은 비어 있고, 다이왕代王 양요우楊侑74는 허약합니다. 호걸이 있어도, 마땅한 주군을 찾지 못하는 형편입니다. 공이 군사를 몰고 서쪽으로 진군해서 폭도들을 진압하여 난을

---

74 다이왕代王으로 있는 양요우楊侑 : 쉬양디의 손자(605~619년). 뒤에 쉬의 3대 황제로 옹립되었다가 618년 5월에 리옌에게 제위를 선양함. 619년 5월에 리옌의 승인 하에 리스민에 의해 살해됨.

평정하십시오. 그렇지 않으면 이대로 앉아서 고스란히 당하고 말 것입니다. 어찌하시겠습니까?"

617년 5월이 되었다. 리스민, 류원징, 페이즈 등의 간곡한 권고에 리옌이 거병하기로 결심했다. 그는 리스민에게 류원징과 그 문하생인 장순슌드長孫順德와 류홍지劉弘基로 하여금 모병하게 하라고 일렀다.

류원징은 조서를 위조하여 타이옌太原, 시허西河, 얀먼雁門, 마이馬邑의 장정들을 소집하면서 고구려 원정이 있을 것이라고 소문을 퍼뜨렸다. 또 고구려를 친다는 말에 민심이 크게 동요했다. 이들은 진양궁의 곳간에 있는 물자를 군용으로 징발하는 조서를 만들고, 이를 의심하는 쑤의 관리들을 모조리 때려잡았다. 페이즈가 궁녀 오백 명, 쌀 구백만 곡斛75, 비단 오만 단段, 갑옷 사십만 벌을 군용으로 쓰도록 진상했다. 열흘도 되지 않아 만여 명의 군사가 모였다. 리옌은 사람을 보내어 허둥河東에 있던 맏아들 리젠청李建成과 넷째 아들 리옌지李元吉를 불러들였다.

한편, 마이馬邑태수 왕런공王仁恭의 아래에 응양부교위鷹揚府校尉로 류우조우劉武周라는 자가 있었다. 무용이 있고, 의협심이 많은 사람으로 쑤의 고구려 원정에서 공을 세워 마이로 와 있었다. 617년 2월에 류우조우가 마이의 주민들을 선동했다.

"지금, 백성은 기아에 허덕이고 길가에는 시체가 즐비한데, 나라에서는 곡창을 닫아 놓고 구제할 생각을 하지 않는다. 어찌 이

---

75 곡斛 : 10말斗, 약 180리터.

들이 백성의 부모라고 할 수 있겠는가?"

청중들이 그의 말을 듣고 모두 분노했다. 마이태수 왕련공은 탐
관오리였다. 그가 정청에서 일을 하고 있는데, 류우조우의 일당이
칼을 빼고 들어와서 그의 목을 베었다. 류우조우가 태수의 목을
들고 나가자 군중들이 환성을 질렀다. 이들은 창고를 열어 굶주린
백성들을 구제하고, 사방으로 격문을 띄웠다. 관내의 여러 성과 진
영에서 모두 호응해 와 일만여 명의 병력이 모였다. 류우조우는
스스로 태수가 되어 투르크에 사자를 보냈다. 얀먼雁門을 지키고
있던 쒸隋의 수장들이 류우조우를 공격해 온 것을 류우조우는 투
르크와 합세해서 반격했다. 3월이 되자 류우조우는 펀양궁汾陽宮을
손에 넣고 이곳에 있던 쒸隋의 궁인들을 잡아 모두 투르크의 시피
크한始畢可汗에게 보냈다. 류우조우가 딩양定襄까지 함락시키자, 투
르크의 크한은 류우조우에게 딩양 크한定襄可汗의 칭호를 주었다.
이에 류우조우는 황제가 되고 연호도 톈싱天興으로 개원했다. 그런
뒤에 류우조우는 얀먼을 포위했다. 얀먼의 수장이 백여 일을 막았
지만, 원군은 오지 않았다. 이윽고 식량이 떨어지자 수장은 부하에
게 살해되고, 얀먼이 류우조우의 수중에 들어갔다. 4월이 되자 류
우조우는 투르크의 군사와 함께 황셔링黃蛇嶺에 포진했다. 류우조
우가 빙주幷州[76]를 포위하자 당은 태상경太常卿 리종원李仲文을 보내
어 리옌지李元吉를 돕게 했다. 얼마 후 류우조우는 펀주汾州[77]의 핑

---

[76] 빙주幷州 : 빙주幷州는 9개 주의 하나. 뒷날의 허베이 바오딩허산今河北保定和山 서타이옌西太原,
다퉁大同 일대.

[77] 펀주汾州 : 뒷날의 산시 펀양山西 汾陽, 쒸隋 때에 시허西河郡, 당唐의 하오주浩州 또는 펀주汾州

야오平遙縣를 떨어뜨려서 세력을 확장해 나갔다. 샹구上谷의 이름난 장수 송진강宋金剛이 귀순해 오자, 그를 송왕宋王에 봉하고 매제로 삼아 서남도대행태西南道大行台에 임명했다. 송진강은 류우조우에게 진양을 탈취해서 천하를 도모하라고 진언했다.

5월 중순에 류우조우와 투르크의 제휴를 분쇄하기 위하여, 리옌은 류원징을 투르크의 시피 크한始畢可汗에게 보내어, 자기들과 호응해서 군사를 일으키도록 교섭하게 했다. 류원징이 크한을 만나 말했다.

"당공唐公은 투르크와 함께 경사京師를 평정하여, 재물과 자녀를 크한에게 드리려고 하고 있습니다."

이 말을 들은 시피 크한이 기뻐하며 군사 이천 기를 류원징에게 빌려 주고, 천 마리의 말도 공급했다. 6월에 리옌은 대장군부大將軍府를 설치하여 삼군을 두었는데, 세자인 리젠청을 롱시공隴西公으로 책봉하고 좌령군左領軍 대도독大都督을 삼고, 리스민을 둔황군공敦煌郡公으로 책봉하고 우령군 대도독을 삼아 이들이 좌우군을 통솔해 나가게 했다. 류원징은 사마司馬가 되었다. 창고를 열어 궁핍한 자를 구휼하고 여러 군郡에 격문을 보내니, 원근을 불문하고 모두 이를 반겨서 모여들었다.

7월에 리옌이 넷째 아들, 리옌지를 진북장군鎭北將軍으로 삼아 타이옌을 지키게 하고, 본진의 군사 삼만을 이끌고 타이옌을 떠나 관

라고 함.

중關中으로 진군했다. 그런데 이들이 링시현靈石縣에 도착하여 거후바오賈胡堡에 포진하자, 쓰의 장수 송라오성宋老生이 이만의 군사로 후오이霍邑에 진을 치고 저항했다. 8월이 되어 장대 같은 비가 열흘이 넘게 내리면서 군량이 떨어지게 되자, 리옌은 페이즈와 협의해서 군사를 타이옌으로 물리고, 후일을 기하기로 했다. 이 명령을 들은 리스민이 흰옷을 입고 아버지의 군문에 찾아가서 읍소했다.

"본시 창생을 구하자는 대의를 걸고 일어났으니, 마땅히 시안양鹹陽78에 들어가서 천하를 호령해야 합니다. 이만한 작은 적을 당하지 못하고 군사를 돌린다면, 장차 어찌 사람들을 이끌어 나가겠습니까? 군사들이 하루아침에 흩어질까 봐 두렵습니다. 타이옌의 성으로 돌아가서 지킨다면, 이야말로 적만 이롭게 하는 것이니, 어찌 무사할 수 있겠습니까? 후오샨霍山의 산신령이 말하기를 팔월이면 비가 그칠 것이며, 후오이의 동남으로 길이 날 것이라 했습니다. 제가 군사를 몰고 가겠습니다."

리옌이 그의 말을 듣지 않자, 리스민이 장막 밖에서 통곡을 했다. 리옌이 우는 소리를 듣고 까닭을 물었다. 리스민이 답했다.

"이번에 의병을 일으킴에 진격하면 반드시 이길 수 있으나, 물러가면 반드시 흩어지게 됩니다. 군사들이 흩어지는 것을 보고 적군이 쳐들어오면, 순식간에 우리는 망하고 말 것이니 어찌 슬프지 않겠습니까?"

---

78 시안양鹹陽 : 샨시성陝西省 八百裏秦川에 있는 고도. B.C. 221년에 친시황秦始皇이 천하를 통일하면서 이곳을 수도로 삼음. 시안西安의 근교.

리옌이 문득 깨닫고 후퇴 명령을 취소하고 다시 후오이로 진군 명령을 내렸다. 송라오셩이 셩을 나와 싸우지 않을 것을 걱정한 리스민은 휘하의 장수 몇 명을 셩 아래로 보내어 송라오셩을 욕하게 했다. 송라오셩이 격분하여 성문을 열고 나와 셩을 등에 지고 포진했다. 리옌과 리젠청이 셩의 동쪽을 치고, 리스민이 남쪽을 공격했다. 송라오셩의 군사들이 질풍처럼 돌격해 오는데, 리옌의 본진이 먼저 뚫리면서 리젠청이 낙마했다. 승기를 탄 송라오셩의 예봉을 가까스로 피하여 리옌과 리젠청이 빠져나왔다. 위기일발에 리스민이 두 명의 기병과 함께 쳐들어가서 적진의 허리를 자르니, 휘하 군졸들이 몰려가서 함께 사생을 결단하고 싸웠다. 송라오셩의 군사가 크게 패하여 도망치자, 마침내 송라오셩을 잡아 참하고 후오이를 평정할 수 있었다. 다시 군사가 룽먼龍門에 이르렀을 때에, 투르크의 시피 크한이 보낸 군사 오백과 말 이천 마리가 류원징의 휘하에 들어왔다.

불어난 군사를 거느리고 강을 건너려고 하는데, 쉬의 효위대장군驍衛大將軍 추두퉁屈突通[79]이 강의 동쪽 나루를 장악하고 당군을 건너지 못하게 막았다.

추두퉁은 군사를 부리는 전략과 전술을 즐겨 연구하는 사람인데, 말 타고 활 쏘는 기사騎射에 능한 무장이었다. 성품이 강직하여 범법자는 친척이라도 가차 없이 처벌했다. 그러면서도 그에게는

___

79 추두퉁屈突通(557~628년) : 창리昌黎 사람. 당의 링옌거凌煙閣 24공신 중 12위의 반열에 올랐다. 당唐의 군사 요직을 거쳐 뤄주洛州도독, 좌광록대부左光祿大夫가 되었다가 사망한 뒤에 상서좌복야尚書左僕射 사공司空을 추증 받았다.

인명을 존중하는 도량이 있었다. 그가 싀의 좌위부사마左衛府司馬로 있을 때 어명으로 롱시隴西의 목장을 감찰한 적이 있었다. 목장의 경리가 이만 마리의 말을 횡령한 것을 적발했는데, 싀원디隋文帝가 격노해서 목장의 책임자인 태복경太僕卿과 관리 1,500명을 처형하려 했다. 추두통이 황제를 말리면서 아뢰었다.

"인명은 소중한 것입니다. 죽은 자는 다시 살아나지 못합니다. 폐하께서는 인仁으로 사해四海를 돌보셔야 하는데, 어찌 하찮은 짐승을 기르는 일로 하루에 천오백 명의 인간을 죽이려고 하십니까?" 싀원디가 화를 풀고 이들을 감형했다.

그는 그 뒤 좌훈위차기장군左勳衛車騎將軍으로 발탁되고, 604년에 싀양디隋煬帝가 즉위하자 정의대부正議大夫에 등용되었다. 한왕 양량漢王楊諒이 모반할 때에 싀원디의 조서를 갖고 갔다가, 조서의 서명에 점을 가필하기로 싀원디가 약속했던 것을 몰라서 싀원디의 조서가 위조라는 것이 들통 난 일이 있었다. 다행히 그의 인품을 아낀 한왕이 석방하여 무사히 장안으로 돌아왔었다. 613년에 유원슈宇文述와 함께 양샨간楊玄感을 격파한 공으로 좌효위대장군左驍衛大將軍으로 승진했다. 싀의 정치가 혼란을 거듭하여 많은 장수들이 반군에 가담하는 가운데에서도 추두통은 충성을 다하여 싀의 군중에서 중추적인 역할을 해왔다. 싀양디가 장도우로 옮긴 뒤, 그는 좌광록대부左光禄大夫로 승진하여 우효위대장군右驍衛大將軍과 좌후위대장군左候衛大将軍이 되었다. 당공唐公 리옌이 군사를 일으키자, 싀의 다이왕 양유우代王楊侑는 추두통으로 하여금 샨시山西 서부의 허둥河

東을 수비하게 했다.

추두통이 철통같이 지키고 있는데도, 관중의 백성들 가운데 리옌과 내통하는 자가 수백 명이나 나와서 앞 다투어 배를 제공했다. 9월이 되자 사방에서 호응하는 군사들이 나타나서 배를 띄우고 리옌의 군사를 도왔다. 류홍지劉洪基가 이들을 거느리고 강을 건넜는데, 추두통이 부하 장수와 함께 수천 명의 군사로 야습을 해서 대세가 당군에게 불리하게 기울었다. 그런 다급한 소식을 듣고 리스민이 수백 기의 기병으로 난중에 뛰어들어 열세를 만회했다. 얼마 뒤 핑이馮翊 태수가 투항해 왔다. 리옌이 친히 군사를 이끌고 허둥河東을 포위하자 추두통은 성을 지키고 나오지 않았다. 몇 번이고 성을 쳤으나, 쉽게 이기지 못하고 리옌은 다시 군사를 되돌렸다. 추두통은 처음에는 당군과 장기전을 벌일 생각이었으나, 당군이 강을 건너자 마음을 돌려 퇴각하기 시작했다. 허둥에 일부 군사를 남겨서 지키게 하고, 자기는 관중의 뒷문인 우관武関에서 란텐藍田으로 나갔다. 그러나 통관潼関에서 류원징의 군사와 마주쳐 한 달 가량을 지체하게 되었다. 류원징은 통관에서 고전했다. 그는 몸에 화살을 맞으면서도 추두통의 군사를 맞아 분전했다. 마침내 당군의 별동대가 배후에서 공격하여 추두통의 군사들을 궤멸시켰다. 부하 장수들이 당군에 항복하는 가운데에서도, 추두통은 쉬에 충성을 다하여 항복하지 않았다. 류원징이 추두통의 아들을 파견해서 아비를 설득하려고 했을 때에, 추두통은 말했다.

"너와 나는 부자지간이지만, 지금은 적으로 싸우고 있다."

추두통이 부하로 하여금 아들에게 활을 쏘게 했다. 이미 항복한 추두통의 부하가 추두통 휘하의 군사들에게 소리쳤다.

"경사京師가 함락됐다. 너희들의 집은 관시關西에 있지 않으냐? 어찌 동쪽으로 향하려는가? 항복하지 않고."

그 소리를 들은 병졸들이 모두 무기를 버리고 투항했다. 추두통은 만사휴의라고 한숨을 쉬고, 말에서 내려 동남을 향해 재배하면서 말했다.

"신의 힘이 미흡하여 싸움에 패하여 폐하의 기대를 저버리게 되었습니다."

통곡을 하던 추두통이 포로가 되어 리옌에게로 끌려갔다.

묶여온 그를 보고 리옌이 얼른 포박한 것을 풀어주면서 위로의 말을 건넸다.

"어찌 그대 같은 사람을 만나는 것이 이리 늦었는가?"

추두통이 울면서 답했다.

"통은 신하로서의 절개를 다하지 못하여 여기에 이르렀습니다. 우리 싀나라의 수치가 되었습니다."

리옌은 "그대야말로 충신이다" 했다. 나중에 리옌이 황제로 오른 뒤에 그를 병부상서에 임명하고 장궈궁蔣国公에 책봉한 뒤, 친왕부秦王府 행군원수장사行軍元帥長史를 맡게 했다.

승리한 9만 명의 군사를 이끌고 징양涇陽으로 나가 북쪽의 적들을 쳐서 군사를 합쳤다. 장안의 옛 성을 인가이샨殷開山과 류홍지劉弘基를 보내어 지키게 하고, 리스민은 스주司竹[80]로 진군했다. 추가로 군사 13만을 얻었다. 장안의 장로들이 고기와 술을 마련하여 당군을 맞았다. 그러나 당군은 이를 하나도 받지 않았다. 당군의 군령이 엄숙해서 전혀 난동을 부리는 자가 없었다. 리젠청과 사마司馬 류원징이 용펑창永豐倉에 둔병해서 통관潼關을 지켜, 창고에 있는 재물을 도적들이 훔쳐가지 못하게 군사들을 배치했다. 사방에서 친척들과 동지들이 다시 모여 그 수가 수만 명이 넘었다. 리옌이 두 아들과 함께 대군을 친히 인솔하여 서쪽으로 올라가서 쇠양디隋煬帝의 행궁이 있는 곳을 지나 도성에 입성하여 궁녀들을 모두 놓아 집으로 돌아가게 했다. 시월에 창뤄궁長樂宮에 이르니 군사의 수가 20만이 되었다. 대궐을 지키고 있던 경사유수京師留守 형부상서刑部尚書 웨이원성衛文升 등이 다이왕代王 양요우楊侑를 끼고 리옌의 군사를 막으니, 리옌이 사신을 보내어 항복하라고 권했다. 재삼 항복을 권해도 쇠의 장수들이 듣지 않자, 리옌의 막료들이 궁성을 칠 것을 건의했다. 11월이 되어 웨이원성이 병으로 죽자 궁성을 공격하여 함락시키니, 남은 장수들은 항거하다가 모두 참살 당했다.

리옌은 백관을 거느리고 대궐에 들어가 다이왕 양요우를 천자로 등극하게 하고, 쇠양디를 태상황太上皇으로 모셨다. 이어서 대사령을 반포하고 연호를 이닝義寧으로 고쳤다. 천자가 된 양요우는 리옌에게 생살여탈권을 허용하는 황월黃鉞을 수여하고, 그를 당왕唐王으로 책봉한 후 사지절使持節 대도독大都督 내외제군사內外諸軍事와 대승상大丞相을 겸하게 하여, 군사와 국정 전반을 총괄하게 했다.

80 스주司竹 : 샨시陝西 시안시西安市 서쪽 70km 지역.

12월에 리옌은 우드전武德殿을 승상부로 만들고, 맏아들 리젠청을 당궈唐國 세자로 삼고, 리스민은 친공秦公으로 재책봉하고 경조윤京兆尹에 임명했다. 마침 진청金城에서 난을 일으킨 세주薛擧가 푸펑扶風에 침입한 것을, 원수元帥로 임명된 리스민이 요격해서 대파했다.

다음 해 봄에 리옌은 세자 리젠청을 무녕대장군撫寧大將軍으로 동쪽을 치는 원수로 삼고, 리스민을 부사령관으로 삼아 총 7만의 군사로 동도우東都인 뤄양洛陽으로 진군하게 했다. 2월에 도우젠드竇建德가 장뤄왕長樂王을 잠칭僭稱한 것을 토벌했다. 3월이 되자 장도우궁江都宮에 있던 싀양디를 우둔위장군右屯衛將軍 유원화지宇文化及가 시해하여 친왕秦王 양하오楊浩를 황제로 옹립하여 자칭 대승상이 되었다.

2 당唐의 황제로 등극하는 리옌

    쉬의 천자가 리옌을 상국相國으로 임명하고 구석지례九錫之禮를 갖추게 했다. 이에 당唐은 따로 승상을 둘 수 있고, 4묘廟를 장안의 저택에 설치할 수 있게 되었다. 구석지례라 함은 중국의 한漢나라 때부터 신하에게 주는 최고의 영예로, 거마車馬, 의복, 삼백 명의 호위병으로 구성된 호분虎賁, 악기, 납폐纳陛, 붉은 대문, 활과 화살, 부월, 특제 향주香酒인 거창秬鬯 등 천자만이 누릴 수 있는 아홉 가지를 신하에게 허용하는 것을 말한다. 역사상 이를 허용 받은 신하들 가운데 황위를 찬탈한 자가 많았다. 신新을 세운 왕망王莽, 아들이 웨이魏를 세운 자오자오曹操 등을 위시하여 당의 리옌에 이르기까지 많은 신하가 구석지례를 허용 받은 뒤에 새 왕조를 세웠다.

중국에서는 오행사상과 맹자의 유교정신 등이 있어 왕조의 교대를 설명하는 이론으로 역성혁명易姓革命이라는 것이 전해왔다. 역성혁명은 하늘이 실덕한 왕조를 지지하지 않을 때에 혁명이 일어난다고 하는 이론이었다. 천자가 하늘이 버린 것을 깨닫고 스스로 천자의 자리를 양위하는 것을 선양禪讓이라 했고, 무력에 의해 추방 당하는 것을 방벌放伐이라 했다. 역성은 혈통의 단절이 아니고, 덕德의 단절이라고 생각했다. 오행사상으로 설명한다면 만물은 목화토금수木火土金水의 덕이 있는데, 왕조는 이 가운데 한 가지의 덕을 갖고 있어야 한다고 했다.

4월에 세자와 리스민이 동도에서 개선해 왔다. 5월이 되자 페이즈裵寂가 리옌이 천자의 선위를 받아야 한다고 주창했다. 이에 천자가 리옌에게 황위를 양위하는 조칙을 내리고, 근시近侍로 하여금 옥새를 전하도록 했다. 리옌이 전례에 따라 세 번을 사양하다가, 백관이 다시 권하자 옥새를 받았다. 리옌이 타이즈전太極殿에서 보위에 오르니, 이분이 당의 가오주高祖이다.

가오주高祖는 형부상서刑部尚書 샤오자오蕭造로 하여금 태위太尉를 겸하게 했다. 이어서 천하에 대사령을 내리고, 이닝義寧 2년을 우드武德 원년[81]으로 고치고, 모든 관리의 관작을 일급씩 올려 주었다. 군郡을 폐하고 주州를 둔 것도 이때의 일이었다. 따라서 군의 태수도 주의 자사刺史로 바뀌었다. 타이즈전에서 백관을 모아 경축연을

---

81 당우드唐武德 원년 : 서기 618년, 신라 진평왕 40년, 고구려 영류왕 원년, 백제 무왕 19년, 야마도 스이고推古 27년.

베풀고 폐백을 두루 하사했다. 6월에 리스민을 상서령尚書令으로 삼고, 상국부의 장사長史로 있던 페이즈를 상서 우복야尚書右僕射로, 류원징을 납언納言으로 삼았다. 리스민이 뒤에 황제가 되었기 때문에 황제의 전직인 상서령에 신하가 임명될 수는 없다 하여, 당에서는 멸망할 때까지 상서령을 결원으로 두고 좌복야와 우복야가 상서령의 일을 맡았다. 가오주는 세자인 리젠청을 태자로 삼고, 둘째 아들 리스민을 친왕秦王, 넷째 아들 리옌지李元吉를 지왕齊王으로 삼았다. 그리고는 자기에게 양위를 한 쓰의 천자를 휴궈공酅國公으로 봉했다.

류원징은 한때 가오주와 잠자리를 함께 한 적이 있었는데, 황제가 신하와 자리를 함께 하는 것은 좋지 않다고 말하며, 다시는 그런 일이 없도록 만들 정도로 황제에게 충성을 다했다. 그러나 친왕원수부 사마秦王元帥府司馬로서 리스민을 거들고 있을 때인 우두 원년 6월에, 서친西秦의 패왕을 자칭한 난주진청蘭州金城 사람 셰쥬薛擧가 20만 대군으로 룽시隴西에서 푸펑扶風으로 침공해 온 것을 막다가 크게 패한 적이 있었다. 마침 리스민이 병상에 있어서 군을 류원징에게 맡기면서 말했다.

"반군은 멀리에서 왔기 때문에 속전속결을 좋아할 것이다. 공들은 싸움을 피하고 지구전을 하도록 해야 한다. 군량이 떨어지는 것을 기다려 공략하면 필승할 것이다."

그런데 함께 있던 장수가 류원징을 설득했다.

"친왕은 병에 걸려서 우리들만으로는 이기지 못할 것을 걱정하여 싸우지 말라고 하는 것입니다. 지금 기회를 잡아 적을 돌파한다면 친왕에게 누가 될 리가 없습니다.”

류원징이 전투를 시작했으나 세주의 맹공을 견디지 못하고 크게 패했다. 패전은 죽을죄에 해당했으나, 특별한 배려로 목숨을 건지고 서민으로 그 신분이 강등되었다. 뒤에 류원징은 세주의 아들을 공격하여 이겨서 다시 작위를 회복했다. 그는 민부상서民部尚書와 섬동도행태좌복야陝東道行台左僕射를 겸하다가 얼마 후에 이부상서가 되었다.

그는 재능이 페이즈보다 낫다고 자부하고 있고 무공도 있었기 때문에, 페이즈가 가오주高祖에게 중용되는 것이 불만이었다. 차차 두 사람의 사이가 나빠졌다. 그러던 어느 날 밤 주석에서 류원징의 동생인 산기상시散騎常侍 류원츠劉文起가 칼을 빼어 기둥을 치면서 “페이즈를 죽여야 한다”고 소란을 피운 일이 있었다. 류씨의 집안에 괴상한 일이 자주 일어나자, 류원츠가 야반에 무녀를 불러 머리를 풀고 칼을 뽑아 굿을 벌이게 했다. 류원징의 첩이 총애를 잃고 쫓겨나자, 오빠에게 류원징 집안의 이러한 변고를 알렸다. 가오주가 이런 일을 알고 페이즈와 상의해서 류원징 형제를 처형했다. 류원징에 비하여 페이즈는 보신책에 능했다.

그로부터 여러 해가 지난 우드武德 6년에 상서좌복야尙書左僕射가 되자, 축하연을 하는 자리에서 가오주에게 사직을 청했다. 권력투쟁에 빠져드는 것이 싫어서였다. 가오주가 극력 만류했으나 눈물을 흘리면서 사직을 호소해서, 마침내 사공司空으로 물러났다. 류원징 형제의 참혹한 말로에 비하면 처신을 잘한 셈이었다.

우드 원년 9월에 유원화지宇文化及가 친왕 양하오楊浩를 독살하고, 나라 이름을 슈許로 삼고 천자를 잠칭했다. 세주가 죽고 그 아들 세런가오薛仁杲가 황제를 잠칭했기에, 리스민이 원수가 되어 이를 토벌했다. 10월에 리미李密가 항복해왔다. 리옌이 리미에게 일러 요우주幽州에서 리스민을 만나게 했다. 리미가 가만히 리스민의 빼어난 무장으로서의 자태와 그의 군사의 위풍과 엄한 군율을 보고 경탄해서 리스민의 참모로 있던 인가이샨殷開山에게 귓속말로 중얼거렸다.

"이야말로 정말 영특하신 군주로다. 이런 분이 어찌 난리를 평정하지 못할 것이냐?"

리스민의 군사가 적군과 60여 일을 대치하는데, 적군의 수가 십여만이 넘어 그 예기가 대단했다. 적군이 몇 번이나 도전해 오는 것을 리스민의 군사들이 힘을 다하여 막아 나가고 있는데, 적군의 군량이 떨어지면서 두 사람의 적장이 투항해 왔다. 리스민이 부하 장군들을 보고 말했다.

"저들의 힘이 빠졌으니, 내가 처치할 수 있을 것이다."

11월이 되어 장군 팡유龐玉가 선봉이 되어 적군을 첸스이옌淺水原 남쪽으로 유인하다가 적군의 공격으로 패할 위기에 처했다. 이를 보고 리스민이 친히 군사를 이끌고 북쪽에서 엄습하니, 적군이 팡유를 쫓던 군사를 돌려 이를 막으려 했다. 그러나 리스민의 측근 수십 기가 적진으로 돌격하여 수급 수천을 베니, 적군 가운데 골짜기에 떨어져 죽는 자가 셀 수 없을 만큼 많았다. 리스민이 20여 기로 다시 추격하니, 세런가오薛仁杲가 크게 놀라서 성안으로 도망쳐서 나오지 않았다. 저녁이 되어 대군이 계속 도착하여 성의 사면을 포위했다. 하룻밤이 지나서 아침이 되자 운하처럼 모인 당군을 보고 세런가오가 견디지 못해 항복해왔다. 그와 함께 정병 만여 명과 남녀 오만 명을 사로잡았다. 여러 장수들이 전승을 축하하면서 리스민에게 물었다.

"대왕께서 적을 격파하니, 적장이 성에 들어가 나오지 않았습니다. 공성 기구도 없고 보병도 없이 몇 명의 경기병으로 이를 공격하여 이기시니 어찌 된 일입니까?"

리스민이 답했다.

"이는 힘으로 몰아붙여서 숨 돌릴 틈을 주지 않았기 때문이지. 적군이 전에 이긴 것을 믿고 나를 보고도 가벼이 여겼지. 적군은 모두 룽시隴西 사람인지라, 한번 싸움에 패하면 돌아보지도 않고 고향 쪽으로 뿔뿔이 도망칠 사람들이야. 그러니 우리가 맹렬하게 추격하면 겁을 먹고 모두 항복할 수밖에 없지 않은가?"

장수들이 말했다.

"정말 보통 사람의 재주로는 해내지 못할 일이로다."

친왕 리스민이 승리를 거두자, 세런가오가 비축하고 있던 명품과 진품을 여러 장수들이 다투어 약탈하는데도, 추두통만이 혼자 전혀 손을 대지 않았다. 이를 들은 가오주는 추두통에게 금은 600냥과 능라 1,000단을 주면서 그의 청렴함을 포상했다. 추두통은 뒤에 판섬동도행태 좌복야判陝東道行台左僕射가 되어 왕스총王世充 일당을 토벌하는 일에 종사하게 되었다. 12월에 리미李密가 타오린桃林에서 반란한 것을 행군총관行軍總管 성안슈盛彦師가 토벌해서 참했다.

우드 2년 2월에 도우젠드竇建德가 유원화지를 잡아 죽이고 그 수급을 투르크에 전했다. 4월에 왕스총王世充이 반란을 일으켰다. 왕스총은 서역 출신인데, 싀에서 병부원외랑兵部員外郞이 되었다가 싀양디의 신임을 받아 장도우궁감江都宮監이 되어, 양샨간의 반란과 샨둥山東 일원의 농민 반란을 평정한 사람이었다. 허난河南 지방의 일대 세력으로 커진 왕스총은 싀양디가 시해되자, 뤄양에서 예왕 양동越王楊侗을 황제로 옹립하고 이부상서가 되었다. 실질적으로 왕권을 쥐게 된 왕스총은 유원화지의 군사를 격파한 뒤에 구석지례를 양동에게 요구했다. 그는 우드武德 2년인 619년에 양동을 폐하고, 스스로 정鄭나라의 황제가 되었다. 그러나 그의 통치는 가혹해서 백성들이 줄줄이 도망치고 많은 장군들이 당에 귀순하게 되었다. 4월에 투르크의 시피 크한이 죽고, 5월에는 휴궈공酅國公이 별세했다. 휴궈공의 시호謚號를 공恭으로 지었기 때문에 그를 공디恭帝라고 후세에서 불렀다. 리미의 옛 부하인 슈스즈徐世勣가 리양黎陽과 허난河南의 열 개의 군을 인솔하여 투항해 왔기에, 가오주는 그를 리주총관黎州摠管에 임명하고 자오귀공曹國公에 봉하며 리씨李氏 성을 하사했다. 이후로 슈스즈는 리스즈李世勣라 부르게 되었는데, 당 제일의 무장으로 큰 공을 세우게 된다. 가오주는 수시로 도성을 미행하여 백성의 살림을 살폈다. 흉년이 들어 곡식이 모자랄 때에는 즉시 곳간을 열어 구휼했다.

한편, 얀먼에 있던 류우조우劉武周가 2만의 군사를 이끌고 북쪽에서 침입해 왔다. 7월에 류우조우는 진양晉陽을 점령하라고 건의한 송진강宋金剛에게 3만의 군사를 주어서 빙주幷州를 공격하게 했다. 류우조우 스스로는 제주介州[82]를 공격해서 함락시켰다. 당에서는 좌무위대장군左武衛大將軍 쟝바오이姜寶誼와 행군총관行軍總管 리종원李仲文이 나가 막았다. 그런데 적장의 유인 작전을 모르고 추격하다가 복병을 만나 이들이 대패했다. 두 사람이 모두 류우조우군에 붙들렸다가 가까스로 도망해 왔다. 우복야右僕射 페이즈裴寂가 류우조우를 막겠다고 자원해서, 가오주는 그를 진주도행군총관晉州道行軍摠管에 임명하고 현장에 있던 모든 장병을 그의 지휘 하에 넣어 류우조우를 토벌하게 했다. 7월이 되자 송진강이 하오주浩州에 나타났다가 한 달도 안 되어 물러갔다. 페이즈가 졔슈介休[83]로 진격하자 송진강宋金剛이 성에 들어가서 항전을 했다. 그런데 송진강이 손을 써서 페이즈 진영의 물길을 끊는 바람에 페이즈의 군사들이 목이 말라 고생하게 되었다. 페이즈의 군사들이 수원을 찾아 헤매는 것을 송진강이 강습했다. 페이즈는 군사의 태반을 잃고 밤새도록 말을 달려 진주晉州성으로 도망치는데, 리종원이 마침 구원을 와서

---

82 제주介州 : 쉬隋와 당唐 때에 졔슈介休군을 만들어 졔주介州라고 함. B.C. 716년에 처음으로 역사에 등장한 곳. B.C. 636년에 진晉나라의 졔즈틔介子推가 나라의 부름을 거절하고 산에 숨었다가 진원공晉文公이 숲에 불을 놓아서 타서 죽었다는 일에서 介休라는 이름이 생김. 샨시山西省 타이옌太原 중남부.

83 졔슈介休 : 졔슈介休는 제주의 주도, 타이옌시에서 139km 거리.

함께 시허西河를 지키게 되었으나, 진주 이북의 성채들이 모두 송진강의 손에 들어갔다. 쟝바오이가 송진강에 잡혀서 도망을 치려다가 죽었다. 페이즈가 표를 올려 가오주에게 사죄하자, 가오주는 이를 위무하고 그를 허둥河東으로 보내어 그 지역의 백성을 위무하게 했다.

류우조우가 빙주并州[84]까지 진격해 왔다. 리엔지李元吉가 사마司馬 류드웨이劉德威를 불러 말했다.

"경은 노약자와 함께 성을 지키시오. 나는 정병을 인솔해서 출동하겠소."

그렇게 말한 리엔지李元吉는 야반에 성을 나와 처자를 데리고 장안長安으로 도망쳤다. 그가 떠난 지 얼마 안 되어 류우조우의 군사가 성에 도착했다. 진양의 토호가 성문을 열고 이들을 환영했다. 가오주가 이런 보고를 듣고 격분했다. 그는 예부상서礼部尚書 리강李綱을 불러 빙주를 빼앗긴 장수의 책임을 물어 엄벌에 처하자고 했다.

"리엔지李元吉는 아직 어려서 문무가 모두 미숙하다. 그래서 도우 단寶誕과 유원칸宇文欠으로 보좌하게 한 것이다. 빙주에는 수만의 강병이 있고, 식량 또한 십 년은 넉넉히 지탱할 수 있도록 만들어 놓은 곳이다. 이런 우리의 본거지를 하루 만에 버리다니. 도망을 주창한 자는 엄벌에 처하여야 할 것이다. 주모자인 유원칸을 참형에 처하거라."

---

84 빙주并州 : 허베이河北 바오딩保定과 샨시山西 타이옌太原 일대.

리강이 간했다.

"지왕은 어리면서도 교만하고 방탕합니다. 도우단은 지왕의 나쁜 행실을 눈감아주고, 백성을 혹사하여 원성을 사게 했습니다. 오늘의 패배는 도우단의 잘못입니다. 유원칸이 간언을 드렸으나 왕이 듣지 않았습니다. 그런데도 유원칸을 죽여야 하겠습니까? 그야말로 충신인데."

다음날 가오주는 두 사람을 모두 용서했다. 그리고 리강에게 고맙다고 하면서 말했다.

"공의 덕에 형벌을 남용하지 않게 되었다. 옌지가 잘못한 것이지. 저 두 사람인들 옌지를 말릴 수 있겠는가?"

10월에 류우조우는 타이옌을 본거지로 삼고 송진강에게 진주晋州를 공격하게 해서 함락시켰다. 송진강은 진주를 지키던 우효위대장군右驍衞大将軍 류홍지劉弘基를 사로잡았다가 놓치고 말았다. 그들이 롱먼龍門과 휘주澮州마저 함락시키니 군사들의 사기가 하늘을 찔렀다. 류우조우가 연전연승하자 곳곳에서 호응하여 사람들이 거병했다. 페이즈는 유주虞州와 타이주泰州의 백성들을 성안에 들어오게 하면서 식량을 모두 태워버리게 하니, 백성들이 놀라서 소란을 일으켰다. 원래 페이즈에게는 장수로서의 재주가 없어 작전이 지리멸렬하였다. 가오주가 놀라서 스스로 칙서를 썼다.

"적의 기세가 이처럼 사나우니 싸울 재주가 없도다. 대하大河의 동쪽을 버리고 관시関西만 지키도록 해라."

리스민이 이 칙서를 보고 표를 올렸다.

"타이옌은 우리의 근거가 되는 곳입니다. 허둥河東은 부귀한 땅이고, 도성에는 물자와 재물이 많습니다. 이를 버리고 뒤에 후회하셔도 소용이 없습니다. 신에게 3만의 군사를 주십시오. 반드시 류우조우를 평정하고 펀주와 진주를 탈환하겠습니다."

가오주가 관중의 군사를 총동원해서 리스민에게 주었다. 그리고 이들을 창춘궁長春宮에 몸소 나가 환송했다. 리스민은 군사를 이끌고 얼어붙은 황허黃河를 롱먼龍門에서 건넜다. 이들은 바이비柏壁에서 송진강과 대진했다. 송진강이 점령한 성루에는 군량이 없었다. 많은 사람을 성안에 모았으나, 백방으로 손을 써도 곡식 한 톨도 얻을 수가 없었다. 그만큼 허둥의 여러 고을은 계속된 난리통에 황폐화되었다.

11월에 도우젠드가 리양黎陽을 쳐서 함락시켜 샨둥山東이 그들의 손에 넘어갔다.

12월이 되었다. 용안왕永安王 샤오지孝基가 류군을 공격하다가 송진강이 협공해 오는 바람에 크게 패하고, 부하 장수들과 함께 송진강의 포로가 되었다. 용안왕 샤오지가 탈주를 시도하다가 발각되어 류우조우에게 죽임을 당했다.

적장 웨이치징드尉遲敬德와 슌창尋相이 돌아가려고 할 때에, 리스민이 병부상서兵部尚書 인가이갼殷開山을 시켜 이들을 공격하게 해 크게 이겼다. 수급만 2,000급을 베었다. 적장들은 도망을 쳤으나 그 부하들은 모두 붙들려 당군이 바이비로 데리고 돌아왔다. 승기를 타고 송진강을 공격하자고 진언하는 자를 보고 리스민이 타일렀다.

"진강金剛의 군사는 적지에 깊이 들어와 있다. 류우조우는 타이옌에 있으면서 진강을 방어벽으로 믿고 있다. 그런데 그들에게는 식량이 없어. 그래서 민간으로부터 약탈해 군량을 얻고 있어서 백성들의 원성이 자자해. 그러니 그들에게는 속전속결이 유리할 것이지. 그러나 우리는 속전을 피하고 방어하면서 장병들의 예기를 기르는 것이 좋을 것이오. 별동대를 수시로 파견하여 적의 허리를 치면, 그들은 식량이 다하여 어쩔 수 없이 도망치기 시작할 것이오. 지금은 그때를 기다릴 뿐, 속전할 필요는 없어."

우드 3년 정월에 도우젠드가 샤왕夏王을 잠칭했다. 2월에 류우조우가 루주路州를 침공했다. 당에서는 장군 허둥왕河東王 싱민行敏을 구원군으로 보냈다. 그런데 루주자사가 말을 듣지 않는다고 싱민이 자사를 모반으로 몰아서 죽였다. 그러는 사이에 류우조우가 다시 루주를 공격해 온 것을 싱민이 격파했다. 3월에 류우조우의 부장이 하오주浩州에 쳐들어온 것을 리종원李仲文이 천여 명을 죽이고 격퇴했다.

4월이 되자 송진강이 군량이 떨어져 도망치기 시작했다. 리스민이 이를 추격해서 크게 격파했다. 이때에는 하루 밤낮에 200여 리를 진격하며 수십 번을 싸웠다. 가오비링高壁嶺에 이르자 총관總管 류훙지劉弘基가 말렸다.

"대왕께서는 적군을 격파해서 여기까지 추격해 오셨습니다. 공적은 충분히 이루셨으니, 이쯤에서 멈추시는 것이 좋겠습니다. 장병들이 피로와 굶주림에 지쳐 있으니, 군량이 모이는 것을 기다려 다시 진군해도 늦지 않을 것입니다.”

그러자 리스민이 말했다.

“송진강은 어쩔 수가 없어서 도망치는 것이다. 군사들의 마음이 이미 그를 떠났다. 공적은 이루기 어렵고, 패하기는 쉬운 것이다. 좋은 기회는 얻기 힘들고 잃기는 쉽다. 지금의 기세를 타고 나가지 않고 여기에서 늦추면, 적이 다시 준비하여 쉽게 깨뜨릴 수 없게 된다. 나는 나라에 충성을 다하다가 죽어도 좋다. 어찌 내 한 몸을 아낄 수 있는가?”

그가 말에 채찍질하여 나가자 아무도 더 이상 말리지 않았다. 송진강을 쫓아서 하루에 여덟 번을 싸워 모두 이기고 수만 명을 잡거나 죽였다. 이틀 동안 먹지 않고, 사흘 동안 군장을 풀지 않았다. 마침 군중에 양 한 마리가 있었다. 리스민은 이를 잡아 군사들에게 나누어 먹게 했다. 마침내 이들이 제슈介休에 도착했다. 송진강은 남은 군사 2만으로 성의 서문을 나와 성벽을 등에 업고 포진했다. 송진강이 당군의 총관 리스즈李世勣의 군사를 공격하자, 리스즈 군이 약간 후퇴했다. 송진강이 이를 추격하는데 리스민이 정예병을 이끌고 그 배후를 찔렀다. 송진강은 크게 패하고 3,000여의 목이 달아났다. 송진강이 도망치자 리스민이 수십 리를 추격했다. 하오주성에서 농성하고 있던 당의 장병들이 리스민의 얼굴을 보고 반가워서 울음을 터뜨렸다. 리스민이 식사도 하지 않고 진격해 온 것을 알리자, 하오주 행군총관이 탁주와 밥을 올렸다. 제슈성을 지키고 있던 웨이치징드尉遲敬德와 슌창尋相이 패잔병을 수습했다가 리스민이 사신을 파견해서 항복을 권하자 항복해왔다. 리스민은 웨이치징드를 얻은 것을 크게 기뻐하며 그를 우일부통군右一府統軍으로 임명하고, 거느리고 있던 8,000명의 부하를 그대로 지휘하게 했다. 추두통屈突通이 진중에 귀순한 장병이 섞인 것을 우려하여 수차 간언했으나, 리스민은 듣지 않았다.

우드 3년 7월, 리스민이 왕스총을 뤄이洛邑에서 공격했다. 왕스총의 정병 3만여 명이 진을 치고 있는 곳으로 리스민이 기병을 거느리고 도전했다가 중과부적으로 포위망에 빠졌다. 모두들 겁을 먹고 어쩔 줄을 모르는데, 리스민이 좌우를 보고 먼저 퇴각하라고 명한 후 스스로 퇴군의 후미를 맡았다. 왕스총의 부하 수백 기가 길을 막고 덤벼들어 백병전이 벌어졌다. 얼마 가지 않아 전멸할 지경이 되었는데, 리스민의 부하들이 활을 비 오듯이 쏘아 적장을 쓰러뜨려서 가까스로 활로를 뚫을 수 있었다. 왕스총이 동도東都인 뤄양洛陽으로 돌아가자, 리스민의 군사들이 뤄양을 에워싸고 군량의 보급로를 끊었다. 얼마 가지 않아 왕스총 산하의 보루들이 연달아 함락했다. 그리하여 리스민의 대군이 뤄양 북쪽의 제왕과 귀인, 명사의 무덤이 많은 망산邙山에 진을 치게 되었다. 9월이 되자 리스민이 500기로 싸움터를 시찰하다가 졸지에 왕스총의 군사 만여 명을 만나 싸우게 되었다. 장병들이 분전하여 적의 수급 3,000여를 베고 그들의 대장을 잡았으나, 왕스총은 잡지 못했다. 얼마 안 되어 싱滎, 비엔汴, 워이洧, 유豫 등 아홉 개 주州가 투항해왔다.

다음 해인 우드 4년 2월에 다시 군사를 몰아 북망산北邙山에 진을 쳤는데, 아직 보루를 세우지도 못한 때에 왕스총의 군사 2만이 나타났다. 리스민이 추두통으로 하여금 보군 5,000명을 거느리고 강을 건너서 적병을 치게 했다. 먼저 이들에게 "적과 마주치면 연기로 신호를 올리라. 내가 군사를 몰고 남하하리라" 하고 일렀다. 연기가 하늘 높이 솟는 것을 보고 리스민이 진두지휘하니 부하들이 앞뒤에서 호응했다. 사력을 다해 새벽부터 한나절을 싸우는데, 점심때가 되자 적군이 퇴각하기 시작했다. 승세를 타고 종횡무진으로 싸워 8,000여 명을 죽이고 성 밑까지 진출했다. 왕스총이 다시는 성 밖으로 나오려 하지 않고, 도우젠드竇建德에게 구원을 청했다.

리스민은 군사들에게 참호를 파고, 장기 포위전에 들어갈 것을 지시했다. 도우젠드가 십여 만의 군사를 이끌고 왕스총을 구원하러 산자오酸棗에 나타났다. 이를 본 추두통을 비롯한 리스민의 장수들이 건의했다.

"앞뒤로 적을 맞게 되니 싸우기가 어려워졌습니다. 만전을 기하기 위해서 구주穀州로 일단 후퇴하여 진용을 다시 정비하는 것이 좋겠습니다."

리스민이 말했다.

"왕스총은 양식이 떨어져서 안팎으로 민심이 이탈하고 있다. 우리가 이때를 이용해서 공격하지 않을 까닭이 없다. 도우젠드가 그동안의 승리로 방심하고 있을 터이니, 우리가 공격해서 우라오武牢

로 나가 저들의 급소를 쳐야 한다. 저들만 격파하면 싸우지 않고
도 열흘 안에 왕스총이 자멸할 것이니라. 속전을 하지 못하여 적
군이 우라오에 먼저 들어가면, 쉽게 이길 수가 없게 된다. 두 적군
이 힘을 합하게 되면 장차 어떻게 감당할 것이냐?"

추두통이 포위망을 풀고 도우젠드를 막으려 하는 것을 리스민
이 허락하지 않고, 지왕 옌지를 도와서 왕스총의 포위망을 더욱 공
고히 하라고 지시했다. 4월에 리스민이 친히 군사 3,500명을 몰고
우라오武牢로 진격했다. 우라오에 진을 치고 20여 일이 지났다. 하
루는 첩자가 와서 보고했다.

"도우젠드가 우리의 말에 먹일 꼴이 다한 것으로 알고 있습니
다. 그래서 우리가 허베이에서 방목하는 것을 보면 우라오를 습격
하러 올 것입니다. "

리스민이 이 정보를 이용해서 일부러 허베이에 말을 놓아먹이
며 도우젠드가 유인되어 오는 것을 기다렸다. 아침이 되자 도우젠
드가 전군을 인솔하고 나타났다. 이들은 남쪽의 왕스총 부대와 호
응해서 북을 치고 함성을 올리며 공격해왔다. 리스민의 장수들이
이를 듣고 크게 놀랐다. 리스민이 장수들과 함께 높은 언덕에 올
라 적군을 바라보며 말했다.

"적군은 샨둥에서 오면서 아직 큰 적을 만난 적이 없다. 이번에
험하고 소란스러운 곳에 처음으로 왔는데도, 제대로 군기가 잡혀
있어 보이지 않는다. 성 가까이에 진을 친 것을 보면 우리를 가볍
게 보는 것 같다. 우리가 굳게 지키고 성 밖으로 나가지 않으면, 저

들의 기운이 빠져서 얼마 가지 않아 스스로 물러갈 것이니, 이를 추격해서 쳐부수도록 하자. 공들에게 확약하건대 점심때 이전에 이들을 격파할 수 있을 것이다."

과연 점심때에 이르자 도우젠드의 진영에서는 병사들이 아침부터의 전투에 허기가 져서 피로한 기색이 역연해졌다. 그래서 모두 대열을 이탈하고, 앞 다투어 물을 마시며, 군장을 풀고 쉬고 있었다. 리스민이 명령했다.

"지금이다. 돌격하라."

그는 친히 경기병을 몰고 적군을 공격했다. 도우젠드의 군사들이 미처 전열을 가다듬기도 전에 리스민의 군사들이 힘을 다하여 공격하니 싸우는 소리가 천지를 뒤흔들었다. 리스민이 여러 장수들에게 기치를 들고 나가게 하자, 적군이 이를 보고 대군이 이르는 것으로 착각하고 겁을 먹고 크게 무너졌다. 30리를 추격하여 3,000여 급을 참수하고, 5만이 넘는 적병을 생포했다. 도우젠드도 생포되어 리스민의 앞으로 끌려왔다. 리스민이 따졌다.

"이번 싸움의 죄를 묻겠다. 왕스총이 망하는 것은 그대가 관여할 일이 아니지 않는가? 어찌 국경을 넘어 우리 군사를 쳤는가?"

도우젠드가 무릎을 꿇은 채로 말했다.

"이번에 돕지 않으면, 더 큰일을 당할까 봐 두려웠습니다."

도우젠드를 끌고 뤄양성 밑에 이르니, 왕스총이 두려움에 차서 관속 2,000여 명을 데리고 항복했다. 허베이河北와 허난河南이 모두 평정되었다. 리스민이 궁성에 들어가서 샤오유蕭瑀와 도우귀竇軌 등을 시켜서 부고府庫를 봉하고 약탈하지 못하게 만들었다. 기실記室 팡산링房玄齡이 쇠의 공문서를 모두 거두어들였다. 50여 명의 쇠의 관리를 주살하고, 무고하게 감금되었던 사람들을 석방하고, 죄 없이 죽은 자에게 위령제를 지내어 주었다. 이어 승전을 축하하는 잔치를 크게 베풀고 공에 따라 장병들을 포상했다. 가오주가 전승의 소식을 듣고 상서좌복야尚書左僕射 페이즈裴寂를 보내어 이들의 노고를 치하했다.

류우조우는 송진강이 진 것을 알고, 빙주를 버리고 투르크로 도망쳤다. 송진강은 패잔의 무리를 모아 다시 싸우려 했으나 아무도 응하지 않아서 100기 정도의 부하를 거느리고 그 역시 투르크로 피했다. 리스민이 진양에 도착하자 류우조우의 부하가 성을 들어 항복해왔다. 이리하여 류우조우의 영토는 모두 당의 차지가 되었다. 송진강이 샹구上谷로 들어가려다가 투르크에 붙들려 참형을 당했다. 7월에 류우조우도 마이로 몰래 돌아가려다가 투르크에게 탄로 나서 죽임을 당했다.

우드 7월이 되자 리스민은 황금 갑옷을 입고, 철마 일만 기와 갑사 삼만 명을 거느리고, 앞뒤에 북을 치고 나팔을 불게 하면서 시안으로 개선했다. 그는 쇠 황제들의 기물을 태묘에 바쳤다. 도우젠드를 저자에 내어 참했다. 그리고 왕스충을 평민으로 만들어 일족과 함께 바추巴蜀[85]로 귀양을 보냈는데, 도중에서 왕스충이 죽었다. 가오주가 크게 기뻐하면서 축배를 올리고, 전공에 따라 상훈을

---

[85] 바추巴蜀 : 뒷날의 스촨성四川省, 바주巴州는 중칭重慶, 추주蜀州는 청도우成都.

내렸다. 천하가 거의 평정되자, 리스민은 학문을 장려하려 문학관을 개설하고 사방에서 학자들을 모았다. 리스민은 새로 만든 문학관에서 두루휘杜如晦를 비롯한 십팔 명의 학자들과 저녁마다 밤이 이슥하도록 경서의 뜻을 논하며 즐겼다.

얼마 지나지 않아서 도우젠드의 부하였던 류헤이타劉黑闥가 뤄주洛州에서 반란을 일으켰다. 12월에 리스민이 이들을 토벌했다. 다음 해의 정월에 2만 여기로 다시 뤄스이洺水를 건너온 류헤이타를 격파했다. 리스민은 적의 공격에 대비해서 뤄스이 상류를 막았다가 둑을 터뜨려서 적군을 모두 익사하게 만들고, 수급 만 여급을 베었다. 류헤이타가 200여 기로 북쪽 투르크의 땅으로 도망쳤다가, 웨이주魏州에서 황태자 리젠청에게 붙들려 참형에 처해졌다.

왕스총이나 도우젠드 이외에도 많은 사람이 천자를 잠칭하거나 나라를 세웠다가 토벌되었다. 대표적인 것만 들더라도 장도우江都에서 우吳나라를 세운 리즈퉁李子通, 류헤이타劉黑闥와 호응해서 거병하여 루왕魯王을 잠칭한 수옌랑徐圓朗 등 가오주高祖의 말년까지는 곳곳에서 반란이 있었다. 이를 친왕秦王 리스민이 거느리는 부대가 하나씩 평정해서 천하를 통일해 나갔다.

한편, 북쪽의 투르크도 시피 크한이 죽은 뒤로 여러 번 당을 침공했다. 이들을 황태자인 리젠청이나 친왕 리스민이 군사를 이끌고 가서 격퇴했다.

가오주는 천하를 평정하는 과정에서 지방의 유지들을 왕에 봉하고, 황제의 성인 리씨李氏를 쓰도록 허락해서 회유해 나갔다. 요우주총관幽州總管 리이羅藝, 반군의 장수 류샤오전劉孝真, 가오가이다오高開道, 후다은胡大恩 등 많은 사람을 왕으로 봉하면서 리씨를 사성했다. 그런데 이런 통일전에 큰 전공을 올린 리스민과 그의 부하들은 점차 자기네들에 대한 처우가 흡족하지 않다고 불만을 품게 되었다.

가오주가 장남인 리젠청을 태자로 삼은 것은 리스민보다 열 살이 많은 장남이었기 때문이었다. 리젠청은 리스민보다 못했으나, 그 또한 많은 무공을 세웠다. 리옌이 샨시 허둥의 위무대사가 되어 도적을 잡을 때에는 허둥유수河東留守로 허둥을 지켰다. 617년에 리옌이 타이옌에서 거병할 때에도 28세의 리젠청은 좌령군대도독으로 좌군을 통솔하고 나섰다. 그가 인솔한 좌군은 남하하여 시허西河를 공략하고 장안을 평정했었다. 뒤에 무군대장군 겸 동토원수撫軍大將軍東討元帥가 되어 왕스충과 싸우고 상서령에 임명되었다. 리옌이 황제가 되자 황태자로 책봉되었는데, 그 뒤로는 주로 궁중에 머물러 리옌을 측근에서 보좌하는 바람에 전공을 그전처럼 세우지 못하게 되었다. 그는 교만하고 선비를 아끼지 않는 인물이라거나 주색을 좋아하고 사냥을 즐겨서 절제를 할 줄 몰랐다고 정사에 기록되어 있으나, 이는 샨우먼玄武門의 변란에서 리젠청이 참패했기 때문에 사가들이 지나치게 폄하한 것으로 보는 사람이 많다. 자치통감資治通鑑[86] 같은 곳에는 성품이 어질고 너그러웠다고 기술

---

[86] 자치통감資治通鑑 : 스마광司馬光(1019~1086년)이 지은 중국 고대사를 담은 역사책. 북송北宋 때 역사 관계의 책이 방대하여 황제가 두루 이것을 볼 수 없기 때문에 스마광에게 명하여 통지通志 8권을 만들게 함으로써 시작됨. 19년의 세월을 소비하여 1084년에 이르러 완성한 294권

하고 있다.

가오주는 우드 4년의 10월이 되자 리스민을 천책상장天策上將으로 삼아서 다른 왕과 삼공三公보다 높은 지위에 올리고, 사도司徒들을 거느리게 하며, 섬동도대행태陝東道大行台 상서령尚書令에 임명해서 황태자에 못지 않는 권력과 명예를 갖게 했다. 천책상장은 문무를 총괄하는 특별직으로 정일품에 해당하며, 그 아래에 무관의 관청인 천책부를 두어 모든 관속을 다스리게 했다. 천책상장은 리스민을 위해 특별히 마련한 직위로, 리스민이 황제에 오른 뒤로는 폐지되었다. 가오주는 이와 함께 신축한 홍이궁弘義宮을 리스민에게 주고, 종전의 삼만 호에 이만 호의 봉토를 더 주었다. 그뿐만 아니라 금으로 된 수레와 곤룡포, 면류관을 사용할 수 있게 하고, 벽옥玉璧 한 쌍과 황금 6,000근도 하사했다. 그리고 리스민이 행차할 때에 북과 취주 악대와 착검 호위 40인을 거느릴 수 있게 해 주었다.

시피 크한이 죽은 뒤로 투르크는 얀먼雁門, 슈오주朔州, 빙주並州, 딩주定州, 요우주幽州 등으로, 여러 해에 걸쳐서 번갈아 침공해 왔다. 황태자와 리스민, 리옌지李元吉 형제들은 이들을 물리치느라 쉴 사이가 없었다. 우드 6년 7월에는 투르크의 셰리頡利가 슈오주를 침범한 것을 황태자와 친왕 리스민이 빙주並州에 군사를 주둔시켜 대비했다. 9월에 투르크가 철수하자 황태자가 도성으로 돌아왔다. 다음 해인 우드 7년 정월에는 고구려왕 고무高武를 요동군왕遼東郡王에, 백제왕 부여장扶餘璋을 대방군왕帶方郡王에, 신라왕 김진평金真平을

에 달하는 거대한 역사서.

낙랑군왕樂浪郡王에 봉했다. 4월에는 천하에 대사령을 내리고 새 율령律令을 반포했다. 6월에도 투르크가 경사京師를 위협해서 계엄령을 선포했다가, 얼마 뒤에 투르크가 물러가서 이를 해제했다. 8월에는 투르크와 싸우다가 빙주도총관과 중서령이 전사하고, 9월이 되자 다시 투르크가 물러갔다. 가을에 투르크의 세리頡利와 투리突利 크한이 옌주原州를 거쳐 관중으로 침공해왔다.

관리들 가운데에 장안을 불태우고 없애면 투르크 같은 오랑캐의 침공이 멎을 것이라는 진언이 있었다. 가오주가 남쪽 땅으로 천도하자고 했을 때, 다들 그 잘못을 알면서도 감히 간언을 올리지 못했다. 이때 홀로 리스민이 나서서 말했다.

"한漢의 후오추빙霍去病이 쑝누匈奴를 멸했다고 기록되어 있는데, 신이 군사를 통솔하고서 아직 북쪽의 오랑캐를 평정하지 못해 폐하께서 천도하고자 하실 지경에 이르렀습니다. 이는 모두 신의 잘못입니다. 신이 세리를 공격해서 한두 해 안에 수급을 얻지 못하면, 천도 하겠다 하셔도 다시 이의를 제기하지 않겠습니다."

가오주가 화를 냈으나, 리스민이 천도의 불가함을 고집하자 천도령을 거두었다. 우드 9년 정월에 주현州縣마다 성벽을 수리하여 투르크에 대비했다. 2월에 리옌지李元吉를 사도司徒로 만들어 후선으로 물러나게 했다.

3 샨우먼玄武門의 변(상上)

우드 5년[87] 정월에 류헤이타劉黑闥가 한둥왕漢東王을 자칭하면서 뤄주洛州를 수도로 삼고, 연호를 톈자오天造로 개원했다. 그리고는 샤왕夏王 다오젠드竇建德 때의 문무관을 모두 원래의 직위로 복귀시키고, 모든 법률과 행정을 다오젠드 때의 것으로 복구했다. 싀隋의 말기에 농민 반란을 통해 정권을 수립했던 다오젠드는 왕스충을 지원했다가 당군에 패배해서, 우드 4년에 장안에서 죽임을 당했다. 그 뒤를 류헤이타가 승계한 셈이었다.

친왕 리스민의 공격으로 류헤이타가 샹주相州를 버리고 뤄주로 도망치자, 리스민이 샹주를 거쳐 뤄스이洛水의 북쪽에 포진했다. 얼마 뒤에 여우주총관幽州総管 루오이羅藝가 수만의 군사를 이끌고

---

87 우드 5년 : 서기 622년.

리스민에 합류했다. 류헤이타는 뤄스이에 군사 일만을 남겨 지키게 하고, 자신은 남은 군사를 이끌고 루오이를 막았다. 샤허沙河에서 야영을 하던 류헤이타가 아우인 류시셴劉+善에게 만 명의 군사를 주어서 루오이를 공격하게 했다. 양군이 쉬허徐河에서 싸웠는데, 류시셴이 크게 패하여 8,000명의 군사를 잃었다. 뤄스이의 주민들이 성을 지키고 있던 류헤이타의 군사들을 몰아내고 당군에 투항해왔기에, 친왕 리스민은 1,500기의 군사를 보내어 성을 지키게 했다. 2월이 되자 류헤이타가 뤄스이를 다시 공격해 왔는데, 리스민이 부하 장수를 시켜 이를 요격하게 했다. 루오이가 류헤이타의 영토인 네 주를 빼앗고, 류헤이타의 행정 관리를 사로잡은 뒤 뤄주에 있는 리스민에 합류했다. 뤄스이성은 물이 가득 찬 오십 보가 넘는 너비의 해자에 둘러싸여 있었다. 류헤이타는 동북으로 두 개의 땅굴을 파서 성안으로 진격하려 했다. 리스민을 거들고 있던 리스즈李世勣가 말했다.

"땅굴이 성안에 도달하면 성을 지킬 수가 없습니다."

그러자 열아홉 살이 된 행군총관 루오스신羅土信이 성을 지키고 있던 준구오君廓와 교대하여 뤄스이성을 지키겠다고 지원했다. 리스민이 성의 남쪽에 세운 망루에 올라가 깃발로 준구오를 유도했다. 준구오가 성의 일각에서 백병전을 벌이며 포위망을 뚫고 나왔다. 루오스신이 그 틈에 200명의 병사를 몰고 성안으로 들어갔다. 류헤이타가 밤낮으로 여드레 동안이나 공격해서 마침내 성을 함락시켰다. 함박눈이 내리는 가운데, 중과부적으로 포로가 된 루오스신은 그의 무용을 아낀 류헤이타가 회유했으나, 끝끝내 말을 듣지 않고 죽임을 당했다. 얼마 뒤에 리스민이 다시 뤄스이를 탈환했다. 3월이 되자 리스민과 루오이가 뤄스이의 남쪽과 북쪽에 나누어 포진하고, 류헤이타의 잦은 공격에도 응하지 않고 지키다가 별동대를 보내어 류헤이타의 보급로를 끊었다.

양쪽의 군사가 두 달 동안을 싸웠다. 류헤이타가 가만히 군사를 움직여 리스즈를 공격함에, 리스민이 그들의 배후를 공격해서 리스즈를 구원하려다가 아들과 함께 적군에게 포위되었다. 위기일발의 어려움에 빠진 이들을 웨이지징드尉遲敬德가 가까스로 구출해내었다. 류헤이타의 군량이 떨어질 때가 되니, 이제야말로 결전을 하러 나올 것이라고 생각한 리스민은 부하들에게 뤄스이의 상류에 보를 쌓아 물을 막게 하고 일렀다.

"내가 적군과 싸울 때에 이 보를 터뜨려라."

류헤이타가 보기병 이만을 거느리고 뤄스이를 건너 공격해온 것을 리스민이 요격해서 쳐부수었다. 양군이 격전을 벌이는데, 점심때에 시작된 싸움이 황혼이 져도 끝나지 않았다. 이윽고 류헤이타군이 무너지기 시작하자, 부하의 권고로 류헤이타는 200기의 부하를 거느리고 투르크로 탈출했다. 류헤이타가 도망친 것도 모르고 계속해서 싸우고 있는데, 후퇴하라는 깃발을 보고 당군이 골짜기에서 빠져나왔다. 류헤이타의 군사가 골짜기로 쇄도하자, 신호와 함께 상류의 보가 터졌다. 적군 수천 명이 익사하고 수급 일만여 급이 당군의 차지가 되었다. 마침내 샨둥山東이 평정되었다. 류헤이타는 투르크에 망명한 뒤에도 여러 번 다시 군사를 몰고 와서 당군을 괴롭혔다.

8월이 되자 당에서는 뤄洛, 징荊, 쟈오交, 빙幷, 여우幽의 다섯 주를 대총관부大總管府로 만들었다.

투르크의 셰리 크한頡利可汗이 15만 기로 얀먼雁門을 거쳐 볜청边城을 공격하고 투르크의 별동대가 옌주原州를 공격해왔다. 태자가 여우주도幽州道에서 출진하고, 친왕 리스민은 친주도秦州道에서 출진해서 이들을 막았다. 황제가 신하들을 모아서 말했다.

"투르크는 우리나라를 공격했다가도 강화를 구하고 있다. 전쟁과 강화 가운데 어느 쪽이 더 유리할까?"

태상경太常卿 정유엔슈鄭元璹가 아뢰었다.

"투르크는 개나 양 같이 순종하는 병사들을 믿고, 우리나라를 능멸합니다. 우리가 싸우지 않고 화의를 구하면, 그들은 우리가 약하다고 생각해서 내년에 다시 공격해올 것입니다. 신은 먼저 일격을 한 뒤에 화평을 하여, 위엄과 은혜를 함께 보여주는 것이 좋을 것으로 생각합니다."

황제가 그의 말에 따라 계속해서 투르크를 요격하게 했다. 여러 곳에서 당군이 이기기도 했으나, 투르크가 롄주廉州에 침공해서 다전거大震關를 함락시키자, 황제는 정유엔슈를 셰리 크한에게 사신으로 보냈다.

사신으로 가면서 보니 투르크의 기병 수십 만이 졔슈介休에서 진주晉州에 이르는 수백 리의 산골짜기를 가득히 메우고 있었다. 정유엔슈는 크한을 만나서 투르크가 약속을 위반한 것을 따지면서 말했다.

"당과 투르크는 원래 사는 풍습이 다릅니다. 그러니 투르크가 당의 토지를 얻어 봤자, 살 수 있는 것이 아닙니다. 지금 크한께서 우리 백성을 약탈해서 투르크로 데리고 간들, 유목을 모르는 백성들이 무슨 소용이 되겠습니까. 그보다는 군사를 철수하고 화친을 도모하면, 약탈하지 않고도 금은 재화를 얻을 수 있게 됩니다. 이 금은 재화는 모두 크한의 재산이 됩니다. 투르크인이 오랫동안 즐길 수 있게 될 이런 일을 버리고, 자손 대대로 원수를 만드는 것이 어찌 좋은 일이라 하겠습니까?"

크한은 그 말이 옳다고 생각하여 기꺼이 군사를 돌렸다. 정유엔슈는 사선을 넘어 전후 다섯 번이나 투르크를 왕래해서 그들과의 화의를 성립시켰다.

10월에 샨둥도행군총관山東道行軍総管으로 있던 화이양왕淮陽王 리다오샨李道玄이 3만 명의 군사를 인솔하고 류헤이타와 싸우게 되었는데, 부장인 시완바오史萬寶와 사이가 좋지 않았다. 시완바오는 수하의 군사들을 싸우지 못하게 잡아놓고 왕을 돕지 않았다. 그는 측근을 보고 말했다.

"내가 받은 어명에 의하면, 왕이 아직 어리니 군사는 모두 내게 맡긴다고 했다. 지금 왕이 경솔하게 진격하고 있다. 만일 우리도 나가면 반드시 함께 패배할 것이다. 지금은 왕을 적군의 먹이로 삼는 편이 낫겠다. 왕이 패배하면 적은 다투어 전진해 올 것이다. 우리가 진영을 굳게 지키고 막아나가면, 반드시 이길 수 있을 것이다."

과연 그의 말대로 리다오샨이 혼자 나가 싸우다가 전사했다. 소식을 들은 리스민은 그의 죽음을 몹시 애통해 했다. 뒤에 그에게 좌효위대장군左驍衛大將軍을 추증했다. 시완바오는 군사를 몰고 싸우려 했으나, 군사들의 사기가 떨어져서 크게 패하여 도망치고 말았다. 리다오샨이 패배하자, 산둥 전체가 흔들렸다. 우선 뤄주 총관인 루장왕廬江王 리옌李瑗이 성을 버리고 서쪽으로 도망쳤다. 그러자 부근의 주와 현들이 모두 당을 배반하고 류헤이타에게 귀순했다. 류헤이타는 진군해서 뤄주마저 점령하고, 열흘도 안 되어 원래의 영토를 회복했다.

여기서 잠깐 당의 황실에 대하여 살펴보기로 한다. 원래 당을 일으킨 가오주는 도우황후竇皇后를 필두로 비와 부인이 18명이나 있고, 황후와 비빈으로부터 얻은 아들이 22명이며, 딸이 19명이나 되었다. 태자인 리젠청은 너그럽고 만사 쉽게 생각하는 성격인데다가 주색과 수렵을 즐겼다. 둘째는 리스민이고, 셋째 아들이 리샨바李玄霸인데 어릴 때부터 총명하고 말을 잘했다. 그러나 쉬의 다예大業 10년인 614년에 열여섯 살의 젊은 나이로 죽었다. 넷째 아들 지왕齊王 옌지元吉는 겁과 시샘이 많았다. 모두 도우황후가 낳았는데 형제간이 이처럼 달랐다.

도우황후는 북조우北周의 상주국上柱国 도우이寶毅와 양양장공주襄陽長公主 사이에 태어난 딸인데, 세 살 때에 두 발이 키와 같게 자랐다는 전설이 있는 여인이었다. 북조우의 우디武帝가 특히 총애해서 궁중에서 자랐는데, 투르크의 아시나씨阿史那氏가 우디의 비가 되고도 사랑 받지 못하는 것을 보고, 투르크가 강성하니 황후를 돌보라고 우디에게 간언을 올릴 정도로 총명했다. 쇠원디隋文帝가 황제가 되자, 외숙 집안인 북조우를 구원하지 못하는 것을 애통해 하면서 복수를 다짐했다. 아버지가 그녀의 입을 막고 말했다.

"망언하지 말라. 잘못하면 우리 일족이 멸족을 당한다."

도우이는 항상 그녀에 대하여 아내인 양양장공주에게 말했다.

"이 아이는 재능이나 용모가 빼어나니, 아무에게나 시집보내어서는 안 될 것이다. 현명한 지아비를 맞게 해야 해."

많은 귀공자들이 그녀의 미모를 탐내어 구혼해 온 것을 활쏘기로 겨루게 해 이긴 자를 사위로 삼기로 했다. 대문에 공작 두 마리를 그려 놓고, 70보 밖에서 활을 쏘아 공작의 눈을 맞추는 자를 사위로 삼겠다고 선언했는데, 구혼해 온 귀공자들이 두 개의 화살을 번갈아 쏘았으나 아무도 맞추지 못했다. 수십 명이 차례로 나와 겨루다가 마지막에 리옌이 나왔다. 그는 화살 두 발을 쏘아 두 마리 공작의 눈에 하나씩 맞추었다. 그래서 그녀가 리옌의 아내가 되었다. 그녀는 병든 시어머니를 정성껏 모셨고, 문장을 잘하고, 글씨를 잘 썼다. 리옌이 좋은 말을 많이 기르고 있을 때에 그녀가 쇠양디에게 상납할 것을 권했는데, 리옌이 듣지 않다가 쇠양디에게 혼난 적이 있었다. 그녀는 아들 넷과 딸 하나를 낳고, 45세에 주오준涿郡에서 죽었다. 리옌은 싀의 정치가 문란해지자 도우부인의 말을 상기하여, 매나 개의 특종을 싀양디에게 자주 상납해서 장군으로 발탁되었다. 리옌이 황제가 되자 그녀의 묘지를 능으로 만들고, 타이무신황후太穆神皇后로 시호를 올렸다.

리스민의 공적과 명성이 나날이 드높아지자, 황제는 언제든지 태자를 리스민으로 갈아도 될 일로 생각하고, 그런 내색을 자주 보였다. 황태자가 이를 불안하게 여겨 대책을 강구하기 시작했다. 마침 사공司쏘의 한직으로 물러난 리옌지李元吉가 형들을 제치고 황제가 되겠다는 마음을 먹었다. 리옌지李元吉는 속마음을 숨기고 먼저 태자와 황제의 후궁에 접근했다. 황제의 많은 비빈은 각자 자기의 지위를 확보하려고 앞 다투어 태자와 인연을 맺으려 했다. 이들은 아첨과 추종을 해가면서 모든 수단을 동원해서 황제에게 잘 보이려고 애썼다. 이들이 차차 장안에서 제멋대로 법을 어기고 방자하게 굴게 되었으나, 관리들은 이를 단속하지 못했다. 황태자와 두 왕의 명령이나 교서가 황제의 조서와 함께 수시로 남발되어, 관리들은 누구의 지시에 따라야 할지 갈피를 잡지 못하게 되었다. 황태자나 두 왕이 대궐을 출입할 때에 말을 타고 활과 칼을 지니고 다니니, 장안이 어수선하고 흉흉해졌다. 리스민은 후궁 비빈의 비위를 맞추려 하지 않았으나, 태자와 리옌지李元吉는 항상 이들을 돌봤기 때문에, 후궁에서는 모두 태자와 지왕 리옌지李元吉를 칭찬하고 친왕 리스민을 헐뜯었다.

리스민이 뤄양을 평정하자, 황제가 비빈 몇 명을 뤄양에 파견해서, 쉭의 궁인을 선별하고 재물을 검수하는 일을 맡겼다. 비빈들은 이를 기화로 하여, 사적으로 리스민에게 부탁하여 재물을 구하거나 친척의 엽관운동을 일삼았다. 리스민이 이들의 청탁을 거절하면서 말했다.

"여기에 있는 보화의 모든 목록을 황제께 올렸습니다. 그리고 관직이란 훌륭한 재주가 있거나 공을 세운 사람이 얻어야 합니다. 아무나 될 수 있는 것이 아니지요."

이 바람에 리스민은 더욱 후궁의 비빈으로부터 미움을 사게 되었다.

한번은 이런 일이 있었다. 리스민이 회이난왕淮南王 리신퉁李神通의 공적을 인정해서 수십 경頃의 논을 주었다. 그런데 그런 일이 있은 줄 모르는 가오주가 총애하는 장비張妃의 청으로 그녀의 아버지에게 같은 땅을 하사하라는 지시를 했다. 그러나 리신퉁은 이미 자기가 얻은 것을 돌려줄 수 없다고 하여 땅을 내어놓지 않았다. 장비가 가오주에게 눈물을 흘리면서 호소했다.

"신첩의 아비에게 주라고 내리신 분부를 친왕이 빼앗아 신퉁에게 주었습니다. 폐하, 어찌 이런 일이 있을 수 있습니까?"

이 말을 들은 가오주가 격노했다. 리스민을 불러 책했다.

"어찌 짐의 말이 네 지시보다 못할 수 있는가?"

얼마 뒤에 가오주가 좌복야 페이즈裵寂에게 말했다.

"스민이 오래 외지에서 싸움만 해왔다. 그동안에 측근의 못된 놈들이 많은 영향을 끼쳐서 아주 다른 사람이 된 것 같군."

또 한 사람의 비인 인드비尹德妃의 아버지 아슈阿鼠는 오만불손한 사람이었다. 친왕부秦王府의 관리인 두루휘杜如晦가 말을 타고 집 앞을 지나가자, 아슈의 도당 몇 사람이 두루휘를 말에서 끌어내리고 손가락 하나를 부러뜨리면서 욕했다.

"우리 문 앞을 말을 타고 지나다니, 이런 무례한 놈이 있는가? 맛 좀 보아야 정신을 차릴 건가?"

사건의 전말을 보고 받은 아슈가 리스민이 황제에게 일러바칠 것 같아, 선수를 쳐서 인드비로 하여금 가오주에게 호소하게 했다.

"친왕의 근시近侍가 신첩의 친정에서 행패를 부렸습니다. 폐하, 처벌해 주소서."

가오주는 화가 나서 리스민을 불러 나무랐다.

"네놈의 시종이 우리 인비의 친정에 가서 행패를 했다고 하는 군. 그러니 백성들에게는 무슨 짓인들 안 하겠는가? 잡아서 엄히 처단하거라."

리스민이 실상을 조사하여 다시 보고하면서 두루휘의 일을 변호했으나, 가오주는 전혀 귀를 기울이지 않고 계속해서 책망했다.

리스민은 모후가 일찍 별세하는 바람에 가오주가 천하를 평정하는 모습을 보지 못했다고 축하연 때마다 눈물을 흘렸다. 가오주의 눈에는 이런 리스민의 모습도 마땅치 않았다. 후궁의 비빈은 다시 입을 모아 리스민을 비방했다.

"천하가 평정되어 좋은 세상이 되고 폐하께서도 건장하십니다. 그래서 모두들 태평성세를 즐기려고 하고 있는데, 친왕만이 눈물을 흘리고 있습니다. 아마도 신첩들이 미워서 그러는 것 같습니다. 폐하께서 계실 때에는 괜찮겠지만, 폐하께서 천추만세후에는 신첩들 모자를 친왕이 받아주지 않고 죽일 것입니다. 이에 비하여 태자 전하께서는 인자하시고 효자이십니다. 폐하께서 신첩들을 전하에게 당부해 주시면 후일에도 별탈이 없을 것으로 생각됩니다. 폐하, 헤아려 주소서."

이들은 눈물을 흘리며 번갈아 가며 호소했다. 차차 가오주의 마음이 리스민에게서 떠나고, 태자와 지왕 엔지에게 기울어지기 시작했다.

하루는 태자중윤太子中允 왕귀王珪와 세마洗馬 웨이정魏徵이 태자를 찾아와서 건의했다.

"친왕의 공적은 천하를 덮고, 많은 사람들이 그를 믿고 따르고 있습니다. 전하께서는 그저 나이가 많다고 동궁에 계십니다만, 천하에 떨칠만한 큰 공이 없으십니다. 이제 류헤이타가 패잔병을 모았는데, 병력이 일만이 되지 않고 군량도 모자란다고 합니다. 전하께서 대군으로 임하면, 추풍낙엽처럼 쓸어버릴 수 있습니다. 전하스스로 공명을 세우고 산둥의 호걸들을 초치하면, 전하의 지위는 반석같이 공고해질 것입니다. 어서 황제 폐하에게 행군을 청원하소서."

태자의 청원을 가오주가 허락했다. 태자가 섬동도대행태陝東道大

行台, 샨둥도행군원수山東道行軍元帥가 되어 허난과 허베이의 주州들을 그 산하에 넣어, 류헤이타를 치는 토벌군을 인솔하게 되었다. 지왕 리엔지李元吉도 웨이주魏州로 군사를 보내어 류헤이타의 아우 류시센劉+善을 격파했다. 류헤이타가 군사를 이끌고 남하했다. 그러자 샹주相州 이북의 여러 주현이 모두 그에게 귀속하게 되었다. 류헤이타가 헝주恒州를 쳐서 함락시키고, 자사刺使를 죽였다. 황제는 그 동안에 부핑富平과 화지華池에서 수렵을 즐기다가 장안으로 돌아왔다.

11월이 되자 창주자사滄州刺史도 류헤이타의 공격을 받고 성을 버리고 도망쳤다. 지왕齊王 리엔지李元吉는 류헤이타의 군사가 강한 것이 두려워, 혼자서는 아예 나가서 싸우려 하지 않았다. 12월에 고구려왕 건무建武[88]에게 칙사를 보내어, 싀의 말기에 고구려의 포로가 된 싀의 전사들을 모두 반환하게 하고, 중국에 살고 있는 고구려인을 찾아서 귀국하게 했다. 그 수가 도합 일만여 명에 이르렀다.

류헤이타가 웨이주魏州를 공격하고 있는 도중에 태자 리젠청이 거느린 대군이 창예昌樂에 도착했다.

웨이정魏徵이 태자에게 말했다.

"전에 류헤이타를 깨뜨렸을 때에 우리를 배반하고 적에 가담했

---

[88] 고구려왕 건무建武 : 고구려 27댜 영류왕榮留王(서기 618~642년 재위).

던 장수들을 모두 죽이고 처자를 붙잡았습니다. 그래서 지금 지왕이 반군의 죄를 용서하겠다는 조서가 있다고 말해도 아무도 믿지 않는 것입니다. 이제라도 붙잡아 두었던 처자들을 석방하고 돌려주면 가만히 있어도 적들이 흩어져서 도망칠 것입니다."

태자가 그의 말을 옳다고 여겨 잡아 두었던 역적의 처자를 석방하면서 반군의 죄를 용서할 것임을 다시 선포하자, 류헤이타의 부하들이 흩어져서 도망치기 시작했다. 더욱이 군량까지 떨어지자, 도망병의 수가 나날이 늘었다. 류헤이타는 성중의 당군이 출격해서 태자의 대군과 안팎으로 협공하는 것이 두려워 밤중에 줄행랑을 쳐 관타오館陶[89]까지 도망갔다. 관타오에서 강을 건너려고 하니 건널 다리가 아직 공사 중이었다. 배수의 진을 치고 당군을 막는 한편, 다리 건설을 독려했다가, 다리가 완성되자 바로 건너서 서쪽으로 도망치는데, 대부분의 군사들이 건너지 못한 채 붙들려서 무장해제 되었다. 태자의 대군이 다리를 건너 류헤이타를 추격했으나, 천여 기가 건넜을 때에 다리가 무너졌다. 그 바람에 류헤이타가 겨우 수백 기를 거느리고 도망칠 수 있었다. 태자가 류훙지劉弘基를 시켜서 그를 계속 추격하자, 류헤이타는 밤낮으로 도망쳐서 라오양饒陽[90]에 이르렀다. 이닝 6년[90] 정월에 백여 명으로 줄어든 종자를 데리고 온 류헤이타를, 라오양 성주가 눈물을 흘리며 나와 맞이하며 성안으로 들어갈 것을 권유했다. 성주는 류헤이타의 군졸

---

89 관타오館陶 : 허베이河北 동남부. 린칭臨淸과 강을 끼고 마주 보는 곳. 지난과 濟南과 한단邯鄲 사이.

90 이닝 6년 : 서기 623년.

들에게 식사를 제공했다. 식사가 끝나기도 전에 성주의 군사들이 습격해서 모두 체포해 류헤이타를 태자에게 보냈다. 태자는 그를 동생 류시센과 함께 뤄주에서 참했다.

북쪽의 투르크도 시피 크한이 죽은 뒤로 여러 번 당을 침공했다. 이들을 태자인 리젠청이나 친왕秦王 리스민이 군사를 이끌고 가서 격퇴했다. 서쪽의 투유훈吐谷渾이 여러 번 침공해 온 것을 당군이 물리쳤다. 투유훈은 5호 16국 시대에 랴오시遼西의 셴비에鮮卑 모롱부慕容部에서 갈라져 나온 부족으로, 4세기에서 8세기까지 칭하이靑海 일대를 지배하여 번성했다. 서역 남도 제국을 지배하고, 중국과 서역 사이의 국제무역을 통제하였는데, 그 바람에 교역권을 탐낸 북웨이, 쉬, 당의 원정군에 의해 여러 번 토벌되었다가, 중원의 힘이 약해지면 다시 회복해서 이 지역을 지배해 나갔다. 당은 여러 번 공주를 출가시켜 이들을 회유했다.

4 샨우먼玄武門의 변(하下)

우드武德 7년이 되었다. 지왕齊王 리옌지李元吉가 태자를 보고 친왕 리스민을 없애자고 권했다.

"태자 전하께서 직접 칼을 드소서."

그러나 태자는 결심을 하지 못했다. 리스민이 황제를 수행해서 리옌지李元吉의 집을 방문했다. 리옌지李元吉는 호군護軍 유원바오宇文寶에게 무사들을 인솔해서 집 안에 숨어 있다가 리스민을 공격하게 했다. 그런데 태자가 이를 말렸다. 리옌지李元吉는 화가 나서 씩씩거렸다.

"이건 다 형님 전하를 위한 일인데. 내게 무슨 득이 있다고."

태자는 장안과 주변에서 용사 2,000명을 모집해 동궁의 위병으로 삼으면서 장림병長林兵이라 호칭을 정했다. 별도로 여우주幽州의

옌왕燕王 리이李藝에게 사람을 보내어 투르크의 기병 300기를 얻어와서 동궁의 경비를 강화했다. 그러나 이를 안 가오주가 태자를 문책하여 실무 책임자를 유형에 처했다.

동궁의 숙위宿衛로 있던 양원간楊文幹은 칭주도독慶州都督으로 가 있었는데, 워낙 태자와 친한 사이라 힘센 장사를 모아 장안으로 보내었다. 가오주가 런지궁仁智宮으로 거동하면서 태자에게 장안을 지키게 하고, 리스민과 리엔지李元吉를 수행하게 했다. 그러자 태자가 리엔지李元吉에게 리스민을 처치하자고 말했다. 그러면서 양원간에게 갑주를 보내기 위해서 낭장郞將과 교위校尉를 파견했다. 그런데 이들은 태자가 양원간에게 지시해서 함께 거병하려 한다고 가오주에게 고했다. 가오주가 크게 놀라서, 손수 조서를 써서 태자를 궁으로 불렀다. 태자가 겁을 먹고 주저하자, 태자를 모시고 있던 사인舍人이 성을 거점으로 해서 거병할 것을 건의했다. 그러자 주부主簿 자오홍지趙弘智가 말했다.

"전하, 지금은 거병할 때가 아닙니다. 아랫것들의 옷을 입고, 수행원도 없이 런지궁에 출두해서 죄를 빌어야 합니다. 우선은 그렇게 모면을 하시고 후일을 기하소서."

태자가 자오홍지의 권고대로 가오주가 있는 궁으로 가기로 했다. 부하 십여 기만 데리고 황제를 알현하면서 땅에 엎드려 절통하게 울며 죄를 빌었다. 정성을 다하여 사죄하는데도 가오주의 분노는 풀리지 않았다. 이날 밤, 가오주는 태자에게 보리밥을 먹인 뒤, 붙잡아 놓고 궁의 수비를 챙기면서, 사농경司農卿 유원잉宇文穎을 보내어 양원간을 소환했다. 유원잉이 칭주에 도착해서 양원간에게 사실 그대로를 알리자, 마침내 양원간이 반란을 일으킬 결심을 하게 되었다. 이때가 6월이었다. 가오주가 군사들을 파견하여 양원간을 치게 하면서 리스민을 불러 상의했다. 리스민이 아뢰었다.

"폐하, 양원간은 보잘것없는 놈입니다. 이런 놈이 미쳐서 역모를 하는 것이니, 이미 잡혔거나 죽임을 당했을 것입니다. 만일 아직 무사하다 하더라도 장수 하나를 보내면 쉽게 토벌할 수 있을 것입니다."

"아니다. 원간의 역모에는 태자가 연관되어 있어서, 호응하는 자가 많을지 모른다. 네가 직접 토벌하는 것이 좋겠다. 토벌한 뒤에 돌아오면 너를 태자로 봉하겠다. 싀원디가 자식을 주살했지만, 짐은 그런 짓을 하지 못하겠다. 그러니 태자는 슈왕蜀王으로 봉하도록 하자. 네가 보위에 오른 뒤에는 신하로 삼아 그를 살려주도록 해라. 슈의 병졸은 취약하니, 네 말을 듣지 않으면 쉽게 다스릴 수 있을 것이다."

가오주는 그렇게 말하면서 한숨을 크게 쉬었다.

리스민이 출진하자, 리옌지李元吉와 비빈들이 번갈아 태자의 사면을 청했다. 가오주가 마음을 고치고 태자를 도성으로 보내어 유수留守를 맡게 했다. 형제간을 불화하게 한 죄를 물어 태자중윤太子中允 왕귀王珪와 좌위솔左衞率 웨이팅韋挺, 천책병조참군天策兵曹參軍 두옌杜淹을 유형에 처했다. 7월이 되자 양원간이 닝주寧州를 습격해서 이를 함락시키고, 약탈을 하다가 바이쟈바오百家堡에 들어가 농성을 시작했다. 리스민의 군사가 닝주에 와서 양원간의 무리들을 궤멸시켰다. 양원간을 부하가 살해하여 그 수급을 보내어 왔다. 그와 함께 유원잉도 잡아 주살했다.

우드 7년 가을에 투르크의 셰리韻利와 투리突利 크한可干이 옌주原州를 거쳐 관중으로 침공해왔다.

관중에 장마가 계속되어 식량 공급이 끊어지자, 군사들은 원정으로 피곤에 지쳤고, 활이 습기에 젖어서 잘 쓸 수가 없게 되었다. 크한이 만여 기의 기병을 몰고 우룽반五隴阪에 포진했다. 당군의 장졸들이 공포에 떨었다. 리스민이 리엔지李元吉에게 말했다.

"적군이 왔다고 겁을 먹어서는 안 된다. 너는 나와 함께 가겠는가?"

리엔지李元吉는 두려움에 떨면서 말했다.

"적의 형세는 저렇게 대단합니다. 어찌 가벼이 출격할 수 있으리오. 만일에라도 싸움에 지면 후회막급이 될 것입니다."

"네가 출격하지 않는다면, 나 혼자라도 갈 것이다. 너는 여기서 보고 있거라."

리스민이 기병을 몰고 적군의 본진 근처까지 다가가서 큰소리로 외쳤다.

"우리와 크한은 화의를 맺었다. 어찌하여 화해 약조를 어기고 우리의 영토에 깊숙이 들어왔는가? 나는 친왕이다. 크한이여, 용기가 있으면 혼자 나와 싸우자. 떼를 지어 온다면 여기 있는 백 명으로 상대해 줄 것이다.”

셰리는 응하지 않고 웃어넘겼다. 리스민이 더 전진해서 투리 크한에게 말했다.

“그대는 일찍 우리와 동맹을 맺고, 위급한 때에 서로 도운 사이가 아닌가? 그런데도 이번에는 군사를 끌고 와서 공격하고 있다. 어찌 신전에서 피운 맹서의 향불의 정을 저버리는가?”

투리 크한 역시 아무 대꾸를 하지 않았다. 리스민이 더 전진해서 개울을 넘으려고 했다. 셰리 크한은 리스민이 가벼이 전진하는 것을 보고, 또 향불 운운하는 말을 듣고, 투리 크한과 리스민이 결탁한 것으로 의심이 났다. 사자를 보내어 리스민을 말렸다.

“왕이시여. 개울을 건너려 하지 마시오. 우리가 딴 뜻이 없소. 그저 왕과의 맹약을 확인하고 싶었던 것이오.”

셰리 크한이 군사를 약간 물렸다. 그러자 지금까지 내리던 부슬비가 점점 세게 내리기 시작했다. 리스민이 부하 장수들을 보고 말했다.

“투르크가 믿고 있는 것은 활밖에 없다. 지금 비가 점점 심해지니, 활의 애교가 붓고, 활대가 풀려서 힘을 쓰지 못하게 되었다. 이제 이놈들은 날개 꺾인 새가 된 셈이다. 우리는 집안에서 따뜻한 음식을 먹고, 창칼을 갈고 다듬어서 싸울 준비가 다 되어 있다. 그러니 지금이야말로 이길 수 있는 기회가 아니겠는가? 무엇을 더 기다릴 것인가? 바로 진격하자.”

밤중에 소리를 죽여서 빗속을 진격하니, 투르크군이 크게 놀랐다. 리스민이 다시 사자를 파견해서 투리 크한에게 이해관계를 설득했다. 투리 크한이 기꺼이 리스민의 설득에 응했다. 셰리는 싸우고 싶었으나 투리가 이를 말렸다. 마침내 그들은 리스민과 화의를 맺고 물러갔다.

관리들 가운데에서 투르크 같은 오랑캐의 침공을 멎게 하기 위해선 장안을 불태워야 한다는 말이 있었다. 가오주는 이에 동의하여 천도를 하고자 했으나 리스민이 홀로 강하게 반대하였다.

"어찌 오랑캐 때문에 천도를 하겠습니까. 신이 셰리를 공격해서 북쪽 오랑캐의 수급을 얻도록 하겠습니다."

태자가 말했다.

"옛날에 판콰이樊噲[91]가 십만 명을 거느리고 쑝누匈奴의 땅을 횡단하려고 했는데, 친왕이 말하는 것이 그와 같아 대단히 무모한 것으로 생각됩니다."

리스민이 반박했다.

"그때와는 형세와 용병이 다르지요. 판콰이 같은 조무래기를 들먹일 것이 무엇입니까? 십 년도 되지 않아 반드시 막북漢北을 평정할 것입니다. 이것은 허언이 아닙니다."

가오주가 결심해서 천도를 중지했다.

태자와 후궁의 비빈들이 함께 리스민을 헐뜯었다.

---

91 판콰이樊噲(~기원전 189년) : 전한前漢 초기의 무장. 류팡劉邦과 고향이 같음. 친秦을 타도하는 봉기에 가담하여 무훈을 올림. 훙먼鴻門의 회盟에서 큰 공을 세워 위기를 탈출함.

"투르크는 자주 변경을 침투해서 우환을 일으키고 있지만, 수확을 얻으면 바로 돌아갑니다. 친왕은 오랑캐를 무찌른다는 명분을 빌어서 실지로 병권을 모두 거머쥐려 하고 있으니, 찬탈하려는 것이 틀림없습니다."

하루는 가오주가 성남에서 사냥을 하면서 태자와 친왕, 지왕이 모두 수행했다. 가오주가 세 아들에게 각기 제일 잘 다루는 연장을 자랑해 보라고 일렀다. 그러자 태자가 튼실하고 잘 달리는 말을 리스민에게 주면서 말했다.

"이 말은 굉장한 준마로 몇 길의 고랑도 뛰어넘는다. 아우는 승마를 잘하니까, 이 말을 타보도록 하는 것이 좋겠다."

리스민이 이 말을 타고 사슴을 쫓는데, 말이 뛰어오르면서 리스민이 말 등에서 나동그라졌다. 리스민이 몇 번이고 말 등에 다시 오르고 떨어지기를 거듭하다가, 곁에 있던 유원스지를 보고 말했다.

"태자가 날 죽일 생각인가? 허나 생사는 천명인걸. 어찌 날 다치게 할 수 있을까?"

리스민은 여태까지 많은 싸움에 나가서 진두지휘하면서도 한 번도 다친 적이 없었다. 그만큼 그의 운이 좋았다.

그러나 이 말을 들은 태자는 후궁의 비빈을 시켜서 가오주에게 참언을 올리게 했다.

"친왕이 말했습니다. 자기에게는 천명이 있다. 천하의 주인이 되기까지 어찌 개죽음을 할 것인가 하고. 이런 무엄한 말이 어디 있습니까? 자기가 천하의 주인이 되겠다고 하니. 금상을 제쳐두고."

가오주가 격노했다. 먼저 태자와 리옌지李元吉를 불렀다. 그리고서 리스민을 불러서 꾸짖었다.

"천자가 되려면 천명이 있어야 하는 것이다. 꾀가 많다고 천자가 될 수 있는 것이 아닌데, 너는 어찌 성급하게 그런 말을 하는가?"

리스민이 관을 벗고 고개를 숙여서 재판에 걸 것을 청했으나 가오주의 화는 풀리지 않았다. 분위기가 살벌해지고 있는데, 마침 시종이 들어와서 아뢰었다.

"투르크가 쳐들어왔습니다, 폐하."

"무어라고? 투르크가 침공했다고? 어떻게 하면 좋을까? 친왕이 말해보라."

가오주가 표정을 고치고, 리스민에게 관을 쓰라고 하면서 대책을 물었다. 이런 일은 모두 리스민이 처리해야 했고, 그런 능력이 리스민에게는 있었다.

우드 9년 정월에 주현州縣마다 성벽을 수리하여 투르크에 대비했다.

가오주가 불교와 도교를 탄압하기 시작했다. 일찍 불교도가 당이 쉬를 계승하게 된다는 예언시를 유포시켰기에, 가오주는 불교를 인정해서 정월, 5월, 9월의 3 장재월長齋月에는 사형을 집행하지 않고, 살생을 금할 정도로 불교의 교리를 따르려 했다. 그러던 그가 우드 4년에는 싀 때에 세운 여러 사찰과 도관道觀을 폐지하고, 뤄양에 고승과 비구니 각각 30명씩만 남기고, 나머지 승려와 비구니는 환속시켰다. 우드 9년의 탄압은 그보다 더 심하여, 40여 년 전의 북조우北周의 우디武帝가 탄압했던 것에 버금가는 것이었다. 5월에 수도의 불교 사찰과 도교 도관이 몹시 더럽고 문란한 것을 비난하는 다음과 같은 요지의 조서를 내려 일대 개혁을 시도했다.

"석가께서 가르치기를 맑고 깨끗하게 지내라고 하셨다. 먼지와 때를 멀리하고 탐욕을 없애라 하셨다. 그런데도 착한 뿌리를 가꾸고 우매한 중생을 깨우쳐서 검약하기는커녕 심신을 가꾸어 나가지 않고, 그저 게으른 자들이 부역을 피하려고 머리를 깎고 출가를 하여, 방자하게 욕심을 탐하는 자가 그치지 않는다. 이런 자들이 마을에 드나들며 재물을 모으고 예법을 문란하게 하며 소란을 피우니, 마치 맑은 물을 흙탕물로 망가뜨리고 있는 것과 같다. 원래 절간이란 깨끗하게 거처해서 고요한 분위기를 갖추어야 하는데도, 근래에는 집을 함부로 지어 사람을 모으니 소란하기 한이 없다. 짐은 이를 고쳐서 원래의 가르침대로 중생에 이익을 주는 불법을 진흥하도록 하려고 한다. 옥석을 구분하여 묘법을 오래 전하고, 근본을 밝혀서 중생이 이를 따르도록 할지어다. 모든 승려와 비구니, 도사 가운데 부지런히 도를 닦고 계율을 지키는 자만이 큰 절이나 도관에 거주하고 의식을 해결할 수 있을 것이다. 그렇지 못한 자는 모두 환속을 시켜라. 경성에 절 세 곳과 도관 두 곳을 남기고, 또 지방의 주에는 하나씩만 두고 나머지는 모두 폐지하도록 하여라.”

이러한 조서를 내린 까닭은 불교와 도교가 백성의 살림이나 마음을 구제하지 않고, 병역이나 부역으로부터 피신한 사람들이 재물을 탐내어 풍기를 문란하게 하는 것을 조장했기 때문이었다.

5월이 되었다. 역관이 와서 태백성이 하늘 높이 솟았다고 아뢰었다. 원래 태백성이 하늘 높이 올라간다는 것은 혁명이 일어나서 황제가 바뀌는 것을 뜻했다. 금성이 서쪽 하늘에 뜨는 것을 태백성이라 했고, 동쪽 하늘에 뜨는 것을 샛별 또는 계명성이라 했다. 좀처럼 하늘 높이 뜰 수가 없는 별이니, 그런 일이 일어나면 이변이라고 생각했다. 가오주는 아들들의 사이가 멀어져서 골이 깊어가는 것이 몹시 걱정되었다. 그런데 이런 역관의 보고를 받고 더욱 수심에 잠겼다.

친왕 리스민과 태자 리젠청 그리고 지왕 리엔지李元吉의 사이에는 이미 깊은 골이 생겼다. 친왕은 뤄양을 요지로 생각해서, 만약 변란이 생기면 그곳으로 도망칠 생각으로 심복을 파견해서 지키게 했다. 그러면서 산둥의 호걸들과도 내밀히 손을 잡고 금품을 주어 대비하게 했다. 리엔지李元吉가 이 가운데 친왕에 가까운 장군 장량張亮을 역모로 몰아 잡아서 심문했으나, 장량이 끝까지 승복하지 않아 어쩔 수 없이 그를 뤄양으로 돌려보냈다.

태자가 어느 날 밤에 리스민을 불러서 술을 먹여 독살하려고 했다. 리스민은 갑자기 염통에 통증을 느끼고 엄청나게 피를 토했다. 회안왕 리신통이 그를 도와서 시궁西宮으로 모셨다. 가오주가 시궁에 행차하여 리스민의 용태를 묻고 태자에게 분부를 내렸다.

"친왕은 원래 술을 못하지 않는가? 이제부터는 밤에 술을 권해서는 안 된다."

그리고서 다시 리스민에게 말했다.

"큰 뜻을 갖고 천하를 평정한 것은 모두 그대의 공적이다. 그래서 짐은 그대를 태자로 삼아 보위를 잇게 하려고 했는데, 그대가 굳이 싫다고 했다. 젠청이 나이도 위이고, 태자가 된 지도 오래되었으니 지금 바꿀 수는 없단다. 그런데 너희들 형제는 서로를 포용하지 못하니, 이대로 장안에 함께 살다가는 반드시 싸움이 일어날 것 같다. 그래서 친왕 그대를 뤄양에 보내어 동쪽의 주인이 되게 할까 한다. 그대에게 천자의 정기를 세울 것을 명한다. 한의 량샤오왕梁孝王의 고사를 본뜨거라."

리스민은 가오주의 슬하에서 떨어져 멀리 가는 것은 견딜 수 없는 일이라고 말하며 눈물을 흘리면서 못 간다고 읍소했다. 그런데도 가오주는 막무가내였다.

"천하는 한집안이 아닌가? 동서의 두 도성이 멀리 떨어져 있으니, 그대가 동도로 가주어야 하겠다. 번거롭게 굴지를 마라."

리스민이 떠나려고 하는데, 태자가 리엔지李元吉에게 말했다.

"만일 친왕이 뤄양에 간다면, 그는 토지와 군사를 함께 얻는 셈이 된다. 그렇게 되면 우리가 손을 쓸 수 없게 된다. 그보다 장안에 두면 홀몸이라 쉽게 요리할 수 있을 것이다."

이들은 비밀리에 몇 사람을 시켜 가오주에게 아뢰게 했다.

"친왕의 시종들은 뤄양에 간다는 말을 듣고 크게 기뻐했다고 합니다. 마치 떠나면 다시는 돌아오지 않을 기세로 보였습니다."

이들은 가오주의 시종들에게 손을 써서 친왕이 뤄양으로 떠나면 문제가 생긴다고 거듭 아뢰게 해, 결국 가오주가 변심해서 친왕에게 내린 분부를 거두어들였다.

태자와 리엔지李元吉는 후궁의 비빈들과 짜고 밤낮으로 리스민을 참소했다. 가오주가 이들의 말을 믿고 리스민을 벌하려 하자 천슈다陳叔達가 말렸다.

"친왕은 천하에 큰 공이 있습니다. 처벌하셔서는 안 됩니다. 그리고 친왕은 성격이 강직하고 격렬합니다. 억압하면 화병이 생길 우려가 있습니다. 그렇게 되면 소중한 분을 잃게 됩니다. 그때 가서 후회하셔도 소용이 없을 것입니다."

리엔지李元吉가 가만히 친왕을 죽이라고 청했다. 그러자 가오주가 말했다.

"친왕에게는 천하평정의 공적이 있는데다가 죄상이 분명하지 않은데, 무슨 구실로 그를 죽일 것인가?"

리엔지李元吉가 답했다.

"친왕은 동도를 평정하자 돌아오려고 하지 않고, 재물을 산포해서 사사로이 은혜를 베풀었습니다. 게다가 칙명을 거역했으니, 역모를 했다고 할 수 있지 않습니까? 불문곡직하고 죽이십시오. 어찌 죽일 핑계가 없다고 걱정하십니까?"

친왕부의 막료들은 걱정만 하지 어찌할 줄을 몰랐다. 행태고공

랑중行台考功郎中 팡샨링房玄齡이 비부랑중比部郎中 창순우지長孫無忌에게 말했다.

"이미 틈이 벌어져 버렸어. 일단 화가 터지면, 조정에 혼란이 일어나는 정도로는 그치지 않고, 사직이 무너질 지경에 이른다. 이를 막기 위해서 조우공周公의 예에 따라 국가를 안정시켜야 한다고 친왕에게 권해 드려야 하겠다. 국가 존망의 일이 오늘에 달려 있다."

조우周 건국의 대공신인 조우공周公 단旦[92]이 형과 아우가 우왕武王이 죽은 뒤에 반란을 일으킨 것을 모두 토벌해서 우왕의 아들이 성인이 된 뒤에 왕이 될 수 있게 도운 고사를 들먹이면서, 팡샨링은 리스민이 사직을 위해 형과 아우를 쳐야 한다고 말한 것이었다.

창순우지도 말했다.

"나도 전부터 그렇게 생각하고 있었는데 차마 입에 올리지 못했다. 지금 그대가 한 말은 바로 내 마음과 같다. 함께 건의하자."

두 사람은 친왕에게 가서 말했다.

"대왕의 공적은 천지를 덮습니다. 대업을 잇는 것이 당연합니다. 오늘의 위기를 모면하는 일에 하늘도 도울 것입니다. 결코 의심해서 우유부단하셔서는 안 됩니다."

마침 친왕부에 있던 두루휘杜如晦도 태자와 리옌지李元吉를 주살하도록 리스민에게 권했다.

태자와 리옌지李元吉는 친왕부에 좋은 장수들이 많은 것을 우려

---

[92] 조우공周公 단旦 : 조우원왕周文王의 아들로 조우周의 초대왕인 우왕武王과 동모제. 루魯의 시조.

해, 자기편으로 만들려고 좌이호군左二護軍 웨이지징드尉遲敬德에게 금은보화 한 수레를 보내면서 글을 보내어 일렀다.

"대인께서 우리와 운명을 함께하시지 않겠습니까?"

징드가 이를 거절하면서 리스민에게 일러바쳤다. 리엔지李元吉가 징드를 죽이려고 자객을 보냈다가 실패하자, 다시 역모로 몰아 심문하여 죽이려고 하는 것을 리스민이 황제에게 직소해서 구출해 냈다. 징드 이외에도 리스민의 측근 여럿을 모함해 좌천시켜서, 리스민의 측근을 하나하나 제거해 나갔다. 태자가 리엔지李元吉에게 말했다.

"친왕부의 참모들로 이제 남은 것은 팡샨링과 두루휘뿐이다. 이놈들도 황제께 말씀 드려 쫓아내도록 하자."

마침내 두 사람도 참언으로 친왕의 천책부天策府에서 쫓겨나게 되었다.

이제는 리스민의 곁에 심복으로 남은 것은 창순우지長孫無忌와 그의 장인인 가오스리엔高士廉, 그리고 허우준지侯君集, 웨이지징드尉遲敬德 등의 장수들뿐이었다. 이들은 매일 같이 리스민에게 태자와 지왕 리엔지李元吉를 주살하라고 권했다. 리스민은 차마 결단하지 못하여 링주대도독靈州大都督 리징李靖과 리스즈李世勣[93]에게 상의했으나 이들은 가타부타 답을 하지 않았다. 마침 투르크의 군사 수만

---

[93] 리스즈李世勣(594~669년) : 슈스즈徐世勣가 원래의 이름. 산둥山東의 재산가 출신. 쇠말에 디양翟讓이 봉기할 때에 17세로 가담했다가 주도자가 됨. 리미李密가 왕스총에 패해서 도망쳐 온 것을 받아들여서 수령으로 삼았다가 리옌에 함께 투항함. 리옌으로부터 리씨를 사성받아 리스즈로 개명함. 뒤에 고구려 정벌에 큰 공을 세움. 리스민이 황제가 되자 리즈로 다시 개명함.

기가 허난河南에 다시 침투해서 우청烏城을 포위했다. 태자가 리옌지李元吉를 리스민 대신으로 군사를 몰고 이를 치도록 칙명을 내리시라고 가오주에게 주상했다. 가오주가 리옌지에게 우청 구원을 지시하자, 리옌지는 천책부의 정예 군사와 장수들을 자기의 군사에 편입할 것을 주청했다. 솔경승率更丞 왕지王晊가 리스민에게 밀고했다.

"태자께서 지왕齊王에게 말씀하셨습니다. '지금 그대가 친왕秦王의 용장과 정병을 얻어 수만의 대군을 거느리게 되었다. 내가 친왕과 함께 곤밍지昆明池에서 그대를 송별할 것인데, 그때에 수하의 장사로 친왕을 죽여라. 그러고는 친왕이 급사했다고 주장하면, 주상께서도 믿으실 수밖에 없을 것이다. 그러면 내가 국사를 맡을 수 있도록 대신들로 하여금 주청하게 할 것이다. 이미 웨이지징드 같은 장수들이 그대의 수중에 있으니, 말을 듣지 않으면 모두 생매장 해버려도 누가 탓할 수 있을 것인가?' 하고요."

리스민이 왕지의 말을 창순우지에게 전했다. 우지가 선수를 치자고 했으나, 리스민은 하늘을 우러러 장탄식을 하면서 말했다.

"골육 간에 죽이는 일은 고금의 대악이다. 나는 화가 바로 코밑에 와 닿은 것을 알고 있지만, 먼저 그들이 일을 저지르는 것을 기다리겠다. 그런 뒤에 의로써 이를 치자. 그게 좋을 것 같다."

웨이지징드尉遲敬德가 말했다.

"죽음을 좋아하는 사람은 없습니다. 지금 사람들이 대왕에게 목숨을 맡기고 있는데, 이는 하늘의 뜻을 받든 것이라 할 수 있습니다. 화가 닥치려고 하는데, 대왕께서는 아직도 한가로이 걱정만 하고 계십니다. 대왕께서 자신을 가볍게 생각하고 계십니다만, 그렇게 되면 사직은 어찌됩니까? 대왕께서 소신의 말을 듣지 않으시면, 소신은 쥐새끼처럼 풀숲에 숨어 대왕의 좌우에서 모실 수도 없이 앉아서 당하게 됩니다."

창순우지長孫無忌도 나서서 말했다.

"징드의 말을 듣지 않으시면 망하고 맙니다. 징드나 소신 우지도 대왕을 모실 수 없게 됩니다."

"내 생각도 무리한 것이 아니지 않은가? 공들은 다시 잘 생각해보아라."

리스민의 변함없는 말에 징드가 말했다.

"대왕의 말씀은 가당치 않습니다. 그건 지혜로운 생각이 아닙니다. 어려움을 당하면서 결단을 하지 않는다는 것은 용기가 없는 탓입니다. 그리고 대왕께서 길러 오신 용사 800여 인은 지금 모두 궁정에 들어가서 무장해 있습니다. 궐기 태세가 이미 갖추어졌는데, 무엇을 이처럼 주저하고 계십니까? 대왕 전하."

리스민이 천책부로 갔더니 막료들이 입을 모아 말했다.

"지왕은 흉포하고 간사해서 아우로 둘 수가 없는 자입니다. 호군護軍 셰시薛実가 지왕의 이름을 합하면 당唐이라는 글자가 되어 지왕이 당의 황제가 된다고 말하자, 지왕이 기뻐하면서 말했다고 합니다. '친왕만 없으면 동궁쯤이야 손바닥을 뒤집듯 쉽게 다룰 수 있을 것이다'라고. 아직 천하를 정하지 못했는데도, 이미 태자마저 죽인 것처럼 생각하고 있답니다. 지왕의 마음에는 안 되는 일이 없답니다. 태자와 지왕이 마음먹은 대로 된다면, 천하는 이미 당의 손을 떠나게 됩니다. 현명하신 대왕께서 두 사람을 처치하는 것은 여반장인데, 어찌 필부의 절의에 끌려서 사직의 장래를 그르치시는 것입니까?"

리스민이 그래도 마음을 정하지 못하자 한 장수가 다시 말했다.

"대왕 전하, 춘舜[94] 임금이 어떤 분인 것 같습니까?"

"성인聖人이시지."

"춘 임금이 파놓은 우물에서 나오지 않았다면, 우물 안의 뻘이 되었을 것입니다. 불이 난 곳간에서 내려오지 않았다면, 곳간 위에서 재가 되었을 것입니다. 그랬다면 천하의 주인으로 뽑혀서 후세에 법규를 남길 수가 있었겠습니까? 춘 임금은 아버지의 작은 매는 맞아도 몽둥이로 칠 때에는 도망쳤습니다. 그건 살아 있어야만 큰일을 할 수 있기 때문입니다. 대왕 전하께서도 춘 임금처럼 큰 화를 피하도록 하셔야 합니다."

리스민이 거북의 등을 태워서 금이 가는 것을 보고 점을 치게 했다. 그러자 막료인 장공진張公謹이 들어와서 거북 등을 땅바닥에 팽개쳤다.

"점을 치는 것은 마음이 오락가락 하여 결단하지 못할 때에 하

---

[94] 춘舜 : 중국 고대 설화에 나오는 오제五帝의 하나. 아버지가 배다른 동생을 사랑해서 춘을 죽이려고 우물에 빠뜨리고, 곳간에 올라가서 타 죽게 하려고 했으나, 번번이 모면하고서도 부모에게 효성을 다함. 뒤에 야오堯 임금의 두 딸을 아내로 맞아 제위를 물려받고 황제가 되어 나라를 잘 다스림.

는 것입니다. 작금의 사태에 망설일 여지가 없습니다. 어찌 점을 치십니까? 점괘가 불길하다면 그만 두실 것입니까? 얼른 결심하소서. 급합니다.”

드디어 리스민이 마음을 정했다. 리스민이 우지에게 남몰래 팡산링을 데리고 오라고 지시했다. 그런데 리스민이 보낸 사람을 보고 팡산링이 말했다.

“칙명으로 대왕을 모시는 것이 금지되었다. 만일 지금 사적으로 대왕을 알현하면, 사형을 당하게 될 것이다. 그래서 오라고 하셔도 그 말씀을 받들지 못하겠다고 보고 드려라.”

보고를 들은 리스민이 크게 화를 내면서 웨이지징드에게 다시 명령했다.

“어찌 샨링과 루휘가 나를 배반하는가? 이 칼을 갖고 가서 끝내 말을 듣지 않으면 그 목을 베어 오너라.”

웨이지징드가 창순우지와 함께 다시 찾아가서 타일렀다.

“대왕 전하께서 결심하셨다. 공들은 즉시 천책부에 나가 함께 일을 도모하자. 우리 넷이 함께 가는 것은 위험하니 따로 가자.”

팡산링과 두루휘가 도복을 입고 창순우지를 따라 천책부로 갔다. 웨이지징드는 딴 길을 택해 돌아갔다.

태백성이 다시 하늘 높이 솟았다고 역관이 가오주에게 글을 올렸다.

“태백성이 친秦의 지역에 보입니다. 아마, 친왕이 천하를 얻게 되는 징조일 것입니다.”

가오주가 그 장계를 친왕 리스민에게 주었다. 그러자 리스민이 태자와 지왕 옌지가 후궁을 더럽히고 있다고 아뢰면서 말했다.

"신은 형제에 대하여 모함한 적이 추호도 없습니다. 그런데 이 사람들은 신을 왕스충王世充이나 다오젠드竇建德 같은 역도들을 대하듯 하고 있습니다. 신이 지금 죽임을 당하면 군신이 영원히 어긋난 채로 혼백이 저승으로 가더라도, 이미 죽임을 당한 역도들을 대하기가 부끄럽게 될 것입니다."

가오주가 그 말을 듣고 놀라면서 일렀다.

"내일, 그들을 힐문하리라. 그대는 먼저 입궐해 있도록 하라." 이에 리스민이 창순우지를 비롯한 부하들을 인솔하여 입조해서 샨우먼玄武門에 군사를 묻었다. 장비張妃가 이를 알고 태자에게 미리 전했다. 태자가 지왕 리옌지李元吉를 불러 협의하자 리옌지가 말했다.

"동궁의 군사를 동원하고, 병이 났다고 하며 입궐하지 말고 형세를 관망해 봅시다."

태자가 말했다.

"군사는 충분히 동원했다. 아우여, 함께 입궐해서 직접 알아보도록 하자."

이들이 함께 입궐해서 샨우먼을 향했다. 이때에 가오주는 페이즈裵寂, 샤오유蕭瑀, 천슈다陳叔達들을 불러들여 협의하고 있었다. 태자와 지왕이 린후전臨湖殿에 들어왔다가, 수상한 분위기를 알고 동궁을 향하여 말머리를 돌렸다. 리스민이 그들을 부르자, 지왕 리옌지李元吉가 활로 리스민을 쏘았다. 여러 번을 쏘았으나 맞지 않자,

리스민이 되쏜 화살에 맞아 태자가 쓰러졌다. 웨이지징드가 70기를 거느리고 도망치는 지왕을 쫓았다. 여러 무사들이 지왕을 쏘아 말에서 떨어뜨렸다. 리스민의 말이 길을 어긋나서 숲 속으로 달리다가 나뭇가지에 부닥쳐서 리스민이 낙마하여 얼마 동안을 일어나지 못했다. 그러자 지왕이 달려들어 리스민의 활을 빼앗아 목을 졸랐다. 웨이지징드가 급히 달려와서 고함을 지르며 지왕을 밀쳤다. 지왕은 우드전武德殿으로 도망쳐 들어가다가 징드의 화살을 맞아 죽었다. 급보에 접한 동궁과 지왕부의 정병 2,000을 이끈 장수들이 샨우먼에 달려왔으나, 괴력을 지닌 장공진張公謹이 문을 잠그고, 이들이 대궐 안으로 들어가는 길을 한사코 막았다. 태자의 숙위병을 장악하고 샨우먼에 주둔하고 있던 장군 징준훙敬君弘이 형세를 보고 군사가 모이면 싸우자는 주변의 만류를 무릅쓰고, 큰소리를 지르며 돌격했다가 중랑장과 함께 전사하고 말았다. 동궁부의 병사들이 천책부를 공격하라는 지시를 받고 주저하고 있는데, 웨이지징드가 태자와 지왕의 목을 높이 들어 보이며 항복을 권하자 모두 무기를 버렸다. 가오주가 연못에 배를 띄우고 있는데, 리스민이 웨이지징드를 보내어 호위를 서게 했다. 징드가 창을 들고 가오주에게 다가왔다. 가오주가 크게 놀라 물었다.

　"오늘 누가 난을 일으켰는가? 경은 어찌 이곳에 왔는가?"

　"태자와 지왕이 난을 일으켰습니다. 친왕이 거병해서 이들을 주살했습니다. 폐하께서 놀라시지 않을까 해서, 친왕께서 소신을 이곳에 보내어 폐하를 지키게 하셨습니다."

가오주가 페이즈와 샤오유들에게 말했다.

"어쩌다가 이런 지경이 되었는가? 어찌하면 좋을까?"

샤오유와 천슈다가 아뢰었다.

"리젠청李建成과 리옌지李元吉는 원래 폐하의 거사에 크게 참여한 바가 없습니다. 그래서 천하를 평정하는 일에 별 공적이 없었습니다. 친왕의 공적이 워낙 높아 사람들의 기대가 커진 것을 보고 두 사람이 나쁜 음모를 했던 것입니다. 지금 친왕 스스로 이를 쳐서 주살했습니다. 친왕의 공적은 세상을 덮고 미래 영구히 빛납니다. 민심도 모두 그분에게 귀순하고 있습니다. 폐하께서는 친왕을 태자로 책봉하시고, 국사를 맡기시면 일은 모두 제자리로 돌아가게 될 것입니다."

"좋은지고. 이야말로 짐의 숙원이로다."

가오주가 말했다.

이때까지도 동궁과 천책부의 군사들은 싸움을 그만두지 못하고 있었다. 웨이지징드가 황제의 조서를 얻어서 모든 군사들이 친왕의 지휘를 받도록 알리자고 아뢰었다. 가오주가 윤허하자, 천책부 사마司馬 유원스지字文士及가 칙서를 보이면서 알렸고, 모두 싸움을 그만두고 조용해졌다. 가오주가 다시 황문시랑黃門侍郎 페이주裴矩를 동궁에 보내어 동궁의 장병들을 타일러서 해산하게 했다. 가오주가 리스민을 불러내어 몸을 어루만지면서 말했다.

"최근에는 정권을 내어 던지고 싶은 적이 여러 번 있었다." 그 소리를 들은 리스민은 무릎을 꿇은 채 가오주를 붙잡고 오랫 동안

통곡했다. 이어서 리젠청李建成의 아이들과 리옌지李元吉의 아이들이 모두 주살되고 왕적王籍에서 삭제되었다. 여러 장수들이 리젠청李建成과 리옌지의 측근 백여 명을 모두 삭탈관직해서 죽일 것을 권했으나, 웨이지징드가 한사코 말렸다.

"죄는 두 사람의 원흉에 있고, 죄인들은 이미 주살되었다. 졸개들까지 처벌하는 것은 좋은 일이 아니다."

같은 날에 조서가 내려 천하에 대사령이 선포되고, 리스민이 황태자로 책봉되었다. 흉악죄는 리젠청李建成과 리옌지에게만 해당하게 하고, 다른 무리들의 죄는 일체 묻지 않게 했다. 동궁과 지왕부에 있던 승려, 비구니, 도사들은 원상으로 복귀하게 하고, 국사를 친왕이 관장하게 되었다.

동궁을 지키다가 도망친 펑리馮立, 셰수팡謝叔方, 슈어완처薛萬徹들이 자수했다. 리스민은 "이 사람들은 모두 충의를 다한 사람들이다. 용서해 주도록 하라" 하면서 모두 석방했다.

이번 일에 공적이 있던 신하들은 모두 승진을 하는데, 특히 지왕의 금박 집기는 모두 웨이징드에게 하사했다.

세마洗馬로 태자 리젠청李建成을 모시고 있던 웨이정魏徵이 친왕을 제거하라고 항상 태자에게 권하고 있었는데, 태자가 패배하자 리스민이 그를 불러 따졌다.

"너는 어찌하여 우리 형제를 이간질했느냐?"

모두들 웨이정의 목숨이 위태로울 것으로 걱정했는데, 웨이정은 태연한 태도로 말했다.

"그때, 태자가 제가 말한 대로 했더라면, 이번과 같은 화는 입지 않았을 것입니다."

리스민은 원래 웨이정의 재주를 인정하고 있었다. 그는 태도를 고쳐서 예절을 갖추며 웨이정에게 부탁했다.

"그대가 동궁에 있었으니, 상전을 위해 충의를 다한 것이 어찌 죄가 되겠소. 첨사주부詹事主簿가 되어 측근에서 과인을 도와주시오."

첨사주부는 정8품으로 비서 역할을 하는 직위였다. 웨이정은 그 뒤로 간의대부諫議大夫, 문하시중門下侍中, 좌광록대부左光祿大夫를 두루 거치면서 정귀공鄭国公으로 책봉될 정도로 중용되었다. 리스민은 이렇게 자기를 죽이려던 반대당의 사람까지도 그 재능과 절개를 높이 사서 중용하는 도량이 있었다. 리스민이 금원禁苑에서 사냥할 수 있게 하고, 사방에서의 공물 상납을 중지시켰다. 그와 함께 여러 관료들로부터 정치하는 법을 듣고, 정령을 간결하게 만들었기 때문에 안팎이 모두 좋아했다.

추두통屈突通을 섬동도행태陝東道行台 좌복야左僕射로 삼아 뤄양을 지키게 했다. 7월에 호군護軍 친슈바오秦叔寶를 좌위대장군左衛大将軍, 청지제程知節를 우무위대장군右武衞大将軍 그리고 웨이지징드를 우무후대장군으로 삼았다. 이어서 가오스리엔高士廉을 시중侍中, 팡샨링房玄齡을 중서령中書令, 샤오유蕭禹를 좌복야左僕射, 창순우지長孫無忌를 이부상서吏部尚書, 두루휘杜如晦를 병부상서兵部尚書로 삼아서 군국 제반을 다스리게 했다.

5 정관貞觀의 치治

우드武德 9년[95] 8월에 가오주高祖가 황제의 자리를 태자 리스민李
世民에게 양위하겠다고 말했다. 태자가 고사했으나 가오주는 칙명
을 거두어들이지 않았다. 마침내 동궁의 시엔드전顯德殿에서 태자
가 황제로 등극하여 연호를 정관貞觀으로 고치고, 사면령을 선포했
다. 우드 원년 이래로 유배된 자를 모두 사면하고, 문무관 가운데
5품 이상으로 작위가 없는 자에게는 작위爵位를 내리고, 6품 이하
의 사람에게는 훈위勳位를 주었다. 새로 등극한 황제는 관내關內와
중앙의 6개 주에 2년간, 다른 주에 1년간의 조세를 면제했다. 이
황제는 시호가 타이종太宗이라 해서 당唐 제일의 명군으로 후세에

---

95 우드武德 9년 : 서기 626년, 고구려 영류왕 9년, 신라 진평왕 48년, 백제 무왕 27년, 야마도 스이
　고推古 12년.

이름을 남겼다.

타이종은 많은 일을 처리하면서 황후와 신하들과 먼저 상의하려고 했다. 그는 궁실에 들어온 궁녀들의 처지를 가엽게 여겨서 다음과 같은 조서를 내렸다.

"궁녀가 많은데, 그녀들이 평생을 대궐에 갇혀 살게 되는 것은 정말로 딱한 일이다. 이제부터는 친정으로 돌아가고 싶은 사람은 자유롭게 나가도 되게 하여라."

이 조서에 따라 궁을 나간 궁녀가 3,000여 명이나 되었다.

타이종太宗이 등극하기 전에도 폐 태자 젠청建成과 지왕齊王 옌지元吉의 잔당을 사면하겠다는 영을 여러 번 내어 보냈다. 그러나 아무도 이를 믿지 않았다. 간의대부諫議大夫 왕귀王珪가 다시 품의해서 영을 내렸다.

"6월 4일 이전에 동궁이나 지왕과 관계가 있거나, 17일 이전에 리유엔李瑗과 관계가 있었던 자를 고발해서는 안 된다. 위반하는 자는 처벌하겠다."

루장왕廬江王 리유엔은 여우주대도독幽州大都督으로 있으면서 폐 태자 젠청을 도와 군사를 동원했다가 부하의 손에 죽임을 당했던 황족이었다. 이런 칙령이 반포되어도 지방에서는 동궁과 지왕의 잔당을 잡아서 하옥시키거나 체포해서 경사로 연행하는 일이 비일비재했다. 마침 간의대부諫議大夫 웨이정魏徵이 샨둥山東으로 파견되어 민심을 수습하려는데, 주현의 관리들이 폐 태자와 지왕의 잔당을 잡아서 연행하고 있는 것을 보았다. 웨이정이 말했다.

"내가 산둥으로 가라는 하명을 받은 날, 폐 태자나 지왕부의 잔당을 모두 용서하고 불문에 부친다는 영이 내렸다. 지금 이들을 연행하면, 누가 태자의 영을 믿을 것인가? 이미 나 같은 역도를 나라의 일꾼으로 다시 등용하여 대접해 주셨으니, 이번에 태자 전하의 관용하심을 천하에 알리도록 해야 한다. 모두 놓아주어라. 내가 책임을 지마."

뒤에 이를 안 타이종太宗이 웨이정을 크게 칭찬했다.

타이종이 창순씨長孫氏를 황후로 삼았다. 황후는 어릴 때부터 독서를 즐기고 예법을 숭상했다. 타이종이 친왕秦王으로 있을 때에도 가오주高祖를 잘 모시고, 궁 내외를 잘 다루어 크게 내조를 했었다. 중전이 되면서도 검약을 제일로 삼아, 사치와 낭비를 삼가서 크게 칭송을 받았다. 타이종이 상벌을 논의하면서 황후와 상의하자, 황후가 머리를 가로저으며 말했다.

"암탉이 울면 집안이 망합니다. 소첩은 여자입니다. 어찌 정치에 간여하겠습니까?"

타이종이 거듭 권해도 그녀는 머리를 저으며 전혀 응하지 않았다.

셰리頡利와 투리突利의 두 크한可干이 징주涇州를 거쳐 우공武功으로 처들어와서 수도 일원에 계엄령이 선포되었다. 이들이 가오링高陵에 이른 것을 행군총관行軍總管 웨이지징드尉遲敬德가 징양涇陽에서 맞아 크게 파하고 천여 급의 머리를 베었다. 다시 셰리가 웨이스이渭水에 나타나자, 타이종太宗이 친히 여섯 기의 기병을 거느리고 나가서 나루를 사이에 두고 셰리를 나무랐다.

"어찌하여 크한은 또다시 약속을 어기고 침범해 왔는가? 어서 물러가지 못할까? 우리 당군의 힘을 당해낼 수 있을 것인가? 저기를 보아라."

타이종이 가리키는 곳에 수만의 당군이 구름처럼 몰려왔다. 셰리가 이를 보고 크게 놀라, 스스로 화의를 청했다. 타이종이 이를 허락하고 바로 환궁했다. 얼마 뒤에 비엔차오便橋에서 흰말을 베어 영원한 평화를 맹서하게 했다. 투르크가 물러가면서 말 3,000마리와 양 일만 마리를 헌납하려 했으나 타이종은 이를 받지 않았다.

9월에 타이종이 시엔드전顯德殿의 뜰에서 친위 부대원으로 하여금 무예 훈련을 하도록 시켰다. 타이종이 말했다.

"자고로 투르크와 우리나라는 번갈아 이기고 졌다. 만약 황디黃帝께서 우빙五兵96을 잘 쓰셨더라면 북쪽의 오랑캐를 능히 축출할 수 있었을 것이다. 이는 조우周, 한漢 때에도 마찬가지였다. 싀隋 때가 되어서 군사들이 평소에 무예를 연마하지 않아, 투르크의 침입

---

96 우빙五兵 : 중국의 전쟁에 쓰던 다섯 가지 무기. 외날창 과戈, 몽둥이 수殳, 쌍날창 극戟, 긴자루 창 모矛, 활과 화살 궁시弓矢를 뜻함.

을 막지 못하고, 우리 백성이 도탄에 빠지게 되었다. 변경이 조용해지면 사람들은 전쟁을 잊고, 제멋대로 놀고 즐기려고만 하기 쉽다. 그러다가 보면 서쪽과 북쪽의 오랑캐를 당하지 못하게 된다. 짐이 지금 너희들을 연못이나 파고 정원을 가꾸는 일에 부리지 않고, 활을 쏘는 일을 배우게 하고 있다. 투르크가 쳐들어와도 너희들을 장수로 삼아 격퇴하여 우리 백성이 마음을 놓고 살게 하려는 것이다.”

여러 신하들이 아뢰었다.

“폐하, 율령에 따르면 폐하의 곁에서 무기를 갖고 있는 자는 교수형에 처하게 되어 있습니다. 지금 신분이 천한 자들이 활을 끼고 폐하의 곁에 있으니, 만일 미친 놈이 엉뚱한 짓을 하면 어떡하실 것입니까? 사직을 이처럼 가벼이 하셔서는 안 됩니다.”

한주자사韓州刺史 펑통런封同人이 궁정에서 일어나는 일이 걱정되어 급히 상경해서 황제를 간했다.

“폐하, 이런 일은 없습니다. 부디 궁 안에서의 훈련은 그만 두소서.”

타이종太宗이 말했다.

“무슨 소린가? 임금은 모든 백성을 가족으로 생각한다. 짐의 백성은 모두 짐에게 복종해서 충성을 다하는 적자赤子들이다. 어찌 짐을 지키는 위병들을 의심하겠는가?”

황제는 더욱 무사들의 훈련을 장려하고, 이들 가운데 특히 우수한 성적을 올리는 자에게 활과 보검 그리고 비단을 주어 크게 포상했다. 공이 많은 장수들은 진급으로 보답했다. 몇 년이 지나지 않아, 각 부대의 장병들이 모두 정예가 되었다.

타이종太宗이 일찍 용병에 대하여 논했다.

"짐은 젊어서부터 사방을 경략해서, 용병의 묘를 깨닫게 되었다. 적진을 보아 그 강약을 파악하여 우리의 약한 부대로 하여금 적의 강한 부대를 맡게 하고, 우리의 강한 부대가 적의 약한 부대를 공격하게 만든다. 적이 우리의 약점을 찔러 와도 수십 보 정도밖에 나오지 못하는데, 우리가 적의 약점을 찌를 때에는 반드시 적의 배후에 나가서 공격할 수 있게 한다. 그렇게 하면 어떤 적이라도 무너지지 않는 법이 없었다. 짐은 태반의 싸움을 이런 식으로 하여 이겼다."

타이종이 창순우지長孫無忌를 지궈공齊國公, 팡샨링房玄齡을 싱궈공邢國公, 웨이지징드尉遲敬德를 우궈공吳國公, 두루휘杜如晦를 차이궈공蔡國公으로 각각 봉하면서 조회에서 말했다.

"짐이 경들에게 서훈과 포상을 하는데 빠진 것이 있을지 모른다. 각자 말해 보아라."

그러자 여러 신하들이 앞 다투어 공적을 아뢰느라 떠들썩해졌다. 회이안왕淮安王 리신퉁李神通이 말했다.

"신은 선제 폐하께서 거병을 하실 때에, 관시關西에서 군사를 이끌고 누구보다도 먼저 달려왔는데, 이제 보니 글재주만 부리고 문서나 만지던 팡샨링이나 두루휘보다 작위가 아래입니다. 도저히 납득할 수가 없습니다. 어찌 이처럼 신의 무공을 홀대하십니까?"

"숙부는 맨 먼저 달려왔지만, 그것은 자기의 잘못을 면하려는 행동이었소. 두오젠드竇建德가 샨둥山東을 점령했을 때에 숙부의 군사는 전멸했었소. 류헤이타劉黑闥가 잔당을 모아 다시 쳐들어 왔을 때에도, 숙부는 누구보다도 먼저 도망쳤소. 팡샨링 등은 전략을 세우고 계책을 강구하여 본진에 앉아 있으면서도 사직을 편안하게 만들었소. 그러니 논공행상으로 말한다면 숙부의 위에 서는 것이 당연하오. 숙부는 나라의 지친至親이라 짐도 육친의 정을 금할 수 없소만, 사사로운 정으로 공신과 같은 상을 줄 수는 없는 일이오."

타이종의 말을 들은 여러 신하들이 서로를 돌아보며 두런거렸다.

"폐하는 정말 공정한 분이시다. 회이안왕에 대해서도 지친이라고 역성들지 않았다. 우리들에게도 반드시 응분의 포상이 있을 것이다."

"오랜 옛날부터 친왕부秦王府에 근무하면서 폐하를 모시고 온 사람들이 승진하지 못했다고 원성이 자자합니다. 특별한 배려가 있으셔야 할 것입니다."

팡샨링이 권했다.

"무슨 소린가. 임금이 공평무사하니까 천하의 민심이 따라오는 것이다. 짐이나 경들이 매일 소비하고 있는 옷과 음식은 모두 백성이 대어준 것이다. 그런 이치에서 보면 관직을 설치하여 백성을 위한 정무를 보게 하는 일에는 항상 우수한 인재를 먼저 등용해야 하는 법이다. 어찌 선후배로 자리를 정할 수가 있는가? 신참이 현명하고 고참이 불초한데도, 어찌 신참을 버리고 고참을 쓸 수 있겠는가? 그런 이치도 깨닫지 못하고 불평을 하고 원망을 하는 것은 정치의 정도가 아니다."

타이종의 인재 등용 원칙은 흔들림이 없었다.

타이종은 폐 태자 젠청과 지왕 옌지를 다시 왕으로 봉하고, 장사를 치르게 하면서 슬프게 통곡했다. 웨이정魏徵을 비롯한 폐 태자와 지왕의 구신들이 묘소까지 배송하는 것을 허락했다. 뜻이 달라 상극을 한 일이 끝내 마음에 걸렸기 때문이었다. 모든 것을 용서하는 마당에 고인이 된 형제들을 극진히 대하지 않을 연유가 없었다.

백성들에게 구휼을 할 때에도 만사 공평하게 할 것을 명했다.

민부상서民部尚書 페이주裴矩가 투르크로부터 약탈을 당한 백성에게 호戶당 비단 한 필을 주자고 했을 때에도, 호에는 대소가 있으니 일률적인 배급은 공평하지 않다고 하면서 사람의 수를 기준으로 하여 나누어 주라고 했다.

"짐에게 호소하는 글이 많을 때에는 출입하면서도 읽을 수 있게 벽에 붙여두라고 했다. 정치를 하는 일에 골몰하다가 보면 심야까지 일어나 있을 수도 있는 법이다. 모든 관료들은 짐의 이런 뜻에 맞게 각자의 직무를 다하도록 해주기 바란다."

상서尚書들에게 그런 말을 하면서 어떤 때에는 침소에까지 웨이정魏徵을 불러들여 정책의 득실을 따졌다. 그때마다 웨이정이 아는 대로 숨기지 않고 즉답을 하니, 타이종은 크게 기뻐하며 그의 말을 잘 따랐다.

한번은 징병을 하기 위해 사신을 파견하게 되었다. 병부상서가 말했다.

"중남中男은 18세 미만을 말하지만, 체격이 좋은 놈은 모두 징발해도 좋을 것으로 생각됩니다."

타이종太宗이 그럴듯하게 생각하여 이를 윤허했다. 그런데 웨이정이 이 안을 거부했다. 칙령을 네 번이나 내어 보내려고 했는데도 이를 거부하고 서명하지 않았다. 타이종이 화가 나서 그를 불러 꾸짖었다.

"중남으로 몸집이 크다는 것은 징병을 피하기 위해서 호적을 속이고 있는 증거다. 장정이 되었는데도 징병을 당하지 않기 위해 나이를 어린 것으로 속인 것이지. 그러니 이들을 징발하는 것은 잘못이 아닌데, 경은 어찌 짐의 영을 거역하는가?"

웨이정이 답했다.

"병사는 통제를 잘 해야 합니다. 숫자만 많다고 좋은 것이 아니지요. 폐하께서 건장한 장정만 징발하셔서 올바르게 기른다면 천하무적이 될 것입니다. 어찌 허약한 사람까지 징발해서 병력을 채울 필요가 있겠습니까? 그런데 지금 중남으로 아직 열여덟 살이 넘지 못한 자를 그저 몸집이 크다고 징발하려 하십니다. 원래 징병의 일은 태수나 재상들에게 위임이 되어 있는 일입니다. 그런 것을 병부상서의 말만 듣고 그들을 불신하시니, 성실함과 신뢰로 다스리겠다고 말씀하신 폐하의 평소 말씀과 어긋나는 일이 됩니다. 폐하께서 보위에 오르신 지도 얼마 되지 않은 지금, 이렇게 아랫사람을 불신하셔서야 어찌 신의를 지킬 수 있겠습니까?"

"뭐라고 했느냐? 짐이 신의를 지킬 수 없게 된다고 했느냐?"

"징병에서만이 아닙니다. 폐하께서 즉위하셨을 때에 '나라에 세금을 내지 못하고 있는 자가 있으면 모두 면제해주겠다' 하셨습니다. 그런데 친왕부秦王府의 국사國司는 세금을 체납한 사람들에게 친왕부의 세금은 국세가 아니라 면제 대상이 아니라고 주장하고 세금을 거두고 있다 합니다. 폐하께서 친왕에서 천자가 되셨는데, 친왕부의 것이 나라의 것과 무엇이 다릅니까? 폐하께서는 즉위하신 지 얼마 되지 않으셨는데도 이처럼 신의를 잃는 일을 거듭하고 계십니다. 더군다나 '관중의 농산물과 특산품에 과해지는 공출을 2년간 면제하고, 관외에는 1년간 면제한다' 하신 뒤에 다시 '이미 세금을 납부한 자나 복역한 자는 내년부터 조세를 거두라'고 하셨습니다. 그러니 관리들이 반환했던 조세를 다시 징수하기 시작했습니다. 이렇게 엇갈린 지시를 하면 어찌 백성들의 신뢰를 얻을 수 있겠습니까?"

타이종太宗이 크게 깨닫고 말했다.

"경이 괜한 고집을 부리고 있다고 생각했지. 경이 정치를 잘 모르는 것이 아닌가 하고 걱정했는데, 지금 경이 말한 일은 정말 국가 운영의 정도라 할 수 있겠다. 짐의 호령에 신의가 없으면 백성이 무엇을 따라야 할지 모르게 될 것이다. 짐의 잘못이 크구나."

마침내 중남의 징발을 중지시키고 웨이정에게 상으로 금을 한 항아리 하사했다.

투르크의 셰리頡利 크한이 잡혀온 것을 보고 상황上皇 가오주高祖가 탄성을 올렸다.

"한의 가오주高祖 류팡劉邦도 북쪽의 오랑캐에 당한 것을 보복하지 못했는데, 짐의 아들이 투르크를 멸망시켰다. 이젠 나라의 장래에 대한 걱정이 없어졌다."

기쁨에 찬 상황이 타이종과 고관 십여 명 그리고 여러 왕과 비빈을 불러 링옌거凌煙閣에서 연회를 열었다. 주연이 도도해지자 상황이 몸소 비파를 연주했다. 타이종太宗이 일어나서 곡에 따라 춤을 추고, 공경들이 교대로 일어나서 흥을 돋우었다. 밤이 늦도록 군신이 함께 즐겼다. 투르크가 멸망하여 부족들이 사방으로 흩어졌는데, 당에 항복한 자도 십만 명이 넘었다. 여러 신하들이 이들을 처리하는 일에 대하여 논의했다.

허난河南의 변경에 분산시키고 새북塞北을 비우자는 주장을 하는 자가 있는가 하면, 부족별로 추장을 두어 허베이河北에 나누어 살게 하자는 자도 있었다. 어떤 자는 이들에게 왕후의 칭호를 내리고, 종실의 여자를 출가시켜 그들의 환심을 사자고 했다. 그리하여 그들이 다시는 크한의 아래에 뭉치지 않게 하면 통제하기가 쉬워진다는 주장이었다. 웨이정의 제안은 더욱 강경했다.

"투르크는 대대로 침입해 와서 도적질을 일삼아 백성들의 원성이 잦았는데, 다행히 이번에 멸망하게 되었습니다. 항복해온 그들을 폐하께서 죽여 없앨 수가 없으시다면, 이들을 모두 원래 살던 땅으로 돌려보내는 것이 좋을 것입니다. 결코 우리나라에 들어와서 살게 해서는 안 됩니다. 이런 야만족은 인면수심입니다. 약하면 항복하지만, 강해지면 모반을 하는 것이 그들의 습성입니다. 지금 항복한 자가 10만에 가까운데, 금시에 배가 되어 반드시 심복의 우환이 될 것입니다. 진晉나라 초에 이런 오랑캐들을 중국 땅에 섞여 살게 했습니다. 진우디晉武帝의 신하들이 오랑캐들을 새외에 쫓아버려서 난리의 싹을 자르자고 권했으나 우디가 듣지 않았지요. 그 바람에 그 뒤 20여 년간 털가죽으로 옷을 지어 입고 다니는 놈들이 경사에 행세했지 않습니까?"

그런데 윤옌보溫彦博의 의견은 달랐다.

"무릇 왕자의 도는 만물을 대함에 있어 하늘을 덮고 땅 위에 두어서 남기는 것이 없어야 한다고 했습니다. 지금 투르크가 곤경에 빠져서 우리에게 귀순한 것을 어찌 버릴 수가 있겠습니까? 공자님도 말씀하셨습니다. '가르침에 차이가 있을 뿐, 인종에 차이가 없는 법이다'라고. 만약 이들을 죽음의 나락에서 건져서 생업을 주고, 예악을 가르치면 몇 년이 되지 않아 모두 우리의 백성이 될 것입니다. 그 추장을 뽑아 숙위宿衛에 넣으면, 폐하의 위엄을 두려워하면서 은덕을 고마워해서 따르게 될 것입니다. 어찌 뒷날에 우환이 될 수 있겠습니까?"

타이종太宗이 윤엔보의 건의를 받아들여서 항복한 투르크를 동쪽의 유어주幽州에서 서쪽의 링주靈州에 이르는 땅에 살게 했다. 그리고 투리突利가 관할하던 지역을 4개 주로 분할하여 도독부都督府를 설치했다. 그리고 셰리頡利의 땅은 6주로 분할하여 딩양定襄 도독부와 윤중雲中 도독부로 나누어 주민을 통괄하게 했다. 투리를 슌주順州 도독으로 삼으면서, 타이종이 말했다.

"그대의 조부가 싀隋로 도망 왔을 때에 싀는 그를 다크한大可汗으로 삼아 북쪽의 황야를 주었다. 그런데도 그대의 조부는 싀에 복종하지 않고 도리어 싀의 우환이 되었다. 이제 하늘이 받아들이지 않아 그대들이 이토록 쇠약해졌다. 짐이 그대를 크한으로 삼지 않는 이유는 싀의 고사를 참작한 것이니라. 이제 그대를 도독으로 명하니, 부디 중국의 법을 지키고 침략해서는 안 된다. 그러면 중국이 오래 평안해질 뿐만 아니라, 그대의 종족 또한 영원히 살아남을 수 있을 것이다."

타이종은 투리만이 아니라, 셰리의 아래에 있던 여러 주장들도 도독이나 중랑장으로 삼아 조정에 나오게 해서 5품 이상에 속한 자가 백여 인이 되었다. 그 바람에 만 가구 가까운 투르크인이 장안에 입주하게 되었다.

타이종이 다시 조서를 내어 관리와 그 부인들의 복색을 정했다. 이전까지는 관위에 따라서 복색에 차이가 없었는데, 이때부터 3품 이상은 자줏빛, 4품과 5품은 붉은색, 6품과 7품은 녹색, 8품은 청색으로 복색을 통일하고, 부인들도 남편과 같은 색을 입게 했다.

타이종太宗이 조회에서 신하들과 얘기하고 있다가, 화제가 백성을 가르치는 일로 옮겼다.

"지금은 천하 대란의 직후이다. 이런 때에 난리에 시달린 백성을 올바르게 가르치는 일은 대단히 어려울 것이다."

타이종이 이렇게 말하자 웨이정이 즉각 반박했다.

"폐하, 그렇지 않습니다. 태평성세를 겪은 백성은 교만하고 게을러집니다. 교만하고 나태한 백성은 교화하기가 어려워지지요. 그러나 전란을 겪은 백성은 설움과 고난에 차 있습니다. 그런 백성은 교화하기가 쉽습니다. 굶주린 자는 무엇이든지 먹고, 목이 마른 자는 무엇이나 마시는 것과 같습니다. 혼란 끝에 백성들은 올바른 일이 무엇인지 알고자 하기 때문에 가르치기가 쉬워집니다."

곁에 있던 펑드이封德彝가 반론했다.

"삼대 이래로 사람들은 차차 교활해졌습니다. 그래서 친秦은 법률을 엄하게 했고, 한漢은 패도覇道를 섞어 힘으로 다스렸습니다. 그들은 백성을 교화하고 싶었는데, 그것이 뜻대로 되지 않아서 이런 재주를 부려 다스린 것입니다. 웨이정은 서생이라 실무를 알지 못합니다. 그의 허망한 주장을 믿고 계시면 반드시 나라가 망하고 말 것입니다."

그러자 웨이정이 말했다.

"삼황오제는 백성을 교체해서 교화한 것이 아닙니다. 일찍이 황디黃帝가 치우蚩尤를 정벌하고, 디엔슈顓頊가 구리九黎를 주살하고, 탕왕湯王이 지에桀를 추방하고, 우왕武王이 조우紂를 쳐서 태평성세를 이루게 했다고 하나, 모두 대란의 뒤를 이었던 것이 아닙니까? 만약 옛날 순박했던 사람들이 차츰 교활해져서 오늘에 이르러 모두 아귀와 축생이 되었다고 한다면, 임금이 어떻게 세상을 다스릴 수 있다는 말입니까?'

두 사람의 논쟁을 듣고 있던 타이종太宗이 웨이정의 말이 옳다고 말하고 그의 헌책을 택했다.

웨이정 외에도 타이종에게 직언을 서슴지 않던 신하가 많았다. 타이종은 이들의 말을 경청하고 측근에 자주 등용했다. 유어주幽州의 중서성中書省에 있던 장윤구張蘊古는 대보잠大寶箴을 작성하여 올렸다. 조정에서 지켜야 할 잠언을 적은 것이었다. 장윤구는 이 잠언집을 만든 공으로 크게 포상을 받고, 종6품의 대리승大理丞에 임명되어 최고 법원인 대리사大理寺를 맡게 되었다. 잠언 가운데 몇 가지를 들어본다.

"거성을 화려한 구중궁궐로 만들어 보았자, 무릎을 넣을 만큼의 자리 밖에 필요하지 않다. 그런데도 멍청하고 도리를 모르는 자는 누대나 궁실을 멋진 금은보화로 꾸미고 있다. 눈앞에 진수성찬을 차려도 배에 찰 정도 밖에 먹지 못한다. 그러나 광란에 빠져 눈이 먼 폭군은 술지게미로 언덕을 만들고, 술로 연못을 채운다."

"깜깜하여 어두워도 안 되지만, 너무 밝혀서 트집만 잡으면서 자기가 명석하다고 자랑해서도 안 된다. 군주의 관에는 그 명석함을 덮어서 감추기 위해 앞뒤로 끈이 달려 있는데, 형태가 분명하게 드러나기 전에 사물을 알아보아야 한다. 또한 노란 솜을 뭉쳐서 관의 양 귀에 걸어 귀를 막고 있는데, 사람의 말소리가 나오기 전에 잘 들을 수 있도록 해야 한다는 뜻이다."

정관 원년에는 관중에 기근이 들고, 2년에는 황재蝗災가 그리고 3년에는 홍수가 일어났다. 한때에는 쌀 한 말의 값이 비단 한 필에 맞먹었다. 민중의 살림이 궁핍하게 되었으나, 타이종太宗이 백성을 부지런히 보살피고 구휼을 했기 때문에 원망하는 사람이 없었다. 식량을 찾아서 백성을 동서로 이동시켰다가 다시 대풍년이 되자 유랑민들이 향리로 돌아왔다. 그 뒤로는 외출할 때에도 문을 잠그지 않았고, 여행할 때에도 식량을 갖고 가지 않았으며, 길에 떨어진 것을 줍는 사람이 없어질 정도로 나라 안이 평안해졌다.

팡샨링이 아뢰었다.

"국고의 무기나 병졸은 싀 시대보다 훨씬 증강되었습니다."

이 말을 받아서 타이종이 말했다.

"무기나 병졸을 증강하는 일은 실로 소홀히 할 수 없는 일이다. 그러나 싀양디隋煬帝의 군사가 적지 않았는데도 천하를 잃었다. 중요한 것은 백성들의 지지이다. 공들이 힘을 다하여 백성을 안락하게 한다면, 그것이야말로 우리의 가장 큰 방위력이 될 것이다."

정관 3년97 2월에 팡샨링을 좌복야左僕射로, 두루휘杜如晦를 우복야右僕射로, 상서우승尚書右丞 웨이정을 수비서감守秘書監으로 삼아 측근에 두어 조정에 참여하게 했다.

---

97 정관 3년 : 서기 629년, 신라 진평왕 51년, 고구려 영류왕 12년, 백제 무왕 30년, 야마도大和 스이고推古 15년.

타이종이 팡샨링을 보고 말했다.

"공은 복야가 되었으니 널리 현인을 찾아 그 재능에 따라 일을 맡겨라. 그렇게 하는 것이 재상의 할 일이다. 요즈음 송사가 많아서 그것을 결재하는 데 시간에 쫓기고 있다고 하는데, 그래서야 어떻게 짐을 도와 현인을 구할 수가 있을 것인가? 잔 사무는 좌우의 승에게 위임하도록 하라. 짐에게 보고할 필요가 있는 중대 사건만을 복야가 보고받도록 하거라."

팡샨링은 정사에 밝고 문학을 이해했다. 하나라도 실수를 할까 봐 밤늦도록 성심을 다하여 일했다. 그는 법률을 적용할 때에는 관용을 기본으로 했고, 다른 사람의 장점을 들으면 자기 일처럼 기뻐했다. 남에게 완전함을 구하지 않고, 자기보다 못하다고 남을 헐뜯지도 않았다. 정부의 규칙이나 규범을 두루휘와 함께 정해 나갔다. 팡샨링은 머리가 잘 돌았고, 두루휘는 결단력이 있었다. 팡샨링이 국사國史를 감수하고 있는데, 타이종太宗이 그를 보고 일렀다.

"한서漢書처럼 화려한 문장으로 적을 필요는 없다. 올라온 논문 가운데 정론이고, 이치에 맞는 설명은 짐의 비위에 상관하지 말고 모두 싣도록 하거라."

투르크를 정복한 뒤인지라 3월에 타이종은 텐 크한天可汗이 되었다. 다크한大可汗이나 크한可汗의 위에 군림하는, 하늘이 낸 크한이라는 뜻이었다. 그만큼 중국의 황제에 못지않게 북방 대국의 영도자로서의 호칭이 자랑스러운 것이었다.

4년 6월에 병졸을 징발해서 뤄양궁洛陽宮을 수복하는데, 급사중給事中 장산수張玄素가 간언을 올렸다.

"뤄양은 천도할 시기도 아닌데 미리 궁궐을 수복하고 있습니다. 이런 일은 급한 일이 아닙니다. 옛적에 한의 가오주가 뤄양에서 장안으로 천도했습니다. 이는 뤄양의 지형이 장안만 못했기 때문입니다. 신은 쉬가 처음으로 궁궐을 만들 때의 일을 보아 알고 있습니다. 가까운 산에 큰 나무가 없어서 멀리에서 가지고 왔는데, 너무나 커서 기둥감 하나를 끌고 오는 데도 2,000명의 인부가 필요했습니다. 수레에 실으려니 워낙 무거워서 나무로 된 바퀴가 땅바닥을 세게 긁어 불이 났습니다. 하는 수 없어 바퀴 둘레를 쇠로 입혔습니다. 그런데 채 1~2리도 못 가서 쇠로 입힌 것이 찢어지니 수백 명이 그 쇠를 갈았습니다. 이런 짓을 거듭하니 하루 종일이 걸려도 2~30리밖에 나가지 못하고, 기둥 하나의 비용이 수십만 전이나 들었습니다. 다른 비용은 말할 것도 없었습니다. 폐하께서 뤄양을 평정하셨을 적에 너무 호화롭다고 모두 부수셨습니다. 그런 지 10년도 지나지 않았는데 다시 개축하신다니 말이 되지 않습니다. 지금의 재력이 쉬의 시대만큼 풍부한 것입니까? 폐하께서는 다친 사람까지 혹사하여 망한 쉬의 폐단을 답습하고 계십니다. 이래서야 양디煬帝보다 심하다 하지 않겠습니까?"

"경은 짐을 양디보다 심하다고 했는가, 그렇다면 짐은 걸주桀紂와 맞먹는단 말인가?"

"그렇습니다. 이 공사를 그만두지 않으시면, 그때와 마찬가지로 동란이 일어날 것입니다.”

　“짐은 가볍게 생각하고 있었는데, 그렇게 혹독하단 말인가? 뤄양은 이 나라의 한가운데에 있기 때문에 이곳을 도성으로 만들면, 조공을 어디에서 바치더라도 먼 거리가 아니라 나르기가 수월하다. 그래서 짐은 백성의 편의를 위해 궁궐을 이곳에 짓게 하려던 것이다. 그러나 지금 샨수의 말에도 일 리가 있다. 지금 곧 공사를 중지하도록 하거라. 뒷날 뤄양에 갈 일이 있을 때에 노숙을 한들 어떠랴.”

　타이종太宗이 간언을 기려서 수놓은 비단 200필을 하사했다.

　하루는 타이종이 팡샨링과 샤오유蕭瑀를 보고 물었다.

　“싀원디隋文帝는 어떤 임금이었나?”

　“원디는 정치를 부지런히 하신 분입니다. 조정에 나가면 해가 저물 때까지 일이 끝나지 않고, 5품 이상의 관리들과 계속해서 논의하다가 저녁을 함께 들 때도 있었습니다. 인자하신 분은 아니었지만, 부지런한 임금이었습니다.”

　타이종이 정색을 하면서 말했다.

　“공은 하나는 알고 둘은 모른다. 원디는 밝지 못하면서 밝히기를 즐겼다. 밝지 못하면 비추어도 통하지 않을 수 있고, 밝히기를 즐기면 시의심猜疑心이 강해져서 모든 일을 스스로 결단하고 신하들에게 맡기지 못하게 된다. 천하는 넓어 하루에도 만이 넘는 사건이 일어난다. 아무리 심신을 채찍질해서 일을 처리하려 해도 이처럼 많은 일을 하나하나 이치에 맞게 처리할 수는 없는 법이다.

그런데도 원디는 스스로 판단하고 지시를 했다. 신하들은 임금의 의향을 알기 때문에, 그저 결정된 일을 실천할 뿐, 잘못된 것을 알아도 간언하거나 논쟁에 붙이지 못한다. 이것이 쉬가 2대로 망하게 된 원인이다. 짐은 그와는 다르다. 천하의 현재를 뽑아 관료로 발탁하여 천하의 일을 생각하게 부탁했다. 충신을 재상으로 임명해서 충분히 생각한 뒤에 보고하게 했다. 공적이 있으면 상을 주고, 죄가 있으면 벌을 준다. 그러니 누구나 성심성의껏 각자의 맡은 바를 해내려고 힘쓰게 된다. 그러니 어찌 천하가 다스려지지 않을 것이라 걱정하겠는가? 금후에도 짐의 지시에 불비한 점이 있으면 반드시 상주하도록 해라. 결코 아첨과 추종을 일삼아 성심을 다하지 않는 일은 없도록 해라."

타이종에게는 현신과 용장이 많았다. 그 가운데 으뜸이 되는 사람에 대하여 왕귀王珪가 재상들과 함께 한 연회에서 타이종에게 아뢰었다.

"나라를 위해 쉬지 않고 일하며, 알고서도 행하지 않는 것이 없는 자, 이는 팡샨링이 제일입니다. 문무의 재주를 겸비하여 나가면 장군이 되고, 들어오면 재상이 될 수 있는 자, 리징李靖에게 신은 미치지 못합니다. 상주가 상세하면서도 명확하고, 출납이 충실한 점에서 신은 윈옌보溫彦博에 이길 수 없습니다. 번잡한 일을 쉽게 다스리고, 많은 사무를 모조리 처리하는 점에서 신은 다이저우戴冑만 못합니다. 임금이 야오堯, 순舜 같은 성군에 미치지 못함을 부끄러워하고, 간언을 올리는 일을 자기의 책임으로 돌리는 점에서 신은 웨이정에 못 미칩니다. 그러나 탁류를 맑히고, 악을 미워하고 선을 좋아하는 점에서는 신이 이들보다 낫습니다.”

타이종도 그의 말에 동의했고, 자리에 있던 모든 재상들이 그의 논평이 잘 맞는다고 감복했다.

타이종太宗이 시종들에게 말했다.

“나라를 다스리는 것은 병을 치료하는 것과 같다. 병이 나아도 얼마 동안은 요양을 해야 한다. 건강이 회복되었다고 바로 함부로 굴면 병은 다시 도지게 되어 구제할 수 없게 된다. 지금 중국이 다행히도 안정되어, 사방의 오랑캐들이 모두 복종하고 있다. 바로 옛적부터 일러온 이상 그대로이지만, 짐은 나날이 몸을 삼가고 그저 끝이 나빠질까 봐 걱정하고 있다. 그래서 경들의 간언과 논쟁을 항시 듣고자 하는 것이다.”

이를 듣고 있던 웨이정이 말했다.

“신은 나라의 안팎이 평안한 것을 기뻐하지 않습니다. 그저 폐하께서 항상 위기의식이 있으신 것을 기뻐합니다.”

이렇게 웨이정은 사사건건 타이종의 하는 일에 조언하고 간섭하기를 서슴지 않았다. 정관 6년 3월에 황후가 낳은 창뤄공주長樂公主가 출가하게 되었다. 타이종은 이 딸을 특히 사랑하고 있어서 예단과 살림살이를 선대 공주의 배로 준비하게 했다. 웨이정이 간언을 올렸다.

“한나라의 밍디明帝가 황자를 봉할 때에 선제의 아들에 비하여 반으로 그 영지를 줄였습니다. 그런 분에 비해서 폐하는 어찌 마음 쓰심이 이다지도 다르십니까?"

타이종太宗이 깨달은 바가 있어서, 내전에 들어가 황후에게 그런 말을 전했다. 황후가 감탄했다.

"웨이정이 대단한 사람이고, 또 그래서 폐하께서 중용하고 계신 것은 알고 있었지만, 그 이유까지는 몰랐습니다. 지금 선례를 들어서 임금의 방종을 고친 것을 듣고 그야말로 사직을 위한 신하인 것을 알았습니다. 신첩은 폐하와 부부라 누구보다도 사랑을 받고 있지만, 폐하에게 말씀을 드리기 전에 폐하의 기색을 살펴서 비위를 거슬리지 않으려고 신경을 쓰고 있답니다. 신첩이 그러하면 하물며 신하이니 더 조심할 것인데, 어찌 이렇게 정론을 올릴 수 있는지 모르겠습니다. 그러니 폐하께서도 그의 말에 따르지 않으실 수 없습니다."

황후가 웨이정에게 많은 돈과 비단을 하사하도록 황제에게 주청하면서 사신을 보내어 말하게 했다.

"공이 강직하다고 들었습니다만, 지금 이를 눈앞에서 보았기에 상을 보내게 했습니다. 공은 그 마음을 소중히 가꾸어 결코 변하지 않도록 해 주십시오."

어떤 때에는 조회를 중단하고 나온 타이종이 화가 잔뜩 나서 말했다.

"저 촌뜨기 영감을 죽여 버려야겠다."

"왜 그러십니까? 폐하."

황후가 물었다.

"웨이정이란 놈이 조회 때마다 짐을 모욕한다오."

그러자 황후가 자리를 떠나 정장을 하고 뜰에 시립했다. 타이종
太宗이 놀라서 까닭을 물었다. 황후가 답했다.

"임금이 총명하면 신하는 강직해진다고 들었습니다. 지금, 웨이
정이 강직하다고 했는데, 이것은 폐하께서 총명하시다는 증거입
니다. 신첩이 어찌 정장을 해서 축하를 드리지 않을 수 있습니까?"

타이종 화를 풀고 황후의 슬기를 고마워했다.

3품 이상의 신하들과 단샤오전丹霄殿에서 천하통일을 축하하는
연회를 열었다. 이 자리에서 창순우지長孫無忌가 말했다.

"왕귀나 웨이정은 모두 이전에는 원수의 편에 있던 적이었습니
다. 그런데도 오늘 같은 연회에서 함께 즐겨야 하는 것입니까?"

"정과 귀는 성심성의껏 짐을 받들고 있어 짐은 그들을 쓰고 있
다. 그런데 정은 짐이 간언을 받아들이지 않을 때에는 짐의 말을
절대로 듣지 않는다. 왜 그러는 건가?"

웨이정이 답했다.

"신은 해서는 안 된다고 생각해서 간언을 드리는 것입니다. 폐
하께서 받아들이시지 아니하시는데도, 신이 폐하의 지시를 들어
봉행한다면 간언할 필요가 없지 않습니까? 그래서 신이 감히 거역
해서 말씀을 듣지 않는 것입니다."

"짐이 응하지 않으면 다시 간언을 올려도 될 것이 아닌가?"

"옛날에 순舜 임금께서 신하들을 보고 경고하셨습니다. '경들은
짐의 앞에서 복종하면서 퇴출한 뒤에 험구를 하면 안 된다'고 하

셨지요. 신이 마음으로는 그릇된 일임을 알면서 폐하의 앞에서는 분부대로 복종한다면, 이것이야말로 폐하를 기만하는 것이 됩니다."

타이종太宗이 껄껄 웃으면서 웨이정의 강직함을 칭찬했다. 웨이정이 절을 크게 하면서 아뢰었다.

"폐하께서 신의 건의를 받아들이시기 때문에 신도 어리석은 생각을 다하여 모실 수가 있습니다. 폐하께서 거절하고 외면하신다면 신이 어찌 비위에 거슬리는 일을 하리까?"

군신의 사이가 이러하니 정사가 올바르게 이루어지기 쉬웠다.

타이종이 인재등용에 대하여 웨이정을 보고 소신을 밝혔다.

"관리를 뽑을 때에는 신중에 신중을 기해야 한다. 대충 쓸만하다고 등용해서는 안 된다. 한 사람의 군자를 등용하면 여러 명의 군자들이 모여 오고, 한 사람의 소인을 쓰면, 소인들이 앞 다투어 모이게 된다."

웨이정이 말했다.

"그렇습니다. 천하가 정해지지 않을 때에는 그저 능력으로만 사람을 뽑고 품행을 생각하지 않았습니다. 그러나 이미 소란을 모두 평정했습니다. 그러니 재능과 올바른 품행을 겸비한 자가 아니면 등용하셔서는 안 됩니다."

정관 7년 말에 대궐에서 상황의 명에 따라 술자리가 마련되었다. 상황上皇 가오주는 투르크의 셰리 크한에게 춤을 추게 하고, 남만의 추장 펑지다이馮智戴에게 시를 낭송하게 했다. 그런 뒤에 웃으면서 말했다.

"호유에胡越가 한집이 되었다. 이런 일은 고래로 처음 있는 일이다."

호는 북쪽의 오랑캐, 유에는 남쪽의 야만족을 뜻하는데, 이들을 모두 정벌해서 중국에 병합했다는 뜻이었다.

타이종太宗이 잔을 들고 경하하면서 말했다.

"지금, 사방의 오랑캐들이 신하가 되어 복종하게 된 것은 모두 상황 폐하의 은덕으로 이루어진 것입니다. 신의 지력智力이 미치는 바가 아닙니다. 옛날에 한漢의 가오주高祖는 태상황을 따라 이 궁에서 술을 드셨습니다만, 공연히 자기의 공적을 자랑했습니다. 신은 감히 그런 짓은 하지 않습니다."

부자간의 이런 대화를 들은 여러 신하가 만세를 불렀다.

타이종이 다시 웨이정에게 물었다.

"여러 신하들의 상서에 취할만한 내용이 있어, 불러서 말해보라고 하면 별로 대단한 것이 없는 경우가 많다. 왜 그렇게 된다고 생각하는가?"

웨이정이 답했다.

"신이 알건대, 여러 신하들은 폐하에게 아뢸 때에는 먼저 며칠 동안을 그 일에 관해서만 생각을 거듭하게 됩니다. 그런데도 폐하의 면전에서는 삼분의 일도 말하지 못합니다. 황차 간언을 맡은 사람은 언제 역린逆鱗98을 건드리게 될지 몰라 겁에 질려 있습니다.

---

98 역린逆鱗 : 한비자韓非子의 세난편說難編에 나오는 말로, 용의 가슴에 거꾸로 난 비늘을 건드리

그러니 폐하께서 항상 부드러운 안색을 갖도록 신경을 쓰지 않으시면, 신하들이 감히 진정한 간언을 올리지 못할 것입니다."

제왕이란 생사여탈권이 있는 법이다. 그러니 그의 안색의 변화를 신하들이 신경 쓰지 않을 수 없다는 말에, 타이종은 신하들을 대함에 있어 애써 표정을 부드럽게 고쳤다.

정관 9년 5월에 가오주가 취홍전垂拱殿에서 붕어崩御했다. 군신이 유고遺誥에 따라 군국의 대사를 돌보도록 타이종에게 청했으나, 황제는 이를 윤허하지 않았다. 6월이 되어 다시 군신이 청원하자 드디어 이를 윤허했으나, 잔잔한 일은 태자에게 위임했다. 태자 리청치엔李承乾이 동궁에서 서정을 살펴서 결정했다.

타이종은 중서성中書省과 문하성門下省 그리고 상서성尙書省의 3성을 두어 정사를 보게 했다. 중서령이 기관장인 중서성은 황제와 상의해서 아래에서 올라온 상서를 음미하고 이를 바탕으로 하거나, 황제의 독자적인 의견을 근거로 해서 법안의 문장을 만드는 기관이었다. 문하성 장관은 시중侍中이라 해서 중서성에서 온 법안을 심사하고 중서성과 함께 입법을 하는 기관이었다. 내용에 따라서는 중서성이 만든 법을 반려할 권한이 있었다. 상서성의 장관은 상서령이라고 하는데, 타이종太宗이 황제가 되기 전에 이 지위에 있었기 때문에 당에서는 신하가 같은 지위를 갖지 못하게 하였다. 그래서 좌우의 복야僕射가 상서성의 일을 돌보았다. 상서성은 중서와 문하

면 반드시 죽임을 당한다는 데서 왕의 노여움을 이르는 말.

의 두 성에서 합의한 법안을 근거로 해서 행정을 맡아 수행하는 기관으로, 그 산하에 인사를 맡은 이부吏部, 재정과 지방행정을 맡은 호부戶部, 교육과 윤리 그리고 외교를 맡은 예부礼部, 군사를 맡은 병부兵部, 사법과 경찰을 맡은 형부刑部, 마지막으로 공공공사를 맡은 공부工部의 6부가 있어서 그 장관을 상서尚書로 부르게 했다. 친秦이나 한漢에서 승상丞相, 태위太尉, 어사대부御史大夫의 삼공三公으로 재상을 삼던 것을 웨이魏와 진晋 그리고 쇠에 이르면서 중서령中書令, 시중侍中, 상서령尚書令으로 개편해 나간 것이었다. 친과 한에서 승상의 권한이 삼공 가운데 으뜸이었는데, 삼공이 유명무실해지면서 상서령의 권한이 가장 강했다.

정관 10년 정월에 타이종太宗이 처음으로 정치를 총람했다. 웨이정에 대한 총애는 무척 지극했다. 웨이정이 눈병으로 치사하기를 자청해 시중을 그만두었을 때에도, 문하성의 일을 관여하게 해서 유죄 이상의 처벌을 미리 간여하게 했고, 녹봉도 현직이나 마찬가지로 대우했다.

황후가 어질고 효성이 지극하며, 검소한 성격으로 독서를 좋아하여 타이종과 항상 의견을 교환해 온 일이 있음은 이미 적은 바가 있다. 특히 타이종이 병들어 오래 일어나지 못할 때에는 황후가 곁에 있어 밤낮으로 간병했다. 그녀는 항상 독약을 옷고름에 지니고 있어, 황제에게 불행이 있을 때에는 자기도 살아 있지 못한다고 말했다. 황후 스스로가 원래 병약했다. 긴급사태가 나서 타이종이 갑옷을 입고 정청에 나가게 될 때가 있었는데, 황후가 신병을 무릅쓰고 나와서 함께 걱정을 하다가 병이 더욱 위중해졌다. 태자가 의사와 약이 갖추어져 있는데도 병이 차도를 보이지 않는 것을 걱정해, 대사령을 내리고 불교를 장려하도록 황제에게 말씀 드려서 명복을 얻도록 하시라고 권했다. 황후는 정색을 하면서 답했다.

"죽는 것이나 사는 것은 천명입니다. 사람의 힘으로 좌우할 수 있는 일이 아니지요. 좋은 일을 하면 복이 있을 것이라 하지만, 내가 나쁜 일을 한 적이 없어요. 그렇다면 구태여 복을 구한들 무엇을 얻을 수 있을까요? 사면이란 국가의 대사입니다. 함부로 행해서는 안 되는 일입니다. 도교나 불교는 이단의 가르침이라 나라를 잠식하고 백성을 병들게 합니다. 모두가 황상께서 믿지 않으시는 것인데, 어찌 나 같은 한 부녀자가 황상께 권할 수 있으리오. 그런 일을 할 것이라면 차라리 죽어버리는 것이 나을 것입니다."

태자는 황후의 뜻에 따라 황제에게 상주하는 일은 그만 두고, 가만히 팡샨링에게 상의했다. 이 말을 들은 팡샨링이 타이종에게 보고했다. 타이종太宗이 황후를 가엾게 여겨 사면령을 내리려고 하자 황후가 이를 알고 말렸다. 병이 더욱 위중해지자 황후가 타이종에게 이별을 고하면서 말했다.

"팡샨링은 폐하를 오랜 동안 모셨습니다. 신중하고 세심해서 기발한 꾀와 비상한 계책이 있어도 결코 누설하지 않지요. 큰 허물이 없는 한 절대로 버리지 마소서. 신첩의 본가는 신첩과의 연으로 높은 봉록이나 관위를 얻고 있습니다. 덕으로 출세한 것이 아니니 대단히 위험합니다. 그 자손을 보전하고 싶으니 결코 중요한 지위에는 올리지 마십시오. 그저 외척으로 대우를 받으면 그걸로 충분합니다. 신첩이 살아서 남을 위해 한 일이 별로 없습니다. 그러니 죽은 뒤에 남을 괴롭히고 싶지 않습니다. 일부러 능을 구릉처럼 쌓아 백성들을 괴롭히지 마세요. 자연의 산을 분으로 삼고, 부장하는 기물은 기와나 나무로 만든 것을 쓰십시오. 폐하께서는 소인을 멀리 하시고, 군자를 가까이 하십시오. 충성스러운 간언을 받아들이고, 참언을 배척하시고, 쓸데없는 노역을 생략하고, 사냥을 삼가십시오. 신첩이 저세상으로 가지만 정말로 마음에 걸리는 일이 없습니다. 장례식에 아녀자를 모으지 않아도 됩니다. 슬픈 얼굴을 보아도 괜히 마음만 어지러워집니다.”

그러면서 품에서 독약을 끄집어내어 타이종에게 보였다.

“신첩은 폐하께서 불행할 시에는 저세상까지 모시고 가려고 생각해 왔답니다. 한나라의 루후呂后의 흉내는 낼 수 없기 때문이지요.”

황후는 일찍이 고래 여인의 몸가짐에 대하여 사례를 모아 여측女則 30권을 만들었다. 그녀가 붕어함에 이르러 이 책을 황제에게 올렸다. 타이종太宗이 이를 읽고 감동하여 시종에게 주며 말했다.

“황후의 이 책은 백세의 규범이 될 것이다. 짐도 천명을 모르는 것이 아니다. 슬퍼해도 소용이 없다는 것은 알고 있다. 그러나 궁에 돌아와도 황후의 말을 듣지 못하니 좋은 보좌역을 잃게 되었다. 두고두고 그리워하게 될 것이다.”

황후의 유지에 따라 타이종은 그동안 멀리했던 팡샨링을 다시 불러 원래의 관위에 복구시켰다.

정관 11년 여름이 되어 웨이정이 연달아 상소했다.

"모름지기 처음을 잘 여는 임금은 많은데, 끝까지 잘 하는 자는 많지 않습니다. 이는 얻기가 쉽고 지키기가 어렵기 때문이 아니겠습니까? 그래서 제대로 지켜서 유종의 미를 거두기 위해서는 십사 +思라 하여 열 가지를 미리 생각해야 하겠습니다.

첫째로 탐나는 것을 보거든 충분함을 알고 스스로 삼갈 일을 생각합니다. 둘째로 큰 사업을 할 때에는 멈출 줄을 알고 백성의 안락을 생각합니다. 셋째로 넘어지기 쉬운 위험한 일을 생각할 때에는 겸허하게 자제할 일을 생각합니다. 넷째로 한없는 욕망이 생기면 넘쳐흐르는 바다는 모두 강물보다 낮다는 것을 생각합니다. 다음으로 놀고 싶을 때에는 반드시 그 한도를 정하고, 사냥할 때에는 도망칠 길을 마련해 줄 것을 생각합니다. 게으르고 싶어질 때에는 시작을 신중하게 하고 끝마무리를 잘할 일을 생각합니다. 자기의 이목이 막혔다고 걱정할 때에는 마음을 비우고 부하의 말을 들어야 합니다. 중상이나 참언을 두려워한다면, 먼저 스스로 몸을 바르게 하고 악을 물리칠 일을 생각합니다. 은혜를 베풀 때에는 기쁜 나머지 상을 그릇되게 주는 일이 없도록 해야 합니다. 마지막으로 벌을 줄 때에는 노여움으로 지나치게 무거운 벌이 되지 않게 배려합니다. 어떤 일을 하더라도 이상의 열 가지 생각을 갖고 현명한 자를 뽑아 능력에 맞추어 일을 맡기면, 가만히 있어도 다스려집니다. 어찌 애써서 백관의 할 일을 혼자 할 필요가 있겠습니까?"

정관 12년 봄에 황손이 탄생하여 5품 이상을 동구에 모아 연회를 열었다. 타이종太宗이 말했다.

"정관 이전에 짐을 따라 천하를 경영한 것은 팡샨링의 공적이 크다. 정관 이후에 잘못을 바로 잡은 것은 웨이정의 공적이다."

그러면서 두 사람에게 패도佩刀를 하사했다.

타이종이 웨이정에게 물었다.

"요즈음 짐의 정치는 왕년에 비해 어떤가?"

웨이정이 답했다.

"우리나라의 위덕은 정관의 초기보다 훨씬 먼 곳까지 미치고 있습니다. 그러나 초기에는 지금보다도 사람들이 기꺼이 복종했습니다."

"초기보다 사람들이 기꺼이 복종하지 않는다는데, 그렇다면 어찌 먼 나라들이 조공까지 하여 왔는가?"

"폐하께서 옛날에는 사람들을 다스리지 못하고 있음을 걱정하셨습니다. 그래서 나날이 위덕과 정의가 새로워졌습니다. 지금은 이미 잘 다스려지고 있다고 만족하고 계시니, 정관의 초기에 미치지 못하는 것입니다. 처음에 폐하께서 사람들이 간언을 올리지 않을까 하시어, 사람들이 하고 싶은 말을 다 할 수 있도록 유도하여 옳은 진언을 하면 기뻐하면서 받아들이셨습니다. 지금은 그렇지 못하십니다. 애쓰고 계시는 척하십니다만, 불만스러움이 용안에 나타나십니다."

웨이정이 구체적인 사례를 들어가면서 일일이 설명했다. 타이종太宗이 말했다.

"공이 아니면 이렇게까지 말하지 못할 것이다. 사람은 자기를 모르니까 괴로워하게 된다."

다시 타이종이 신하들에게 물었다.

"창업과 수성守成 중 어느 쪽이 더 어려운가?"

팡샨링이 말했다.

"난세의 초기에는 영웅들이 나와 힘을 겨루는 가운데에서 골라 신하를 삼아야 합니다. 아무래도 창업하는 일이 어려울 것으로 생각합니다."

웨이정의 의견은 달랐다.

"예부터 제왕은 어렵고 힘든 가운데 천하를 얻고, 안일한 삶으로 천하를 잃습니다. 그러니 수성이 더 어렵습니다."

타이종이 말했다.

"샨링은 짐과 함께 천하를 취하면서 백 번 죽을 고비를 넘기고 한 번의 삶을 얻었다. 그래서 창업의 어려움을 말하고 있다. 정徵은 짐과 함께 천하를 안정시키면서 부귀에서 교만과 사치가 발생하고, 소홀함에서 환란이 생길 것을 항상 두려워하고 있다. 그래서 수성의 곤란을 알고 있는 것이다. 그런데 지금은 창업의 어려움은 끝났다. 앞으로 제공과 함께 수성의 어려움을 당하지 않도록 모든 일에 몸과 마음을 신중히 다스리도록 하자."

정관 16년 7월에 창순우지長孫無忌를 사도司徒로, 팡샨링房玄齡을 사공司空으로 삼았다. 웨이정이 병이 났다. 타이종太宗이 직접 조서를 써서 웨이정의 병이 어떤 상태인지 물으며 말했다.

"며칠 못 보는 동안에도 짐의 과실이 많아지고 있다. 지금 찾아가서 묻고 싶지만, 너무 경에게 수고를 끼치는 것은 짐의 뜻에 안 맞다. 그러니 무엇이든지 말하고 싶은 일은 봉서로 진언하라."

그러자 병석에 누운 웨이정이 상소를 했다.

"최근에는 제자가 스승을 능가하고, 노비가 주인을 업신여기는 사례가 많아지고 있습니다. 아랫사람이 윗사람을 가볍게 보는 자가 많은데도 아무도 이를 나무라지 않습니다. 이런 풍조를 버려두면 안 됩니다. 얼른 시정하소서."

17년 정월에 웨이정이 죽었다. 타이종은 9품 이상의 관원에게 상복을 입히고 일품우의一品羽儀를 갖추고 주악을 하는 가운데, 샤오룽昭陵에 배장陪葬하라고 지시했다. 그러나 웨이정의 아내 페이씨裴氏가 말했다.

"정徵은 평생을 질박하고 검소하게 지냈습니다. 지금 일품우의를 갖추어 장례를 치르게 된 것은 망인의 뜻에 어긋납니다."

그녀는 모든 것을 사퇴하고 포차布車에 영구를 싣고 가서 매장했다. 타이종이 서쪽의 누각에 올라가 능을 보고 통곡하며 애통해했다. 그리고 몸소 비문을 작성해 비석에 새기게 하면서 웨이정을 잊지 못하여 시종에게 말했다.

"사람은 구리로 거울을 만들면, 의관을 바르게 고칠 수 있다. 역사를 거울로 삼으면 흥망의 이치가 보인다. 사람을 거울로 삼으면 과실을 알 수 있게 된다. 웨이정이 죽어 짐은 거울 하나를 잃었다."

이런 웨이정도 한때 타이종의 신뢰를 잃었다. 그래서 그가 재상의 재능이 있다고 추천한 사람을 너무 사치를 좋아한다 하여 등용하지 않았다. 웨이정이 추천했던 자가 모반하다가 주살되었는데, 타이종은 웨이정이 당파를 만들어 결탁하고 있는 것이 아닌가 하고 의심하기 시작했다. 마침 어떤 사람이 모함을 했다.

"웨이정은 지금껏 올린 간언을 모두 기록해 두었다 합니다. 역사를 기록하는 관리에게 보여주고 있습니다."

타이종太宗이 점점 불쾌하게 생각했다. 그래서 웨이정의 아들과 공주의 혼약을 파기하고, 비문도 찢어버린 적이 있었다. 이보다 뒤인 정관 19년에 타이종이 고구려를 정벌했다가 패하고 돌아와서 한탄을 하면서 말했다.

"만약 웨이정이 있었더라면, 짐이 이런 실수를 하게 두지 않았을 것이다."

타이종은 문학을 좋아하고 능변이었다. 여러 신하가 보고를 하면 고금의 사례를 들면서 반박하는데, 대부분의 신하는 반론하지 못했다. 보다 못한 한 신하가 진언했다.

"제왕과 어리석은 서민, 성철과 평범한 사람은 너무 차이가 있습니다. 어리석은 자가 가장 성스러운 분을 대하고, 가장 천한 자가 지존을 대하게 되면, 공연히 자기가 약하지 않음을 나타내려고 애쓰게 된답니다. 폐하께서 아무 말씀을 하시지 않고 부드러운 얼굴로 신하의 말에 귀를 기울이시면, 신하들은 제대로 말씀을 드리지 못했다고 걱정하게 됩니다. 그런데 폐하께서 신하의 말이나 주장을 꺾으시고, 옛일을 들먹이면서 반론을 하시게 되면 신하들이 무슨 말씀을 더 드릴 수 있겠습니까? 사직을 위해서라도 말씀을 삼가셔야 합니다. 친시황디秦始皇帝가 말을 잘해 뽐내는 바람에 인심을 잃었고, 웨이魏의 자오자오曹操도 머리가 좋아 많은 말을 해서 인망을 잃었습니다. 모두 너무 말을 잘해서 온 폐단입니다."

타이종太宗이 답했다.

"그대의 말이 옳도다. 금후로는 마음을 비우고 고치도록 하겠노라."

타이종 스스로 자기가 성공한 이유를 다섯 가지로 들었다.

"짐이 지금처럼 성공한 데에는 다음과 같은 다섯 가지의 이유가 있단다. 첫째로, 옛날의 제왕들은 자기보다 능력이 있는 자를 질투했다. 짐은 사람의 장점을 보면 자기 것처럼 기뻐한다. 둘째로, 사람의 행동은 완전하지 않다. 짐은 항상 단점을 버리고, 장점을 취한다. 셋째로, 임금은 어진 사람을 출세시켜서 그로부터 존경을 받고자 하고, 못난 자를 물리칠 때에는 그를 나락으로 떨어뜨리고 싶어 한다. 짐은 현인을 보면 그를 존경하고, 불초한 자를 보면 그를 불쌍하게 생각한다. 그러니 현인이나 불초자가 모두 그 있을 곳을 보전하게 된다. 넷째로, 임금의 태반은 강직한 자를 미워해서 암살하거나 학살한다. 짐은 즉위한 이래 강직한 인사들이 조정에 즐비한데도, 아직 한 사람도 퇴출시키거나 문책한 적이 없다. 마지막으로, 예부터 중화中華만을 높이고, 이적夷狄의 오랑캐들을 업신여기고 차별했다. 그러나 짐은 모두 똑같이 대접한다. 그러니 짐은 다른 제왕과 달리 이적까지 복종시킬 수 있게 된 것이다."

타이종太宗이 사관史官인 주석량猪遂良을 보고 말했다.

"어떻게 생각하나? 짐의 말이 맞는가?"

주석량이 아뢰었다.

"폐하의 성덕은 다섯 가지만이 아니지요. 폐하께서 다섯 가지만 드신 것은 겸허한 마음이 있으시기 때문입니다."

정관 22년에 타이종이 제범帝範 12편을 지어 태자에게 하사하면서 일렀다.

"수신치국의 대책이 이 속에 있다. 모름지기 이 열두 편을 익혀서 나라를 다스리는 규범으로 삼아라. 그대는 옛 성왕을 스승으로 삼도록 해라. 짐 같은 것을 본뜰 필요가 없다."

경사京師의 유수留守로 있던 팡산링이 중병에 들었다. 타이종이 그를 가마에 태워 들여오게 하여 옥좌의 곁에 내려놓고 마주보며 눈물을 흘리며 위로했다. 그대로 대궐에 머물게 하다가 증상이 약간 회복된 것을 보면 기뻐했고, 나빠지고 있다고 들으면 침울해지고 걱정에 잠겼다. 팡산링이 여러 신하들에게 말했다.

"나는 지금껏 주상의 은혜를 입을 만큼 입었다. 지금 천하가 무사하지만 동쪽을 정벌하는 일이 그치지 않는다. 아무도 간언을 올리려고 안 하고, 나도 그 해를 알면서 입에 올리지 못하고 있다. 이래서야 내가 죽어도 책임을 다하지 못할 것이다."

그러면서 그는 표를 올려 간했다.

"노자가 말씀했습니다. 만족을 알면 모욕을 받지 않고, 그칠 줄을 알면 위태롭지 않을 것이라고. 폐하의 고명과 위덕은 이제 충분하십니다. 국토의 확장에도 한계가 있습니다. 폐하께서는 사형수 한 사람의 판결에도 세 번, 다섯 번 다시 따지게 하고, 사형을 집행하는 날에는 간소한 식사를 하고 음악을 연주하지 못하게 하십니다. 그만큼 인명의 존귀함을 생각하고 계십니다. 그런데 지금 폐하께서는 죄 없는 군사들을 몰아서 칼을 맞아 죽게 하고, 간장과 골수를 땅에 묻히게 하고 계십니다. 어찌 이들이 불쌍하지 않으십니까? 고구려가 신으로서 지켜야 할 예절을 잃고 있다면 주살해야 할 것입니다. 그들이 백성을 침범해서 괴롭힌다면 멸망시켜야 할 것입니다. 후일에 중국의 우환이 된다면 이를 제거해야 합니다. 그러나 지금은 이 세 가지 죄가 모두 없는데 중국의 백성을 출정시켜 괴롭히고 있습니다. 이는 안으로는 전번의 패전을 설욕하고, 밖으로는 신라의 보복을 거들려는 것에 지나지 않습니다. 어찌 이런 사소한 이유로 큰 손해를 볼 것입니까? 폐하, 고구려가 잘못을 고치고 빌면 받아들이셔서 군사를 거두도록 하소서. 그러면 중화中華나 동이가 자연히 승복하고 폐하의 슬하에 들어오게 될 것입니다. 신이 지금이라도 금방 땅속으로 들어가게 될 것인데, 신의 말을 들어주시면 내일 죽어도 여한이 없겠습니다."

타이종의 딸 가오양공주高陽公主는 샨링의 며느리였다. 타이종太宗이 딸을 보고 말했다.

"그는 이처럼 병이 위중한데도 나라를 걱정하고 있구나."

팡샨링은 타이종의 천하 평정을 보좌했다. 죽을 때까지 재상으로 있으면서 천하제일의 어진 재상이라 일컬어졌으나, 그의 행적을 찾아보면 특별한 것이 없었다. 그의 덕이 그만큼 두터웠다. 그가 타이종을 모신 기간은 32년이 다 되었는데, 팡샨링은 두루휘와 마찬가지로 공적을 주장하지 않았다. 다른 신하들이 나서면 자리를 양보하면서 나라가 잘 되도록 숨어서 도왔다.

타이종은 붓글씨도 잘 썼다. 그래서 신하로 해서楷書를 완성시킨 대가를 등용할 만큼 서도에 대한 관심이 강했다. 특히 서성書聖이라고 불리는 왕시즈王羲之[99]의 진필에 대해서는 대단한 집착을 갖고 있었다. 왕시즈의 후손이 갖고 있던 난정서蘭亭序를 구하여 능묘에 부장할 정도로 그의 글씨를 아꼈다.

또한 타이종은 열성적인 도교道教 신자였다. 당의 황실은 노자老子 리얼李耳을 시조로 삼고 있어서, 도교가 크게 보호를 받았다. 수도 장안에 세계 각국의 사람들이 찾아오게 되자, 많은 종교가 유행하게 되었다. 이슬람교, 마니교, 경교景教(네스토리우스파 그리스

---

99 왕시즈王羲之(303~379년, 307~365년, 321~379년 등 여러 설) : 중국 동진東晋의 정치가, 서도가. 우군장군右軍將軍에 있었기 때문에 왕우군王右軍이라고도 불림. 서도사상 가장 우수한 명필. 친秦, 한漢 때의 자체를 연구하여 각각 행서行書나 초서草書로 조합해서 분방奔放하고 힘 있으면서 우아한 서체를 쓴 것이 특징.

도교) 조로아스터교 등의 사원이 건립되어 국제도시의 경관을 이루고 있었다. 그러나 과거제도에 있어서는 유교의 경전이 필수과목으로 되어 있었다. 타이종은 오경의 갖가지 해석을 통일시킨 오경정의五経正義를 편찬하게 해서 지식층의 공통 교양으로 삼게 했다. 불교도 소홀히 하지 않았다. 샨장산장玄奘三蔵100 같은 법사를 시켜서 대반야경大般若経을 번역하게 했다.

타이종은 문학을 좋아했다. 그의 치세에 시인들이 많이 등장했는데, 그 가운데 왕보王勃·양정楊炯·루자오린盧照鄰·뤄빈왕駱賓王의 네 사람이 유명했다. 역사도 팡샨링으로 하여금 진서晉書·량서梁書·진서陳書·조우서周書·쇠서隋書 등을 편찬하게 하여, 후세에 멸망한 왕조의 정사를 다음 왕조에서 의무적으로 편찬하게 하는 효시가 되었다. 그림에 있어서도 얀리벤閻立本 같은 사람이 타이종을 모시고 있던 친부십팔 학사 하진도秦府十八学士賀真図 같은 초상화를 그렸다. 서도도 왕시즈를 숭상하는 타이종과 그 주변의 인물들에 의하여 융성해졌다. 유스난虞世南, 주쉬량褚遂良, 어우양슌欧陽詢은 당 초기의 삼대가로 불렸다. 도자기에서도 당 삼채三彩라고 불리는 명품이 만들어졌다. 그 색이 아름답고, 서쪽 사산조의 영향을 받아 인물상이나 동물상 또는 용俑이 많다. 높은 온도에서 굽는 자기도 이때부터 만들어졌다.

---

100 샨장산장玄奘三蔵(602~664년) : 당의 역경승訳経僧, 산장법사三蔵法師라고도 해서 서유기西遊記의 주인공. 뤄양洛陽 근교에서 나서 10세에 뤄양의 절에서 출가함. 쇠 말에 각지를 전전하면서 열반경 등을 배움. 20세에 구족계具足戒를 받음. 뒤에 대반야경, 유마경 등 많은 경서를 인도에서 가지고 와 한문으로 번역함.

타이종은 내치에만 힘쓴 것이 아니었다. 자기를 해치려던 웨이정을 측근에 등용해서 내치에 힘썼던 것과 마찬가지로, 아버지인 가오주 리옌이 거사를 할 때에 이를 알고 쉬양디隋煬帝에게 고변하려다가 탄로가 나서 처형당할 뻔한 리징李靖[101]을 구제해 막료로 두어 중용했다. 리징은 셰리 크한頡利可汗의 항복을 받아들이는 척하다가 기병 만 명으로 20일분의 식량만 지니게 하고 투르크의 본거지로 출격시켜 셰리 크한과 그의 일족을 포로로 잡아 투르크를 멸망시켰다. 634년에는 서쪽의 투유훈吐谷渾이 초토작전을 펴는 것을 무릅쓰고 공격하여 멸망시키고, 서부를 오랫동안 평온하게 만들었다. 리징의 기본 전술은 기병의 기동력에 의존한 장거리 기습전법으로, 팔티아 전법이라고도 했다. 팔티아, 스키타이, 쑝누匈奴 등 유목 국가의 전법인 팔티아 전법은 추격해오는 적에게 도망치면서 뒤돌아보며 활을 쏘고, 적이 주춤한 사이에 고속으로 이동해서 적의 전열을 흩뜨리면서 다시 공격하는 전법이다. 로마군과의 싸움에서도 크게 활용되었던 것인데, 리징이 활용해서 투르크를 비롯하여 투유훈, 티르鐵勒, 티베트 고원의 투판吐蕃까지 산하에 편입했다. 다만, 타이종太宗이 점령에 실패한 유일한 국가가 동쪽의 고구려였다.

이렇게 내치와 외정의 치적이 높아서 후세에서 타이종의 정치를 정관貞觀의 치治로 불러 높이 평가하게 되었다.

---

101 리징李靖(571~649년) : 당의 명장. 투르크 정벌로 전공을 세움. 웨이공衛公으로 책봉됨. 리징과 타이종의 대화인 리웨이공문대李衛公問對라는 병법서는 중국 최고의 병법서 중 하나로 불림.

제 4 장

풍운이 이는 한반도

1 최초의 여왕이 된 덕만德曼공주

신라의 진평왕에게는 아들이 없었다. 그래서 후사를 잇는 일이 문제가 되었다. 지금까지 성골聖骨로만 왕통을 이어왔는데, 김씨 계열의 성골 남자가 동이 났다. 선대의 진지왕에게는 아들이 두 명 있었으나, 진지왕이 화백회의 결정으로 폐위 당하자, 모두 한 품계가 낮은 진골眞骨로 강등되고 말았다. 진평왕은 자신의 혈통으로 다음 왕을 삼아야 할 터인데, 딸뿐이니 난감했다. 진골에는 김 용수金龍秀와 용춘龍春의 형제를 비롯하여 내로라하는 남자들이 활약하고 있었으니, 잘못하면 내란이 일어날 수도 있는 법이었다. 왕이 걱정을 하고 있는데, 마침 몇 년 전 바다 건너 야마도에 파견했던 길사吉士 반금磐金102이 알현을 청해 왔다. 반금은 야마도 조정이

---

102 길사吉士 반금磐金 : 길사는 신라의 경위京位(중앙 관직) 17관위 중 14위가 되는 직위이며, 반

아라가야를 침범하지 않는 대신 조調를 바칠 것을 요구한다고 보고해 왔다.

"마마, 오랜만에 뵙습니다. 그동안 강녕하셨습니까?"

"길산가? 야마도에서 언제 돌아왔느냐? 근래에는 왜구가 없었는데, 그들이 만족한 모양이지?"

"마마, 그런 것이 아니라, 다시 미마나任那의 조[103]를 받겠다고 성화가 대단합니다. 빨리 바치지 않으면 군사를 동원하겠다고 야단들입니다."

"뭐라고 했느냐? 왜놈들이 또 노략질을 하겠다고 하는가?"

"예, 이번에는 대덕大德 사가이베境部[104]가 대장군이 되어 수만 명의 군사를 인솔하고 바다를 건너오겠다고 준비하고 있습니다."

"고약한 일이로구나. 그래, 야마도의 태자가 죽었다고 들었는데, 어찌 이들이 이다지도 극성인가?"

"마마, 야마도는 태자가 죽었지만, 여왕을 모시고 소가노 오오오미蘇我大臣가 군정을 장악하기 때문에, 여전히 그 힘이 막강합니다. 어서 사신을 보내어 이들을 무마하소서."

야마도의 침략 야욕을 무마하기 위해 배 두 척에 공물을 실어 보내게 한 진평왕의 머리에 왕위 계승의 해법이 떠올랐다.

"그렇지. 야마도가 여왕을 추대하고도 그 아래에 유능한 신하들

금은 야마도에서 이와가네라고 부름.

[103] 미마나任那의 조 : 아라가야에 있던 야마도의 연고권을 포기하는 대신 신라로부터 받기로 한 공물.

[104] 대덕大德 사가이베境部 : 대덕은 야마도의 스이고여제가 제정한 12관위의 첫째 자리이고, 사가이베는 사가이베노 오미境部臣라고 하여 야마도의 실권 호족인 소가蘇我의 일족.

이 있어서 저렇게 기고만장한 것이 아닌가? 우리 신라도 남자로만 왕을 삼을 것이 아니라, 여자로 왕을 삼고 그 아래에 유능한 인재를 배치하면 사직을 지킬 수 있을 것이다.”

진평왕에게는 마야부인摩耶夫人 김씨와의 사이에 딸 셋이 있었다. 그 첫째가 덕만德曼이고, 둘째가 천명天明이며, 막내가 선화善花였다. 그에게는 동생인 국반國飯이 낳은 딸 승만勝曼을 합하면 성골녀가 넷이 있었는데, 둘째가 김용춘의 아내가 되는 바람에 진골로 강등됐고, 막내인 선화는 백제왕의 비가 되어 왕위계승권을 잃었다.

덕만은 어릴 때부터 성품이 관인하고 사리에 밝고 민첩했다. 한 번은 당나라에서 모란의 그림과 함께 그 종자를 선물로 얻어왔다. 왕과 함께 그림을 보던 덕만이 말했다.

“이 그림에 있는 꽃은 아름답지만 향기가 없군요.”

왕이 깜짝 놀라서 물었다.

“너는 어떻게 그런 것을 아느냐?”

“마마, 여기를 보소서. 그림에 벌과 나비가 그려져 있지 않습니다. 어떤 꽃이나 향기가 있어야 벌과 나비가 모여드는 법입니다. 이 꽃은 아름답기는 하지만 벌과 나비가 덤비지 않는 것을 보니 향기가 없는 것이 틀림없습니다. 대저 여자가 인물이 좋고 향기가 있으면 남자가 따르고, 아름다운 꽃에 향기가 있으면 벌 나비가 몰리는 것이 아닙니까?”

왕이 모란의 씨를 뜰에 심게 했더니 6월에 꽃이 피는데 과연 향기가 없었다. 덕만공주는 이처럼 모든 일을 명석하게 판단할 수 있는 식견이 있었다.

진평왕 53년에 이찬 칠숙柒宿과 아찬 석품石品이 모반하다가, 칠
숙이 잡혀서 동시東市에서 참형을 당하고 구족이 멸망했다. 아찬
석품은 백제로 도망쳤는데, 처자가 그리워서 변장을 하고 몰래 집
으로 돌아왔다가 역시 잡혀서 참형을 당했다. 어수선한 가운데 왕
은 당나라와의 친선을 위해 7월에 사신을 파견하면서 아름다운 여
자 둘을 당唐의 타이종太宗에게 바쳤다. 타이종이 진평왕의 뜻을 기
꺼이 받아들이면서 말했다.

"이방에서 바친 앵무새도 슬피 울면서 고향을 그리워하는데, 하
물며 두 여자가 멀리 친척과 이산하니, 그 슬픔을 말해 무엇 하겠
는가? 모두 돌려보내도록 하라."

632년 정월에 진평왕이 치세한 지 53년 만에 돌아가서 한지漢只
에 장사를 지냈다. 당의 타이종이 조서를 내려서 왕에게 좌광록대
부左光祿大夫를 추증追贈하고, 비단 200필을 부의로 보내어 왔다. 국
상을 치른 뒤에, 화백회의에서 진평왕의 맏딸인 덕만을 왕으로 추
대하면서 성조황고聖祖皇姑라는 칭호를 올렸다. 이는 '신성한 황제
의 혈통을 이은 여인'이라는 뜻이었다.

덕만을 왕으로 추대하는 일을 주동한 사람은 진지왕의 손자 김
춘추와 금관가야 왕손 김유신이었다. 이들은 왕족과 무장 가운데
새로이 화백회의에 참석한 귀족들이었다. 이들이 덕만을 왕으로
추대하게 된 이유는 모두 비슷한 처지였기 때문이었다. 김춘추는,

할아버지인 진지왕이 진골 귀족들의 내침을 받아서 화백회의에서 폐위된 탓에 성골 신분에서 진골로 강등된 김용춘의 아들이었다. 김유신은, 금관가야가 멸망한 뒤에 진골 귀족으로 편입되었지만, 보수적인 기존 진골들로부터 따돌림을 당하여 마음에 드는 처녀와 결혼하는 것도 힘들었던 김서현의 아들이었다. 모두 기득권자인 진골 귀족들로부터 차별을 받고 있었다. 그래서 자연히 두 사람은 뜻이 통하여 기존 귀족들에 대항하기 위해서 덕만을 여왕으로 모시기로 했다.

여자를 왕으로 추대하는 일에 반대하는 세력도 만만치 않았다. 특히 비담毗曇을 비롯한 기존 귀족들의 반발이 심했다.

덕만은 신라만이 아니라 한반도 전체에서 처음으로 왕이 된 여인이었다. 이전에 지도자로서 나라를 이끈 여인으로는 고구려 주몽왕의 어머니였던 유화부인이나, 신라의 시조 박혁거세의 부인인 알영부인, 2대왕인 남해차차웅의 운제부인이나, 박제상의 부인인 치술부인 그리고 백제 건국을 도운 소서노 등이 있었다. 모두 후세 사람들이 사당이나 제단을 크게 설치하여 국모나 여신으로 숭상했다. 그러나 그 아무도 왕이 되지는 못했다. 신라에는 고구려나 백제에 비하여 유교나 불교의 예법이 늦게 전파되어, 초창기부터 높았던 여인들의 지위가 늦게까지 유지될 수 있었다. 심지어 여자의 이름을 남자들과 함께 유적이나 암벽에 각인하여 놓을 정도였다. 신라의 여인들은 경제력도 장악하고 있었다. 특히 한가위를 앞두고 두 편으로 나눈 뒤 베짜기를 겨루어 이긴 편에게 진 편이 향연을 베푸는 일은 이들의 경제력을 상징하는 행사의 하나였다. 당시에 포목은 후일의 화폐와 같은 역할을 했다. 직조를 통해 얻은 경제력으로 여인들은 사찰이나 탑을 시주했다. 경주의 황남대총皇南大塚 같은 곳을 보면 오히려 여인의 지위가 남자보다 높았던 것을 알 수 있다. 황남대총은 여인의 무덤과 남자의 무덤이 표주박처럼 이어서 조성되어 있는데, 여인의 무덤에서는 찬란한 금관과 부인대夫人帶라고 각인된 허리띠가 나왔고, 남자의 무덤에서는 금동관이나 은관이 무구와 함께 나왔다. 이를 미루어 보면 여인의 지위가 남자보다 높았음을 알 수 있다. 이런 사정도 여자를 왕으로 추대할 수 있는 배경의 하나가 되었다. 여기에 진평왕의 유고가 있었으니, 김춘추나 김유신 등이 다른 귀족들의 반발을 누르고 그녀를 왕으로 모실 수 있었던 것이다. 그녀에게는 관습에 따라 세 명의 남편이 있었다. 숙부뻘이자 천명공주의 남편인 김용춘金龍春, 역시 숙부뻘인 흠반欽飯 그리고 대신 을제乙祭였다. 그러나 그녀는 아무에게서도 후사를 얻지 못했다. 성조황고는 뒤에 선덕여왕善德女王이라는 시호를 받았기 때문에, 이후로는 선덕여왕이라고 적는다.

선덕여왕은 2월에 대신 을제로 하여금 국정을 총리하게 했다. 5월에 가물이 들어 6월 중순이 넘어서야 비가 왔다. 여왕은 관원들을 전국에 파견해서 곡식이 떨어져 어려워하는 백성을 구휼했다. 과부와 홀아비들을 위문하고 구제하면서, 죄수들을 방면하고, 모든 주와 군에게 일년 동안의 세금을 면제하여 민심을 수습했다. 즉위한 해의 12월과 다음 해의 7월에 사신을 당으로 파견해서 조공을 하여 외교에도 힘썼다. 8월에 백제가 서쪽 국경을 넘어 침공해 온 것을 격퇴했다.

선덕여왕 3년[105] 정월에 연호를 인평仁平으로 고쳤다. 이때에 그동안 경주에 건립해온 분황사芬皇寺가 준공되었다. 분황사는 향기로운 황제의 절이라는 뜻으로, 여왕이 건립한 절임을 그 이름으로 나타내었다. 여왕은 이 절의 9층 석탑[106]의 2층과 3층 사이에 옥으로 된 장신구와 함께 가위, 금과 은으로 된 바늘 그리고 실패를 담은 반지그릇을 사리함에 넣었다. 여인으로서 부처님의 옷을 지어 모실 것을 염원한 것인 듯하다. 이 석탑이나 황룡사皇龍寺[107]의 9층 목탑에는 여왕의 호국염원이 깃들어 있었다. 두 탑이 모두 9층인데, 제1층은 일본, 제2층은 중화中華, 제3층은 오월吳越, 제4층은 탁라托羅, 제5층은 응유鷹遊, 제6층은 말갈靺鞨, 제7층은 거란契丹, 제8층은 여진女眞, 제9층은 예맥穢貊을 의미했다. 이 탑을 건립하면서 주

105 선덕여왕 3년 : 서기 634년, 고구려 영류왕 17년, 백제 무왕 35년.

106 분황사 9층탑 : 국보 30호로 경주시 구황동에 있음. 안산암을 벽돌 모양으로 잘라서 쌓은 모전석탑은 본래 9층으로 건립되었으나 임진왜란 때 파괴되어 아래 3층만 남아 있음(높이 약 9.3m). 분황사는 불교가 크게 중흥했던 신라의 전성기 사찰이며, 고승인 원효와 자장이 거쳐 감. 6세기에 먼저 지어진 황룡사와는 담을 맞대도록 바로 옆에 건축됨. 경주 신라 유적지의 중심부에 위치하여 첨성대와 내물왕릉이 바로 서쪽에, 선덕여왕과 진평왕의 능을 비롯해 설총의 묘가 동쪽에 있음.

107 황룡사皇龍寺 : 경상북도 경주시에 있었던 사찰로서, 경주에서 가장 컸던 사찰. 현재는 터만 남아 있음. 신라 삼보三寶의 하나로, 553년(진흥왕 14년)에 기공, 569년에 완공되었다는 설과 566년(진흥왕 27년)에 일단 준공되었다가 645년(선덕여왕 14년)에 완성되었다는 설이 있음. 고려 고종 25년(1238년)에 몽골의 침입으로 소실되어 현재 그 터가 사적 제6호로 지정되어 있음.

변국들이 신라를 섬기게 될 것을 염원한 것이었다. 참고로 2층의 중화中華는 고구려와 중국의 화베이 지역을 지칭한 것으로 보인다. 다음 해가 되자 당나라에서 지절사持節使를 보내어 여왕을 주국柱國 낙랑공樂浪公 신라왕新羅王으로 책봉했다. 이는 진평왕을 이어서 신라왕이 된 것을 정식으로 인증한 셈이 된다.

선덕왕 5년에는 그동안 지방의 주와 현을 김용수金龍樹와 분담해서 다녀온 이찬 수품水品을 상대등上大等으로 삼아서 화백회의를 관장하고, 모든 품계 위에서 국정에 참여하게 만들었다. 3월에 여왕이 병들어 백약이 효험이 없게 되자, 황룡사에 백고좌百高座를 베풀고 중들을 모아 인왕경仁王經을 강독하게 하고, 100명에게 승려가 되는 것을 허락하여 차차 건강을 회복할 수 있었다.

하루는 대궐의 서쪽에 있는 옥문지玉門池에서 두꺼비와 개구리가 떼 지어 몰려들었다. 신하가 이를 여왕에게 보고하자 여왕이 말했다.

"두꺼비와 개구리가 성이 나서 눈방울을 굴리고 있으니 이는 필시 군사가 나타남을 뜻한다. 짐이 알기로는 우리나라의 서남 변에 옥문곡玉門谷이라는 곳이 있다고 했다. 아마도 그곳에 백제의 군사들이 잠입한 것이 틀림없을 것이다. 어서 군사들을 풀어서 이들을 잡도록 하라."

장군 알천閼川이 왕명을 받들고 나갔다. 옥문곡에 이르자 과연 백제의 군사 500명이 장군 우소于召의 통솔 하에 골짜기에 숨어 있었다. 이들은 독산성獨山城을 공격할 요량이었다. 알천 등이 이들을 습격해서 모두 격살했다. 알천은 그 공으로 다음 해에 대장군이 되었다. 대장군이 된 알천은 선덕왕 7년 10월에 고구려가 북쪽의 칠중성七重城으로 쳐들어온 것을 두 달 만에 격퇴했다. 여왕은 접경한 백제와 고구려의 침범을 여러 번 물리쳤으나, 신라의 국력이 허약함을 걱정했다. 그래서 한편으로는 사찰과 탑을 적극적으로 건립하여 부처님의 가호를 빌면서, 다른 한편으로는 이찬伊飡108 김춘추, 사찬沙飡 진주眞珠, 대장군 김유신 등을 통해 외교력과 군사력을 강화해 나갔다. 그녀는 학문에도 관심이 많았다. 마침 당의 타이종이 국자감國子監을 설치했기에 귀족의 자제들을 당나라로 유학보냈다. 당의 이 국학은 최고의 학부로, 학사學舍 1,200간間에 학생 3,260명이 공부하고 있었는데, 여기에는 신라만이 아니라 고구려, 백제, 야마도, 가오징高昌, 투번吐蕃들도 자제들을 보내어 공부하게 했었다.

선덕여왕 11년 정월에 다시 당나라로 사신을 보내어 방물을 바쳤다. 7월이 되자 백제의 의자왕이 크게 군사를 일으켜서 나라의 서쪽 40여 성을 공략했다. 8월에 백제는 고구려와 더불어 군사를 다시 일으켜서 남양南陽의 당항성黨項城을 공격해 함락시키고, 신라가 당으로 통하는 길을 막았다. 여왕은 이런 사실을 당에게 알렸

---

108 이찬伊飡 : 신라의 관위 17등의 제정은 유리니사금 9년 9서기 32년 봄이라고 삼국사기에 적혀 있음. 진흥왕대에 완성된 것이 진흥왕비에 의해 확인됨. 경위京位(중앙관의 위)와 외위外位 (지방관의 위)로 이원화 됨. 1등 이벌찬伊伐飡(각간角干, 서불감舒弗邯 등으로도 부름), 2등 이 척찬伊尺飡(이찬伊飡), 3등 잡찬匝飡, 4등 파진찬波珍飡, 5등 대아찬大阿飡, 6등 아찬阿飡, 7등 일 길찬一吉飡, 8등 사찬沙飡, 9등 급벌찬級伐飡, 10등 대나마大奈麻, 11등 나마奈麻, 12등 대사大 舍, 13등 소사小舍, 14등 길사吉士, 15등 대오大烏, 16등 소오小烏, 17등 조위造位. 외위는 경위 의 7등인 일길찬 상당의 악간嶽干을 1위로 하고, 11위인 아척阿尺까지 있음.

다.

　같은 달에 백제의 장군 윤충允充이 군사를 이끌고 합천陝川의 대야성大耶城을 공격해왔다. 대야성은 신라의 심장부인 대구와 경주로 이어지는 요충에 있었다. 윤충이 낙동강의 지류인 황강의 수로를 차단하고 대야성을 포위했다. 성주 김품석金品釋이 성루에 올라가서 아래를 내려다보니 겹겹으로 백제군이 포위하여 물샐 틈이 없었다. 차마 공격할 생각을 못하고 성문을 굳게 닫은 채 지키고 있는데, 갑자기 성안의 창고에서 불이 났다. 일찍이 품석에게 아내를 빼앗긴 검일黔日이 원한을 갚겠다고 저지른 짓이었다. 난공불락으로 천하에 이름을 떨쳤던 대야성이 백제와 내응한 반군 때문에 화염에 휩싸이면서 성주는 어쩔 줄을 몰랐다. 외부로부터의 원군이나 보급은 기대할 수 없었다. 신라군의 사기는 땅에 떨어졌고, 성안의 민심마저 흉흉해지고 말았다. 품석의 보좌관으로 있던 아찬阿湌 서천西川이 성루에 올라 백제군을 보고 고함쳤다.
　"만약 너희들이 우리를 죽이지 않는다면, 성을 들어 항복하리라"
　그러자 윤충이 말했다.
　"만약 너희들이 항복해 온다면 함께 한가지로 즐길 것임은 밝은 햇빛과 같이 명백한 일이오."
　윤충의 대답에 품석이 성문을 열고 나가려는데, 화랑인 사지舍知[109] 죽죽竹竹과 용석龍石이 말렸다.

"백제는 변덕이 심한 나라니, 그 말을 믿을 수가 없습니다. 우리가 성을 버리고 나가면 반드시 우리를 죽일 것입니다. 그들에게 굴복해서 삶을 구걸하는 것은 호랑이에게 죽임을 당하는 것만도 못할 것이니, 도독께서는 결코 항복하셔서는 안 됩니다."

"무슨 소리. 윤충의 말을 듣지 않았느냐? 지금 나가면 살 수 있다."

품석이 소매를 뿌리치고 성문을 열고 나갔다. 군사들이 품석을 따라 나가다가 백제군의 복병을 만나 모두 죽임을 당했다. 품석은 부하들이 전멸하는 것을 보자, 데리고 가던 처자를 죽이고 자결했다.

죽죽이 남은 군사를 거느리고 성문을 굳게 닫고 항전했다. 용석이 죽죽에게 말했다.

"이제는 중과부적이 되어 지탱하기가 힘드니 우선은 항복해서 살아남아 후일을 도모하는 것이 좋겠소."

죽죽이 말했다.

"그대의 말이 맞다. 그러나 내 이름을 죽죽이라 아버지가 지어주셨다. 추운 겨울에도 시들지 않고 꺾이거나 굽히지 말라는 뜻이라고 들었다. 어찌 죽는 것이 두려워서 뜻을 굽혀 내 이름을 더럽힐 것인가?"

두 사람이 분연히 일어나서 결사적으로 싸우다가 마침내 처절하게 전사했다. 뒤에 선덕여왕이 이들을 가상히 여겨 죽죽에게 급

---

109 사지舍知 : 신라 관위 17등(경위)의 13등으로 소사小舍라고도 함.

찬級飡110을, 용석에게 대나마大奈麻를 추증하였다. 또 그 처자에게 후한 상을 내리고 서울에 와서 살게 했다.

마침내 대야성이 함락되자 윤충은 품석의 목을 베어 그의 아내 고타소古陀炤의 유해와 함께 백제의 왕궁이 있는 사비泗沘로 보냈다. 윤충은 대야성에서 남녀 1천여 명을 사로잡아 갔다.

대야성이 함락되었다는 비보는 다음날 경주에 있는 김춘추에게 전해졌다. 김춘추는 사랑하는 딸과 사위의 죽음을 듣고 비탄에 잠겼다. 사흘 밤낮을 식음을 전폐하고 슬픔에 잠겨있던 김춘추는 이 한을 풀기 위해 고구려로 갈 결심을 하게 되었다. 선덕여왕에게 아뢰었다.

"마마, 신의 딸 고타소와 사위 품석이 대야성에서 죽임을 당했습니다. 백제 놈들의 짓입니다. 신이 이를 설욕하기 위하여 고구려의 원군을 청할까 합니다. 신이 고구려로 떠나는 것을 허락하소서."

"대야성은 우리 신라의 목줄에 해당하는 곳이 아닙니까? 그곳을 잃은데다가 이찬의 식구마저 변을 당하니 이를 어찌 했으면 좋겠소? 당장이라도 대군을 일으켜서 복수를 해야 할 터인데, 군사의 수가 모자라니 그러지도 못하고, 짐도 못내 속을 태우고 있던 참이오. 이찬이 몸소 원로를 다녀오겠다 하니, 이보다 다행한 일이 없겠소. 이찬이 없는 동안에는 누굴 의지하고 지내면 될 것인가?"

"신의 처남이 압량주押梁州의 군주軍主가 되어 군사를 맡아 대비

---

110 급찬級飡 : 급벌찬級伐飡이라고도 함. 17등 중 9등. 대나마는 10등임.

하면 될 것입니다.”

“대장군 김유신공 말이오?”

“예, 그렇습니다. 그 사람이면 백제도 꼼짝하지 못할 것입니다.”

여왕의 윤허를 받고 난 뒤에 김춘추가 김유신을 만났다.

“유신공, 나와 공은 한 몸이 되어 이 나라의 팔과 다리가 되었소. 이번에 내가 고구려에 가서 원군을 청할 생각인데, 만약 내가 가서 실패하여 변을 당하게 되면 공은 어떻게 하겠소?”

김유신이 차고 있던 큰 칼의 칼자루를 툭툭 치면서 말했다.

“그런 일이 생기면 나의 말발굽이 반드시 고구려와 백제의 두 왕궁을 짓밟아 버릴 것이오. 그렇게 하지 못한다면 장차 무슨 낯짝으로 백성들의 얼굴을 볼 수 있을 것이오?”

“계획대로 간다면 60일이면 돌아올 수 있을 것이오. 만약 그 안에 돌아오지 못하면 다시 만날 수가 없을 것이오. 내가 돌아오지 않으면 군사를 움직여 주시오. 자, 우리 함께 약조를 굳게 합시다.”

두 사람이 손가락을 깨물어 피를 뽑아 맹서했다.

2 대막리지大莫離支가 된 연개소문淵蓋蘇文과
동분서주하는 김춘추金春秋

　동남방에서 신라와 백제가 혈투를 벌이고 있고, 중국에서 당나라가 중원을 통일하기 위하여 토벌을 계속하고 있을 때, 만주와 한반도 북반을 차지한 고구려에서는 영류왕榮留王이 34년간 국력 회복을 위해 전력을 다하고 있었다. 영류왕은 이름이 건무建武로, 36대 영양태왕嬰陽太王의 배다른 동생이다. 서기 618년 9월에 영양태왕이 재위한 지 29년 만에 파란만장한 생애를 마치자 왕위를 승계했다. 그는 싀와의 싸움에 고구려의 태자로 수군 사령관으로 참전해서 싀의 제독 라이후얼來護兒이 거느린 수군 30만을 한 번의 싸움으로 격퇴한 사람이었다.

　영양태왕 9년에 고구려가 말갈의 군사 만여 명을 거느리고 랴오시遼西를 침공해서 일어난 고구려와 싀隋의 전쟁으로 싀는 멸망하고 말았고, 고구려 또한 거듭된 전쟁으로 민생이 도탄에 빠지게 되었다. 전쟁의 참화를 통감한 영류왕은 즉위한 뒤로 12년 동안 해마다 사신을 당으로 보내어 화친을 도모했다. 마침 당을 세운 가오주高祖도 각지에서 준동하는 군벌을 제거하는 통일전에 몰두하고 있었기 때문에, 그 역시 고구려와 화친하고 싶었다. 처음에는 서로가 잡은 포로들을 교환했는데, 그 수가 각각 만여 명이 넘었다. 고구려가 당에게 책력을 얻어오기를 청하여 당의 연호를 쓰게 되자, 당의 가오주는 영류왕을 상주국上柱國 요동군공遼東郡公 고구려왕으로 삼고, 도사道士를 보내어 천존상天尊像[111]과 도법道法을 전하고, 노자老子를 강론하게 했다. 양국간의 화친이 무르익어가던 영류왕 9년에, 신라와 백제가 당에 사신을 파견하여 고구려가 길을 막고 번번이 침범한다고 호소하였다. 당은 산기시랑散騎侍郞 주즈세朱子奢를 보내어 고구려가 신라와 백제의 두 나라와 화친할 것을 종용했다. 그 뒤로 당의 간섭이 차차 더해갔다. 영류왕 11년에는 당이 투르크를 멸망시킨 여세를 몰아 고구려에 봉역도封域圖를 바치라고 요구했고, 14년이 되자 요하遼河 하류에 세운 경관京觀마저 허물 것을 강요하는 지경에 이르렀다. 이 경관은 쉬와의 전쟁에서 고구려가 승리한 것을 기념하고 전사한 장병들을 제사 지내기 위해 세운 건물이었다. 당나라와 고구려의 사이가 벌어지기 시작한 것을 안 신라의 진평왕이 629년 8월에 군사를 보내어 고구려의 남

---

[111] 천존상天尊像 : 도교에서 가장 널리 제사 지내는 신에는 원시천존元始天尊 또는 옥황상제玉皇上帝가 있고 이는 다시 무형천존無形天尊·무시천존無始天尊·범형천존梵形天尊으로 변신함. 교조인 노자, 곧 노군老君도 원시천존의 화신化身이라고 믿음.

쪽을 침략했다. 이 싸움에 참가한 신라의 중당당주中幢幢主 김유신이 낭비성娘臂城[112]을 함락시키면서 고구려 군사 5천여 명을 목 베고 1천여 명을 사로잡아 갔다.

그런데도 고구려는 남쪽의 방비보다 서쪽을 더욱 경계해서 요동 방어선을 보강하고, 당나라의 침공에 대비하기 위해 부여성에서 발해에 이르는 장성을 축조하기 시작했다. 이 장성은 곳곳에 있는 토성을 연결하여 쌓은 토축성이었다. 너비는 약 스무 자에, 높이는 두 길 정도의 고르지 않은 성벽으로 연결해서 크고 작은 성을 요동 방어망으로 이어나간 셈이었다. 그러나 이 천리장성은 성문이나 누각, 돈대墩臺 등이 없어서 당나라의 대군이 3차에 걸쳐 침범했을 때에 큰 역할을 하지 못했다.

이 작업을 지휘하던 막리지莫離支 연태조가 축성 도중에 병사했다. 그의 집안은 아버지인 막리지 연자유淵子遊 이래로 서부 대인大人 대대로大對盧를 지냈으며, 야금冶金과 활을 잘 다루었다. 대대로는 상가相加나 태대형太大兄과 마찬가지로 고구려의 최고 관위였다. 연태조가 죽자 아들인 15세의 소년 개소문蓋蘇文[113]이 뒤를 이어 서부 대인이 되려고 했다. 연태조가 50이 넘어서 태어난 이 아이는 어

---

112 낭비성娘臂城 : 경기도 북부 지역 또는 충청북도 지역으로 비정됨. '대동지지大東地志'에서는 충주로비정하였으며, '신증동국여지승람' 등의 지리서들은 오늘날의 청주 지방을 '삼국사기'의 낭자곡娘子谷 혹은 낭비성이라 하고 있음.

113 연개소문淵蓋蘇文 : 니혼쇼기日本書紀에는 연개소문이 영류왕을 죽인 것을 두고 "추구월에 대신 이리가수미가 대왕을 시해하다(秋九月大臣伊梨柯須彌弑大王)"라고 기록하고 있음. '태자부력太子傳曆'에는 '대신입하大臣入霞'라고 기록되어 있는데 이때 '入霞'의 훈독이 '이리카스미'. 중국 경극京劇에 등장하는 무장은 "캣쉰"이라고 함. 연개소문의 원래 소리는 "이리캣쉰" 또는 "얼캐쉼"이었을 것이라는 주장이 있음.

릴 때부터 힘이 세고 난폭해서 사람들의 미움을 많이 샀다. 성품이 잔인하다고 하여 나라 사람들이 자기를 기피하는 것을 안 개소문이 몸을 낮추고 머리를 숙여 서부 사람들의 동정심을 구하고 다녔다. 사람들이 그의 처지를 가련하게 여기어 그가 벼슬을 승계할 수 있도록 도움을 주었다. 연개소문의 원래 이름은 얼가솜이었다. 얼은 연淵으로 물을 뜻하며 가솜은 가盖+ 소蘇(=金) +ㅁ(첨가음文)으로 쇠를 잘 다루는 사람이라는 뜻이었다. 당 가오주의 휘가 리옌李淵이기 때문에 기휘忌諱하여 연 자를 쓰지 못하고, 중국 사서에서는 연을 천泉으로 바꾸어 적었다. 연개소문이 대대로가 되자 아버지의 유업을 이어 천리장성을 쌓는 일을 독려하게 되었는데, 백성들의 고통이 이만 저만이 아니었다.

영류왕은 평화를 유지하기 위해 당나라에 대해서는 저자세 외교를 펼치기를 원했다. 왕의 21년 10월에 신라를 다시 공격해서 칠중성七重城[114]으로 진출했다가, 주민들을 산속으로 피난시킨 신라 장군 이찬伊飡 알천閼川이 역공하는 바람에 이기지 못하고 물러났다.

영류왕은 9백 년간 이어온 전통에 따라 오부의 호족들에 의지하면서, 장수왕 이래로 지켜왔던 서수남진西守南進 정책을 취해 나갔다. 그러다 보니 당나라의 무리한 요구를 계속해서 받아들이게 되

---

114 칠중성七重城 : 경기도 파주시 적성면 지역에 있었던 성. 이곳은 백제의 난은별難隱別이었는데 고구려는 낭벽성娘臂城이라 하였고, 신라는 칠중성이라 하였음. 이 지역은 임진강 중류의 남쪽 연안에 자리 잡고 있어 관서지방과 경기지역을 연결하는 교통의 요지로 삼국시대에 많은 전투가 있었음.

었다. 왕의 23년 2월에는 세자를 입조入朝시키라는 당의 명령에 따라 세자 환권桓權을 보내어 조공을 바쳤다. 왕은 귀족의 자제들을 파견해서 당의 국학에 입학할 것도 명했다. 당에서는 이를 가상히 여겨 직방랑중職方郞中 천다더陳大德를 보내어 왔다. 천다더는 사신으로 오면서 마치 유람을 하듯이 방방곡곡을 다녔다. 그는 성읍마다 비단을 선물로 뿌려 관리들을 매수해 고구려의 지형과 군비를 두루 살펴보고, 과거 수십 년간 고구려 정벌에 종군했다가 죽은 병사들의 유족을 만나고 다녔다. 그의 흑심을 고구려의 관리들은 알아차리지 못했다. 천다더가 당으로 돌아가서 조사한 내용을 황제에게 보고하니, 당의 타이종太宗이 크게 기뻐하면서 말했다.

"구려는 본시 한사군의 땅으로, 짐이 군사를 내어 요동을 치면 그들은 반드시 국력을 기울여 이를 구할 것이다. 이때에 따로 수군을 동래로부터 바다를 건너 평양으로 진격시키고 수륙 양면으로 공격하면 쉽게 얻을 수 있는 땅이다. 다만, 아직 샨둥山東 일원을 평정하지 못해서 손을 대지 않고 있을 뿐이다."

이런 판국에 서부 대인이 되어 천리장성을 축조하게 된 연개소문이 남수서진南守西進으로 정책을 변경해야 한다고 주장하기 시작했다. 멀리는 광개토대왕의 위업을, 가까이는 을지문덕의 살수 대첩을 생각하면 요즈음의 저자세는 말도 되지 않았다. 이대로 가다가는 고구려가 당나라의 속국으로 전락할 것이 틀림없다고 연개소문은 휘하의 조의皀衣들과 함께 비분강개했다. 영류왕을 모신 각부 대인들과 대신들은 이런 연개소문을 눈엣 가시로 여기기 시작했다. 연개소문의 행동은 당을 자극해서 다시 큰 싸움이 터지게 될 것이고, 그러면 겨우 회복되어 가고 있는 고구려의 국력을 탕진하여, 모처럼 확보한 그들의 영화와 부귀를 망가뜨리게 할 것이었다. 독버섯이 크게 자라기 전에 뿌리째 뽑아야 할 일이었다.

영류왕 25년[115] 10월이 되어 영류왕과 대신들이 모의를 했다. 그런데 이들의 모의를 연개소문에게 알린 자가 있었다. 연개소문은 짐짓 모른 척하고 왕에게 표를 올렸다.

"마마, 소신이 천리장성을 감독하기 위해 떠날 준비가 되었습니다. 출발에 즈음해서 군사들을 열병하고 잔치를 벌이고자 합니다. 윤허하여 주소서."

왕이 이 행사를 윤허하자, 다시 사신을 100여 명이 넘는 대신과 각 부의 요인에게 보내어 알렸다.

"서부 대인 대대로 연개소문이 알립니다. 천리장성을 짓는 일을 감독하기 위해 출발함에 앞서 잔치를 벌이고자 하오니 왕림하시어 격려하여 주십시오."

고구려의 대신과 각 부의 요인들이 서부의 처소에 모였다. 연개소문은 이들이 찾아오자, 숨겨 두었던 군사들에게 명하여 108명의 요인들을 모조리 죽였다. 삽시간에 피바다가 된 처소를 뒤로 하고 군사를 이끈 연개소문이 왕궁으로 달려갔다. 왕궁에 있던 영류왕이 난입하는 군사들을 크게 꾸짖으며 대항했으나, 연개소문은 수하의 장병들을 질타하면서 왕과 시종 및 근위병을 모두 살해하고

---

115 영류왕 25년 : 서기 642년, 신라 선덕여왕 11년, 백제 의자왕 2년.

말았다. 이들은 왕의 몸을 몇 토막으로 잘라 구덩이에 던져 버리고, 왕궁에 숨어 있던 영양태왕의 아우 대양왕大陽王의 아들 장臧을 왕으로 추대했다. 고구려의 마지막 왕이 되는 28대 보장왕寶藏王이었다. 연개소문은 보장왕을 옹립한 뒤에 바로 고구려의 최고 관직인 대막리지大莫離支가 되고, 자신의 친인척을 모두 요직에 앉혀서 독재정권을 수립했다. 그는 고구려의 무장 출신답게 오도五刀를 차고 다녔으며, 귀족이나 무관을 엎드리게 해서 그 등을 밟고 말에 올랐다고 한다. 그만큼 서슬이 시퍼랬다.

신라의 김춘추가 구원병을 요청하러 온 것은 바로 고구려에 이런 정변이 일어난 직후였다.

김춘추는 사간沙干[116] 훈신訓信을 데리고 고구려로 가다가 대매현代買縣에 도착했다. 대매현의 사간 두사지豆斯支가 이들을 맞아 극진히 대접하면서 말했다.

"이찬께서 고구려로 가시려면 이 청포靑布 삼백 필을 갖고 가십시오. 긴히 쓰일 것입니다."

고구려왕을 알현하고자 훈신을 시켜서 왕의 총신인 선도해先道解를 만나게 했다. 선도해의 주선으로 보장왕이 대막리지 개소문을 보내어 크게 잔치를 벌이면서 김춘추를 환대했다.

이것을 본 고구려의 한 대신이 못내 왕에게 귀띔을 했다.

"이번에 온 김춘추라는 사람은 예사로운 사람으로 보이지 않습니다. 생김새가 준수하고 언변 또한 탁월한 것이 신라 귀족의 으

---

[116] 사간沙干 : 신라 17등 경위 가운데 8등직 사찬沙飡과 같음.

뜸이라 소문이 나 있습니다. 제 발로 우리나라에 들어왔으니, 우리나라를 염탐하러 왔다고 덮어씌워 잡아 죽이는 것이 뒤탈이 없을 것입니다."

왕이 그럴 듯하게 여겼으나, 김춘추가 전혀 꼬투리를 잡히지 않아서 잡아 죽이지 못했다. 하는 수 없이 왕이 억지를 썼다.

"본래 마목현麻木峴117과 죽령竹嶺은 우리 고구려의 땅이다. 이곳을 너희가 차지하고 있으니, 우리에게 돌려주어야 마땅하다. 그런 약조를 하지 못하면 그대를 돌려보내지 않을 것이니라."

"대왕께서 그런 말씀을 하시나, 한 나라의 땅을 신하로서 마음 대로 처분할 수가 없습니다. 이웃 나라가 위험을 당해서 원병을 청하러 왔는데, 대왕께서는 도리어 땅을 할애하라고 군사력을 뽐내면서 억지를 쓰시니 이런 억울한 일이 어디 있겠습니까? 신은 죽는 한이 있더라도 명을 받들지 못하겠습니다."

"이런 무례한 자가 있는가? 당장에 하옥시켜서 욕을 보이도록 하라."

보장왕이 호령했다.

"대왕마마, 신라가 옛날의 은혜를 잊고 방자하게 굴고 있으나, 지금 사신을 가두어 죽이면 안 되십니다. 서쪽의 강적을 대적해야 할 형편입니다. 그 정도로 꾸지람을 하시면 저들도 알아들을 것입니다. 우선은 사신을 객관으로 돌아가게 하소서. 차차 이 자도 잘

---

117 마목현麻木峴 : 충북 충주시 상모면 미륵리와 경북 문경읍 미륵리를 잇는 신라 때 뚫린 오래된 교통로. 하늘재大院嶺(519m)라고도 불린 고개, 마목麻木은 삼대를 뜻함.

못을 깨닫게 되면 마음을 바꿀 것입니다."

곁에 있던 연개소문이 말렸다.

가까스로 호구를 탈출해온 김춘추가 가만히 생각해 보았다. 아무래도 왕의 총신 선도해의 도움을 받아야 해결할 수 있을 것 같았다. 그래서 그는 갖고 온 청포 삼백 필을 몽땅 선도해에게 보내면서 도움을 청했다. 선도해가 김춘추 일행을 집으로 청하여 성찬으로 대접했다. 술이 거나해진 선도해가 농담 반 진담 반으로 김춘추를 보고 말했다.

"옛날에 용왕의 따님이 병이 들었다오. 의원이 말하기를, 토끼의 간이 약이라 했소. 바다 속에 토끼가 있을 수 없어 용왕이 수심에 잠겼는데, 주부土簿로 용왕을 모시던 거북이 토끼의 간을 구해 오겠다고 나섰어요. 뭍으로 올라간 거북이 토끼를 용궁으로 모셔서 호사를 시키겠다고 유혹해 등에 태우고 오다가, 토끼에게 실토를 했지요. 토끼의 간이 필요하다고. 토끼가 깜짝 놀라 하는 말이, '실은 간은 소중한 것이라 평소에 음지에 소중히 모셨다가, 필요할 때만 꺼내어 쓴답니다. 이번에 급히 떠나는 바람에 간을 갖고 오는 것을 잊었소. 돌아가서 갖고 옵시다'라고 했습니다. 토끼의 말에 거북이 얼른 뭍으로 다시 돌아갔지요. 뭍에 오른 토끼가 깡총깡총 뛰어 도망치면서 거북을 보고 비웃었다오. '간을 내어 놓고 사는 놈이 어디에 있단 말인가? 내 말에 속았다. 용용 죽겠지?' 거북은 사색이 되어 바다로 되돌아 갔답니다. 이게 무슨 뜻인지 알겠습니까?"

원래 하나를 들으면 열을 아는 김춘추였다. 그 자리에서 글을 써서 왕에게 올렸다.

"마목현과 죽령은 본래 대국의 땅입니다. 신이 귀국하면 우리 임금에게 청하여 바로 돌려드리도록 하겠습니다. 신의 말을 못 믿으신다면 동천에 뜨는 해의 밝음을 의심하시는 것과 같을 것입니다."

보장왕이 김춘추의 글을 보고 좋아하는데, 고구려의 첩자로 신라에 가 있던 중 덕창德昌이 밀계를 올렸다. 고구려로 들어간 지 두 달이 되도록 김춘추가 돌아오지 않자, 신라의 장군 김유신이 용사 일만여 명을 결사대로 조직해서 한강을 건너 고구려의 남쪽 지경에 들어오고 있다는 것이었다. 보장왕이 놀라서 연개소문과 상의했다.

"대왕마마, 지금은 신라를 자극할 때가 아닙니다. 김춘추를 돌려보내소서. 서쪽의 당이 아무래도 수상쩍습니다."

김춘추는 가까스로 석방되어 신라로 돌아왔다. 대장군 김유신의 군사 시위로 김춘추가 빠져나오게 된 것을 안 선덕여왕이 김유신을 압량주押梁州의 군주軍主[118]로 삼아 그 공에 보답했다. 압량주는 후일의 경산慶山으로, 신라의 북방을 지키는 군사 요충이었다. 이때가 선덕여왕 11년[119] 말의 일이었다. 이런 일이 있은 뒤로 선

---

118 군주軍主 : 신라의 행정구역 가운데 주州의 장관. 지증왕 6년에 처음으로 설치함. 뒤에 문무왕 때에 총관摠管이라 했고, 785년에는 도독都督이라 함. 주의 행정과 군권을 아울러 가진 중요한 직책.

119 선덕왕 11년 : 서기 642년, 고구려 보장왕 1년, 백제 의자왕 2년.

덕여왕은 해마다 당나라에 사신을 보내어 원병을 청했다.

"고구려와 백제가 우리나라를 공격하여 수십 성을 빼앗아 갔습니다. 대국에서 그들을 벌하시어 다시는 우리의 사직을 위협하지 않도록 해 주소서."

신라 사신의 거듭된 읍소에 당의 타이종은 대답했다.

"그대의 나라가 항상 우리 대당에 공물을 바치고 있어서 그 충심을 가상히 여겨, 고구려와 백제에게 그대의 나라를 치지 못하도록 타일렀건만 이들이 말을 듣지 않는다. 그래서 짐이 세 가지 계책을 생각하였는데, 사신은 잘 듣고 선택하여 그대의 임금에게 알리도록 하여라."

"황제 폐하, 무슨 계책이신지 하교하소서."

"첫째는 변방의 군사를 동원해서 거란과 말갈의 군사를 거느리고 요동遼東으로 쳐들어 가서 그곳에 주둔하게 하면, 가히 일년은 평화를 지킬 수 있을 것이다. 두 번째 계책은 그대의 나라에 우리 군사의 군복과 기치 수천 벌을 주면, 고구려와 백제의 군사가 쳐들어와도 우리 군사가 그대의 나라에 들어와 있는 것으로 착각해서 도망갈 것이다. 그러나 이 두 가지는 모두 임시변통에 지나지 않는다. 지금 살피건대 백제는 바다의 험난함을 믿고 병기구를 수리하지 않고, 남녀가 뒤섞여서 연회만 벌이고 놀며 지낸다고 들었다. 그래서 우리 당나라가 수백 척의 전선에 군사를 싣고 백제로 쳐들어가면 쉽게 그들을 격멸할 수 있을 것이다. 그런데 그대의 나라는 여자를 임금으로 삼아 이웃 나라의 업신여김을 받고 있다. 이런 수모를 피하기 위해서는 짐의 친척 중 한 남자를 임금으로 삼고, 그를 지키기 위한 군사를 파견하는 것이 가장 좋은 계책으로 생각된다. 어느 계책을 따를 것인지 어서 가서 임금께 알리고 오라."

신라의 사신은 어안이 벙벙해서 말 한마디 못하고 물러갔다.

"허허, 참으로 딱한지고. 계집으로 왕을 삼으니 저렇게 되지 않을 수 있겠는가?"

선덕여왕 13년 정월에 다시 여왕이 방물을 바치며 당의 도움을 청했다. 당의 타이종이 사농승상司農丞相 리샨장里玄奬을 고구려에 보내어 국서를 전하게 했다.

"신라는 우리나라에 조공을 잘 바치고 있고 우리를 의지해 오고 있다. 그대의 나라와 백제는 군사를 거두고 싸움을 그만두도록 하라. 만약 다시 신라를 공격하면, 내년에는 반드시 군사를 내어 그대의 나라를 공격하리라."

연개소문은 당의 국서를 내치면서 말했다.

"우리가 싀와 싸울 적에 신라가 우리의 땅 500리를 침략하여 아직 돌려보내지 않고 있다. 원한의 세월이 이미 많이 흘렀다. 신라가 가져간 땅을 돌려보내면 우리가 신라를 공격하지 않을 것이다."

압량주 군주로 있던 유신이 선덕여왕 13년에는 소판으로 승진했다가, 그해 9월에는 상장군이 되어 군사를 거느리고 백제의 가혜성, 성열성, 동화성 등을 쳐서 크게 이겼다. 그 이듬해 1월에 서라벌로 개선했으나 미처 여왕을 알현하기도 전에 백제의 대군이 와서 매리포성을 공격한다는 급보를 받았다. 선덕여왕은 김유신을 다시 대장군으로 임명해서 백제를 치게 했다. 김유신은 이에 백제의 7성을 공격하여 수중에 넣었다. 다음 해인 선덕여왕 14년에도 먼저 당에게 방물을 바치고 지원을 청하면서, 김유신으로 하여금 백제의 대군을 막으라고 명령했다. 김유신이 집에 들리지도 못하고 다시 군사를 거느리고 나가서 적 2,000명을 참살하고 돌아왔다. 집으로 돌아가려는데, 다시 백제가 변방을 침범했다는 급보가 들어왔다. 김유신은 또 집으로 돌아갈 짬도 얻지 못하고 전장으로 나갔다. 가는 도중에 집 근처를 지나게 되자 집에서 물 한 바가지를 얻어오라고 하여 마시면서 김유신이 말했다.

"물맛이 여전하니 집안이 편안한 것 같다."

나라를 위해 몸과 가정을 돌보지 않고 분골쇄신하는 김유신의 모습을 보고 모두들 감동했다.

5월에 당의 타이종이 친히 군사를 이끌고 고구려를 치자, 선덕여왕은 군사 3만 명을 내어 이를 도왔다. 11월에 이찬 비담毗曇을 상대등으로 삼았다. 그런데 이 사람이 해가 바뀌자 당 타이종의 세 번째 계책을 빙자하여 여왕을 모실 수 없다고 반란을 일으켰다. 비담에 호응하여 염종廉宗 같은 기존 귀족이 동참하는 바람에 한때 여왕을 지지하는 근왕군이 열세에 빠졌다. 비담이 명활성明活城에 포진하고 여왕의 군사는 월성月城에 진을 쳐서 서로 치고받기를 십여 일 동안 하였는데 승부가 나지 않았다. 어느 병진丙辰 날 밤에

큰 별이 월성에 떨어졌다. 이를 본 군사들에게 비담이 유언비어를 뿌렸다.

"별이 떨어지는 것을 보니 여왕이 패망할 것이다."

군심이 동요하는 것을 안 김유신이 계책을 세웠다.

"연을 갖고 오너라. 연에 허수아비를 묶고 불을 붙여서 밤하늘 높이 띄워라. 그리고는 별이 다시 공중에 높이 떴다고 함성을 올려라. 하늘의 변괴쯤은 우리에겐 아무것도 아니니라. 난신적자를 치는 것은 의로운 일이니, 사람이 정성을 다하여 선을 선으로, 악을 악으로 시행하면 신도 어쩔 수 없이 우리를 도울 것이다."

사기가 오른 김유신의 군사들이 비담의 군사를 모조리 참살하고 그 구족을 멸했다.

난중인 정월 8일에 선덕여왕이 돌아가서 낭산狼山에 장사를 지냈다. 선덕여왕은 평소에 자신을 도리천, 곧 낭산 남쪽에 장사 지내라고 했는데, 훗날 왕릉 아래에 사천왕사가 들어서게 되었다. 불교에서는 세상의 한가운데에 수미산이 있고 그 위에 6천이 있는데, 중턱에는 사천왕천, 꼭대기에는 도리천이 있다고 했다. 신라를 부처님의 나라라고 생각하면 선덕여왕은 죽은 후 도리천에 승천하여 신이 된 셈이었다.

선덕여왕은 불심이 돈독했다. 특히 백성을 사랑했다. 그녀를 사모하는 백성이 많았는데, 그 가운데 지귀志鬼라는 사람이 있었다. 그 자가 선덕여왕을 사모하여 그녀가 절로 거동하는 것을 학수고대하다가 길가에서 잠이 들었다. 그녀가 얘기를 듣고 잠이 든 지귀의 가슴에 팔찌를 얹어 놓고 지나갔다. 나중에 잠에서 깬 지귀가 감동하여 그녀를 모시는 영묘사靈廟寺를 건립했다. 그녀는 백성들이 농사 짓는 것을 돕기 위해 천문과 기상을 살피는 첨성대瞻星臺[120]를 짓게 했다. 반월성 옆의 평지에 축조된 이 천문대는 음력 한 해를 상징하는 362개의 화강암 벽돌을 써서 원통형으로 축조되었다. 이외에도 호국 불교의 상징으로 분황사芬皇寺, 황룡사皇龍寺도 지어서 외적으로부터 나라를 지키는 염원을 담았다.

선덕여왕에게는 남편이 셋이나 있었으나 후사를 얻지 못했다. 그래서 성골聖骨 가운데 하나 밖에 남지 않은 진평왕의 동생인 국반國飯 갈문왕葛文王의 딸 승만勝鬘을 김춘추와 김유신이 화백회의에서 왕으로 추대했다. 진덕여왕眞德女王이었다. 2월에 이찬 알천을 상대등으로 삼고, 대아찬 수승守勝을 우두주牛頭州 군주로 삼았다. 우두주는 후일의 춘천春川이다. 당나라에서 이 소식을 듣고 전왕에게 광록대부光祿大夫를 추증하고, 승만을 주국낙랑군왕柱國樂浪郡王으로 봉했다.

10월이 되자 다시 백제가 쳐들어와서 무산茂山을 비롯한 세 성을 포위했다. 김유신이 왕명을 받고 군사 만 명을 거느리고 이를 요

---

[120] 첨성대瞻星臺 : 국보 31호. 높이 9.17m, 밑 지름 4.93m, 위 지름 2.85m. 2중 기단 위에 원주형으로 27단을 쌓고 맨 위 꼭대기에는 동, 서, 남, 북 네 방위를 정확하게 가리키는 우물 정井자 모양의 석재가 있음. 첨성대 몸통인 27단과 꼭대기의 돌을 합친 28단은 28숙宿 별자리를 나타냄. 반월성을 향해 있는 가운데 가로, 세로 1m 가량의 네모난 창문을 기준으로 상단 12단과 하단 12단을 나누어 각각 1년 열두 달, 이 둘을 합하여 24절기를 나타냄.

격했으나 힘이 모자라 위급하게 되었다. 그러자 김유신의 격려를 받은 비녕자丕寧子가 아들과 종을 데리고 적진에 돌진하여 모두 전사했으나, 뒤를 이어 전군이 진격해 3,000여 명의 적군을 격살했다.

김춘추는 고구려에 대한 구원요청이 소용없게 되자 이번에는 야마도로 건너갔다. 비담毗曇의 반란 뒤에 선덕여왕을 이어 옹립한 진덕여왕眞德女王의 새 정권을 공고하게 만들 속셈이었다. 이를 위해서는 야마도 왕조의 비준과 원조를 얻는 것이 크게 도움이 되었기 때문이었다. 그는 현해탄을 건너가서 야마도의 동향을 살피며 백제도 견제하려고 생각했다. 이때에 야마도의 외교 사절로 신라에 와 있던 박사 다가무구高向와 오시구마押熊[121]가 귀국하는 길을 따랐고, 김춘추는 공작 한 쌍과 앵무새 한 쌍을 선물로 가져갔다. 야마도에서는 그가 온 것을 백제왕자 풍장豊璋과 마찬가지로 양국 간의 우의를 위해 파견되어 온 인질로 간주했다. 야마도의 코도구孝德텐노天皇는 김춘추를 인견하여 그의 잘생긴 자태와 마음을 사로잡는 말솜씨에 감탄했다. 그는 야마도에서 돌아온 뒤에 당唐나라로 아들 문왕文王과 함께 건너갔다. 당 타이종太宗이 광록경光祿卿 류팅柳亭을 교외에까지 보내어 그들을 영접하게 했다. 타이종은 김춘추의 의표가 뛰어난 것을 보고 보통 사람이 아닌 것을 짐작해 그를 후하게 대접했다. 김춘추가 국학國學에 가서 석전釋奠과 강론을 보

---

121 다가무구高向와 오시구마押熊 : 모두 신라에서 야마도로 귀화한 아야비도漢人로, 야마도 왕조의 대 신라 외교를 맡은 관리가 됨.

기를 청하자, 타이종이 허락하면서 자신이 지은 온탕비溫湯碑와 진사비晉詞碑 그리고 새로 편찬한 진서晉書를 주었다. 김춘추를 며칠 동안 곁에 둔 타이종이 금과 비단을 주면서 물었다.

"그래, 경은 무슨 생각을 하고 있는가?"

김춘추가 무릎을 꿇고 앉아 공손히 말했다.

"신의 나라는 바다 멀리 동쪽 끝에 있으나 항시 천조를 섬겨왔습니다. 그런데 백제가 군사력이 강하고 교활하여 번번이 저희를 겁략하고 있습니다. 근자에는 대군으로 침략해 와서 저희 성 수십을 빼앗아 가서 입조할 길을 막고 있습니다. 만약 폐하께서 천병을 빌려주셔서 저들을 응징해 주시지 않으면, 우리나라의 백성들이 조공을 드리고 싶어도 길이 막히게 됩니다. 폐하, 통촉하시고 도와주소서."

마침내 김춘추는 백제 공격에 대한 군사 원조를 한다는 약조를 받고 특진特進 벼슬을 제수 받았다. 돌아갈 때에 아들을 남겨 황제를 지키는 숙위宿衛로 있게 했다. 그런데 돌아오는 길에 바다 위에서 고구려의 수군에 걸렸다.

어쩔 수 없이 고구려군의 포로가 될 판이 되었다. 그런데 그를 호위하고 있던 온군해溫君解가 나섰다.

"이찬께서는 관과 옷을 제게 주십시오. 그리고 얼른 작은 배로 피신하십시오."

"알았소. 장군이 뒤를 잘 돌봐 주시오."

김춘추가 온군해와 의관을 바꾸고 작은 배에 올라 육지를 향해

노를 저어 도망쳤다. 큰 배에 남은 온군해가 몰려오는 고구려의 수군을 향해 화살을 쏘면서 외쳤다.

"이놈들, 내가 신라의 이찬 김춘추다. 덤벼라 한꺼번에."

큰 칼을 뽑아 휘두르며 적병을 쳐 죽였으나 중과부적이었다. 마침내 만신에 창칼을 받고 배 위에 선혈을 뿌리며 쓰러졌다.

김춘추는 가까스로 호구를 탈출할 수 있었다. 진덕왕이 김춘추의 보고를 듣고 온군해의 죽음을 아쉬워하며, 대차안大阿飡의 벼슬을 추증하고 그의 자손에게 후한 상을 주었다.

김춘추를 만난 사람은 모두 그의 높은 인품과 능숙한 언변에 매혹되었다. 그는 당시 국제무대에서 당당하게 외교를 할 수 있는 최고의 인물이었다. 이런 훌륭한 인물도 선덕과 진덕의 두 여왕이 즉위한 단계에서는 왕위에 오르지 못했다.

김춘추는 두 여왕과는 사촌 간이었다. 그러나 모계로 따지면 김춘추가 두 여왕의 생질이 된다. 그래서 한 대가 처지는데다가, 문란한 행실로 축출된 진지왕眞智王의 손자라 이미 진골 신분으로 하강되어 있었다. 그래서 왕위계승권에서 멀어져 있었기 때문에 두 사람의 여왕을 모실 수밖에 없었다.

3 7세기의 백제와 야마도의 관계

　백제의 성왕聖王이 신라의 장군 김무력金武力의 비장裨將[122] 도도都
刀에게 사로잡혀서 분사를 한 이후로, 백제와 신라는 불구대천의
원수가 되었다. 진평왕의 딸 선화공주를 왕비로 맞은 막동도 백제
의 29대 무왕武王이 된 뒤로 평생 신라를 공격하면서 지냈다. 백제
가 신라와 싸우려면 당의 지원이 필요했다. 그래서 무왕은 수시로
당에 사신을 보내어 과하마果下馬[123]나 야광개夜光鎧, 금갑金甲, 조부雕
斧[124]를 바치면서 친교를 맺고, 신라와 교역하는 것을 방해했다. 무

---

[122] 고간高干 : 신라의 17등 관위는 경위京位라 하여 중앙정부의 관등임. 이에 비하여 현지인의 관
　　위를 외위外位라 하여 1등 악간嶽干, 2등 술간述干, 3등 고간高干 ~ 11등 아척阿尺에 이름. 고간
　　은 경위 9등의 급벌찬級伐飡에 해당하는 말직.

[123] 과하마果下馬 : 우리나라의 토종말. 키가 3척 정도밖에 되지 않아 말을 타고서도 능히 과실나
　　무 밑을 지나갈 수 있다는 데서 유래된 이름으로, 고구려와 동예의 특산물.

[124] 조부雕斧 : 조각을 한 도끼.

왕 33년[125]에 여의자余義慈가 태자가 되었다. 여의자는 위덕왕威德王의 아들 아좌태자阿佐太子의 적장자였다. 그는 태자가 된 뒤, 9년간 무왕을 보좌하며 동쪽의 야마도를 장악했다. 그는 태자가 되기 한 해 전에, 아들 여풍余豊[126]을 야마도로 보내어 백제계 주민들을 관장하게 했다.

야마도의 오오기미가大王家와 백제 왕가는 오래 전부터 친척 간으로 가까이 지냈다. 야마도에서는 만세일계萬世一系로 황통이 이어지고 있는 것으로 니혼쇼기日本書紀에 기록하기 위하여, 백제기, 백제신찬, 백제본기 같은 백제삼서百濟三書를 비롯해 많은 사서史書를 훼손했다. 이 때문에 백제의 왕자들이 야마도의 오오기미가 되었다는 주장에 대한 고증이 잘 되지 않고 있다.

그러나 일본의 각지에 있는 유적과 신찬성씨록新撰姓氏錄[127]이나

---

125 무왕 33년 : 서기 632년 신라 선덕여왕 1년, 고구려 영류왕 15년, 야마도 죠메이텐노舒明天皇 4년.

126 여풍余豊 : 니혼쇼기日本書紀에서는 왕자 풍장豊璋이 죠메이텐노舒明天皇 3년(서기 630년) 3월에 야마도로 인질로 왔다고 적음.

127 신찬성씨록新撰姓氏錄 : 新撰姓氏錄은 야마도에 사는 1,182씨를 그 출신 성분에 따라 황별皇別, 신별神別, 제번諸蕃으로 분류해서 그 조상을 밝힌 것. 주로 씨족의 개성사改賜姓이 정확한지 알아보기 위해 편집된 것. 현재는 목록의 발췌만 남아 있고 본문은 없다. 황별 335씨는 텐노天皇에서 갈라진 마히도眞人의 가바네姓를 지닌 황친皇親과 그 이외의 가바네를 갖는 씨족으로 갈라짐. 신별 404씨는 진무텐노神武天皇 이전의 신화기에 생긴 성. 니니기노미고도가 천손으로 강림할 때에 따라온 신들의 자손을 천신天神, 니니기노미고도에서 3대에 걸쳐 태어난 자손을 천손天孫, 천손 강림 이전부터 토착하고 있던 신들의 자손을 지기地祇로 분류함. 제번諸蕃은 한漢 163씨, 백제 104씨, 고구려 41씨, 신라 9씨, 미마나 9씨와 기타 117씨 등, 도래인계의 씨족 326씨. 서기 799년에 백제를 중시한 간무텐노桓武天皇가 담당관을 두어 편찬하기 시작한 것이 2대 뒤의 사가텐노嵯峨天皇 때인 815년에야 완성. 30권과 목록 1권으로 된 것이 산질됨. 당초에는 간무텐노의 생모가 백제의 왕녀라는 혈통을 밝히려는 뜻이 있었으나, 차차 각 씨족들이 한반도와 중국 출신의 후예라고 주장하기 시작하자, 그 폐단을 없애려고 성씨록을

만요슈萬葉集 같은 문헌을 살펴보면, 많은 백제의 왕족이 일본의 왕가에 섞였음을 알 수 있다.

백제 20대 개로왕蓋鹵王이 461년에 아우를 야마도로 보내어 그곳의 백제계 주민을 통솔하는 군군軍君으로 삼았다. 이 사람의 이름이 곤지昆支라 했다. 이 곤지의 아들들이 뒤에 백제왕과 야마도의 오오기미가 되는 것을 야마도의 백제계 호족들이 크게 도왔다. 삼근왕三斤王의 뒤를 이어 479년에 백제의 왕이 된 22대 동성왕東城王이나, 동성왕이 암살되자 그 뒤를 이은 무령왕武寧王이, 모두 야마도에 있다가 백제로 돌아간 백제의 왕족이었다.[128] 곤지의 맏아들은 야마도의 지도층이 되었다. 곤지가 오진應神텐노이고, 그의 맏아들이 닌도구仁德텐노라는 구전도 있을 정도로 이때의 백제와 야마도의 지배층은 뒤섞여 있었다. 25대 성왕聖王의 조카이자 26대 위덕왕威德王의 아들인 아좌태자阿佐太子는, 597년에 야마도로 건너가서 쇼토쿠태자聖德太子의 스승이 되고, 야마도의 33대 스이고텐노推古天皇의 부마가 되었다.

신찬성씨록 제1질의 12열에 오오하라 마히도大原眞人에 대한 기록이 있는데, 오오하라가 "비다쓰敏達의 후손인 구다라노기미百濟君의 후손"이라고 적은 것을 보고, 30대 야마도의 오오기미大君 비다

_____

편찬했다고 함.
[128] 환단의 후예 지(地) 2권 214쪽, 229쪽, 243쪽 참조.

쓰敏達텐노[129]가 백제 출신이라고 주장하는 학자도 있다.[130] 비다쓰는 야마도의 나라奈良에 큰 대궐을 지었는데, 그 이름을 구다라百濟 오오이노미야大井宮라고 했다. 그런 것을 미루어 보면 비다쓰가 백제인이라는 주장도 일리가 있어 보인다.

한 가지 더 주목할 사실은 교토京都에 있는 히라노신사平野神社에 관한 일이다. 서기 794년에 설립된 이 신사는 이마기노가미今木神를 비롯한 4위의 신을 모시고 있다. 일본의 신사 가운데 가장 격이 높은 관폐대사官幣大社[131]의 하나로, 한동안 해마다 텐노가 가거나 황태자가 폐백을 바친 적이 있었다. 주신인 이마기노가미今木神는 염직, 수예, 의상의 신이라고 하는데, 이마는 지금이라는 뜻이고 기는 온다는 뜻이니, 이마기노가미는 최근에 도래한 귀인이라는 뜻이 된다. 이 신사에 모신 네 분의 신들 가운데 네 번째 신이 히메가미比賣神인데, 이 여신이 타카노 니이가사高野新笠[132]라고 전한다.

---

129 비다쓰敏達텐노 : 기기紀記의 30대 텐노(572년 또는 538~585년 재위).

130 [大原眞人. 出自諡敏達孫百濟王也. 續日本紀合.] 일본의 사학자, 우에다 마사아키上田正昭 전 교토대학 교수가 홍윤기 한국외대 교수에게 증언한 내용.

131 관폐대사官幣大社 : 일본은 조신을 모시는 신사가 많은데, 그 격은 관폐대사官幣大社 > 국폐대사國幣大社 > 관폐중사官幣中社 > 국폐중사國幣中社 > 관폐소사官幣小社 > 국폐소사國幣小社 > 별격관폐사別格官幣社 순이 됨. 민간의 제사諸社는 부사府社 = 현사県社 = 번사藩社 > 향사郷社 > 촌사村社 > 무격사無格社의 순이 됨.

132 타카노 니이가사高野新笠 : (생년 불명~790년 1월 21일) 기기의 50대 간무텐노桓武天皇의 생모. 49대 고우닌텐노光仁天皇의 측실. 속일본기續日本紀 엔랴구延曆 8년 12월 28일조에 그의 옛 성이 야마도씨和氏로 백제 무령왕의 아들 순타태자의 후예라고 했다. 그래서 2001년 12월 23일에 일본의 헤이세이平成텐노 아키히토(明仁, 1989년 즉위~현재)가 "짐에게도 한국과의 혈연이 있습니다"라고 68회 생신 기자회견 석상에서 당당하게 공언했다. 당시의 일을 일본의 마이니치每日신문은 다음과 같이 전하고 있다. "일본과 한국 사람들 사이에 예부터 깊은 교류가 있었다는 것은 니혼쇼기日本書紀 등에 자세히 적혀 있습니다. (중략) 간무텐노桓武天皇의 생모가 백제 무령왕의 자손이라고 속일본기續日本紀에 적혀 있는 것을 보면서 한국과의 인연

타카노는 49대 고우닌光仁텐노의 측실로, 아들인 50대 간무텐노桓武天皇에 의해 황태후로 모셔졌는데, 그녀는 백제 무령왕武寧王의 아들 순타태자純陁太子의 후손이라고 전한다. 그런데 백제에서 야마도로 건너간 사람들의 이야기는 이에 그치지 않는다. 7세기의 야마도 조정을 주무르는 인물들이 모두 백제와 관련이 있었다.

다시 이야기는 스이고推古텐노가 붕어한 서기 628년[133]경의 야마도로 돌아간다.

스이고텐노는 후계자를 지명하지 않았다. 그 대신 아들 타무라田村와 쇼토쿠태자聖德太子의 아들 야마시로山背를 따로 불러서, 오오기미大王의 자리가 함부로 탐낼 자리가 아니니 몸조심을 하고, 여러 신하의 의견을 따르도록 하라고 당부했다.

그녀가 재위 36년만인 3월 초이틀에 74세로 붕어해서 9월에 장례를 치르게 되었다. 스이고텐노의 초상을 마치기까지 6개월간 오오오미大臣 소가노 에미시蘇我蝦夷가 정사를 맡고 있었는데, 후사를 정하는 일을 논하고자 여러 신하를 집으로 초청했다. 그런데 신하

을 느끼고 있습니다. 무령왕은 일본과의 관계가 깊고, 이때 이후로 일본에 오경박사가 대대로 초빙되게 되었습니다. 또한 무령왕의 아들 성명왕은 일본에 불교를 전한 것으로도 알려져 있습니다. 그러나 유감스럽게도 한국과의 교류는 이런 일만이 아니었습니다. 이것을 우리들은 잊어서는 안 된다고 생각합니다. 월드컵을 앞두고 양국민의 교류가 왕성해지고 있는데, 그것이 좋은 방향으로 나아가기 위해서는 두 나라의 사람들이 각자의 나라가 걸어온 길에서 일어난 사건을 정확히 알도록 노력해 개개인으로서 서로의 입장을 이해해 나가는 것이 중요하다고 생각합니다. 월드컵이 양국민의 협력으로 원활하게 진행되고 이 일을 통하여 양 국민 간에 이해와 신뢰감이 깊어갈 것을 바라고 있습니다."

[133] 서기 628년 : 백제 무왕 29년, 신라 진평왕 50년, 고구려 영류왕 11년, 야마도 죠메이舒明텐노 원년.

들은 모두 의견을 말하지 않고 서로 눈치만 살폈다. 그러다 보니 신하들은 타무라와 야마시로의 두 왕자 편으로 나뉘어 암투를 하게 되었다. 소가노 에미시蘇我蝦夷는 타무라를 차기 오오기미大王로 추대할 속셈으로 있었다. 그러나 쇼토쿠태자聖德太子의 아들인 카미쓰미야게上宮家의 야마시로山背는 아버지의 후광을 업고 오오기미가 되고 싶어 했다. 쇼토쿠태자 시대부터 후견인 역할을 해왔던 소가 씨蘇我氏 방계의 사까이베노마리세境部摩理勢가 그런 사정을 알고 야마시로를 옹립하고 나섰다. 참고로 카미쓰미야게上宮家는 쇼토쿠태자 일족을 높여서 일컫는 호칭이었다. 그러나 소가노 에미시蘇我蝦夷가 뒤에서 조종하는 바람에 결국 야마시로山背는 계승권을 포기하고 말았다. 생각 밖의 사태에 격분한 사까이베노마리세境部摩理勢가 반기를 들었다가, 야마시로의 설득으로 자택으로 돌아갔다. 에미시는 마리세를 공격했다. 궁지에 몰린 마리세가 부하에게 교살당하고 말았다. 에미시蝦夷가 야마시로山背를 기피한 까닭은 다음과 같았다. 소가 씨계의 황족인 야마시로를 옹립하면 에미시가 자기 친척만을 추대한다고 소가 씨를 반대하는 세력이 크게 반발할 것이라 성가시기 한이 없는데다가, 쇼토쿠태자의 인망을 승계하는 야마시로의 세력이 커지면 소가씨족 속에서의 자신의 위상도 달라질 우려가 있었기 때문이다.

오오오미大臣 소가노 에미시와 여러 신하가 오오기미大王의 징표인 거울과 검을 들고 타무라 황자에게 바치며 보위에 오를 것을 주청했다. 타무라가 여러 번 사양하다가 보위에 오르니, 이분이 34대 죠메이舒明텐노[134]이다. 이런 일이 있은 뒤로 야마시로와 소가노 에미시의 관계는 더욱 악화되었다.

죠메이텐노의 치하에서는 야마도와 한반도 및 당唐나라 사이에 여러 번 사신이 오갔는데, 내방하는 사신들을 위한 객관을 나니하難波에 개축하여 삼한관三韓館이라고 명명했다. 백제에서는 의자왕이 왕자 여풍余豊을 3월에 파견해 왔다. 죠메이 4년 8월에 당에서 가오뺘오런高表仁이 사절로 왔는데, 우선 쓰시마對馬島로 다이닌大仁[135] 미다스키三田耜를 보내어 영접했다. 두 달 뒤에 선박 32척에 의장을 갖추고 고각을 울리면서 당의 사절을 나니하로 안내하여 고구려관의 위에 새로 지은 객관에 들였다. 이는 전조인 스이고推古 16년에 쉬隋의 사절 페이스칭裵世淸을 영접했던 전례에 따른 것이었다. 이때를 전후해서 고구려와 백제 그리고 신라의 사신들이 잇따라 다녀갔다.

8년 6월에 오가모도岡本에 있던 대궐에 불이 나서 타나까田中에 새로 궁을 지어 들어갔다. 7월에 황족의 우두머리인 오호마다大派王[136]와 신하의 수장인 오오오미大臣 소가노 에미시蘇我蝦夷를 불러서 군신들의 출사와 퇴사 시각을 지키고 기강을 세우도록 일렀으나,

---

134 죠메이舒明텐노 : 기기紀記의 34대 텐노(629~641년 재위) 비다쓰敏達텐노의 손자.
135 다이닌大仁 : 야마도의 12계 관위官位의 세 번째 관위.
136 오호마다大派王 : 30대 비다쓰敏達텐노의 아들. 백제계.

오오오미부터 복종하지 않아서 오오기미의 영이 서지 않게 되었다. 이 해에는 가물이 들어서 백성이 굶주리고, 다음 해에 걸쳐서 천재이변이 속출했다. 그런 가운데 동북방의 에비스蝦夷가 반란을 일으켰다. 이 에비스는 아이누족으로 야마도와는 전혀 다른 종족이었다. 다이닌大仁 가미쓰게노기미上毛野君를 장군으로 삼아 이를 토벌시켰으나, 에비스에 이기지 못하고 도망쳐 왔다. 그러자 그의 처가 수십 명의 여군을 이끌고 구원하여 무사함을 얻었다.

몸이 허약해진 오오기미는 자주 온천을 다니게 되었다. 11년 가을에 나라奈良의 구다라가와百濟川가에 큰 대궐과 구다라데라百濟寺 그리고 9층탑을 건립했다. 12년 10월에 당唐에 있던 학문승 미나부치南淵 세이안請安[137]과 학자 다가무구高向 겐리玄理가 신라를 거쳐 돌아왔다. 이 두 사람은 608년인 스이고 16년에 견수사遣隋使를 따라갔다가 643년에 돌아왔으니, 실로 35년간이나 중국에 유학했던 셈이 된다.

쬬메이텐노는 새로 지은 구다라노미야百濟宮로 옮겼다가 다음 해 10월에 즉위 12년 만에 붕어했다. 조정에서는 대궐의 북쪽에 구다라노 오오모가리百濟大殯를 만들어, 백제의 왕실 의례에 따라 3년상으로 성대하게 장례를 치르기로 했다. 야마도에서 이 장례를 구다라노 오오모가리라고 한 것을 보면, 당시의 야마도가 온통 구다라,

---

137 미나부치 세이안南淵請安 : 야마도大和國 다가이치高市 미나부치南淵에 살던 신라계 도래 인인 아야비도漢人로 귀국 후 야마도 왕조의 지도층에게 유학을 가르침. 미나부치 선생이라고 존대함.

즉 백제百濟 중심으로 되어 있던 것을 알 수 있다.

죠메이舒明텐노에게는 후사가 없었다. 죠메이의 황후인 타가라노 히메미꼬寶女王가 오오기미大王에 옹립되었다.

타가라노 히메미꼬는 죠메이텐노의 배다른 형인 치누노미꼬茅渟王의 딸이었다. 치누노미꼬는 신찬성씨록의 좌경황별左京皇別에 나오는 구다라노 기미百濟王로 추정되는데, 이 사람이 백제의 무왕武王이라는 설이 있다. 무왕의 아명이 막동薯童인데, 이 이름이 치누의 한자 표시인 모정茅渟과 소리가 비슷하다고 해서 그런 주장을 한 것이었다. 아무튼 이 사람은 6세기에서 7세기에 걸쳐 살던 야마도의 왕족인데, 킨메이欽明텐노의 손녀 키비히메吉備姬를 비로 삼아 타카라노 히메미꼬寶女王와 카루노미꼬輕皇子[138]를 낳았다. 치누노미꼬가 무왕이라면 타카라노 히메미꼬와 백제의 의자왕義慈王은 사촌간이 된다. 이처럼 백제 왕가와 야마도의 오오기미 집안은 이중 삼중으로 얽혀 있었다. 타카라노 히메미꼬는 처음에 쇼토쿠聖德태자의 조카인 다까무구노기미高向王의 비가 되어 가라노미꼬韓皇子를 낳았으나, 얼마 가지 않아 남편을 잃고, 다시 죠메이舒明텐노의 비가 되었다. 그러다 보니 그녀는 황족 가운데 보위에 가장 가까운 위치에 있었다. 스이고推古에 이어 다시 여인이 보위에 올랐으니 코교구皇極텐노이다.

---

[138] 카루노미꼬輕皇子 : 기기紀記의 36대 고도쿠孝德텐노의 휘諱(645~654년 재위).

코교구가 642년 정월에 즉위하면서 소가노 에미시蘇我蝦夷를 다시 오오오미로 임명했다. 에미시의 큰아들의 이름이 하야시 타로林大郞 또는 구라쓰구리鞍作라고 했다. 니혼쇼기日本書紀에서는 그를 천대하여 짐승의 이름인 이루카入鹿로 적었다. 에미시도 야만족의 이름이었다. 이들 부자를 역도로 적기 위한 작명이었다. 그러나 이 부자의 시대에는 도적이 없고 사람들이 길에 떨어진 물건도 줍지 않을 정도로 치안과 질서가 잘 유지되었다.

2월 초이틀에 백제에서 죠메이舒明텐노 조문사 겸 신제 즉위 축하사절을 보내어 왔다. 해운을 맡은 아즈마노 히라후阿曇比羅夫[139]와 기시이와가네吉士磐金[140] 그리고 후미노아타히아가타書直縣[141]가 사절들을 맞았다. 이들은 모두 한반도 출신이었다. 그런데 이들 접대사를 만난 사절이 말했다.

"백제의 대왕께서 야마도에 보낸 새상塞上[142]의 행실이 나쁘니, 돌아오는 편에 데리고 오라 하고 싶은데, 오오기미가 허락하지 않으리라 하셨습니다. 신들이 어찌할 바를 모르겠나이다."

한편 사절의 수행원은 다음과 같은 말을 전했다.

"작년 11월에 대좌평大佐平[143] 지적智積이 죽고, 왕의 모후가 돌아

---

139 아즈마노 히라후阿曇比羅夫 : 성씨록姓氏錄 우경신별右京神別에 해신의 후예라고 되어 있음. 텐부조天武朝에 무라지連에서 스구네宿禰가 됨. 금관가야계.

140 기시이와가네吉士磐金 : 나니하노무라지難波連~성씨록, 우경제번右京諸蕃에 고구려 호태왕의 후예라고 되어 있음.

141 후미노아타히아가타書直縣 : 야마도누아야倭(=東漢)의 일족으로 특히 문필을 맡음. 아야가 야계.

142 새상塞上 : 죠메이舒明 3년 3월에 백제에서 왕자 풍豊이 야마도로 와 있는데, 그의 아우 새성塞城과 충승忠勝과 함께 와 있던 것으로 기록되어 있다. 새상은 새성을 뜻한 듯.

가셨습니다. 그리고 아래 왕자 교기翹岐와 그 누이 네 사람을 비롯해서 내좌평內佐平 기미岐昧 등 40여 명을 섬으로 추방했다 합니다.”

백제에서 섬이라면 야마도의 쓰구시를 뜻했다. 수행원들이 떠도는 소문을 전한 것이었다. 뒤에 알려진 일이지만 대좌평 지적은 죽은 것이 아니라, 이보다 몇 달 뒤인 7월에 백제의 사신으로 야마도로 건너와 오오기미를 알현했다.

그런데 2월 6일에 고구려에서 사신이 와서 나니하쓰難波津에 들게 했는데, 고구려에 정변이 일어나서 연개소문이 왕을 시해하고 보장왕을 추대했다는 소식을 전했다. 한반도에 한꺼번에 큰 변란이 여기저기에서 일어난 셈이었다. 22일에 백제와 고구려의 사절들에게 나니하難波[144]의 고을에서 향연을 베풀었다. 3월 6일이 되자 신라에서도 사절을 보내어 왔다.

4월 8일에 백제에서 온 교기翹岐 왕자 일행에게 대사 자격으로 오오기미大王를 알현하게 했다. 이틀 후에 오오오미大臣가 사저로 교기를 초대해서 친히 얘기를 나누었다. 이어서 좋은 말 한 마리와 철정鐵鋌 스무 덩이를 선사했다. 철정은 무기나 농기구를 만드는 소재로 쓰는 쇳덩어리로, 당시의 야마도에서는 귀중품이었다. 이미 야마도에 와 있던 새상塞上 왕자는 부르지 않았다. 오오오미가 5월 5일에 요기미衣網의 둔창屯倉[145] 앞으로 교기 왕자 일행을 초

143 대좌평大佐平 : 백제 16관위의 최고위직.
144 나니하難波 : 후일의 오오사카大阪.
145 요기미衣網의 둔창屯倉 : 뒷날의 오오사카시 동남의 신야마도 가와新大和川 연안에 있는 야마

청해서 말을 타고 활을 쏘는 기사騎射 시합을 보게 했다.

　며칠 사이에 교기의 하인과 아이가 죽었다. 야마도의 조정에서 장례를 치르지 못하는 교기와 그 처자를 구다라의 오오이의 궁으로 이사시키고 죽은 아이를 묻게 했다. 7월 22일에 백제에서 대좌평 지적智積이 사신으로 와서 오오기미를 알현했다. 교기 왕자의 앞에 장정들을 모아 씨름을 하게 했는데, 이 뒤로 야마도에서 씨름이 유행하면서 이를 스모相撲라고 부르게 되었다. 지적 일행은 연회가 파하여 물러가면서 교기 왕자를 향해 국궁 재배했다.

　코교구 원년의 6월 중순에 가랑비가 잠시 오고 여러 날이 가물었다. 사람들이 떠들었다.

　"마을마다 무당이 시키는 대로 소와 말을 잡아서 여러 신에게 빌었고, 장터를 자주 옮기면서 하백河伯에게 비 오기를 빌었는데도 전혀 효험이 없습니다."

　오오오미大臣 소가노 에미시蘇我蝦夷가 말했다.

　"절마다 경을 읽고 부처님께 제를 올려서 기우제를 하자."

　오오오미의 영에 따라 구다라다이지百濟大寺의 남쪽 마당에 불상, 보살상 그리고 사천왕상四天王像146을 모시고, 대운경大雲經과 같은 대승불경大乘佛經을 읽게 했다. 그러면서 오오오미 자신이 향로를

도 조정 직할의 미곡 창고.

146 사천왕상四天王像 : 호국 사천왕. 불법의 수호신. 금광명경사천왕품金光明經四天王品에 의하면 동방은 지국천왕持國天王, 서방은 광목천왕廣目天王, 북방은 다문천왕多聞天王, 남방은 증장천왕增長天王.

손에 들고 향을 피우며 기우제를 지냈다. 오오오미가 닷새를 빌어
도 비가 오지 않았다. 오오오미가 하는 수 없이 기우제를 거두었
다.

8월 초가 되었다. 코교구 여제가 미나부치南淵[147]의 상류에 가서
땅에 꿇어앉아 사방을 보고 배례했다. 그런 뒤에 하늘을 우러러보
고 기도했다.

"비나이다. 비나이다. 천지신령께 비나이다. 비를 내려서 백성
을 도우소서. 비나이다. 다시 비나이다. 천지신령께 비나이다."

그러자 천둥이 치면서 장대 같은 비가 내렸다. 비가 오기를 닷
새째 되니 천하가 눅눅해졌다. 백성들이 환성을 올렸다.

오오기미大王의 기도는 영험이 있고, 오오오미大臣의 기도는 효험
이 없었으니, 오오기미의 천군으로서의 권위가 하늘을 덮게 되었
다.

9월이 되자 고구려, 백제, 신라의 사신들이 모두 돌아갔다. 오오
기미가 오오오미에게 조서를 내렸다.

"짐은 큰 절을 세우고 싶다. 아후미近江와 고시越의 장정을 동원
하라."

그런지 십구 일이 지나자 다시 조서를 내렸다.

"이 달 섣달그믐 안에 대궐을 지으려고 한다. 방방곡곡에서 재

---

147 미나부치南淵 : 뒷날의 나라奈良 아스카明日香 사까다坂田의 남쪽에 있는 산 밑.

목을 구하도록 하라. 전국의 장정을 동원하라.”

십이월이 되자 날씨가 봄처럼 따뜻해졌다. 천둥번개가 여러 번 쳤을 때에 처음으로 선제의 발상을 했다. 여러 귀족들이 왕자들과 오오오미를 대신하여 축문을 읽었다. 선제를 나메하사마노오까滑谷岡에 가매장했다.

오오오미大臣 소가노 에미시蘇我蝦夷가 선조를 모시는 묘당廟堂을 카쓰라기葛城의 저택에 건립하고, 팔일八佾의 춤을 추게 했다. 팔일의 춤은 64명이 방진을 짓고 춤을 추는 행사인데, 원래 천자의 특권이었다. 중국에서 전래한 춤으로, 이 춤을 천자가 아닌 공경이나 대부가 추는 것은 분수에 넘치는 일이라고 비난하는 글이 논어에 실려 있다. 소가노 에미시가 천자 행세를 한 셈이 되었다. 소가蘇我 부자의 횡포는 이것으로 그치지 않았다. 이들은 신라식으로 큰 묘와 작은 묘를 이은 쌍분을 축조해서 큰 묘는 아비의 묘로 삼고, 작은 묘는 아들인 이루카入鹿의 묘로 삼았다. 이 공사에 쇼토쿠聖德태자 집안인 카미쓰미야上宮 사람들을 모아 노역을 시켰다. 그러자 쇼토쿠태자의 딸인 이라쓰메노미꼬大娘姬王가 격분했다.

“도대체 소가는 나라를 마음대로 휘둘러서 예의라고는 전혀 모르는 놈들이다. 하늘에 해가 둘이 있을 수 없고, 나라에 두 임금이 없는 법인데, 어찌 이처럼 무엄한가?”

코교구 2년148 4월의 일이었다. 쓰쿠시筑紫의 대재大宰가 말을 몰고 와서 알렸다.

"백제의 사절이 왔습니다."

6월이 되자 다시 달려 와서 말했다.

"이번에는 고구려의 사절이 왔습니다."

7월이 되자 백제의 교역선이 나니하쓰難波津에 와서 닿았다. 관리들을 보내어 백제의 진상물을 챙겼더니 예년보다 물량이 적었다. 이를 문책하자, 백제의 대사 달솔達率 자사自斯와 부사 은솔恩率 군선軍善이 바로 시정하겠다고 답했다.

9월 초엿새에 선제를 오시사카押坂의 능에 장사지냈다. 며칠 뒤인 11일에 코교구皇極텐노의 어머니가 서거했다. 운명할 때까지 딸인 코교구가 곁을 떠나지 않고 정성껏 간병했으나 소용이 없었다.

10월 3일에 군신과 지방의 수령들을 조정에 모아서 코교구텐노가 일렀다.

"전에 영을 내린 바와 같이 각자 맡은 곳에 가서 정사를 행함에 소홀함이 없도록 하라."

그런데 이때에도 오오오미大臣 소가노 에미시蘇我蝦夷는 칭병하고 나오지 않았다. 그러면서 사사로이 아들에게 자관紫冠을 수여했다. 이 관은 12계階의 관위 외에 오오오미에게 오오기미大王가 수여해야 하는 것이었다. 소가노 에미시는 이에 그치지 않고, 이루카의 아우에게 모노노베노 오오오미物部大臣라는 칭호를 주었다. 원래 에

---

148 코교구皇極텐노 2년 : 서기 643년, 신라 선덕여왕 12년, 고구려 보장왕 2년, 백제 의자왕 3년.

미시의 조모가 모노노베노 오오무라지物部大連의 누이였기 때문에 연고가 있다고 해서 그렇게 한 것이었다. 모노노베는 오래 전에 소가와의 싸움에서 패망한 호족이었다. 소가의 저택을 아스카飛鳥의 아마카시甘樫 언덕에 건립하여 궁문宮門이라고 부르고, 소가의 아이들을 미꼬皇子라 불렀다. 저택의 주위를 성채로 막고, 성문 곁에 무기고를 만들었다. 성문마다 수조를 만들고, 수십 개의 갈퀴를 마련해서 화재에 대비했다. 그런 곳을 아즈마노아야東漢 같은 무장 군인으로 지키게 했으며, 자기가 드나들 때에는 50명의 군사로 호위하게 했다. 그러니 그 세도는 오오기미大王에 못지않았다.

게다가 오오오미의 아들 이루카入鹿는 한발 더 나아갔다. 카미쓰미야上宮의 왕자들 대신에 후루히도古人를 세워서 오오기미로 만들려고 했다. 이제 오오기미는 허수아비에 지나지 않았다. 왕실의 제사나 지내고, 천신과 지기에 대한 제례나 맡을 자리로 전락한 셈이었다.

11월 1일에 이루카는 자기편의 호족들을 시켜서 이카루가노미야斑鳩宮149에 살던 카미쓰미야의 왕자, 야마시로山背를 습격했다. 격전 끝에 야마시로는 부하들을 데리고 불타는 이카루가노미야에서 탈출해 나라의 동쪽에 있는 이고마야마生駒山로 도주했다. 야마시로는 동국으로 피하여 다시 재기하라고 읍소하는 가신의 말을

---

149 이카루가노미야斑鳩宮 : 601년에 쇼토쿠태자聖德太子가 조영한 궁전. 643년에 소실됨. 나라의 호류지法隆寺의 동원東院 몽전夢殿이 그 자리라고 함.

듣지 않고, 애매한 백성이 자기 때문에 더 희생해서는 안 되겠다고 하면서 싸움을 포기했다. 11월 11일에 그는 처첩을 거느리고 이카루가데라斑鳩寺로 내려갔으나, 이루카의 공격이 심해지자 모두 목을 매어 죽고 말았다. 이로써 쇼토쿠태자의 후손은 대가 끊어졌는데, 이런 소식을 들은 소가노 에미시蘇我蝦夷는 크게 화를 내며 이루카를 꾸짖었다.

"아, 이루카 이 바보가, 이처럼 나쁜 짓을 하고서 제 목숨인들 온전할 수 있을 것인가?"

당시의 오오기미大王는 장남에 의한 세습제가 아니었다. 오오기미가 붕어하면 황족 가운데 적임자를 찾아서 오오기미에 옹립하는 것이 보통이었다. 그처럼 오오기미의 권력은 절대적인 것이 못되어, 보위 계승의 문제가 생기면 항상 호족 간의 대립이 일어나게 마련이었다.

소가의 부자가 이렇듯 오오기미를 무시하고 권세를 부리는 것을 보고 몹시 분개한 사람들이 있었다. 그 가운데 한 사람이 나까도미노 가마꼬中臣鎌子였다. 그는 스이고推古 22년[150] 나까도미노 미게꼬中臣御食子의 둘째 아들로 야마도의 후지하라藤原[151]에서 태어났다. 나까도미노 미게꼬는 스이고텐노의 병환이 위중해졌을 때에 야마시로山背 왕자가 문병을 온 것을 안내한 적이 있었다. 스이고

---

150 스이고推古 22년 : 서기 614년, 백제 무왕 15년, 신라 진평왕 36년, 고구려 영양왕 25년.

151 후지하라藤原 : 야마도노구니大和国 다까이치高市郡(뒷날의 카시하라시橿原市).

텐노가 붕어하자 호족회의에서 소가의 편을 들어 타무라田村 왕자를 보위에 천거했다. 그의 선조는 가야의 7왕자가 쓰구시로 올 때에 함께 온 부족들 가운데 하나였다. 이들은 진무神武텐노와 함께 야마도로 이동했고, 야마도 조정이 영토를 확장함에 따라 동쪽의 히따지나까常陸仲152의 영주国造로 임명되었다. 원래 이들은 오오미多臣 씨(大·太·意富·於保) 계열이었다. 나까도미中臣라는 성은 '신과 사람 사이를 주선함'을 뜻하며, 야마도 조정의 제사를 주관하는 중요 씨족으로 번영했다. 사철의 산지인 카시마鹿島에 근거를 두고 쇠와 제철기술을 장악한 나까도미는 야마도 조정에서 큰 세력이 되었다. 가마꼬鎌子는 뒤에 그 이름을 가마다리鎌足로 고쳤는데, 태어날 적에 흰 여우가 낫을 물고 나타나서 그의 곁에 두고 갔다는 얘기가 전한다. 가마는 낫을 말한다. 그는 일찍부터 중국의 사서史書에 관심을 갖고, 육도六韜를 줄줄이 암기했다. 중국에 유학했던 미나부치南淵가 학숙을 열자, 소가노 이루카蘇我入鹿와 함께 유교를 배워 수재로 알려졌다. 코교구 3년에 가업인 신관으로 취임하라고 한 것을 재삼 사퇴하다가 병을 빙자하여 퇴사하고, 셋쓰摂津153의 미시마三島 별장으로 내려갔다. 마침 그때에 코교구텐노의 아우인 카루노미꼬輕皇子가 소가의 행패에 불만을 품고 조정에 출사하지 않고 있다가 가마다리를 만났다. 카루노미꼬가 크게 반겼다. 두 사람은 카루노미꼬의 궁에서 밤을 새면서 토론을 하는데

___

152 히따지나까常陸仲 : 뒷날의 이바라키茨城県의 대부분과 후쿠시마福島県에서 미야기宮城県 남부에 이르는 변경의 광대한 지역.

153 셋쓰摂津 : 뒷날의 오오사카大阪와 사까이堺 지역.

지칠 줄을 몰랐다. 카루노미꼬는 별전을 청소하고 총희 아베씨阿倍
氏로 하여금 가마다리를 시중들게 했다. 가마다리가 카루노미꼬의
후대에 감격해서 시종에게 말했다.

"각별하신 은총을 받으니 분에 넘친다. 이분을 천하의 오오기미
大王로 모시는 일을 막는 자는 아무도 없을 것이다."

시종이 이 말을 카루노미꼬에 전하자, 카루노미꼬는 기뻐서 어
쩔 줄을 몰라 했다.

그러나 가마다리는 카루노미꼬만으로는 마음을 놓지 못했다.
그래서 따로 모실만한 왕자를 찾다가 34대 죠메이舒明텐노의 둘째
아들 나까노오오에中大兄[154]에게 다가갔다. 나는 새도 떨어뜨릴 소
가 씨蘇我氏를 거세하려면, 보다 적극적인 의지와 힘을 가진 사람이
필요했다. 그를 중심으로 백제계 도래인들의 재력과 학문 그리고
기술을 활용할 수 있을 것이라 생각한 가마다리는 나까노오오에中
大兄을 가까이 할 수단을 모색했다.

당시 야마도에서는 호오고오지法興寺[155]의 앞마당에 하늘 높이
자란 느티나무 아래에서 오오기미와 황족과 군신이 모여 단합을
서약하는 일이 자주 있었다. 그리고 축구 시합을 하기도 했다. 이

---

[154] 나까노오오에中大兄 : 백제의 교기 왕자가 나까노오오에라는 설이 있다. 백제의 왕족이 야마
도의 텐노가 되었다고 주장하는 것.

[155] 호오고오지法興寺 : 아스까데라飛鳥寺 또는 겐꼬오지元興寺라고도 함. 탑의 북, 동, 서에 금당
을 세워 회랑으로 두르고, 회랑의 북쪽에 강당; 중문의 전방에 남대문, 회랑의 서쪽에 서대문
이 있는 백제의 미륵사와 비슷한 가람 구성. 소가 씨가 발원해서 지은 절로, 수슌崇峻 텐노 때
에 백제에서 절의 건축 기술자, 기와 박사 등이 온 것을 계기로 건축하기 시작함.

자리에 나까노오오에中大兄도 틀림없이 참가할 것으로 생각한 가마다리는 나무 밑에서 기회를 엿보고 있었다. 마침 나까노오오에가 공을 차다가 신발이 벗겨져서 공중을 날아 가마다리의 앞에 떨어졌다.

"왕자님, 여기 있습니다. 왕자님의 신발이."

가마다리가 무릎을 꿇고 두 손으로 신발을 들어 공손히 바쳤다. 그러자 왕자도 무릎을 굽혀 마주 몸을 낮추면서 신을 받았다.

"아니 고맙소. 신발이 그쪽으로 갔군요. 다치지는 않으셨소?"

"왕자님의 축국蹴鞠 솜씨는 대단하십니다. 아무도 왕자님처럼 오래 차실 수가 없을 것 같습니다."

"무얼요. 그대는 어디에 사는 뉘시오?"

"소신은 나까도미노 가마다리中臣鎌足라고 합니다. 셋쓰의 미와에 삽니다. 왕자님을 이렇게 가까이 모시게 되어 영광입니다."

왕자가 보니 이 사람의 체격이 탐스럽고 용모 또한 준수했다. 넓은 이마며, 날씬한 콧대에 꽉 다문 입 모양에서 지성과 의지력이 엿보였다.

"허허, 좋은 사람을 만났군. 우리 함께 가서 술을 들면서 얘기 좀 나누어 보지 않겠소?"

"바라는 바입니다. 담소를 하시렵니까? 왕자님."

"그럽시다. 자, 어서 오시오. 날 따라오시오."

두 사람은 함께 나까노오오에中大兄의 궁으로 가서 그날 저녁 내내 술을 들며 담소로 밤을 지새웠다. 시국을 논하니 뜻이 하나로 통했다. 두 사람의 사이는 삽시간에 가까워졌다. 함께 서책을 갖고 미나부치南淵 선생의 학숙으로 가서 공맹의 교와 병법을 논했다. 어깨를 나란히 하며 오가는 동안에도 의견을 주고받았다. 두 사람은 시간이 갈수록 한마음이 되는 것을 느꼈다. 며칠 뒤에 가마다리가 말했다.

"큰일을 하려면 동지들이 많아야 합니다. 소가 씨의 유지인 쿠라야마다 이시가와倉山田石川麻呂를 우리 편으로 만들려면 왕자님께서 그의 딸을 비로 맞으셔야 합니다. 승낙하신다면 소신이 중신을 들겠습니다."

"좋소. 그렇게 해 주시오."

나까노오오에中大兄가 밝게 웃으며 말했다. 그런 뒤 얼마 안 되어 나까도미가 사에끼左伯와 와까이누가이稚犬養의 두 무사도 끌어들였다.

가마다리가 동지들을 모았다. 카루노미꼬軽皇子가 상석에 앉은 회의에서 가마다리가 말했다.

"내일 거사합시다. 마침 삼한에서 사신이 왔습니다. 이들 세 나라에서 공물을 바치게 되어 있으니, 그 의식의 자리에서 오오오미大臣를 처단합시다. 오오기미가 대전에 나오게 되면 후루히도古人 왕자가 시립할 것입니다. 이 의식은 국가 대사인 만큼 오오오미가 반드시 출석할 것입니다."

나까노오오에中大兄가 좌중을 날카로운 시선으로 돌아보며 말했다.

"내일의 거사는 중차대한 것이오. 한 치의 실수도 있어서는 안 되오. 이루카入鹿가 무기를 갖고 들어오지 못하게 해야 할 것이오."

그러자 쿠라야마다倉山田가 껄껄 웃으며 말했다.

"그건 쉬운 일입니다. 광대를 풀어서 마음을 놓게 하면 될 것입니다."

"그럼 쿠라야마다가 삼한의 공물을 받아들이는 데 대한 표문을 읽도록 하고, 각자 무기를 갖고 숨어 있다가 한꺼번에 나서서 물고를 내도록 하는 것이 좋겠습니다."

가마다리가 카루노미꼬軽皇子와 나까노오오에中大兄를 쳐다보면서 말했다. 두 사람이 고개를 끄덕였다.

거사로 정한 코교구皇極 4년 6월 12일 아침이 되었다. 대전에 코교구텐노가 나타났다. 오오오미大臣 소가노 이루카蘇我入鹿가 들어오다가 황실에서 부리는 광대가 "어전에서 칼을 차다니. 오오오미도 겁이 많구나" 하고 희롱을 하자, 폭소를 하면서 차고 있던 칼을 시종에게 건네주고 대전으로 들어왔다. 이루카는 의심이 많아 웬만해서는 칼을 놓지 않는데, 이날은 약간 방심을 한 셈이었다.

이루카가 대전에 오르자, 나까노오오에가 대궐로 들어오는 열두 문을 잠그게 했다. 코교구텐노가 주렴의 뒤로 좌정하고, 그 앞에 사에끼佐伯와 와까이누가이稚犬養의 두 사람이 검을 들고 시립했다. 나까노오오에는 긴 창을 들고 숨었고, 가마다리는 활을 들고 대전 뒤에 있었다. 이윽고 쿠라야마다가 표문을 두 손에 들고 읽기 시작했다. 그런데 검을 들고 시립한 두 사람이 너무나 큰일에 긴장한 나머지 아침에 먹은 밥을 토하면서 사색이 되었다. 쿠라야마다는 표문을 읽어나가면서 두 무사가 행동을 시작하지 않고 벌벌 떨고 있는 것을 보자 자기도 겁이 났다. 온몸에 식은땀이 흐르고, 목소리가 흩뜨려지고, 손이 와들와들 떨렸다.

이루카가 쿠라야마다의 행동을 수상쩍게 생각해서 물었다.

"어찌 그러시오? 어찌 이다지 떨고 있는 것이오?"

쿠라야마다가 기운이 빠진 목소리로 답했다.

"지존의 앞인지라 황송해서 땀이 나고 떨립니다."

나까노오오에中大兄는 이루카의 당당한 위세에 모두가 겁을 집어먹은 것을 알아차렸다. 이대로 두어서는 만사가 어긋날 것이었다. 그래서 그는 두 무사를 밀치고 당상으로 뛰어올랐다. 덩달아 당상에 오른 두 무사가 칼을 빼어 이루카의 머리와 어깨를 쳤다. 이루카가 놀라서 넘어졌다가 다시 일어서는 것을 사에끼가 다시 칼로 다리를 후려쳤다. 이루카가 옥좌 앞에 넘어지면서 울부짖었다.

"신에게 무슨 죄가 있어서 이럽니까? 마마 살려주소서."

코교구텐노가 크게 놀라면서 나까노오오에에게 물었다.

"짐은 모르는 일이다. 어찌 된 일이냐?"

"쿠라쓰구리鞍作가 황족을 멸하고 보위를 뺏으려고 했습니다. 그래서 이를 주살하는 것입니다."

나까노오오에가 답했다. 쿠라쓰구리는 이루카의 또 하나의 이름이었다. 텐노는 바로 내전으로 들어갔다. 두 무사가 한꺼번에 대어들어 이루카를 도륙했다. 마침 폭우가 쏟아져서 마당에 물이 고여 있었는데 두 무사는 이루카의 시체를 마당에 팽개쳐서 돗자리로 덮었다.

당상에 있던 후루히도古人가 질겁해서 대전에서 빠져나가 사저로 도망치면서 외쳤다.

"가라사람韓人이 쿠라쓰구리를 죽였다. 한심한 일이다." 후루히도는 죠메이舒明텐노의 맏아들로, 소가노 에미시의 생질이었다. 쿠라쓰구리는 이루카를 말하고, 가라사람韓人이라고 한 것은 삼한의 공물 인수식에서 일어난 일임을 말한 것이리라. 나까노오오에中大兄는 바로 호오고오지法興寺에 가서 군사를 모았다. 여러 왕자들과 호족들이 모두 그를 따랐다. 도래인인 야마도노아야東漢의 일부가 소가의 집으로 모여 소가노 에미시를 지키려고 했으나, 나까노오오에가 장군 고세노도구다巨勢德陀를 보내어 득실을 따져 설득해 모두 해산시켰다. 다음날에 소가노 에미시에게 이루카의 시신을 주었더니 에미시가 집에 불을 지르고, 각종 사서와 보물을 태운 후 자살했다. 사서 가운데 국기國記를 후네노후히도船史가 불 속에서 건져서 나까노오오에에게 바쳤다. 같은 날 이루카와 에미시의 시체를 매장하고 곡을 하는 것을 허락했다.

6월 14일에 코교구텐노는 카루노미꼬輕皇子에게 양위했다. 이번 일의 주모자가 카루노미꼬였기 때문이었다. 자기의 아들인 나까노오오에에게 자리를 물리고 싶어 그 뜻을 전했으나, 나까노오오에에가 받아들이지 못하고 대궐을 퇴출했다. 그는 이런 일이 있었음을 가마다리에게 말했다. 가마다리가 그 말을 듣고 아뢰었다.

"전하, 참으로 잘하신 일입니다. 후루히도께서는 전하의 이복형이시고, 카루노미꼬께서는 전하의 외숙이십니다. 아우로서 형을 앞서는 것은 사람의 도리에 어긋난다 하겠습니다. 그러니 외숙을 모시는 것이 만백성의 바라는 바에 맞을 것이라 생각됩니다."

나까노오오에中大兄가 다시 텐노에게 사양하는 뜻을 몰래 아뢰었다. 텐노가 황위의 징표인 새수璽綬를 카루노미꼬에게 주면서 선양할 뜻을 다시 밝혔다. 카루노미꼬가 세 번 고사하면서 후루히도가 적임이라고 아뢰었다.

"후루히도 왕자님께서는 대행마마의 아들이십니다. 게다가 연세도 저보다 많으십니다. 그러니 마땅히 보위를 이어야 할 것입니다."

이 말을 들은 후루히도가 자리에서 물러서며 공수를 하고 말했다.

"마마의 뜻이 이미 밝혀진 것을 어찌 나 같은 자에게 양보하시오? 나는 출가하여 요시노吉野로 입산하겠소. 불도를 닦으면서 마마를 보필하겠소."

그러면서 차고 있던 칼을 풀어서 땅에 버리고, 수하의 무사들도 무기를 버리라고 일렀다. 대궐에서 나가자 그는 바로 호오고오지法興寺에 들어가서 삭발하고 가사를 걸쳤다. 그러니 카루노미꼬가 더 이상 사양할 수가 없게 되어 보위에 오르게 되니, 이분이 고도구孝德텐노인데, 보위를 물려준 코교구텐노를 스메라오야노미꼬도 (상황)皇祖母尊로 숭상하여 모셨다. 그런 뒤에 나까노오오에를 황태 자로 삼고, 아베阿倍를 좌대신左大臣, 쿠라야마다를 우대신右大臣, 나 까도미를 내신內臣으로 임명했다. 그리고 연호를 다이카大化로 고쳤 다.

소가의 일족은 원래부터 외세를 받아들이는 진취적인 집안이었 다. 불교를 받아들이는 데에도 앞장섰고, 싀隋나 당唐에 사절을 보 내고 승려나 학자를 유학시켜서 서방의 문물을 도입하는 일에 적 극적이었다. 이에 비하여 백제와의 유대를 강화할 것을 주장한 사 람들이 나까노오오에中大兄와 나까도미노 가마다리中臣鎌足였다. 이 들은 소가의 행태가 마땅치 않았다. 그래서 이 정변이 일어난 것 이라 할 수도 있다. 이 정변이 을사년에 일어났다 하여 후세에서 을사乙巳의 변이라고 불렀다.

4 연개소문淵蓋蘇文과 리스민李世民의 각축

　　서기 618년에 건국한 당唐은 중국 대륙을 평정하는 데에 무려 5년이라는 세월을 소비했다. 쉬隋가 멸망하는 소란의 틈을 타서 고구려는 베이징北京과 난허灤河 사이의 보지에渤碣 지역과 샨둥山東, 장쑤江蘇 등의 중국 동해안에 침입했다. 우드武德 3년156에 친왕秦王 리스민李世民이 장쑤江蘇 젠후建湖의 얀청盐城 지역을 토벌할 때의 일이었다. 친왕은 이곳의 서양허射阳河와 시당허西塘河가 만나는 곳에 진을 치고 북쪽의 칭량옌清凉院에 진출한 고구려군과 대치하고 있었다. 그동안 그는 고구려군과 싸울 때마다 지고 있었다. 오늘도 한바탕 격전을 치른 뒤에 군사들을 잠시 쉬게 하고, 친왕이 홀로 말을 몰고 적진을 살피러 나갔다.

---

156 우드武德 3년 : 서기 620년, 고구려 영류왕 3년, 신라 진평왕 42년, 백제 무왕 21년.

한편 오즈산鰲子山 남쪽에 장준동將軍洞이라는 동굴이 있는데, 이곳에 병사들과 함께 숨은 당의 장수 셰런귀薛仁貴가 밖을 엿보고 있었다. 동굴 밖에서 두런두런 사람의 소리가 났다. 고구려의 군장을 한 병사들이 동굴 앞에서 안을 살피고 있었다. 셰런귀가 크게 외쳤다.

"저놈을 쳐 죽여라."

당의 군사들이 우르르 달려 나가 종횡으로 칼을 휘두르고 장창으로 고구려의 병졸들을 무찔렀다.

"으악."

여기저기에서 비명을 지르고 선혈을 허공에 뿌리며 병졸들이 쓰러졌다.

"어떤가? 이놈들. 이제야 알겠지, 내 칼의 매운 맛을?"

수십 명의 수급을 얻은 당군이 함성을 질렀다. 셰런귀가 말했다.

"저기 보이는 언덕에 올라가서 밥을 지어 먹도록 하자."

병사들이 오즈산鰲子山에 올라가서 돌을 쌓아 솥을 걸었다. 얼마 뒤에 따끈따끈한 밥을 지은 이들은 허기를 채웠다.

"우리 친왕秦王 전하는 어디에 가셨지? 누가 못 봤는가?"

"어젯밤에 적정을 살피러 숲 속으로 가셨는데, 그 뒤로는 어디에 계시는지 알 수가 없습니다, 장군."

"그러니까 빨리 찾아봐야지. 저기 보이는 성의 북쪽 칭량엔淸凉院에는 구려句麗 놈들이 우글거리니 조심하고. 그놈들의 장수가 누구라고 했지? 무서운 놈이야. 칼을 다섯 개나 등에 메고 설치니 이길 수가 있어야지.”

“구려의 막리지莫離支 연개소문淵蓋蘇文이라 했습니다.”

“연개소문이 무엇이냐? 우리 황제의 휘를 함부로 불러서는 안되지. 차라리 물이나 먹으라고 천개소문泉蓋蘇文이라 하거나, 그저 개소문蓋蘇文이라 하거라.”

셰런귀는 어젯 밤의 싸움에 진 것을 생각하며 분을 삭이지 못하고 씩씩거렸다.

어젯밤에는 안개가 끼어 달빛이 몽롱했다. 언제나 그랬듯이 늦은 밤에 친왕秦王이 적정을 살피겠다고 혼자 말을 타고 나갔다. 칭량엔에 있는 구려의 진영 가까이 다가가서 조심스럽게 살피고 있는데, 키가 장대 같이 큰 장수 하나가 등에 칼을 여럿 메고 나타났다.

“게 누구냐? 어떤 놈이 우리 진영을 엿보고 있느냐?”

우레 같은 목소리가 골짜기에 메아리쳤다.

“들켰구나. 얼른 피해야지.”

친왕이 서둘러 말을 몰고 내려가다가 아차 하는 순간에 진흙탕에 빠지고 말았다.

친왕이 말에서 뛰어내려 길도 없는 골짜기로 곤두박질쳤다.

“이놈, 게 섰거라. 날 피할 것이라 생각하느냐? 미련한 놈이. 이 연개소문을 몰라보고.”

‘아니, 저놈이 연개소문이란 말인가? 무용이 출중하다는. 잡히

면 죽는다. 걸음아 날 살려라.'

온몸이 땀으로 범벅이 되어 달아나는데, 연개소문의 고함소리
와 함께 고구려의 병졸들이 쫓아왔다.

골짜기를 몸을 굴리면서 내려가자 산 중턱의 평지에 다다랐다.
마침 그곳에 우물이 하나 있었다. 우물 안을 들여다보니 물이 말
라 바닥이 드러나고, 거미줄이 입구에 쳐져 있었다. 친왕이 재빠르
게 우물 속으로 들어가 돌벽을 타고 아래로 내려갔다. 두 길쯤 내
려가니 옆으로 굴이 뚫려 있었다. 얼른 굴 속에 몸을 감추었다. 위
를 쳐다보니 신기하게도 거미 한 마리가 뜯어진 망을 보수하면서
좌우로 바삐 움직이고 있었다. 한 식경이나 지났을까? 한 사나이
가 우물 안을 들여다보며 고함을 쳤다.

"여기에 들어간 것 같지는 않아. 거미줄이 찢기지 않고 말짱하
거든. 아무래도 그놈이 다른 데로 도망친 것 같다. 얼른 사방을 뒤
져라."

"막리지, 저희는 저쪽으로 가보겠습니다. 막리지께서는 군영으
로 돌아가십시오."

"알았다. 꼭 그놈을 잡아 오너라."

얼마 뒤에 모두 돌아갔는지 인기척이 끊겼다. 굴 속에서 숨을
죽이고 숨어 있던 친왕이 살며시 기어 나왔다. 그는 사방을 두리
번거리다가 동북쪽에 있던 시니허洗泥河에서 온몸에 묻은 뻘을 씻
었다. 이리하여 가까스로 살아난 친왕은 황제가 된 뒤에 거미줄이
목숨을 살려준 은공을 잊지 못해 우물이 있던 곳에 삼층 보탑을 세

우고 그 곁에 큰 절을 세웠다. 이 탑의 이름을 멍롱보탑朦朧寶塔[157]
으로, 그리고 절의 이름을 징휘사淨慧寺라고 했다.

이런 일이 있은 뒤에도 연개소문이 이끄는 고구려군은 장쑤江蘇
의 슈청宿城에서 다시 친왕의 당군과 격돌했다. 연개소문은 642년
10월에 영류왕을 시해하고 보장왕을 추대한 뒤 대막리지가 되어
군권을 모두 장악했다. 그는 대규모의 인력을 동원해서 여러 개의
성을 쌓아 당군을 위압했다. 정관貞觀 17년[158]에 샨둥山東의 즈무即墨
에 있는 마안산馬鞍山에서도 큰 싸움이 벌어졌다.[159] 친왕이 황제의
자리에 오른 뒤에 있은 이 전투에서 황제가 연개소문에게 잡혀 죽
을 뻔 한 것을 용양장군龍驤將軍 진지에金杰가 구출했다. 후세에 진지
에의 공을 기려 사당을 지어 모셨다.

다음 해에는 샨둥의 펑라이蓬萊에서 전투가 크게 벌어졌다. 고구
려군은 구청古城에 주둔하고 있었다. 이 전투에서 타이종의 형이
전사해서 그 유해를 대왕묘大王廟에 모셨다. 패군을 수습한 당군은
다시 마을에 집결해서 연개소문의 군사와 격전을 벌였다. 마침내
연개소문이 크게 패하여 구청古城의 주위에 흙으로 성곽을 높이 쌓
고 지켰다. 타이종은 맞은편의 산꼭대기에 진을 쳤다. 그런데 이
곳에서는 물을 구할 수가 없었다. 군사들이 목말라 초조해 하는

---

157 멍롱보탑朦朧寶塔 : 建湖县 宝塔村 朦胧庄 북쪽에 있는 3층 8면 탑으로, 높이 16.7m, 바닥 폭이
　　2 m의 탑으로, 안에 사리를 내장하고 있는 탑. 멍롱은 달빛이 흐림을 뜻함.

158 정관貞觀 17년 : 서기 643년, 고구려 보장왕 2년, 신라 선덕여왕 12년, 백제 의자왕 3년.

159 즈무향토지即墨鄕土誌 참조.

것을 보고, 타이종이 허리에 찬 검을 빼어 바위를 내려쳤다. 그러자 바위가 반으로 갈라지고 그 틈에서 샘물이 솟았다. 그 뒤로 이곳을 일검천一劍泉이라고 부르게 했다. 타이종이 산에서 내려와 마을에서 북쪽으로 2리쯤 되는 곳에서 연개소문의 군사와 크게 싸워 이겼다. 타이종이 배를 만들기 위해 목수를 찾았다. 근처에 술고 래인 주선酒仙이 있다고 해서 찾아가던 도중에 함박눈이 내렸다. 눈 속에 꽃사슴 한 마리가 나타나 인기척에 놀라 도망을 쳤다. 이 사슴을 따라가다가 산 속에서 초가집 하나에 부닥쳤다. 들어가 보니 주선이 누워 있는데 이미 숨이 끊겼다. 주선의 침상 위의 벽에 커다란 배의 그림이 걸려 있었고, 침상 밑에는 노란 가죽으로 표지를 만든 큰 책자가 있었다. 배를 만드는 도형이 들어 있는 조선도造船圖였다. 타이종太宗은 현청에 돌아와서 이 조선도에 따라 배를 만들게 했다. 타이종이 다시 연개소문의 복병을 만나 패하여 남쪽의 먀오샨苗山 아래 개울가에 몸을 숨겼다. 새벽에 가마를 정비하고 강을 건너다가 루어쟈허落駕河에 빠졌다. 물에 젖은 투구와 갑옷을 샤이쟈허晒甲河에서 말렸다. 늦은 가을에 타이종은 승상 웨이정魏徵의 건의에 따라 새로 만든 배에 병마를 싣고 요동遼東으로 떠났다.

정관 18년은 서기 644년이었다. 정월이 되자 고구려에서 사신이 와서 조공을 바쳤다. 타이종은 사농승상司農丞相 리샨장里玄獎에게 조서를 주어 고구려의 왕에게 가서 전하게 했다.

"신라는 볼모를 바치고 조공을 빠뜨리지 않는데, 그대는 백제와 병장기를 갖추고 싸우고 있으니, 만약 다시 싸운다면 내년에는 군사를 동원해서 그대의 나라를 칠 것이다."

리샨장이 고구려에 들어가 보장왕에게 칙서를 전했으나, 연개소문은 이미 신라를 치기 위해 출진하고 없었다. 왕이 사람을 보내어 연개소문을 소환했다. 리샨장이 말했다.

"우리 황상 폐하께서는 동쪽의 세 나라가 밤낮으로 싸우는 것을 걱정하고 계십니다. 신라를 침공하지 말라고 하시오."

"우리는 신라와 원수가 된 지 이미 오래되었다. 지난날 쇠가 우리를 공격할 때에, 신라는 우리 땅 오백 리를 침범해서 성읍을 점령하고 지금껏 돌려주지 않고 있다. 그러니 어찌 군사를 파할 수 있겠는가?"

연개소문이 가소롭다는 표정으로 반박했다.

"이미 지난 일을 따져서 무엇 할 것인가. 그렇게 말한다면 지금 요동遼東의 여러 성은 본시 우리 중국의 군현이었으나, 우리 대당大唐에서는 너희들이 차지해도 이를 따지지 않고 있는데, 어찌 너희가 옛 땅 운운할 수 있는 일인가? 부디 대막리지는 황명을 받들도록 하라."

연개소문이 그의 말을 들으려고 하지 않자, 리샨장은 귀국하여 그 사실을 황제께 복명했다. 벌써 이십여 년을 고구려와 싸워온 타이종太宗은 더는 참을 수가 없었다. 연개소문이 영류왕을 시해하고 대막리지가 된 일에다가 이번의 칙명을 거역한 것은 토벌하기에 좋은 구실을 제공했다. 타이종이 드디어 결심했다.

"개소문은 그 임금을 죽이고 대신을 해쳤을 뿐 아니라, 백성들을 학대하고 마침내 짐의 명령마저 어기니, 이를 토벌하지 아니할 수 없도다."

먼저 잉주도독營州都督 겸 동이교위東夷校尉로 있던 장잔張儉에게 여우幽와 잉營의 두 도독부 군사와 거란契丹, 해奚160, 말갈靺鞨의 번병蕃兵을 거느리고 요동遼東을 공격하여 형세를 살피게 했다. 장잔이 랴오시遼西에서 랴오스이遼水의 강물이 불어난 것을 보고 건너지 못했다. 그는 용주雍州 신평新豊 사람으로 가오주高祖의 생질이었다. 장잔이 겁이 많아 그런 것으로 생각한 타이종이 그를 뤄양洛陽으로 소환했다. 11월에 장잔이 돌아와서 요동 일대의 수리와 지형 그리고 군사 행동 시 이득에 관한 보고를 하자, 타이종이 기뻐하며 그에게 행군총관行軍總管 겸 번병을 통솔하는 직함을 주어 6군의 선봉이 되게 했다. 6군은 어영御營을 호위하는 내, 외, 전, 후, 좌, 우의 여섯 군을 말하니, 장잔이 어영군의 선봉이 된 것이었다. 마침 세작이 와서 고구려의 막리지라는 자가 요동에 나타났다고 보고했다. 이에 황제의 명을 받은 장잔이 3월 24일에 딩주定州를 출발해서 사흘 뒤에 신성新城 방면에서 이를 요격하려 했으나 막리지는 나타나지 않았다. 장잔이 4월 초에 랴오스이遼水를 건너 4월 5일에 건안성建安城에 이르러 고구려군을 크게 무찌르고 수급 수천을 베었다. 그 공으로 장잔은 환청군공皖城郡公에 봉해지고 후한 상을 받았다가 뒤

---

160 해奚 : 동호東胡의 일족으로, 쓩누匈奴에 의해 오환산烏丸山으로 쫓겨 갔음. 셴비에鮮卑의 옛 땅에 살던 유목민으로 투르크와 풍습이 같았음. 그 동북에 거란, 서부에 투르크가 있음.

에 동이도호東夷都護가 되고, 금자광록대부金紫光祿大夫가 되어 60세에 죽었다. 뒷날의 베이징北京 북쪽의 딩주定州에서 4~5일에 다다를 수 있는 곳에 있는 강이라면, 이때의 랴오스이는 이스이易水를 말하거나 아무리 멀리 잡더라도 빠이허白河를 넘지 못할 것이니 후일의 랴오허遼河는 아닌 것으로 보인다. 당시의 당군唐軍의 속도로 하루 최대 50리를 간다면 열흘 정도에 도착할 수 있는 당샨唐山 지방의 난허欒河와 빠이허 사이에 건안성이 있어야만 이치에 맞다. 타이종은 장쟌을 남쪽으로 보내어 건안성을 공격하게 만들고, 7월에 장시江西와 후베이湖北의 세 주에 칙령을 내리고, 전선 400척을 건조하여 군량을 싣고 오게 했다. 9월에 북쪽 투르크 지역으로 우회하여 군량을 잉주營州로 운반하게 했다. 발해渤海 연안은 고구려가 차지하고 있어서 길이 막혔기 때문이었다.

9월에 막리지 연개소문이 백금을 당唐에 바쳐 왔다. 간의대부諫議大夫 주쉬량褚遂良[161]이 아뢰었다.

"개소문이 그 임금을 죽여 구려에서도 용납되지 못하고 있습니다. 지금 토벌하려 하시면서 그자의 금을 받아들인다면 마치 춘추시대 고정郜鼎[162]과 같은 뇌물이 됩니다. 신은 이런 것을 받아들여서는 안 된다고 생각합니다."

타이종이 주쉬량의 의견에 따라 백금을 받지 않았다. 연개소문

---

[161] 주쉬량褚遂良(596~658년 또는 659년) : 당의 정치가이자 서도가. 初唐 4대 서도가의 하나. 처음에 虞世南에게서 배우고 뒤에 王義之를 따름.

[162] 고정郜鼎 : 춘추시대春秋時代의 가오郜국이 송묘宋廟에 쓸 제기로 만든 세발솥으로 국보급이 됨. 뒤에 루환공魯桓公이 이를 취하여 뇌물로 바친 고사에서 나온 것.

의 사자가 아뢰었다.

"막리지께서 관원 50명을 보내어 숙위宿衛에 편입시켜 달라고 하셨습니다."

타이종이 이를 듣고 크게 화를 내며 말했다.

"네놈들이 모두 고무高武, 영양왕을 섬겨 관작을 받았으면서 막리지가 시역해도 복수도 하지 않고 있다. 이제 와서 숙위를 거들겠다고 대국을 기만하려 하니, 용서하지 못할 죄를 범하고 있다. 모두 죄를 물어서 처벌할 것이니라."

10월이 되자 평양에 붉은 눈이 내렸다. 타이종이 고구려를 토벌할 결심을 하고 장안의 노인들을 불러 부탁했다.

"요동은 옛날의 중국 땅이다. 지금 구려가 그곳을 차지하고 있으면서, 신하인 막리지가 그 임금을 죽였다. 짐은 이런 못된 짓을 응징하려고 한다. 여러 원로들이 자손들을 타일러서 이 일에 동참하게 해 주면 짐이 그들을 잘 돌보아 줄 것이다."

타이종은 포목과 곡식을 노인들에게 주었다. 여러 신하들은 한사코 말렸다. 그러나 타이종은 마음을 바꾸지 않았다.

"짐은 안다. 근본을 버리고 지엽을 찾고, 높은 것을 버리고 낮은 것을 취하며, 가까운 것을 버리고 멀리 하는 것, 이 세가지는 상서롭지 않은 일이다. 그래서 구려를 정벌하는 것이다. 개소문이 임금과 대신들을 죽였으니 백성들이 목을 빼고 도움을 기다리고 있다. 그러니 이를 돌보지 않을 수 있는가?"

11월에 타이종의 어가가 뤄양洛陽에 이르렀다. 싀양디隋煬帝를 따라 고구려로 원정했던 정티엔다오鄭天壔를 행재소에 불러 고구려의 사정을 물었다. 정티엔다오는 이주자사宜州刺使로 있다가 그만두어 고구려의 사정에 밝았다. 타이종의 하문에 그가 대답했다.

"폐하, 요동은 길이 멀고 험하여 군량을 대기가 어렵습니다. 게다가 동이들은 성을 잘 지키니, 갑자기 공격해도 함락시키지 못합니다."

타이종이 말했다.

"지금은 싀隋의 때와 다르니라. 공은 걱정하지 말라."

마침내 형부상서刑部尚書 장량張亮을 평양도행군대총관平壤道行軍大總官으로 삼아, 4개 주에서 모집한 병사들을 거느리고 라이주萊州에서 출발하여 요동반도로 향하게 했다. 그리고 잉궈공英國公 리즈李勣를 요동도행군대총관遼東道行軍大總管으로, 예부상서禮部尚書 창샤왕江夏王 다오종道宗을 부총관으로 삼아, 장군 장스귀張士貴와 함께 보기병 6만을 거느리고 요동으로 가게 했다. 양군이 합세하여 여우주幽州에 다 모이게 했다. 타이종 스스로도 어영 6군을 거느리고 이들에 합류하기로 했다. 따로 사다리와 충차를 안라산에서 제조하게 하고, 사방에서 공성기기를 만들어 오게 하니 이에 응모한 자가 이루 헤아릴 수 없을 만큼 많았다. 타이종은 친히 이에 드는 경비를 치르고, 조서를 지어 천하에 유시했다.

"구려의 개소문은 그 군주를 시해하고 백성을 학대하니 그 참상을 보고 어찌 참을 수 있겠는가? 이제 이들을 응징하려 하니 모두들 단단히 준비하여 헛수고가 되지 않도록 하여라. 옛날에 싀양디는 백성을 학대하는데, 구려왕은 백성을 사랑으로 돌보았다. 그런 판국에 침략을 하는 군사로 평화를 지키려는 무리들을 공격했으니 이길 수가 없었다. 그러나 지금은 승산이 다섯 가지나 있으니, 모두 짐을 믿고 나가자. 다섯 가지의 승산이란, 첫째, 대군으로 소적을 치는 것이고, 둘째, 순리로써 역리를 정토하는 것이고, 셋째, 정도로 어지러움을 치는 것이며, 넷째, 편안함으로 피로함을 대처하는 것이다. 마지막으로는 기쁨과 즐거움으로 원한을 대체하는 것이니 어찌 이기지 못할 것이냐? 이런 이치를 널리 알려서 이번 거사에 의심을 품지 않게 하여라."

이어서 타이종은 30만 대군으로 신라, 백제, 해, 거란의 군사와 함께 길을 나누어 고구려를 치라고 명령했다.

타이종은 고구려에 대한 전면 공격의 시기를 4월 초로 잡았다. 그래서 이 시기에 맞추어 공격지점에 도착할 수 있도록 각 군을 차례로 출진시켰다.

북쪽의 투르크 지역을 돌아 랴오스이遼水를 건너 랴오스이 동쪽을 공격할 리즈李勣와 다오종道宗의 군사를 1월 말에 여우주幽州를 출발해서 공격지점인 신성新城, 현토玄菟에 도달하게 했다. 빠이허白河 동쪽의 요동遼東지역에 타이종이 거느린 어영군이 진출해서 그곳에 진을 치고 있던 고구려군을 공격했다. 4월에 평양성을 공격하기 위해 샨둥반도山東半島에서 출발한 수군水軍은 평양성 공격의 전초기지인 요동반도의 비사성卑沙城을 점령하게 했다.

다음 해인 서기 645년[163] 정월이 되었다. 리즈李勣가 인솔한 군이 여우주幽州에 이르렀다. 3월 9일에 타이종이 딩주定州에 도착하여 시종들을 보고 말했다.

"요동은 본래 우리 중국의 땅이다. 그런데 쉬隋씨가 네 번이나 출사하고도 이를 회복하지 못했다. 이번의 출정으로 중국을 위해서는 자제들의 원수를 갚고, 구려를 위해서는 군부의 수치를 없애려고 할 따름이다. 사방을 평정했는데도 오직 이곳만을 얻지 못했으니, 짐이 늙기 전에 사대부의 힘을 빌어 이를 공략하려고 한다."

타이종이 딩주를 떠날 적에 활을 차고, 말안장 뒤에 비옷을 손수 붙들어 매었다. 타이종이 3월 24일에 딩주를 떠났다.

2월에 여우주를 떠난 리즈도 3월 24일에 류청柳城에 이르고, 그 뒤 마치 화이유엔전懷遠鎭을 거치는 것처럼 위세를 떨치다가 몰래 북쪽으로 우회하여 고구려의 허를 찔렀다. 리즈가 통딩전通定鎭으로부터 랴오스이遼水를 건너서 4월 1일에 현토玄兔성을 공격하니, 고구려군은 모두 크게 놀라 성문을 굳게 닫고 지켰다. 부총관 다오종道宗이 군사 수천을 거느리고 4월 5일에 신성新城에 이르렀다. 잉주도독榮州都督 장쟌張儉이 호병胡兵을 몰고 선봉이 되어 랴오스이를 건너 같은 날 건안성建安城으로 향했다. 리즈와 다오종은 4월 15일에 개모성蓋牟城을 공격하여 열흘만인 26일에 함락시키고, 고구려 사람 일만을 사로잡고, 양곡 10만 석을 탈취한 뒤에 이곳을 가이주蓋州로 고쳐 불렀다. 그동안에 타이종은 여우주를 10일에 출발

---

163 서기 645년 : 정관 19년, 고구려 보장왕 4년.

하여 열흘 뒤에 베이핑北平에 도착했다.

한편 선편으로 라이주萊州를 떠난 장량張亮은 4월 26일에 고구려의 비사성卑沙城을 강습했다. 이 성은 요동반도의 다롄大連 근방에 있는 성으로, 사면이 절벽으로 되어 있어서 오로지 서문西門으로만 오를 수가 있었다. 5월 2일에 부총관 왕따다오王大度가 성벽을 기어 올라 비사성을 함락시키고 남녀 팔천 명을 죽였다.

5월 3일에 리즈가 요동성遼東城 밑에 왔을 때에 타이종이 요택遼澤에 이르렀다. 타이종은 이백 리에 뻗은 소택지의 뻘밭을 인마가 지나갈 수 없다는 것을 알고, 장작대장將作大匠으로 있던 거리더閻立德로 하여금 흙을 퍼서 다리를 놓아 이틀 뒤에 군사들이 건널 수 있게 만들었다. 5월 8일에 고구려의 보장왕이 신성을 떠나 국내성의 보병과 기병 4만을 끌고 요동성을 구원했다. 당군쪽에서는 도위都尉 마원주馬文擧가 선봉을 서고, 창샤왕江夏王 다오종道宗이 4천 기를 거느리고 분전하다가, 행군총관行軍總管 장준아이張君乂가 패하는 바람에 모두 패주했다. 다오종이 패잔병을 수습하여 높은 언덕으로 올라갔다가 다시 고구려의 본진을 엄습하는 것을 리즈가 군사를 이끌고 도왔다. 고구려군은 다시 패하여 천여 명의 사상자를 냈다. 5월 10일에 타이종은 랴오스이를 건너자마자 다리를 부수게 했다. 그렇게 배수의 진을 쳐서 병사들의 마음을 다졌다. 타이종은 마수산馬首山에 본영을 설치한 후 다오종의 노고를 치하하고, 마원주를 중랑장中郎將으로, 특진시키고 장준아이를 문책하여 참형으로 다스렸다.

타이종이 몸소 수백 기를 거느리고 요동성 밑에 와서 군사들을 독려했다. 병사들이 흙을 날라서 구덩이를 파묻고 성 아래에 토루土壘를 쌓는 것을 보고, 타이종은 몇 사람을 뽑아 표창했다. 리즈가 요동성을 열이틀 동안 밤낮을 가리지 않고 공격했다. 타이종이 정병을 이끌고 와서 성을 겹겹으로 포위하고 북을 치고 함성을 지르게 했다. 천지가 진동했다. 리즈가 포차抛車를 설치하여 성을 향해 300근의 큰 돌을 쏘니, 400보의 거리를 날아간 돌을 맞아 성의 곳곳이 무너졌다. 고구려군이 날렵하게 나무로 방책防柵을 얽어서 만들어 무너진 곳을 메웠으나, 당군이 충차衝車로 방책을 쳐서 부셨다. 당의 군사들은 백제가 보낸 쇠 갑옷을 입고 공격하는데, 갑옷에 햇빛이 반사되어 눈이 부셨다. 타이종이 친히 철갑기병 만여 기를 거느리고 리즈의 군사와 합류해서 성을 포위했다. 갑자기 남풍이 불자, 타이종이 서남쪽의 망루에 불을 지르게 했다. 불이 성안으로 퍼지면서 성안의 집이 모두 불탔다. 당의 군사들이 앞 다투어 성안으로 오르니 고구려군은 궤멸하고 성이 5월 17일에 함락되었다. 불타 죽은 자만도 만여 명이고, 포로가 된 병사 역시 만여 명이었다. 남녀 주민 4만과 양곡 50만 석이 당군의 수중에 들어갔다. 당은 이곳을 랴오주遼州로 고쳐 부르기로 했다. 타이종이 떠날 적에 딩주定州와 요동성 사이의 수십 리에 봉화대를 하나씩 짓게 하고, 요동성을 함락시키면 바로 봉화를 올리겠다고 태자와 약조했었다. 약속한대로 이날 바로 봉화를 올려서 소식을 경사京師에 전했다.

리즈가 백암성白巖城 서남쪽으로 진격했다. 타이종은 그 서북에 이르러 백암성의 공격을 명령했다. 난전 속에 우위대장군右衛大將軍 리스마李思摩가 쇠뇌의 독화살을 맞았다. 타이종이 친히 그의 상처에 입을 대고 독을 빨아 뱉으니, 장병들 가운데 그 소식을 전해 듣고 감동하지 않는 자가 없었다. 이 성은 사면이 험한 절벽으로 둘러싸여 있었다. 리즈가 당차撞車를 써서 돌과 화살을 비 오듯이 성 안으로 쏘았다. 6월이 되어 타이종이 있는 곳에 백암성의 성주 손벌음孫伐音이 몰래 사자를 보내어 칼과 도끼를 징표로 보내면서 항복을 청해왔다.

"신들이 항복하고자 하나, 성중에 따르지 않는 자가 있습니다."

"진정으로 항복할 생각이면, 성 위에 이 기를 세워라."

타이종이 지시했다.

손벌음이 성 위에 타이종이 준 당의 기를 세우니, 성중의 사람들은 당의 군사가 이미 성에 들어온 것으로 알고 모두 항복했다. 요동성이 함락될 때나 손벌음이 항복을 청할 때에도 고구려인들이 도중에 후회해서 번복하는 경우가 있었다. 타이종이 고구려인의 변덕을 보고 화를 내며 명을 내렸다.

"고구려의 성을 빼앗으면 반드시 그 사람과 재물들을 전부 전사들에게 상으로 줄 것이다."

그런데 이번에는 항복을 받아들이려 했다. 이를 본 리즈가 황제에게 아뢰었다.

"장병들이 시석矢石을 무릅쓰고 서로 다투어 분전하는 것은 노획을 탐내서입니다. 지금 성을 함락시키면서 어찌 항복을 받아서 노획을 못하게 하여 장병들의 마음을 언짢게 하십니까?"

"장군의 말이 옳소. 그러나 군사를 놓아 살육을 하고, 그 처자를 사로잡는 것은 짐이 차마 허락할 수 없는 일이다. 장군의 휘하에 공을 세운 자는 짐이 따로 재물로 보상을 할 것이니, 장군은 이 한 성은 양보하도록 하시오."

성중의 남녀 일만여 명을 얻고, 2,400명의 포로를 얻은 타이종은, 물가에 장막을 치고 항복한 자에게 먹을 것을 주고, 80 이상의 노인에게 피륙을 주었다. 다른 성의 군사로서 백암성에 있던 자도, 양곡과 병기들을 주어 위로하고 각각 소임을 맡겼다. 마침 요동성의 장사長史가 부하에게 죽임을 당한 뒤, 다른 부하가 장사의 처자를 모시고 백암성에 도망쳐 있었다. 타이종이 의리가 있는 일이라고 칭찬하면서, 베 5필을 주어 장사의 상여를 만들어 평양으로 돌아가게 해주었다. 타이종은 백암성을 얀주巖州라 하고, 손대음으로 얀주자사를 삼았다. 당군이 랴오스이를 건너는데, 막리지 연개소문이 가시성加屍城의 군사 700명을 개모성 지원군으로 보냈다. 리즈가 이들을 포로로 잡았더니, 모두 당군에 종군하겠다고 자청했다. 타이종이 말했다.

"너희들의 힘을 얻기를 바라지 않는 자가 있을까? 그러나 너희들의 집은 모두 가시성에 있어서, 너희들이 짐을 위해 싸운다는 것이 알려지면, 막리지는 반드시 너희들의 처자를 죽일 것이다. 한 사람을 얻고자 한 집안을 망치는 일은 차마 하지 못할 일이로다."

모두 방면해서 돌려보냈다.

5 안시성安市城의 전투

타이종의 거가車駕가 안시성安市城 북쪽으로 나아가 군사들을 독려하여 안시성을 공격하게 했다. 이때에 고구려의 북부 욕살褥薩[164] 고연수高延壽와 남부 욕살 고혜정高惠貞이 고구려와 말갈의 군사 15만으로 안시성을 구원하려 했다. 고구려의 진중에 대로對盧[165] 고정의高正義라는 자가 있었다. 그는 나이가 많고 만사에 경험이 많았다. 이 자가 고연수에게 말했다.

---

[164] 욕살褥薩 : 군주軍主라고도 함. 중국의 도독都督에 해당하는 관직. 고구려 후기에 위두대형 이상의 관등을 가진 자를 임명함. 고구려는 지방조직을 대성大城, 성城, 소성小城의 3단계로 나누고 중앙에서 관리를 보내어 다스렸는데, 이 가운데 대성의 장관을 욕살이라고 함. 동서남북 내內의 5부部마다 욕살을 파견함. 담당 지역의 행정권뿐만 아니라 군사권도 지니고 있었음. 하급지방관인 성을 다스리는 도사道使(처려근지라고도 함)와 소성을 관할하는 가라달可邏達을 통솔함.

[165] 대로對盧 : 고구려 때 왕가王家 직속의 제1위 벼슬. 패자沛者와 함께 왕을 도와 나라의 정사를 총리하는 국상. 여러 부족 가운데 우세한 부족에서 선출함. 부족의 대변자이자 왕권을 견제함.

"듣자오니 중국에 큰 난리가 있어서 영웅들이 난립했는데, 친왕秦王의 뛰어난 무덕에는 당해낼 자가 없어서 그가 천하를 평정하고 남면해서 황제가 되었다고 합니다. 이미 북쪽과 서쪽의 오랑캐가 모두 당에 복종하고 있습니다. 근자에 온 나라의 힘을 기울여 맹장과 용병을 이끌고 왔으니, 그 기세를 당해 내지 못할 것입니다. 그러니 우리가 군사를 움직이지도 싸우지도 않게 하여 지구전으로 나가면서 그들을 지치게 만들고 그 양도를 끊으면, 열흘이 지나지 않아서 그들의 군량이 다하여 싸울 수도 돌아갈 수도 없게 될 것입니다. 이야말로 이번 싸움에 우리가 반드시 이기게 될 계책이라 생각됩니다."

고연수는 그의 말을 듣지 않고 군사를 이끌고 안시성 밖 40리까지 나아갔다.

이보다 먼저 타이종은 측근의 시신侍臣에게 말한 적이 있었다.

"지금 고연수에게는 세 가지 방책이 있다. 상책은 군사를 이끌고 와서 안시성과 연결된 보루를 만들고, 험한 산세를 의지해 성중의 식량을 먹으면서 말갈병을 놓아 우리의 우마를 약탈하는 것이다. 그러면 우리는 성을 쉽게 함락시키지 못하면서, 돌아가려 해도 진흙탕 길이라 큰 곤혹을 치르게 될 것이다. 이들이 성안의 무리를 뽑아 함께 공격하는 것은 중책이고, 무조건 전략도 세우지 않고 와서 우리와 싸우는 것이 하책인데, 두고 보라. 그들은 반드시 하책으로 나올 것이니, 그를 사로잡게 될 것은 여반장이 될 것이다."

고연수가 안시성 밖 40리에 왔을 때에 타이종은 고연수가 더 가까이 오지 않을까 염려해서, 대장군 아스나阿史那를 시켜서 투르크 병 1,000기를 거느리고 이를 맞아 싸우다가 도망 오게 했다. 고연수가 이런 당군을 격파하기가 쉽다고 생각하고, 당군을 따라 안시성 동남 8리가 되는 곳까지 와 산을 의지하고 포진했다. 타이종이 창순우지長孫無忌 등 수백 기를 거느리고 높은 언덕에 올라가 군세를 바라다보았다. 고구려군이 말갈병과 합세하여 포진했는데, 그 길이가 40리나 되었다. 타이종이 약간 걱정하는 기색을 보였다. 창샤왕 다오종이 말했다.

"구려는 모든 힘을 합쳐 우리에게 대항하고 있으니, 평양의 수비가 허술할 것입니다. 신에게 정병 5,000만 주시면, 그들의 본거지인 평양을 정복하겠습니다. 그렇게 되면 여기의 수십만 대군도 절로 항복하게 될 것입니다."

"아니다. 여기서 결전을 한 뒤에 평양을 도모해도 늦지 않을 것이다."

타이종이 다오종의 건의를 물리치고 밀사를 고연수에게 보내어 말하게 했다.

"짐은 그대의 나라에서 신하가 임금을 시해한 일을 문죄하러 와서 싸우게 되었다. 그대의 지역에 들어와도 양식을 주지 않아, 부득이 몇 개의 성을 공취했다. 그러나 그대의 나라에서 신하의 예를 갖추어 사죄하면, 곧 성을 돌려주고 돌아갈 것이다."

고연수가 이 말을 믿고 군비를 강화하지 않았다.

거가車駕가 있는 조당朝堂 곁에 고구려가 항복할 것을 받아들이기 위한 수강막受降幕을 짓게 하면서 타이종이 말했다.

"내일 점심때에 이곳에서 항복을 받을 것이니라."

이날 밤에 별똥별이 고연수의 군영으로 떨어졌다. 타이종이 밤에 여러 장수들을 모아 지시했다. 리즈에게 만 오천여의 보기병을 몰고 안시성의 서쪽 언덕에 진을 치게 하고, 창순우지長孫無忌로 하여금 뉴진다牛進達 등의 정병 일만 일천여 명으로 산의 북쪽에서 골짜기로 나아가 고구려군을 기습하게 했다. 타이종이 몸소 4,000의 보기병과 함께 고구려 진영의 북쪽에 있는 높은 봉우리에 올라가, 그때까지 소리를 내지 않고 있던 고각鼓角을 한꺼번에 터뜨리며 눕혔던 깃발을 일제히 세우게 했다. 구름처럼 엄습해오는 당군을 맞은 고연수의 군사는 공포에 휩싸였다. 급히 군사를 나누어 방어했으나 이미 때가 늦어서 고구려의 진중이 지리멸렬되었다. 마침 뇌성벽력까지 터졌다. 그러는 가운데 룽먼龍門 사람 셰런귀薛仁貴가 괴상한 옷을 입고 기성을 지르며 고구려군을 종횡무진으로 무찌르니 이를 당해 내는 자가 없었다. 고구려군은 3만여 명의 사상자를 내고 산으로 도망쳐 올라갔다. 타이종이 제군에게 명하여 이를 포위했다. 창순우지는 교량을 모두 파괴하면서 고연수 군의 퇴로를 차단했다. 마침내 고연수와 고혜진이 거느린 3만 6천 800명이 모두 항복하고 말았다. 타이종이 말을 천천히 몰고 가서 고구려의 보루를 살펴보며 시신에게 말했다.

"구려가 거국적으로 나와 싸워 패했으니, 하늘이 우리를 도우셨다."

그렇게 말하면서 타이종이 말에서 내려 하늘을 보고 두 번 절하며 감사 기도를 올렸다. 고연수 등이 무릎으로 기어 나와 어전에 부복하며 명을 청했다. 타이종은 욕살 이하 관병 3,500명을 뽑아 중국으로 옮기게 하고, 그 나머지는 모두 무장을 해제시킨 뒤에 평양으로 돌려보냈다. 다만, 말갈의 군사 3,300명은 모두 땅을 파서 묻어 죽였다. 이 싸움에서 당군은 말 3만 필, 소 5만 두, 명광개明光鎧 5,000벌을 포획하였고, 헤아릴 수 없이 많은 병기를 획득했다. 뒤에 황성黃城과 은성銀城마저 함락시키니, 수백 리에 걸쳐서 사람의 인적이 사라졌다. 이곳을 주비산駐蹕山으로 명명한 후 이번 전투에서 공이 큰 셰런귀를 유격장군遊擊將軍으로 삼고, 항장 고연수를 홍로경鴻臚卿으로 그리고 고혜진을 사농경司農卿으로 삼았다.

　타이종이 리즈에게 말했다.

　"안시성安市城은 산세가 험하여 난공불락인데다가 군사들이 정강하며, 그 성주의 재주와 용기가 대단하다고 들었다. 막리지가 임금을 시해했을 때에도 성주가 성을 지켜 굴복하지 않아서, 막리지도 어쩔 수 없어 그대로 두었다고 한다. 이에 비하여 건안성은 군사가 약하고 군량이 적을 것이니, 먼저 이를 치면 꼭 이길 수 있을 것이다. 공은 먼저 건안성을 치도록 하라. 건안성이 함락되면 안시성은 저절로 무너지게 될 것이니, 병법에 성을 치지 않고 얻는다는 것이 이를 두고 한 말일 것이리라."

　리즈가 대답했다.

　"건안성은 남쪽에 있고, 안시성은 북쪽에 있습니다. 그런데 우리의 군량은 모두 요동에 있으니, 지금 안시성을 피하고 건안성을 치다가 구려의 군사가 우리의 보급로를 끊으면 그런 낭패가 없을 것입니다. 이는 먼저 안시성을 치는 것만 같지 못합니다. 안시성이 함락되면 건안성은 북소리 한 번에 얻을 수 있을 것입니다."

타이종이 허허 하고 웃으며 말했다.

"공을 장수로 삼았는데, 어찌 공의 전략을 쓰지 않으랴?"

리즈가 안시성을 공격하는데, 안시성 사람들이 당군의 깃발이 몰려오는 가운데에 타이종의 기가 나부끼는 것을 보고 성루에 올라가서 북을 치며 욕했다. 타이종이 크게 화를 내었다. 리즈가 성을 함락시키면 남자는 모조리 죽여 버릴 것이라고 고함을 질렀다. 이 말을 들은 안시성 사람들은 더욱 성을 굳게 지키고 오랫동안 움직이지 않았다. 성주 양만춘楊萬春[166]은 성안의 동명왕묘東明王廟에서 제를 올리며 필승을 다짐했다.

"동명성왕이시여 그리고 치우천왕이시여, 당의 대군을 물리칠 수 있도록 저희들에게 힘을 보태어 주소서. 이들은 우리 고구려를 병합해서 속국으로 만들려고 대군을 몰고 왔습니다. 선조 때부터 중국의 세력들이 우리 고구려를 넘나보면서 기회가 있을 때마다 겁탈을 일삼아 왔습니다. 우리 고구려의 5부 사람들이 말갈과 함께 이들을 막아서 만민을 편안하게 만들려고 합니다. 부디 우리에게 힘을 보태어 주소서."

---

166 양만춘楊萬春 : 안시성의 성주에 대하여 역사서에는 어떠한 자료도 없이 그냥 "안시성의 성주"로만 기록되어 있음. 송준길宋浚吉의 동춘당선생별집同春堂先生別集과 박지원의 열하일기에는 안시성 성주의 이름을 梁萬春 혹은 楊萬春이라고 적고 있음.

양만춘은 안시성에서 3개월 동안 하루 평균 5~6회의 당군의 공격을 막아내며 농성을 계속했다.

고연수와 고혜진이 타이종에게 청했다.

"신들은 이미 몸을 대국에게 맡겼습니다. 그러니 지성을 다하지 않을 수 없습니다. 천자의 일을 빨리 성사시키고, 신들도 처자를 빨리 만났으면 합니다. 안시성 사람들은 생사를 무릅쓰고 싸우니 성을 쉽게 함락시키지 못할 것으로 보입니다. 신들이 고구려의 10만 군을 이끌고 나왔지만 폐하의 융성한 깃발만 바라보고도 간담이 서늘해져서 항복했습니다. 압록수鴨綠水 서편에 있는 오골성烏骨城은 수장인 욕살이 늙어 힘이 없습니다. 그러니 이곳을 공격하면 하루 반나절에 항복해 올 것입니다. 그 밖의 성들은 폐하의 위풍만 바라보고도 모두 궤멸할 것입니다. 그런 뒤에 군량을 거두어 북을 올리면서 진격하면 평양도 쉽게 무너질 것입니다."

타이종의 신하들이 말했다.

"폐하, 장량의 군사가 비사성에 있습니다. 그를 불러서 오골성을 빼고 압록수를 건너 평양을 공격하는 것이 옳은 계책으로 압니다."

타이종이 신하들의 계책을 좇고자 하는데 창순우지가 말했다.

"천자께서 친정하는 것은 보통 장수들과는 달라야 합니다. 위험을 무릅쓰고 운에 맡기는 것은 불가합니다. 지금 건안성과 신성의 적군이 10만이 넘는데, 이들은 우리가 오골성으로 나가면 우리의 뒤를 위협할 가능성이 있습니다. 그러니 먼저 안시성을 파하고 난 뒤에, 건안성을 공격하는 것만 같지 못합니다. 그런 뒤에 평양으로 진격하는 것이 만전의 계책이라 생각합니다. 폐하, 통촉하소서."

타이종이 그의 말을 좇아 장수들에게 명령하여 안시성을 급히 공격하게 했다.

하루는 안시성에서 닭과 돼지 잡는 소리가 요란하게 들려왔다. 타이종이 리즈에게 말했다.

"성을 포위한 지 오래니 성중의 기세가 날로 쇠약하게 될 터인데, 지금 닭과 돼지 잡는 소리가 요란하게 들리니 무슨 계책이 있는 것이 틀림없다. 필시 야습을 위해 군사들을 배불리 먹이고 있을 것이다. 수비에 이상이 없도록 특히 유념하거라."

밤이 되자 고구려의 사수 백 명이 성에서 줄을 타고 내려와 당군을 공격했다. 미리 알아 대기하고 있던 당군이 이를 요격하여 수십 명을 베었다. 창샤왕 다오종이 군사를 동원해서 안시성의 동남쪽에 토산을 축조했다. 안시성 쪽에서도 이에 대항하여 성을 증축했다. 양군이 하루에도 대여섯 차례 교전하는데, 당군이 충차를 써서 성벽을 무너뜨리면, 고구려군은 목책을 세워 무너진 성벽을 보수했다. 다오종이 발을 헛디뎌 걷기를 거북해 하는데, 타이종이 친히 침을 놓아 치료해 주었다. 다오종이 60일 동안 연 50만 명의 인력을 투입해 안시성을 내려다 볼 수 있는 높이로 토성을 쌓고, 그 꼭대기에서 안시성으로 건너갈 수 있는 널판자를 준비하여 흙으로 덮어 위장했다. 그러는 동안에도 리즈는 서쪽에서 포차拋車와 당차撞車로 공격해서 성벽을 파괴했다. 그때마다 고구려군은 목책을 세워 무너진 곳을 막았다. 다오종은 토산 위로 과의도위果毅都尉 푸푸아이傅伏愛의 부대를 보내어 지키게 했다. 토산의 일부가 무너져서 성벽을 덮었다. 그런데 푸푸아이가 사사로이 자리를 뜬 사이에, 고구려의 결사대 100명이 성을 타고 올라가 토산을 빼앗고 해자를 파서 지켰다. 승리의 함성이 울리자 타이종이 이를 알고 격노하여 푸푸아이를 참형에 처했다. 여러 장수를 독려해서 사흘 동안 토산 위의 고구려군을 공격했으나 이기지 못했다. 이 전투에서 타이종이 양만춘의 화살에 맞아 한쪽 눈을 잃었다는 전설이 있을 정도로 격전이었다.

황급해진 다오종이 맨발로 타이종을 찾아뵙고 죄를 빌었다. 타이종이 말했다.

"경의 죄는 마땅히 죽을 만하다. 다만, 짐은 한나라의 우디武帝가 왕휘王恢[167]를 죽인 것이, 친秦나라 뮈공穆公이 맹밍孟明을 살려 쓴 것만 못하다고 여기고 있다. 경이 개모성과 요동성에서 공을 세웠으니 특히 용서하는 것이다."

요동에 겨울이 왔다. 일찍부터 매서운 한파가 와서 풀이 마르고 물이 어니, 당의 군사들은 견딜 수가 없었다. 게다가 양식마저 떨어지려 했다. 마침내 타이종이 철군할 것을 명령했다. 먼저 요동성과 개모성에서 얻은 백성들을 랴오스이 너머로 건너보내고, 곧

---

167 왕휘王恢 : 쑝누匈奴가 화친을 신청해왔을 때에 한의 우디武帝는 대신들에게 의논하게 했다. 옌燕의 사람 따시왕휘大行王恢는 쑝누를 공격하자고 주장했다. 한안귀韓安国가 화친을 주장하자 대신들 가운데 한안귀를 지지하는 자가 많았다. 우디는 화친을 허용했다. 다음 해에 다시 따싱왕휘가 쑝누를 공격할 방책을 내어 따싱왕휘와 한안귀 사이에 격론이 벌어졌다. 우디가 따싱왕휘의 의견에 따라 쑝누를 공격하기로 했으나 실패하자 왕휘는 문책당하여 자살했다.

이어 군사를 안시성 밑에 모아 깃발을 떨치며 철군하기 시작했다. 당군의 위용은 여전히 당당해서, 안시성으로부터 추격해 나오는 군사는 없고, 오로지 성주 양만춘이 성루에 올라 멀리 내려다보며 배웅했다. 타이종이 성주가 성을 지키면서 보인 용맹과 지략을 가상히 여겨 비단 100필을 주면서 그 충성됨을 치하했다. 타이종이 리즈와 다오종에게 명하여 보기병 4만 명을 거느리고 요동성을 거쳐 랴오스이를 건너게 했다. 가는 길이 진흙탕이라 거마가 통과할 수 없게 되자, 창순우지에게 명령해서 군사 만 명으로 뻘밭을 돌로 메우게 하고, 수레로 다리를 만들게 했다. 타이종이 스스로 나무를 메고 말을 채찍질하여 길 만드는 일을 도왔다. 10월의 삭풍은 사정없이 불어재꼈다. 많은 장졸들이 동상으로 쓰러져 죽었다. 불을 피우게 해서 온기를 취하게 해도 소용이 없었다. 폭풍설이 계속되니 속수무책으로 어둠 속에서 장병들이 이리저리 헤매게 되었다. 가까스로 중국으로 돌아간 자는 점령 지역의 백성을 합해 겨우 7만 명에 지나지 않았다. 항장 가운데 고연수는 항복한 것을 후회하여 탄식하다가 분사하고 말았고, 오로지 고혜진만이 장안으로 갈 수 있었다. 타이종은 성공하지 못한 것을 깊이 한탄하면서 말했다.

"웨이정魏徵이 살아 있었다면 짐이 이런 걸음을 하게 하지 않았을 것이다."

다음 해의 2월에야 타이종이 경사로 돌아왔다. 리딩李靖에게 물었다.

"짐이 천하의 주인으로 이런 작은 오랑캐에게 당하여 곤경에 처하게 된 것은 무슨 까닭일까?"

리딩이 말했다.

"이는 다오종이 해명한 바입니다."

"무슨 뜻이냐?"

"다오종이 주비駐蹕에서 건의했지 않습니까? 구려의 허세를 찔러 평양을 공략하자고 했었지요. 그런데 폐하께서 듣지 않으셨지 않습니까?"

"그때는 급한 마음에 짐의 생각이 미치지 못했었지."

5월이 되자 고구려왕과 막리지 연개소문이 사신을 파견해서 사죄했다. 아울러 두 미녀를 바쳤다. 타이종은 이들을 돌려보내면서 말했다.

"예쁜 여자는 누구나 탐낸다. 그러나 그들은 피붙이로부터 멀리 떨어져 와서 마음이 상할 것이다. 그러니 짐이 취할 수가 없겠다. 고향으로 돌려보낸다."

타이종이 철수하면서 궁복弓服을 연개소문에게 주었으나, 그가 이를 받지 않고 교만한 태도로 사자를 대했다. 연개소문은 항상 변경의 틈을 엿보면서 당이 신라를 치지 말라고 누차 권했으나 들은 척도 하지 않았다.

647년에 타이종이 다시 군사를 일으켜 고구려를 치려고 했다. 그런데 조정에서 의논해서 건의했다.

"구려는 산을 의지하여 성을 만들었습니다. 그러니 쉽게 함락시킬 수가 없습니다. 여러 번의 전쟁으로 구려 사람들이 밭을 갈지 못하여 곡식을 수확하지 못했습니다. 그동안은 성안에 비축한 식량이 있었으나, 이제 그마저도 고갈되었다 하니, 몇 사람의 장수를 보내어 소란을 피우면 얼마 가지 않아 민심이 이탈할 것입니다. 그러면 압록수의 북쪽은 싸우지 않고 얻을 수 있을 것입니다."

타이종이 이 계책에 따라 좌무위대장군左武衛大將軍 뉴진다牛進達를 청구도青丘道 행군대총관行軍大摠管으로 삼고, 우무위장군右武衛將軍 리하이얀李海岸을 부사령관으로 삼아, 둥라이東萊로부터 군함으로 만여 명의 군사가 바다를 건너 쳐들어가게 했다. 그와 동시에 태자첨사太子詹事 리즈李勣를 요동遼東 행군대총관으로 삼고, 우무위장군 순얼랑孫貳朗을 부사령관으로 임명해서 군사 3,000명을 거느리고 잉주도독榮州都督의 부병府兵과 함께 신청도新城道로 진군하게 했다. 두 군사가 모두 수전에 능했다. 리즈가 랴오스이遼水를 건너 남소성南蘇城을 비롯한 여러 성을 공격하여 일부 성곽을 불태우고 돌아갔다. 7월에 뉴진다의 군사가 고구려의 영토 안으로 진격해서 백여 차례에 걸쳐 싸웠다. 고구려 군사가 적리성積利城에서 이들을 맞아 싸우다가 3,000명의 군사를 잃고 패퇴했다. 타이종은 쑹주宋州 자사 왕파리王波利를 시켜서 장난江南 12개 주의 목수를 총동원하여 큰 전함 수백 척을 만들어 고구려 침공을 시도했다. 12월에 보장왕이 둘째 왕자를 보내어 당에 사죄하겠다고 하자 타이종이 이를 받아들였다.

647년 정월에 고구려가 당에 사신을 보내어 조공을 했다. 그런데 타이종은 다시 조칙을 내려서 우무위대장군右武衛大將軍 셰완처薛萬徹를 청구도행군대총관으로 삼고, 우위장군 폐싱팡裵行方을 부관으로 삼아, 군사 삼만여 명과 전함을 거느리고 라이주萊州로부터 바다를 건너 고구려를 침범하게 했다. 4월에는 오호진장烏胡鎭將 구신간古神感이 전함 여러 척에 만여 명을 태우고 쳐들어온 것을 고구려의 보기병 5,000명이 역산易山에서 맞아 싸우다가 복병에 걸려 도망쳤다. 이런 것을 보고 받은 타이종은 고구려의 힘이 약해졌다고 하면서 명년에는 30만 대군을 동원해서 일거에 고구려를 침공하겠다고 했다. 그러자 한 신하가 상소를 했다.

"대군을 발동하면 많은 군량을 수송하게 되는데, 이를 육로로 운반하는 것은 과거의 예를 보아도 좋지 않습니다. 오히려 선편이라면 어렵지 않게 수송할 수 있습니다. 지난번 전역에서 쓰촨泗川의 잔난劍南이 출전치 않았고, 싀 말隋末의 난리도 무사히 넘겼기 때문에 그곳의 백성들이 넉넉합니다. 이들에게 명하시어 전함을 건조하시면 크게 도움이 될 것입니다."

타이종이 이 말을 그럴 듯하게 받아들여서 사람을 보내어 전함을 건조하게 했다. 이때의 전함은 큰 것이 길이 백 척에, 넓이가 오십 척이나 되는 대선이었다. 다시 타이종이 장군 셰완처로 하여금 고구려를 침공하게 했다. 그가 압록수 하류에 있던 박작성泊灼城에서 40리 떨어진 곳에 진을 쳤다. 박작성주 소부손所夫孫이 보기병 만여 명으로 요격하다가 견디지 못하고 성으로 철수하여 굳게 지키게 되었다. 박작성은 산을 의지해서 축조한 성이라 지세가 험준한데다가 앞을 압록수가 막아 난공불락이었다. 고구려의 장군 고문高文이 오골烏骨, 안지安地의 군사 삼만 여를 거느리고 박작성을 지원하다가 세완처의 군사에게 당하여 패퇴하고 말았다. 이렇게 일진일퇴가 계속되는데, 659년 4월에 타이종이 죽으면서 다시는 고구려를 침범하지 말라는 유언을 남겨 고구려와의 싸움은 일단락 짓게 되었다. 사실 타이종의 집요한 고구려 정벌을 사공司空 팡샨링房玄齡이 노환을 무릅쓰고 "만족할 줄 알면 욕됨이 없고, 그칠 줄 알면 위태로움이 없다"는 노자老子의 가르침을 들면서 글을 올려 말렸었다.

"삼가 폐하께 아룁니다. 폐하께서는 위명과 공덕이 이미 만족하다 할 것입니다. 만족할 줄 알면 욕됨이 없고, 그칠 줄 알면 위태롭지 않다고 했습니다. 그러니 땅을 개척하고 강토를 넓히고자 하는 일은 그만 두심이 옳습니다. 그런데 고구려를 쳐서 안으로 전대의 수치를 씻으려 하고, 밖으로 신라의 원수를 갚아 주겠다고 하시니, 이는 명분이 모자라고 손실이 큰 일이라 하겠나이다. 폐하께서 고구려의 잘못을 용서하시고 바다의 전함을 불태워 모아들인 군사를 파하면, 우리 중국의 백성들이나 저네 동이의 무리들이 모두 기뻐하고 서로 의지하며 지내려 할 것이니 이보다 더 좋은 일이 어디 있겠습니까?"

팡샨링의 상소는 극진했으나 타이종은 그의 말을 듣지 않다가 죽어서야 일을 멈추게 되었다.

제 5 장

한반도의 통일

1 의자왕義慈王의 비극

의자왕은 무왕武王 33년[168] 정월에 태자로 책봉되었다. 그는 체격이 건장하고 간담이 큰 사람이었다. 어릴 때부터 부모에 대한 효성이 지극하고, 형제간의 우애가 돈독해서 한때 사람들이 그를 해동증자海東曾子로 부르며 숭상했다. 백제의 29대 왕인 무왕의 뒤를 이은 그에게는 동남의 야마도 왕조의 지도층에 혈족들이 많았다. 백제의 21대 왕인 개로왕蓋鹵王이 고구려와의 싸움에서 전사하기 전에 그의 아들 곤지昆支를 야마도로 보내어 군군軍君으로 삼았음은 이미 적은 바가 있다. 곤지의 후손들 가운데 몇몇은 한반도로 돌아와서 백제의 왕이 되거나 야마도의 오오기미大王나 그의 지

---

[168] 무왕武王 33년 : 서기 632년, 신라 선덕여왕 1년, 고구려 영류왕 15년, 당 정관貞觀 6년, 야마도 죠메이舒明 4년.

지 세력이 되니, 백제의 왕가와 야마도의 오오기미 일가는 친척 간이었다.

곤지의 아들인 25대 무령왕武寧王[169]은 백제에서 야마도로 가는 도중의 가라시마各羅嶋에서 태어났다 하여, 휘를 시마斯摩라고 하였다. 무령왕은 한성을 고구려에 빼앗겨서 혼란 속에 빠졌던 백제를 수습해서 안정을 회복했다. 그 뒤로 백제에서는 성왕, 위덕왕, 혜왕, 법왕을 거쳐 무왕에 이르기까지 익산益山과 웅포熊浦를 중심으로, 미륵신앙으로 뭉친 지방 유지와 야마도 세력이 점차 국력을 회복시켜 나갔다. 다만, 한강 하류의 한성을 다시 신라에게 빼앗긴 뒤 이를 회복하지 못한 것이 천추의 한이었다. 오랫동안 고구려나 신라와 싸워온 백제는 무왕과 의자왕 때에 들어서야 군사력을 회복하여 많은 전투에서 신라와 고구려를 압박해 나갈 수 있었다. 이때 야마도의 지지 세력은 규슈九州 오오이다大分[170]와 북부지역을 중심으로 군사력을 동원해서 백제를 도왔다.

641년에 의자왕이 왕위에 등극하자, 당唐의 타이종太宗이 사부랑

---

[169] 무령왕武寧王(452~523년, 502~523년 재위) : 백제 25대 왕 무령왕의 생년은 1971년 7월 18일 공주 백제 고분 6호에서 그의 능이 발견되면서 그 능지에 462년으로 적혀 있었다. 이 해는 야마도의 유랴구雄略 텐노天皇 5년이고, 개로왕蓋鹵王 7년이 된다. 무령왕의 관은 일본 긴키近畿 지방 남부의 고야마기(槇)로 만들어져 있는데, 이 나무는 일본에서밖에 자라지 않는 나무이다. 고대의 불상이나 관의 재질은 거의 일본산 쿠스노기(녹나무)나 고야마기로 만든 것을 보면 양국간의 교류가 깊었음을 알 수 있다.

[170] 오오이다大分 : 규슈의 오오이다大分 현県 미혜죠三重町의 고분에서 출토된 부장품에는 익산에 있는 백제시대 고분의 마구와 동일한 것이 출토되고 있음.

중詞部郎中 정원뱌오鄭文表를 보내어 의자왕을 주국대방군왕柱國帶方郡王 백제왕百濟王으로 책봉했다. 이에 보답하여 8월과 다음 해 정월에 의자왕은 사신을 당으로 보내어 방물을 바치고 조공했다. 2월에 의자왕은 주와 군을 순무하고 죄수를 석방한 뒤, 7월에 군사를 거느리고 신라를 침공했다. 미후성彌猴城을 비롯한 40여 성을 함락시키고, 8월에는 대야성마저 함락시켜서 신라의 이찬 김춘추의 딸내외를 잡아 죽여 김춘추와 철천지원수가 되고 말았다. 의자왕 3년 11월에 고구려와 화친을 맺은 뒤에 신라의 당항성黨項城을 공격하여 이를 함락시키고 신라가 당으로 입조하는 길을 차단했다. 왕은 신라의 선덕여왕이 당에게 구원을 청한 것을 알고 일단 군사를 파했다. 의자왕 4년 정월에 사신을 당으로 파견해서 다시 조공을 했다. 당의 타이종은 사농승상司農丞相 리샨장里玄獎을 보내어 백제와 신라에게 싸우지 말라고 타이르게 했다. 그러나 아무도 귀를 기울이지 않았다. 의자왕이 등극한 지 7년째가 된 647년 정월에 신라에서는 비담毗曇과 염종廉宗의 난이 일어났고, 그 가운데 선덕여왕이 붕어했다. 그 뒤를 이은 진덕여왕은 정치제도를 혁파하면서 연호를 태화太和로 정하고, 처음으로 중국의 의관을 채택했다. 그 뒤 신라의 김유신과 백제의 장군 의직義直, 좌장 은상殷相 등이 밀양, 상주 등지에서 수십 번을 싸워서 일진일퇴를 거듭했다.

649년 8월에 백제의 장군 은상殷相이 군사를 거느리고 신라의 석토성石吐城을 비롯한 일곱 성을 함락시켰다. 신라에서는 대장군 김유신과 장군 진춘陳春 등으로 백제군을 막아 10여 일을 싸웠다. 그러던 어느 날 도살성道薩城에 주둔하고 있던 김유신이 측근을 보고 말했다.

"오늘은 반드시 백제의 첩자가 올 것이다. 너희들은 모른 척하고 누구냐고 묻지 말라."

백제의 첩자가 신라의 진중에 섞여 들었다. 김유신이 짐짓 모른 척하고 사람을 파견해서 진중에 선포하게 했다.

"성벽을 굳게 지키며 조금도 움직이지 말라. 내일 구원군이 오면 결전을 할 것이다."

숨어 있던 첩자가 이 말을 듣고 얼른 백제군의 은상에게 가서 알렸다. 신라군이 증원을 얻는다는 소식에 백제군이 주춤하고 있는데, 그 사이 김유신이 이끈 신라군이 엄습했다. 신라군은 이 전투로 장교 100명을 사로잡고, 군졸 8,980명을 참살하며, 전마 일만 필을 포획하고, 헤아릴 수 없이 많은 병기를 빼앗아갔다. 신라는 그런 뒤에 당으로 사신을 보내어 백제의 군사를 격파한 것을 알렸다. 진덕여왕은 김춘추의 아들 법민法敏을 시켜서 비단에 오언시五言詩로 태평송太平頌을 지어서 당의 가오종高宗에게 바쳤다. 가오종이 이 글을 보고 크게 기뻐하면서 법민에게 대부경大府卿의 벼슬을 주어 돌려보냈다. 신라는 중국의 영휘永徽의 연호를 처음으로 쓰면서 가오종의 비위를 맞추었다.

651년에 신라는 파진찬波珍飡 김인문金仁問을 당으로 보내어 그 나라의 숙위宿衛로 근무하게 했다. 654년 3월에 진덕여왕이 붕어해서 후사를 논하는데, 화백회의에서 이찬 알천閼川이 천거되었다. 왕으로 천거된 알천은 굳게 사양하면서 말했다.

"나는 이미 늙었고 덕행도 이렇다 할 것이 없소. 임금으로는 춘추공만한 사람이 없소. 실로 제세의 영걸이라 할 것이오."

그러자 김유신이 이에 찬동했다. 김춘추가 세 번을 사양하다가 왕위에 오르게 되었다. 이 사람이 신라 29대왕인 태종太宗 무열왕武烈王이다. 무열왕의 즉위 소식을 들은 당나라에서 지절사持節使를 파견하여 왕을 개부의동삼사開府儀同三司 신라왕新羅王으로 책봉했다. 왕은 법민을 태자로 삼고, 왕녀 지조智照를 대각찬大角湌 김유신에게 시집보냈다. 이렇게 되니 왕과 김유신은 이중 삼중으로 척분이 맺어진 셈이었다.

651년에 백제의 의자왕이 사신을 당으로 파견했더니, 당의 가오종高宗이 글을 보내어 유시했다.

"해동 삼국이 건국한 지 오래 되어, 국토의 경계가 개의 이빨처럼 이어져 있는데, 틈만 나면 서로 싸워 평안한 날이 없다 한다. 삼한 백성들의 목숨을 도마에 올리고 밤낮으로 싸우고 있는데, 천리와 물리를 따져 보니 심히 민망한 일이로다. 지난해에 고구려와 신라의 사절이 입조했기에 서로 숙원을 풀고 다시 화목하라고 일렀는데, 신라사 김법민金法敏의 말로는 '고구려와 백제는 순치와 같은 관계로, 서로 의지하며 군사를 일으켜 침략하므로, 중요한 성과 기지가 거의 백제의 몫이 되어, 우리의 강토가 줄어들어 형편이 말이 아니다. 백제가 뺏어간 성진城鎭을 돌려주도록 하고, 만약 당나라의 지시를 듣지 않을 때에는 군사를 보내어 응징해준다면 곧 화친을 맺겠다'고 했다. 그의 말에 순리가 있으니, 이를 허락하지 않을 수 없다. 왕이 만약 짐의 말에 순종하지 않으면, 짐은 김법민이 요청한대로 왕을 문책할 것이고, 고구려에도 구원하지 못하게 할 것이다. 고구려가 만약 영을 어기면 거란과 제번諸蕃에게 명하여 랴오스이遼水를 건너 고구려도 공격할 것이다. 왕은 짐의 말을 깊이 새겨듣고, 스스로 복을 구하고 좋은 계책을 도모함으로써 나중에 뉘우침이 없도록 하라.”

의자왕은 다음 해 정월에 사신을 당에 보내어 조공을 바치고, 그 다음 해 8월에는 야마도에도 사신을 보내어 수교했다. 655년 정월에 고구려, 말갈과 함께 신라의 33개 성을 공격해서 얻으니, 신라의 무열왕은 사신을 당으로 다시 보내어 구원을 재촉했다. 싸움을 하면서도 의자왕이 2월에 태자궁을 수리했는데, 사치스러운 망해정望海亭을 대궐의 남쪽에 세우고 화려하게 단장했다. 9월에 신라의 김유신이 군사를 거느리고 백제로 쳐들어가서 조비성助比城을 공격했다. 김유신은 무열왕에게 아뢰었다.

“백제는 무도하여 그 죄상이 걸주桀紂보다도 심하니, 천리에 따라 그 백성을 불쌍히 여기며 그 죄를 벌해야 할 때입니다. 백제를 정벌하도록 분부하소서.”

김유신은 전술에만 능한 장수가 아니었다. 그의 지모는 삼국의 으뜸이었다. 그는 백제 정벌을 건의하기 전에 벌써 세작을 백제와 고구려에 놓아 정보를 수집해 나가고 있었다. 다음과 같은 사연만 보아도 그가 멀리 내다보고 일을 꾸미는 것을 알 수 있다.

급찬級湌 조미곤租未坤이 천산현령天山縣令으로 있다가 백제의 포로가 되어 좌평 임자王子의 노비가 된 적이 있었다. 조미곤이 성실하게 주인을 모시자, 임자가 이를 신임해서 마음대로 나다니게 해주었다. 몇 년 뒤에 조미곤이 신라로 도망와서 김유신에게 백제의 사정을 낱낱이 고했다. 김유신이 그에게 지시했다.

"듣자니 좌평 임자가 백제의 국사를 자기 마음대로 결정해 나간다 했다. 그와 모의해서 백제를 넘어뜨리려고 생각하고 있는데, 아직 그 기회가 무르익지 않고 있다. 너는 신라를 위해 다시 임자에게 가거라. 그와 힘을 합하고 싶은 내 뜻을 그자에게 전해 주었으면 한다."

조미곤이 감읍하면서 말했다.

"장군께서 저 같은 미천한 사람을 대접하여 이처럼 큰일을 맡기시니, 이 몸이 죽는 한이 있더라도 진충보국하겠습니다."

며칠이 지나서 조미곤이 다시 백제로 돌아갔다. 그가 임자를 만나서 말했다.

"저는 이미 백제 사람이 된 지 오래입니다. 그래서 백제의 풍속을 익히는 것이 좋겠다고 생각하여 그동안 여러 곳을 다녀 보았습니다. 그러는 동안에도 주인님을 사모하는 마음이 간절해져서 다시 이렇게 돌아왔습니다."

임자는 조미곤의 말을 믿고 다시 그를 받아들였다. 얼마 후 조미곤이 임자의 눈치를 살피다가 말을 끄집어냈다.

"주인님, 저번에는 제가 지은 죄가 커서 이실직고하지 못했습니다. 사실은 그동안 신라에 다녀왔습니다. 이미 백제에 망국의 징조가 있기에, 김유신 장군을 뵙고 왔습니다. 김유신 장군이 말씀하시기를 백제에 좌평 임자가 계시니 가서 말씀드리라고 하셨습니다. 한 나라가 흥하고 망하는 것은 미리 알 수 있는 일은 아니나, 백제가 먼저 멸망한다면 좌평께서 장군에 의지하고, 신라가 먼저 망한다면 장군이 좌평에게 의지하고 싶다고 하셨습니다. 주인님, 여러 가지 형편을 잘 살펴서 현명하게 처리하셨으면 합니다."

임자가 아무 대꾸를 하지 않자, 조미곤은 무안해서 자리에서 물러났다. 몇 달이 지나 임자가 조미곤을 불렀다.

"저번에 네가 한 말은 틀림이 없는 것인가? 다시 한 번 더 말해 보아라."

조미곤이 송구해 하면서 다시 한 번 설명했다. 그러자 임자가 말했다.

"알았다. 가서 장군께 말씀 드려라. 장군의 뜻대로 하시자고."

조미곤이 기쁜 마음으로 한걸음에 신라로 달려가서 김유신에게 임자의 말을 전하고, 그동안 살핀 백제의 사정을 상세히 보고했다.

33개의 성을 얻은 거듭된 승리로 자만에 빠진 의자왕은 차츰 신하들의 말을 듣지 않고, 술 마시고 노는 것을 일삼게 되었다. 왕이 궁녀들과 음탕한 짓을 계속하는 것을 좌평 성충成忠이 충간을 하다가 하옥되었다. 옥중에서 단식하다가 병이 난 성충이 글을 올렸다.

"폐하, 한 말씀 올립니다. 충신은 죽어도 임금을 잊지 않는다 합니다. 신이 병이 나서 죽게 됨에 마지막으로 한 말씀을 올리려고 합니다. 신이 살펴보니 반드시 전쟁이 일어날 것 같습니다. 모름지기 군사를 쓸 때에는 그 지리를 살펴야 합니다. 강의 상류에 포진하고 적의 기세를 꺾은 연후에 싸움을 해야 군사를 보전할 수 있다고 합니다. 만약 다른 나라의 군사가 쳐들어오면, 육로로는 탄현炭峴을 넘지 못하게 하십시오. 그리고 수로로는 금강錦江 하류 기벌포伎伐浦의 언덕을 넘지 못하게 하소서. 기벌포는 백강白江이라고도 부르는 군사의 요지입니다. 이들 험준한 지세에 의지하여 적군을 막은 연후에 적군이 초조해지는 것을 기다려 공격하면 반드시 적을 물리칠 수 있습니다."

그러나 의자왕은 귀를 기울이지 않았다.

"늙은 것이 무슨 잔소리가 이렇게 많은가? 그런 것쯤이야 짐이 신경을 안 써도 될 일이 아닌가?"

성충이 왕의 말을 전해 듣고 안타까워하다가 피를 토하고 죽었다. 가장 덕망이 높은 노신이 이렇게 허무하게 죽으니, 다른 신하들은 아무도 감히 나서서 간언을 할 수가 없었다. 몇 해가 지나자 의자왕은 서자 41명을 모두 좌평으로 삼고, 각각 식읍을 맡아 다스리게 했다. 서자의 상당수는 왕이 쓰구시에 있을 때에 얻은 처첩의 자식이었다. 왕의 인사가 혈연을 따라 문란해지게 되니, 민심이 모두 떠나고 방방곡곡에서 흉흉한 일들이 연이어 일어났다.

"백제가 망한다. 백제가 망한다."

귀신이 곡을 하며 궁중에 들어와서 외쳤다. 귀신이 땅속으로 들어갔다는 말에 왕이 그 땅을 석 자나 파게 했다. 그랬더니 거북 한 마리가 나왔다. 거북의 등에 글이 쓰여 있었다.

"백제는 둥근달과 같고 신라는 초승달과 같다."

왕이 그 뜻을 무당에게 물었다. 한 무당이 말했다.

"달이 둥글면 찼다는 뜻이지요. 달이 차면 이지러집니다. 달이 초생이라면 점점 차게 되는 것이지요. 이는 백제가 망하고, 신라가 일어남을 뜻합니다."

"네 이놈. 혹세무민을 하는 놈이구나. 당장 저놈을 잡아서 목을 쳐라."

왕의 추상같은 호령에 무당의 목이 달아났다. 그러자 다른 사람이 말했다.

"둥근달은 왕성한 것이고 초승달은 희미한 것이니, 이는 백제가 성하고 신라는 쇠약함을 뜻하지요."

왕이 기뻐하며 상을 후하게 내렸다.

의자왕 18년[171] 3월에 신라가 하슬라河瑟羅 소경小京을 주州로 고

---

[171] 의자왕 18년 : 서기 658년, 신라 무열왕 5년, 고구려 보장왕 17년.

치고 도독을 두었다. 그러면서 실직悉直을 북진北鎭으로 삼아 북방을 지켰다. 하슬라는 뒷날의 강릉이니 신라의 국경이 다시 북쪽으로 올라갔다. 6월이 되자 당의 셰런귀薛仁貴가 요동에서 고구려군과 격돌했다. 다음 해 7월에 당의 창순우지長孫無忌가 유배를 당하고, 가오종의 황후인 저톈우허우則天武后가 집권하게 되었다.

660년 봄 2월에 백제의 서울인 부여의 우물물이 핏빛으로 붉게 변했다. 서해 바닷가에서 조그마한 물고기들이 나와 죽었는데, 백성들이 이를 먹을 수가 없었다. 부여의 서남쪽 사비하泗比河의 물도 붉게 변했다. 이보다 먼저 신라에서는 상대등上大等 김강金鋼이 죽어 이찬伊湌 김유신을 상대등으로 삼았다. 상대등은 신라 17관계官階를 초월하여 설정된 최고 관직으로, 국사를 관장하고 귀족 백관회의인 화백和白을 주재主宰하는 귀족연합의 대표였다. 화백에서 가결된 것을 왕에게 상주上奏하여 그 재가를 얻어 실행하는데, 실지로 왕권을 제약하는 성격을 지니고 있었다.

3월에 당의 가오종高宗이 조서를 내려 좌무위대장군左武衛大將軍 쑤딩팡蘇定方을 신구도행군대총관神丘道行軍大摠管으로 삼아, 좌효위장군左驍衛將軍 류보잉劉伯英과 우무위장군右武衛將軍 펑스귀馮士貴, 좌효위장군左驍衛將軍 팡샤오공龐孝公을 거느리고 군사 13만 명을 통솔하여 백제를 치게 했다. 그러면서 신라왕 김춘추金春秋를 우이도행군총관嵎夷道行軍摠管으로 삼아 군사를 거느리고 합세하라 했다. 가오종은 이런 일을 백제가 알 수 없도록 당에서 백제로 가는 선편을 통제하고, 사람들의 왕래를 한동안 막았다. 심지어는 당시 야마도에서 당으로 유학해 왔던 승려와 학자들도 한곳에 유폐해서 돌아가지 못하게 했다.

4월에 백제의 서울에 두꺼비와 개구리 수만 마리가 나무 위에 모였다. 사람들이 놀라서 달아나다가 넘어져 죽는 자가 100여 명이나 되었고, 많은 사람들이 소동 끝에 재물을 잃었다.

5월 26일에 무열왕은 김유신, 진주眞珠, 천존天存과 장병을 거느리고 신라의 서울 경주를 출발했다. 6월 18일에 뒷날의 경기도 이천利川인 남천정南川亭에 도착했다가, 6월 21일에 태자 법민으로 하여금 전선 100척을 거느리고 관서지방의 덕물도德物島[172]에 나가 당군을 맞게 했다. 당의 총사령관인 쑤딩팡蘇定方이 군사를 이끌고 라이주萊州에서 바다를 건너 덕물도德物島에 도착하는데, 전선이 천 리에 이었다. 쑤딩팡이 마중 나온 법민에게 말했다.

"나는 7월 10일에 백제의 남쪽에 이르러 대왕의 군사와 만나 백제왕 의자의 도성을 격파하고자 한다."

법민이 답했다.

"대왕은 지금 대군이 오는 것을 기다리고 계십니다. 대장군이 오신 것을 알면 반드시 음식을 만들어 영접할 것입니다."

쑤딩팡이 크게 기뻐하면서 법민을 돌려보내고 신라의 병마를 징발했다. 법민의 보고를 받은 무열왕은 대장군 김유신金庾信과 장군 품일品日, 흠춘欽春에게 정병 오만 명을 거느리고 나가서 당군과

---

[172] 덕물도德物島 : 뒷날의 덕적도德積島, 인천광역시 옹진군 덕적면에 속하는 섬. 동경 126°81, 북위 37°14에 위치하며, 면적 20.87㎢, 해안선 길이 37km.

호응하도록 하고, 왕 스스로는 상주_{尙州}의 금돌성_{今突城}으로 행차했다.

의자왕이 이런 소식을 듣고 크게 놀라 군신을 모았다.

"당과 신라가 함께 침공해오니, 어떻게 이를 막을 것인가? 각자 방어책을 말해 보아라."

여러 날을 주색에 곯은 왕의 얼굴이 하얗게 질려 있었다. 좌평 의직_{義直}이 나섰다.

"폐하, 당의 군사는 바다를 건너느라 멀미를 해서 기운을 차리지 못하고 있을 것입니다. 이를 급히 공격하면 쉽게 이길 수 있습니다. 신라는 당의 원조만 믿고 있어서 우리를 경시하는 마음이 많을 것입니다. 당군이 불리해지면 감히 나서지 못할 것입니다. 그러니 먼저 당군과 결전하는 것이 상책이라 생각합니다."

그러자 달솔_{達率} 상영_{常永}이 반론을 제기했다.

"아닙니다. 당병은 멀리서 왔기에 속전속결을 원할 것입니다. 중원을 평정한 당군의 예봉은 당하기 힘듭니다. 이에 반해 신라는 번번이 우리에게 패한 적이 있어서 우리의 군사만 보아도 무서워서 도망치게 되어 있습니다. 당군은 방어진을 쳐서 막고, 신라를 먼저 격파해서 그 기세를 꺾은 뒤에 여세를 몰아 당군을 쳐부수면 필승을 기할 수 있습니다. 먼저 신라군을 치소서."

다른 대신들과 장군들은 두 사람의 의견을 편들어 갑론을박하기 시작했다. 의자왕이 결심하지 못하다가 좌평 홍수_{興首}가 눈에 띄지 않는 것을 보고 큰소리로 외쳤다.

"좌평 홍수가 안 보이는데, 이런 국가 존망의 위기에 그자는 어디 갔느냐? 냉큼 찾아서 불러오너라."

좌평 홍수는 이보다 먼저 왕의 비위를 거슬러서 장흥長興의 고마미지현古馬彌知縣으로 귀양 가고 없었다. 사람을 보내어 그의 의견을 물었다. 홍수가 답했다.

"당의 군사는 그 수가 많습니다. 게다가 기강이 엄정하고 연전連戰의 경험이 있습니다. 더구나 이번에는 신라와 공모하여 쳐들어오니, 넓은 들판에서 싸우면 그 승패를 알 수가 없습니다. 우리에게는 백강과 탄현이 있으니, 용사들로 하여금 이를 지키게 하면 이들을 막을 수 있습니다. 이는 이미 좌평 성충이 말씀드린 바 있습니다. 당의 군사가 선편으로 백강에 이르면 더 이상 나오지 못하게 이를 막고, 신라의 군사가 탄현을 넘지 못하게 한 뒤에 대왕이 성문을 굳게 닫고 지키다가 그들의 군량이 다하고, 군사들이 지치게 되는 것을 보아 공격하면 반드시 적을 격파할 수 있을 것입니다."

이런 말을 대신들은 귀담아 들으려고 하지 않았다. 오히려 저마다 떠들어댔다. 그러자 항상 왕의 곁에서 온갖 정사에 용훼를 잘하는 왕비 은고恩古가 한마디 거들었다.

"폐하, 성충이나 홍수는 죄를 지어 죽거나 귀양 간 놈들입니다. 임금을 원망하고 나라를 사랑하지 않으니, 그들의 말은 들을 것이 못됩니다. 당군이 백강으로 들어오면, 역류에 밀려 배가 올라오지 못할 것이고, 신라군이 탄현을 넘으면 길이 좁아서 군마가 운신을

못하게 될 것이니, 이때를 기하여 군사를 내어 몰아치면, 독 안에
든 쥐를 잡는 것이나 그물에 걸린 고기를 잡는 꼴이 될 것입니다.
그들이 넘어오게 유인해서 격파하는 것이 옳습니다. 폐하, 통촉하
소서." 듣고 보니 그녀의 말도 그럴 듯했다. 이렇게 어전회의를 계
속하고 있는데, 황급히 한 신하가 달려와서 숨을 헐떡이면서 고했
다.

　"폐하, 당군이 백강을 넘어서 들어오고 있습니다. 신라도 탄현
을 넘었다고 합니다."

2 황산벌 싸움과 낙화암

"누가 저들을 막을 것인가?"

왕의 다급한 목소리에 한 장수가 나섰다. 달솔達率 계백階伯이었다.

"폐하, 소장이 나가 막겠습니다. 소장이 용사 5천 명을 거느리고 황산벌에 나가서 신라의 군사를 막아내겠습니다. 그동안 폐하께서는 도성에 전국의 군사를 모으시고 굳게 지켜 주소서."

어전을 물러간 계백은 휘하의 5천 명 군사에게 출진 준비를 시킨 후 그 길로 바로 집으로 돌아갔다. 처자를 모아 말했다.

"우리나라가 당과 신라의 대군을 맞아 싸우게 되니 국가의 존망을 알지 못한다. 만일 패전하면 너희들은 그들의 노비가 되어 욕을 당하게 될 것이다. 어떻게 했으면 좋겠는가? 내가 너희들을 이

칼로 죽여서 그런 수모를 겪지 않게 하고 싶구나."

그의 처자들이 울면서 말했다.

"장군의 뜻대로 하소서."

계백이 눈물을 머금고 처자들을 모두 죽이고 나왔다. 계백이 결사대 5천 명을 몰고 황산벌에 나가 세 군데로 나누어 진을 쳤다. 그러면서 계백이 군사들에게 일렀다.

"옛날에 월越의 구천句踐은 5천 명의 군사로써 오吳의 70만 대군을 격파했다. 오늘 모든 장병들은 각각 분발하여 승리를 결단함으로써 국은을 갚도록 하라."

한번 호령이 내리자 백제의 군사들이 성난 사자처럼 몰려 나갔다.

7월 9일에 군사를 세 길로 나누어 황산벌로 나오던 김유신의 신라군은 백제군의 일당 천의 기세에 밀려서 네 번을 싸우고 후퇴했다. 불리한 전세에 기진맥진한 신라군의 장군 흠춘이 아들 반굴盤屈에게 말했다.

"신하로서 충성을 다하는 일만큼 값진 것이 없고, 자식으로서 효성을 다하는 것만 한 것이 없다. 지금처럼 위급한 때에 목숨을 내던지면 충효를 완전히 이룰 수 있는 법이다. 네가 한번 몸을 던져 보지 않겠는가?"

반굴이 대답했다.

"삼가 분부를 따르겠나이다."

말을 마치자마자 반굴이 적진으로 뛰어 들어가 힘껏 싸우다가 전사했다.

반굴이 분전하는 것을 보고, 좌장군 품일品日이 부장副將으로 화
랑도를 이끌고 있던 아들 관창官昌을 불러 말했다. 관창은 나이가
겨우 열여섯인데 기마와 활쏘기에 능하여 종군하고 있었다.

"너는 나이가 어리지만 의지와 기개가 용감하다. 오늘 같은 날
에 공을 세우고 삼군의 상징이 되지 않겠느냐?"

"알겠습니다. 한번 해 보겠습니다."

관창이 말을 타고 창을 휘두르며 적진으로 달렸다. 그러나 백제
의 군사가 많아서 겨우 몇 명을 격살한 뒤에 사로잡히고 말았다.
백제의 군사들이 그를 계백에게 데리고 갔다. 계백이 투구를 벗겨
보니 아직 새파란 소년이었다. 계백이 소년의 용맹을 가상히 여기
고 해치지 않고 놓아 보내면서 탄성을 올렸다.

"신라에는 기이한 용사들이 많다. 소년도 이처럼 용맹하니, 하
물며 장사들이야 더 말해 무엇 하리오."

관창이 돌아와서 부끄러움으로 온 낯을 붉히면서 부르짖었다.

"내 적진 속으로 들어갔으나, 적장을 죽이고 그 깃발을 빼앗아
오지 못한 것이 한이 된다. 다시 들어가서 이번엔 반드시 성공하
리라."

물 한 모금을 마신 뒤에 다시 그는 적진으로 뛰어들었다. 그러
나 이번에도 중과부적이었다. 계백은 잡혀온 관창의 목을 베고 말
안장에 달아매어 적진으로 돌려보냈다. 신라의 진영으로 달려온
말안장에서 아들 관창의 머리를 들고 피를 씻으면서 품일이 울부

짖었다.

"장하다, 아들아. 네 얼굴이 살아 있는 것 같구나. 나라를 위해 죽었으니 장하구나, 내 아들."

이 소리를 들은 신라의 군사들이 크게 분개했다. 모두 결사의 뜻을 세우고, 북을 치고 함성을 지르면서 진격했다. 백제군은 대패하여 계백 이하 장병 모두가 전사하고 좌평 충상忠常과 상영常永 등 20여 명이 포로가 되었다. 신라의 무열왕武烈王이 관창의 공을 기리며 그에게 급찬級湌 벼슬을 추증하고, 장례를 치르게 당견唐絹 30필匹, 20승포升布 30필 그리고 곡식 100석을 하사한 것은 뒷날의 일이었다.

같은 날에 쑤딩팡이 부총관 김인문과 더불어 기벌포에서 백제군을 대파하고, 물을 따라 올라가서 백제 도성의 하나인 진도성眞都城의 30리 앞에 이르렀다. 천신만고 끝에 황산벌에서 백제군을 격파하고 나타난 김유신의 신라군을 본 쑤딩팡은 약속한 기일에 늦었다 하며 신라독군新羅督軍 김문영金文穎을 군문에서 참형하려고 했다. 그의 속셈은 이 기회에 당의 위세로 신라의 기를 꺾어보자는 것이었다. 그러나 대장군 김유신이 호락호락 넘어갈 사람이 아니었다. 노발이 하늘을 찌르는 기세로 군문에 쇠도끼를 잡고 서서 고함을 치는데, 그의 허리에 찬 보검이 절로 격동하여 칼집에서 튀어나올 정도였다.

"대장군은 황산벌의 격전을 보지 못했소. 기일에 늦었다 하여 죄를 논한다면, 나를 치시오. 그러나 나는 죄 없이 욕을 당하지 않을 것이오. 굳이 죄를 묻겠다고 한다면, 우리 신라군이 먼저 당군과 결전한 연후에 백제를 격파할 것이오."

쑤딩팡이 어쩔 수 없이 김문영을 놓아주었다.

백제의 왕자가 좌평 각가覺伽로 하여금 글을 지어 당군에게 퇴병할 것을 애걸하게 했으나 소용이 없었다. 7월 12일에 신라와 당의 연합군은 합세해서 도성으로 쳐들어가 성을 포위했다. 백제의 서울에는 성이 동서로 둘 있었다. 그 하나가 진도성眞都城이고, 다른 하나가 부여성扶餘城이었다. 쑤딩팡이 보병과 기병을 거느리고 곧장 진도성으로 나가자, 백제군이 병력을 모아 이를 막다가 죽은 자가 일만여 명이 되었다. 부여성 밖의 소부리所不里의 벌판에 이르자 쑤딩팡은 겁을 먹고 더 진격하려 하지 않았다. 이를 본 김유신이 나서서 나당 양군이 힘을 합하여 네 길로 나누어 진격하게 했다. 백제의 상좌평이 많은 음식을 갖추어 보내온 것을 쑤딩팡이 거절했다. 그러자 의자왕의 서자가 여섯 명의 좌평과 함께 나와 대죄했으나 이도 받아들이지 않았다. 7월 13일이 되자 의자왕이 좌우의 신하들을 거느리고 야반도주하여 웅진성으로 피했다. 쑤딩팡이 사비성泗沘城을 포위하자 의자왕의 둘째 아들 부여태扶餘泰가 스스로 왕이 되어 성을 굳게 지켰다. 그러자 태자의 아들 문사文思가 왕자 부여융扶餘隆에게 말했다.

"왕과 태자가 성을 나갔는데, 숙부가 멋대로 왕이 되었습니다. 당나라 군사가 물러간 뒤에 우리는 역모로 몰릴 것입니다. 목숨을 보전할 수 없을 것입니다."

문사와 부여융이 측근들과 함께 밧줄에 매달려 성밖으로 나갔다. 백성들이 모두 그들을 따라가니 부여태도 어쩔 수가 없었다. 쑤딩팡이 군사로 하여금 성벽에 올라가 당군의 깃발을 세우게 했다.

당의 군사들은 어느 성이고 함락시키면 저항하던 그 성의 주민을 군사들의 약탈 대상으로 삼는 관례가 있었다. 요동정벌 때에 타이종太宗이 요동성을 약탈하지 못하게 하기 위해 사재를 털어 군사들에게 보상한 적이 있을 정도로, 당의 군사들의 탐욕은 무서웠다. 이번의 백제 침공에 앞서서 당의 장병들 사이에 이런 말이 돌았다.

"백제의 여자는 풍만하고 요염한 것이 천하일색이라 한다. 백제의 서울을 함락시키면 재미 한번 보리라."

그런데 이런 말이 먼저 부여로 퍼졌다. 부여의 여자들은 당군이 오면 겁탈 당할 것이라고 지레 겁부터 먹고 있었다.

사비성의 서쪽에 백마강을 끼고 부소산성扶蘇山城[173]이 자리하고 있었다. 이곳에는 산성 중허리에 군수품 창고가 있고 백마강가에 약수가 솟는데, 근처에 난 고란초皐蘭草[174]와 함께 마시면 회춘을 한

---

[173] 부소산성扶蘇山城 : 사비성의 서쪽에 있는 둘레 약 2.2km, 면적 약 74만㎡이고 정상에 테뫼식 산성을 쌓고 주변을 포곡식으로 쌓은 복합 산성.

[174] 고란초皐蘭草(Crypsinus hastatus) : 양치식물 고사리목 고란초과의 상록 여러해살이풀로, 한국·일본·타이완·중국 등지의 강가 절벽이나 바닷가 숲 속에서 자란다. 위장병에 좋다고 전하며 부여의 백마강 가에 자란 고란초와 약수를 마시면 한 잔에 세 살이 젊어진다고 했다. 백제 때에 이 곳에 고란사皐蘭寺를 지어 지금에 이른다. 건립 시기가 고려 때라고도 한다.

다고 해 대대로 백제왕이 이 약수를 퍼오게 해서 마셨다. 이 약수터에는 약수를 너무 마셔서 어린 아기가 된 노인의 전설이 있었다. 약수터 옆에는 하늘 높이 거대한 바위가 서 있었다.

당군이 성벽을 넘어 들어오자, 백제의 왕궁에 있던 사람들이 모두 이 산성으로 올라갔다. 산성 밑에서 당병이 약탈하는 소리와 백성들의 비명이 밤새도록 들리자, 산성으로 숨은 사람들은 가파른 산길을 부소산 꼭대기까지 기어 올라갔다. 산길은 험했다. 팔꿈치와 무릎이 돌계단에 미끄러져 피투성이가 되면서 기를 쓰고 오리 가량 올라가니 그 이상 갈 수가 없었다. 정상에서 내려다보니 백마강의 푸른 물이 수십 길 절벽 밑에서 소용돌이 치고 있었다. 당군이 지르는 함성이 점점 다가왔다. 공포에 질린 여인들이 하나씩 치마를 머리에 쓰고 강물로 몸을 던졌다. 적군에 잡혀 치욕스러운 삶을 사느니 무너지는 나라와 함께 목숨을 깨끗하게 버리겠다는 뜻이었다. 정조를 지키는 것을 목숨보다 소중히 생각한 백제의 여인들이 많았다. 후세의 사람들이 꽃 같은 여인들이 떨어져 죽은 바위라 하여 이곳을 낙화암落花岩이라 부르고, 부소산의 정상에 백화정百花亭[175]을 지어 추모했다.

백제의 왕자 부여융이 대좌평大佐平 천복千福을 데리고 나와 항복을 청했다. 말 앞에 꿇어앉아 고개를 숙인 부여융을 보고 신라의 태자 법민이 그의 낯에 침을 뱉으며 큰소리로 꾸짖었다.

---

175 백화정百花亭 : 죽음으로 절개를 지킨 백제여인을 추모하기 위해 1929년 "부풍시사"라는 시모임에서 해발 106m의 부소산 꼭대기의 낙화암 정상 바위 위에 육각 지붕으로 건립했다.

"네 아비가 내 누이를 참살하여 옥중에 묻었다. 그로 인해 내가 20년간이나 괴로워했다. 오늘 네 목숨이 내 수중에 있게 되었으니 단단히 각오하거라."

부여융은 땅에 엎드려 아무 말도 하지 못했다.

의자왕은 태자 부여효扶餘孝와 함께 북쪽의 웅진성熊津城으로 달아났다가, 당나라 군사가 승세를 타고 성에 육박하자 항복을 면하지 못할 것을 알고 장탄식했다.

"성충成忠의 말을 쓰지 않아 이 지경에 이르렀다. 지금에야 후회한들 무엇 하리."

7월 18일에 의자왕이 태자와 웅진 방면의 군사를 거느리고 웅진성을 나와 항복했다. 무열왕이 의자가 항복했다는 보고를 받고 7월 29일에 금돌성에서 소부리성으로 행차했다. 8월 2일에 무열왕은 크게 잔치를 베풀고 모든 장병들을 위로했다. 왕이 쑤딩팡을 비롯한 여러 장수들과 함께 당상에 앉았다. 항복한 의자와 그의 아들 부여융을 당하에 앉히고 의자로 하여금 술을 따르게 했다. 자기들의 임금이 술을 따르게 되는 수모를 당하는 것을 보고 있던 백제의 좌평들이 통곡을 했다. 곧이어 신라를 배반하고 백제에 빌붙었던 모척毛尺과 금일黔日을 잡아 죽였다. 특히 금일에게는 대야성의 창고에 불을 질러 함락시킨 죄, 품석品釋 부처를 죽게 한 죄, 백제와 함께 본국으로 쳐들어온 죄 등 세 가지 죄를 물어 사지를 찢고 그 시체를 강물에 던져버렸다.

당의 가오종은 8월 21일에 백제 멸망을 보고 받았다. 백제를 멸망시키는 싸움에서 김유신이 가장 큰 공로를 세웠다. 당의 가오종이 이를 듣고 사신을 보내어 그를 특별히 표창했다. 당군의 총사령관인 쑤딩팡이 김유신, 김인문, 김양도의 세 사람을 보고 말했다.

"내가 황제의 명을 받아 모든 일을 처리하게 되었는데, 이제 백제의 땅을 빼앗았으니, 이를 공들에게 식읍으로 나누어 줄까 한다. 여러분의 공에 보답하려고 하는 것이니 받아들이고 황은에 감사하도록 해라."

김유신이 정색을 하고 결연히 말했다.

"대장군이 군사를 거느리고 와서 우리 임금님의 소망을 들어주시고, 우리나라의 원수를 갚았으니, 우리 임금님을 비롯하여 만 백성들이 기뻐서 어찌할 줄을 모릅니다. 그런데 우리가 땅을 받아 자기 이익만 취하려 한다면 어찌 의로운 일이라 하겠습니까? 우리는 받지 않겠습니다."

쑤딩팡은 신라의 장수들이 나라를 사랑하고 임금을 섬기는 것이 극진하며, 결코 사리사욕에 빠지는 일이 없음을 알고 깊은 감명을 받았다. 그러나 쑤딩팡으로서는 백제의 옛 땅을 신라에게 넘길 생각이 추호도 없었다. 오히려 사비泗沘 지역에 진영을 치면서 동방의 신라를 침공할 음모를 꾸몄다. 그런 눈치를 챈 신라의 장군 김다미金多美가 진중에서 장수들과 작전을 논의하고 있던 무열왕의 앞으로 와서 아뢰었다.

"당군이 지금 우리 신라의 땅을 침공할 모의를 하고 있습니다.

이들은 마치 백제가 완전히 평정된 것으로 착각하고 기고만장이 되어 있습니다. 마마께서 긴급히 대책을 강구하셔야 하겠습니다."

"어떻게 하면 좋을까? 여러 장군들의 의견을 들어 봅시다."

김다미가 말했다.

"우리 신라 사람을 백제인으로 가장해 백제의 군복을 입혀서 당군을 공격하면, 그들이 모의를 중단하고 반격과 소탕에 힘쓰게 될 것입니다. 그 틈에 우리가 다시 진용을 갖추어 나가면, 이들이 감히 우리 신라를 엿보지는 못할 것입니다."

"다미공의 의견이 쓸만합니다. 그렇게 하도록 하소서."

대장군 김유신이 찬동했다.

"당군이 우릴 위해 적을 격멸했는데, 우리가 그들을 속여서 싸운다면 하늘이 우릴 돕겠는가?"

왕이 걱정했다.

"개도 주인을 두려워하지만, 주인이 제 다릴 밟으면 무는 법이랍니다. 우리가 당의 도움을 받았다고는 하나, 그들이 우리를 침략하려 든다면 어찌 앉아서 당하기만 할 수 있겠습니까? 마땅히 자위책을 취해야 하지요. 마마, 어서 결단하소서."

도성이 함락되고 왕이 항복했는데도 백제의 방방곡곡에서 저항군이 일어났다. 일부 저항군 속에는 신라의 위장군도 섞여 있었다. 더러 남잠南岑, 정현貞峴 등의 성에 의지해서 싸웠고, 좌평 정무正武 같은 사람은 무리를 모아 두시진악豆尸眞嶽에 진을 치고, 나당연합군에 대항했다. 8월 26일에 나당연합군이 임존任存의 대책大柵을 공격했으나, 백제의 서부 은솔恩率[176] 귀실복신鬼室福信이 험한 산세를 이용해서 집요하게 저항하는 바람에 이기지 못하고, 작은 울타리 몇 개를 파괴하는 데 그쳤다. 백제의 군사들은 무기가 없어서 몽둥이를 들고 죽기로 싸워서 신라의 군사를 물리쳤다. 백제 사람들이 용감한 귀실복신을 좌평佐平[177]으로 높여 부르면서 칭송했다. 9월 3일에 당의 낭장郞將 류런유엔劉仁願이 군사 일만 명을 거느리고 사비성泗沘城에 주둔했다. 마침 신라의 왕자 김인태金仁泰도 사찬沙飡 일원日原과 급찬級飡 길나吉那와 함께 7,000명의 군사를 거느리고 사비성의 한쪽을 차지했다. 쑤딩팡이 의자와 아내 은고恩古, 아들 효孝, 태泰, 융隆, 연演 및 대신과 신료 93명과 백성 12,807명을 배에 태워 사비성으로부터 당의 동도東都 뤄양洛陽으로 데리고 갔다. 이들을 싣고 떠나는 당의 군선을 백강가에서 지켜보던 백제 유민들의 통곡소리가 하늘을 찔렀다. 신라의 부총관副摠管 김인문金仁問이 사찬沙飡 유돈儒敦과 대나마大奈麻 중지中知 등을 데리고 당으로 들어갔다. 9월 23일에 백제의 잔당이 다시 사비성으로 쳐들어와 이미 항복해서 잡혀 있던 백제인들을 빼앗아 가려 하다가 당나라 군사들과 한바탕 붙었다. 성을 지키고 있던 류런유엔이 나당연합군을 몰고 이들을 공격했으나 쫓아내지 못하고, 성의 남쪽 모퉁이를 백제 잔당에게 뺏기고 말았다. 백제인들이 이곳에 목책을 높이 쌓아 진을 치니, 이 소식을 접한 사방의 백제인들이 반란을 일으켰다. 삽

---

[176] 은솔恩率 : 백제의 16관위官位 가운데 제3위.

[177] 좌평佐平 : 백제의 16관위 가운데 첫째.

시간에 20여 개의 성이 이들에 호응했다. 참으로 난감한 사태가 벌어진 것을 안 당의 가오종은 좌위중랑장左衛中郞將 왕원두王文度를 웅진도독으로 임명하여 파견했다. 9월 28일에 보은報恩의 삼년산성三年山城에 도착한 왕원두가 가오종의 조서를 신라왕에게 전하려 했다. 왕원두가 동쪽에 서고, 왕을 서쪽에 세워 조서를 읽으며 예물을 전하려고 하자 심기가 상한 무열왕이 병을 칭탁하고 나가지 않았다. 하는 수 없이 왕의 시종이 대신 왕의 자리에 서서 예물을 받았다. 이 자리를 피한 무열왕은 10월 9일에 태자와 함께 장병을 거느리고 이례성尒禮城을 공격하여 18일에 함락시키니 모반했던 백제의 20여 성이 모두 항복해왔다. 무열왕은 여세를 몰아 10월 30일에 사비성 남쪽에 있는 백제인의 성책을 공격하여 1,500명을 참살하고 이를 탈환했다. 그런데 11월 1일에 고구려가 군사를 동원해서 칠중성七重城을 공격해 온 것을 군주軍主 필부匹夫가 막다가 전사하고 말았다. 11월 5일에 무열왕이 강을 건너가서 왕흥사王興寺[178]의 산성인 잠성岑城을 공격하여 7일만에 700명을 참살하고 이곳을 점령했다. 22일에 백제에서 돌아온 무열왕은 논공행상을 하면서 백제 사람들도 그 재능에 따라 등용했다. 예컨대 백제의 좌평 충상忠常, 상영常永과 달솔 자간自簡은 일길찬一吉飡의 벼슬을 주어 총관摠管으로 삼고, 은솔恩率 무수武守는 대나마大奈麻의 벼슬을 주어

---

178 왕흥사王興寺 : 577년 2월 15일에 위덕왕의 죽은 아들의 추복을 위해 발원하여 창건한 것이다. 위덕왕은 죽은 왕자를 위한 대대적인 추복 행사를 통해 왕권의 건재함을 대내외적으로 표출하는 방법을 추구해 나갔다. 사비성에서 서북으로 백마강을 건너 약 1km 거리에 위치하는데, 2007년의 발굴조사에서 명문이 있는 청동사리함 등 약 백여 점의 유물이 출토되었다.

대감大監으로 삼고, 은솔 인수仁守는 대나마의 벼슬을 주어 제감弟監으로 삼아 각각 소임을 다하게 만들었다.[179]

뒤에 웅진도독 왕원두가 바다를 건너다가 죽자, 가오종은 유런귀劉仁軌로 하여금 웅진도독의 자리를 잇게 했다. 그리고는 5부, 37군, 200성에 76만 호가 있는 백제에 웅진, 마한, 동명, 김련金璉, 덕안德安의 다섯 도독부를 설치하고, 각 주와 현을 거느리도록 거수를 뽑아서 도독都督, 자사刺使, 현령縣令으로 삼아 다스리게 했다.

당의 서울에 도착한 쑤딩팡이 사로잡은 포로들을 바치자 가오종이 크게 꾸짖은 뒤에 모두 석방시켰다. 당의 가오종이 물었다.

"어찌 백제 뒤에 신라마저 치지 않았는가?"

쑤딩팡이 공수하면서 정중하게 아뢰었다.

"폐하, 신라는 그 임금이 어질고 백성을 사랑하고 있습니다. 게다가 신하들은 충성이 지극하여 임금을 극진히 섬기고 있습니다. 아랫 사람들은 윗사람을 부형처럼 섬기고 있습니다. 사리사욕을 취하지 않고, 의리에 죽고 삽니다. 그러니 이런 나라는 비록 작지만 도모할 수가 없었습니다."

얼마 뒤에 의자가 망국의 한을 품고 병이 나서 죽으니, 가오종은 금자광록대부위위경金紫光祿大夫衛尉卿을 추증하여 백제인들이 장례를 치르고 묘비를 세울 수 있게 허락하고 부여융扶餘隆에게는 사가경司稼卿을 제수하였다.

---

179 일길찬, 대나마, 좌평, 달솔, 은솔 : 신라와 백제의 품계.

3 다이카 혁신大化革新의 야마도 왕조

코도구孝德텐노天皇는 645년인 다이카大化 원년[180] 7월에 34대 죠메이舒明텐노의 딸이자 자기의 생질인 하시히도間人皇女를 황후로 맞고, 야마도의 호족 아베노구라하시阿倍倉梯와 소가쿠라노야마다이시가와蘇我倉山田石川의 딸들을 비妃로 삼아서, 지지 기반을 다졌다. 하시히도 황후는 나까노오오에中大兄의 친동생이었다. 황태자가 된 나까노오오에中大兄가 많은 개혁을 추진했는데, 이를 도운 사람이 국박사國博士로 임명된 사문沙門 민법사旻法師와 다까무꾸노쿠로마로高向玄理였다. 두 사람은 모두 607년인 스이고推古 16년에 견수사遣隋使를 따라 중국에서 유학했던 여덟 명의 학생 가운데 하나였다.

---

[180] 다이카大化 원년 : 서기 645년, 신라 선덕여왕 14년, 고구려 보장왕 4년, 백제 의자왕 5년.

7월 10일이 되자 고구려, 백제, 신라에서 사신을 보내어 왔다.

8월 5일에 각 지방의 장관인 구니노미고도모치國司를 임명하고, 호적의 작성과 전답의 검지를 명했다. 백성으로부터 뇌물을 취하면 그 벌로 관작을 강등시키고, 뇌물 액의 두 배를 변상하게 했다. 지방의 장관이 상경할 때에 수행하는 사람의 수를 직급에 따라 차등을 두게 하고, 이 규정을 어기는 자는 주종을 함께 처벌했다. 동시에 조정에 종과 궤를 설치해서, 백성 가운데 억울한 일을 당하여 종을 치거나 궤에 투서하면 텐노가 직접 챙겨 해결해 주었다. 그러는 한편, 양민과 노비의 신분을 가리는 남녀 법을 정하여 반포했다. 또한 소작을 시키는 지주들이 횡포를 하는 일이 많아 이를 다스리는 칙령을 내리자 백성들이 크게 좋아했다.

그동안 찬반으로 말이 많던 불교에 대해서도 크게 원조할 것을 약속하고, 민법사旻法師를 비롯한 열 명의 스님을 뽑아서 불교를 법대로 가르치도록 만들었다. 특별히 혜묘법사惠妙法師를 백제대사百濟大寺의 주지로 임명했다. 9월에 사신을 사방으로 보내어 각종 무기를 모으게 했다.

9월 3일이 되자 후루히도 황자古人皇子가 소가蘇我, 모노노베物部, 기비吉備, 야마도노아야東漢 가운데 불만을 갖고 있는 사람들과 함께 역모를 도모했다. 역모에 대한 밀고를 받은 나까노오오에中大兄가 군사를 보내어 후루히도 황자를 주살했다.

12월 9일에 도읍을 야마도의 아스카飛鳥에서 나니하難波[181]로 옮겼다. 다음 해인 646년 원단에 개신지조改新之詔를 선포했는데, 이는 당唐의 율령律令을 본떠서 작성한 것이다. 사유지나 사유 민을 금하고, 경사京師와 기내畿內, 군사郡司 등의 지방제도와 군사제도軍事制度 및 역제驛制를 정하고, 호적과 전답을 정리하여 일정한 조세를 바치게 하며, 조調와 관마官馬, 병기兵器, 장정을 징집하는 일에 대하여 상세히 규정했다. 예를 들면 50호戶로 한 리里를 만들고, 40리를 대군大郡, 30리 이하를 중군中郡, 3리 이하를 소군小郡으로 한다든지, 리마다 이장을 두고 군마다 고호리노미얏꼬大領나 스케노미얏꼬少領를 두어 행정과 부역, 징세, 조調의 징수, 관마官馬의 조달, 병졸이나 채녀采女[182]의 징집 방식 등을 이 조서詔書에서 규정했다. 텐노는 개신지조改新之詔를 어기는 지방 장관들을 일일이 불러 훈계하고 응분의 처벌을 내리는 조서詔書를 다시 발표했다.

3월 20일이 되자 황태자인 나까노오오에中大兄가 "하늘에 두 해가 있을 수 없고, 나라에 두 임금이 없는 법이다. 그러니 천하에 만민을 거느릴 수 있는 것은 다만 텐노뿐이시다" 하면서, 데리고 있던 524명의 부락민과 181군데의 둔창屯倉을 텐노에게 바쳤다. 3월

---

[181] 나니하難波 : 나니하노難波 나가에노長柄 토요사키豊碕. 大阪市東區法圓坂町에 그 유적이 있음. 아스카飛鳥 이타부끼미야板蓋宮에서 나니하難波 나가라도요사끼미야長柄豊碕宮로 천도함. 아스카의 대궐은 소가노이루까蘇我入鹿를 암살한 궁전.

[182] 채녀采女 : 텐노의 집안에 호족들이 충성을 표시하기 위해 공출한 여인들. 13~30세 여인으로, 군郡의 수장인 스케노미얏꼬少領 이상의 자매 또는 딸 가운데 인물이 좋은 여인을 궁녀로 공출함.

22일에는 군왕과 호족 그리고 백성의 묘를 만드는 기준을 정하고 순장을 금지했다. 이후로 야마도의 거대한 분묘제가 사라졌다. 일본 역사의 고분시대古墳時代의 종말이었다.

한편, 각종 제사에서의 푸닥거리에 따르는 나쁜 풍습을 금지했다. 그리고 지방 관원이 상경할 때에 사용할 말을 기르는 자를 등록하게 해서 부정을 하지 못하게 하고, 나루터의 사공에게 전답을 주어 배 삯을 받지 못하게 했다. 마침 토목 공사를 맡은 아야노아다에漢直 히라후比羅夫가 나니하에 물을 대기 위해 고랑을 파는데, 과대한 노역으로 백성들이 고초를 겪고 있었다. 텐노가 이런 사정을 알리는 상소를 읽고 즉각 그 공사를 그만두게 했다. 텐노는 이 외에도 많은 제도를 개혁해 나갔다. 7색色 13계階의 관위冠位제도도 제정해서 관리의 위계를 다시 다듬었다. 7색이라 함은 관과 관복의 색깔을 일곱 가지로 정했다는 뜻이다. 다만, 관위가 없는 사람은 흰옷을 입게 하고, 하꾸데이白丁라 부르게 했다.

646년 4월에 다까무꾸노쿠로마로高向玄理를 신라로 보내어 이미 실효가 없어진 미마나任那의 조調를 폐지하고, 그 대신 인질을 보내게 했다. 이에 따라 다음 해에 대아찬大阿飡[183] 김춘추金春秋가 공작과 앵무새 한 마리씩을 예물로 갖고 야마도에 왔다. 김춘추는 자태가 아름답고 말을 잘했다. 그는 2년 뒤에 사량부沙梁部 사찬沙飡

---

183 대아찬大阿飡 : 신라 17관위의 5등.

김다수金多遂와 교대하여 신라로 돌아갔다. 야마도에서는 이들을 인질로 기록하고 있으나, 승려 1명, 차관급인 시랑侍郎 2인, 보좌관인 승丞 1인, 기타 역관 및 하인과 장인등 모두 37명을 거느린 것을 보면 인질이 아니라 외교 사절이었다. 거의 해마다 신라와는 사절이 오갔고, 한반도의 세 나라, 고구려, 백제, 신라에 승려를 보내어 불도를 배우게 했다.

646년 5월에 고구려가 당에 화해를 요청했다가 거절 당하고, 당의 침략을 막기 위한 천리장성을 완성했다. 다음 해 1월에 신라에서 비담과 염종의 반란이 일어나서 난중에 선덕여왕이 죽고, 진덕여왕이 즉위했다. 12월에 고구려가 당의 리즈李勣가 인솔한 군사를 크게 물리쳤다. 그러나 당의 수군은 다음 해의 정월에 고구려의 압록강 입구에 있던 백작성泊灼城에 침입했다.

한반도의 북쪽에서 당과 고구려가 혈전을 벌이고 있을 때 야마도에서는 정치 체제의 정비에 매진하고 있었다. 649년 2월에 관위를 다시 19계로 고치고, 8성省 100관官의 관제를 박사 다까무꾸와 민법사를 시켜서 기안하게 했다. 시나베品部나 도모노미얏고伴造 같은 세습 직함을 없애고, 특정 씨족이 특정 직업을 세습하는 제도를 폐지했다. 그리고 오오오미大臣와 오호무라지大連를 폐지하고, 사다이진左大臣과 우다이진右大臣을 신설했다. 이에 따라 오미臣와 무라지連도 없어지게 되었다. 족벌보다 능력에 따라 관리를 등용하겠다는 시도였다.

3월이 되자 사다이진左大臣 아베노구라하시阿倍倉梯가 죽었다. 그에게 크게 의지하고 있던 텐노가 통곡을 하면서 아쉬워했고, 황족 모두가 함께 애도했다. 3월 24일에 소가노히무가蘇我日向가 이복형인 우다이진右大臣 소가쿠라蘇我倉[184]를 황태자에게 참소했다.

"저희 형이 전하가 바닷가에 나오실 때를 보아 해치려 하고 있습니다. 이미 오래 전부터 계획하고 있었답니다."

"무어라고 했느냐? 네 형이 날 죽이려 했단 말인가?"

황태자가 깜짝 놀라서 바로 텐노에게 이 사실을 보고했다. 텐노가 측근을 우다이진 소가쿠라에게 보내어 사실 여부를 따졌다. 우다이진이 답했다.

"내가 직접 어전에서 말씀드리리라."

텐노는 그 말을 탐탁하게 생각하지 않고, 군사들을 보내어 우다이진의 집을 포위하게 했다. 포위망을 뚫고 소가쿠라와 두 아들이 동국으로 도망가다가 야마다데라山田寺에 피신했다. 소가쿠라의 큰 아들이 토벌군을 맞아 싸우자고 하는 것을 소가쿠라가 말렸다. 3월 25일에 소가쿠라는 아들과 야마다데라의 승려 수십 명을 모아 선언했다.

"모름지기 신하 된 자는 임금을 거역할 수 없는 법이다. 어찌 아비를 거역할 수 있을 것인가? 이 절은 원래 나를 위해 만든 것이 아니다. 텐노를 모실 것을 서약하면서 지은 것이다. 지금 내가 참소로 인해 죽임을 당하게 되었지만, 황천으로 가게 되더라도 충성

---

184 소가쿠라 : 소가쿠라노야마다이시가와蘇我倉山田石川.

심은 잃지 않겠노라. 이 절에 온 것은 임종을 쉽게 하고자 함이다."

말을 마치자 금당의 문을 열고 부처님을 우러러보며 맹서했다.

"나는 영원토록 임금을 원망하지 않으리라."

말을 마치고 자결했다. 그를 따라 처자 여덟이 함께 죽었다. 다음날 야마다데라를 포위한 토벌군의 장수는 오호도모노고마大伴狛와 고발인 소가노히무가蘇我日向였다. 이들은 위문부衛門部에 있던 망나니 후쓰다노시호二田鹽을 시켜서 소가쿠라의 목을 베게 했다. 이때에 소가쿠라와 함께 참살된 자가 14명, 교수된 자가 9명, 귀양을 가게 된 자가 15명에 이르고, 역도들의 재산이 모두 몰수되었다. 그런데 소가쿠라의 재산을 몰수해 보니, 좋은 자산은 모두 황태자의 것으로 적어 두었고, 값비싼 보물에도 황태자의 소유물이라 표시를 해 둔 것이 드러났다. 형리가 그런 내용을 황태자에게 보고하자, 비로소 황태자는 소가쿠라가 원죄로 죽은 것임을 알게 되었다. 황태자가 비통함을 금치 못하고 있는데, 소가쿠라의 딸인 황태자비가 아비와 친정 식구들의 비참한 최후를 알고 상심 끝에 병사하고 말았다.

소가노히무가는 이때의 일로 쓰구시筑紫의 대재사大宰師로 임명되어 경사를 떠나게 되었다. 대재사는 여러 쿠니國를 함께 통치하는 요직이었으나, 야마도의 중앙 정부와는 거리가 먼 서쪽 끝의 규슈九州 북부를 다스리는 장관으로 백제의 세력이 크게 침투한 곳이라 실권이 없었다. 사람들은 이를 두고 영전처럼 보이는 좌천이라고 수군거렸다.

텐노의 기반이 되었던 사다이진과 우다이진이 이렇게 죽고 나니 황태자의 세상이 되고 말았다. 4월 20일에 쇼시小紫[185]로 있던 고세노도구다巨勢德陁와 오호도모노나가도꾸大伴長德를 한 계급 승진시켜서 다이시大紫로 만들고, 각각 사다이진左大臣과 우다이진右大臣으로 삼았다.

650년인 다이카大化 6년[186] 2월에 아나토穴戸[187]의 수장인 쿠사가베시코부草壁醜經가 흰 꿩을 바쳤다.

"저희 집안사람이 오노야마麻山에서 정월 아흐레에 잡았다고 합니다."

조정에서는 백제 출신 여풍余豊 왕자에게 그 내력을 물었다. 야마도에 와서 구다라노기미百濟君로 있던 여풍 왕자가 말했다.

"후한 밍디明帝의 용핑永平 11년[188]에 흰 꿩이 나타났다고 하며, 이는 대단히 상서로운 조짐으로 알려져 있습니다."

다시 승려들을 모아 물었다.

"아직 들은 적도 본 적도 없는 일입니다. 천하에 대사령을 내리

---

185 쇼시小紫 : 당시의 19관위 가운데 6등.

186 다이카大化 6년 : 서기 650년, 신라 진덕여왕 4년, 고구려 보장왕 9년, 백제 의자왕 10년.

187 아나토穴戸 : 穴門라고도 씀. 7세기 말에 나가도長門로 개명함. 뒷날의 야마구치현山口県 일대임.

188 밍디明帝의 용핑永平 11년 : 後漢書, 明帝紀. 永平 11年, 時麒麟 白雉 醴泉 嘉禾所在出焉.

시고 백성의 마음을 기쁘게 해 주소서."

승려들이 이구동성으로 답했다. 고구려에 유학했던 도오토오법
사道登法師가 말했다.

"옛날 고구려에서 절을 지으려고 좋은 땅을 물색하는데, 흰 사
슴이 나타나서 길을 안내하는 것을 따라갔다가, 흰 사슴이 머문 곳
에 가람을 지어 백록원사白鹿園寺로 이름 짓고 불법을 퍼뜨리게 했
다고 합니다. 어떤 날은 흰 참새가 절에 나타나서 사람들이 상서
로운 일이라고 좋아했답니다. 또한 당唐나라에 보낸 사신이 죽은
삼족오三足烏를 가지고 왔는데, 사람들이 길조라고 했다 합니다. 이
런 것도 길조라고 하는데, 하물며 흰 꿩이니 일러 무엇 하리오?"

그러자 국박사國博士로 국정을 자문하던 민법사旻法師가 말했다.

"이야말로 상서롭고 귀한 일이랍니다. 임금의 덕이 사방에 두루
미칠 때에 흰 꿩이 나타난다고 합니다. 임금이 제사를 잘 모시고,
침식이나 의복을 검소하게 하고 정결하면 산에 흰 꿩이 나타난다
했습니다. 옛날 조우周의 청왕成王 때에 유에越의 창씨裳氏가 흰 꿩을
바치면서 말하기를 '삼 년 동안이나 폭풍우가 불지 않고 바다의
파도가 조용하니, 중국에 성인이 계시는 까닭일 것이다. 어찌 와서
모시지 않으랴?' 했다 합니다. 또한 진晉의 우디武帝 때에도 송즈松
滋[189]에 흰 꿩이 나타났다고 합니다. 모두 대단히 상서로운 일입니
다. 대사령을 내려서 백성의 마음을 다스리소서."

---

[189] 송즈松滋 : 宋書, 符瑞志. 晉武帝咸寧元年四月丁巳, 白雉見安豊松滋. 송즈는 安徽省藿丘県의
동쪽.

2월 15일에 군사가 경호하는 가운데 사다이진左大臣, 우다이진右
大臣과 백관을 네 줄로 도열시키고, 백제 왕자 여풍余豊과 그의 아우
새성塞城 그리고 숙부 충승忠勝과 고구려의 시의侍醫 모치毛治, 신라
출신 동궁 학사들을 거느리고 텐노가 대궐의 중정中庭에 나갔다.
시종들이 흰 꿩을 가마에 매고 나오자, 텐노는 황태자를 불러 재배
하게 했다. 그런 뒤에 사다이진 고세巨勢로 하여금 축사를 올리게
했다. 사다이진의 축사가 끝나자 텐노가 선포했다.

"고래로 성군이 나타나서 천하를 다스릴 때에 하늘이 그 상서로
움을 표시했다. 서토의 군왕인 조우周의 청왕成王이나 한의 밍디明帝
때에 흰 꿩이 나타났고, 우리 야마도의 열성조에서도 흰 까마귀와
용마가 나타나서 기렸던 적이 있었다. 지금 짐의 대에 와서 공경
과 신하들이 정성을 다하여 제도를 만들고 율령을 지킨 까닭으로
이런 좋은 일이 일어났다. 앞으로도 청백한 마음으로 천신과 지기
를 공경하고 천하를 영화롭게 할지어다. 천하에 대사령을 내리고
연호를 하쿠치白雉로 고치노라."

그러면서 아나도 근방에서 매를 놓아 새를 잡는 것을 금하고, 공
경대부에게 많은 물품을 관위에 따라 차등을 두어 하사했다. 특히
아나도의 수장 쿠사가베에게 11번째 관위인 다이센大山을 수여하
고, 아나도의 조세를 3년간 면제했다. 이 해에 당唐에서는 타이종太
宗이 붕어하고 황태자가 즉위했다.

해마다 신라에서 사신이 와서 예물을 바쳤다. 그러다가 651년에

는 신라의 사신 사찬沙湌 지만知万이 당나라의 관복을 입고 쓰구시에 도착했다. 신라가 당의 연호를 쓰고 당의 의관을 착용하게 하면서 신라와 당의 연합 세력이 강성해진 것을 자랑했다. 이런 일을 마땅하지 않게 생각한 야마도에서는 신라의 사신을 쫓아버렸다. 사다이진左大臣 고세巨勢가 주청했다.

"지금 신라를 치지 않으면 뒤에 반드시 후회할 것입니다. 총력을 기울여 나니하難波에서 쓰구시筑紫의 바다 끝까지 배를 띄워서 신라를 응징하고 그 죄를 물으면 쉽게 이길 것입니다."

텐노는 불교 진흥에도 힘썼다. 대궐로 혜은법사惠隱法師를 불러 무량수경無量寿経을 강론하게 했고, 승려 1,000명 앞에서 혜자법사惠資法師와 법문문답法門問答을 하게 했다. 연말에도 비슷한 행사를 대궐 안에서 개최했다. 653년 5월에 견당사遣唐使를 보내는데, 두 척의 배에 학문승 여럿을 포함하여 120명씩 태워서 대사, 부사들이 인솔하게 했다. 두 배 가운데 하나가 7월에 돌아오다가 난파하여 모두 죽고, 다섯 명만 엿새 밤낮을 표류해서 사쓰마薩摩 반도의 남쪽에 가까스로 닿았다. 당시의 항해술로 당나라를 오가는 길은 목숨을 내거는 일대 모험이었다.

653년 5월에 민법사가 병이 들어 누웠다. 텐노가 친히 그의 승방이 있는 아즈미데라阿曇寺를 찾아 두 손을 잡고 말했다.

"만약 법사께서 오늘 돌아가시면, 짐 또한 내일 죽으리라."

텐노가 민법사_{旻法師}를 아끼고 의지하는 것이 이처럼 각별했는데, 한 달도 못 되어 법사가 입적하니, 텐노가 조문사 편에 많은 부의를 하사했다. 상황_{皇祖母尊}이나 황태자도 모두 조문사를 보내어 명복을 빌었다. 텐노는 별도로 고구려의 화공 고마로_{子麻呂} 등을 시켜 불상과 보살상을 만들어 아스카_{飛鳥}의 가화라데라_{川原寺}에 안치했다. 민법사가 죽고 나니 텐노의 심복이 없어졌다.

어느 날 황태자 나까노오오에_{中大兄}가 와서 주청했다.

"마마, 도성을 야마도의 미야꼬_{倭京}로 옮겼으면 합니다."

야마도의 미야꼬라 함은 야마도_{大和}의 아스카_{飛鳥}로 소가_{蘇我} 일족이 권세를 휘두르던 곳이었다. 나까노오오에로서는 자기의 기반인 백제계 사람들의 근거지가 아스카이기 때문에, 바닷가에 있는 나니하보다 여러 면으로 편리한 곳이었다. 그러나 텐노의 생각은 달랐다.

"짐은 그곳이 싫소. 도성을 옮길 이유가 없소."

"마마, 이곳은 너무 갯가로 나와 있어서 나라를 다스리기가 적합하지 않습니다. 천도하십시오."

황태자의 성화에 텐노가 화가 났다.

"짐의 말을 거역하겠는가? 그대가 굳이 원한다면 그대만 옮겨가라. 짐은 여기에 있겠다."

다음날 황태자 나까노오오에는 아스카 강가에 행궁을 짓고 어머니인 상황_{皇祖母尊}과 누이, 남동생을 데리고 옮겨갔다. 텐노의 황후인 하시히도_{間人}도 황태자를 따라갔다. 텐노와의 금슬이 좋지 않왔고, 친정 오빠인 나까노오오에와 정분이 짙었다. 그래서 이번 기회에 친정과 함께 움직이기로 한 것이었다. 텐노는 크게 상심했다. 어쩌면 이럴 수가 있는가? 지아비를 버리고 가다니. 속이 상한 텐노는 국정을 황태자에게 맡기고 보위를 버릴 생각을 하게 되었다. 텐노는 하시히도 황후가 오빠와 눈이 맞아 야마도로 떠난 것을 한탄하면서 두 사람의 사이를 의심하고 질투하는 마음을 노래에 담았다.

"멍에를 씌워 내가 기른 말

소중히 길러서 감추어 둔

내가 기른 말을

뉘라서 보았는가?"[190]

황태자가 아스카로 가자, 조정의 공경대부와 백관이 모두 그를 따라 옮기고, 텐노만 홀로 나니하에 있게 되었다. 텐노는 황태자를 측근에서 보필하던 나까도미노가마다리中臣鎌足에게 자관紫冠을 수여하고, 녹봉을 수천 호나 더하여 그의 마음을 사려고 힘썼다.

압사押使 다카무구高向玄理 등이 두 척의 배에 분승해서 당나라로 떠났다. 압사는 대사를 거느리는 상위 직함이었다. 여러 달이 걸려 한반도의 서안을 따라 북상하다가 라이주萊州를 거쳐 창안長安으로 갔다. 천자를 알현하고 야마도의 지리와 신들의 이름을 동궁감문東宮監門 궈장주郭丈擧에게 알렸다. 얼마 가지 않아 다카무구는 창안에서 죽었고, 함께 갔던 학문승 가운데 겨우 열 두 명이 돌아왔

---

190 日本書紀 25卷 : 繫於金木 吾飼駒當無出兮 吾之駒至今何以爲所獲.

다. 몇 달 뒤에 일년 전 5월에 파견했던 견당사의 일진인 기시노나가니吉士長丹 일행이 백제와 신라의 사절과 함께 돌아왔다. 당의 천자로부터 많은 서책과 보물을 받아 왔기에, 기시노나가니를 13등의 쇼센조小山上 관위에서 3단계 특진시켜 쇼케게少花下로 올리고, 봉읍으로 200호를 주며, 구레씨吳氏의 성을 하사했다.

10월이 되자 그동안 혼자 쓸쓸히 지내던 텐노가 병이 났다. 황태자와 상황皇祖母尊 그리고 하시히도 황후가 많은 황족과 공경을 거느리고 나니하의 궁전難波宮으로 위문을 왔다. 654년인 하쿠치白雉 5년 10월 10일 텐노가 붕어하여 빈소를 남쪽 뜰에 세우고, 두 달 뒤인 12월 8일에 시나가磯長191에 장사 지냈다. 이 텐노의 장례 기간은 이례적으로 짧고, 능도 소규모로 지어졌다.

---

191 시나가磯長 : 오호사카노大阪 시나가노磯長 미사사끼陵. 大阪府南河內郡太子町大字山田.

4 백제를 부흥하려는 세력

654년 3월에 신라의 진덕여왕이 붕어하고, 김춘추가 신라왕이 된 것은 이미 적었다. 655년 정월에 고구려가 백제와 말갈과 함께 신라를 쳐서 33개 성을 빼앗았다.

655년 10월에 당의 황실에 큰 변이 있었다. 가오종高宗이 우저텐武則天을 황후로 삼았다. 우저텐은 한족漢族 출신으로, 리주도독利州都 督 우스주에武士彠와 부인 양씨楊氏 사이에 둘째 딸로 태어났다. 태어난 지 얼마 안 되어 어떤 도사가 이 아이를 보고 "앞으로 반드시 하늘로 올라갈 것이다"라고 예언했다. 아이가 장차 황후가 될 것으로 생각한 아비는 정성을 다하여 이 아이를 길렀다. 검은 머리를 길게 늘어뜨리고, 긴 눈초리와 커다란 불그스름한 볼, 게다가 풍만한 젖가슴과 매혹적인 미소로 사람들을 홀리는 아름다운 규수가 되었다. 특히 명석한 머리로 사람들을 마음대로 다루어내는 재주가 있었다. 아명을 메이냥媚娘이라고 했는데 자라서 이름을 자오照로 지었는데, 스스로 새로운 글자를 만들어 자오曌라고 적었다. 이는 해와 달이 하늘 위에 있다는 뜻으로, 고귀함과 웅장함을 나타내기 위한 것이었다. 그러나 그녀의 행적에는 악랄한 부분이 많아서 후세에 중국 삼대 악녀의 하나로 치부되었다. 참고로 삼대 악녀는 한漢나라의 루후呂后, 칭淸의 시타이후西太后 그리고 우저톈을 말한다.

여덟 살에 아비가 죽자, 배다른 형제의 학대 속에 소녀기를 보냈다. 14세에 타이종太宗의 후궁에 들어 정5품의 차이런才人이 되었다. 처음에는 타이종의 총애를 받았으나, 그녀의 지나친 총명함이 나라에 해를 끼칠 것을 우려한 타이종은 그녀를 점차 멀리하게 되었다. 그러자 살해될 것을 겁낸 그녀가 왕자 리치李治를 농락하여 그의 사랑을 이끌어내었다. 타이종의 만년에 장자인 태자를 모반으로 몰아 주살하는 바람에 아홉째 아들이었던 진왕晉王 리치가 외삼촌 창순우지長孫無忌의 천거로 황태자가 되었다. 타이종이 붕어하자, 그의 후궁에 있던 우저톈은 관례에 의해 이마에 낙인이 찍히고 여승이 되어야 했다. 그녀는 이를 피하기 위해 도교 사원에서 수행하는 여자 도사인 곤도坤道를 자원해서 아름다운 얼굴을 보존할 수 있었다. 마침 가오종의 황후인 왕황후王皇后가 경쟁자인 샤오숙비蕭淑妃를 물리치기 위해 그녀를 입궁시켜서 소의昭儀로 만들었다.

우소의武昭儀는 가오종高宗으로 등극한 리치의 총애를 독차지하게 되었는데, 왕황후와 어머니인 류씨柳氏가 주술로 그녀를 죽이려다가 탄로가 났다. 우소의는 황후가 되기 위해 여러 신하들을 회유했다. 가오종이 우소의를 황후로 삼을 생각으로 네 명의 중신에게 하문했다. 네 명의 중신 가운데 외숙 창순우지와 재상 주쉬량褚遂良이 반대했다. 마침 투르크 토벌에 공이 컸던 리즈李勣가 "황후를 세우는 일은 황제의 집안일이니 궁정의 관료들이 왈가왈부할 일이 아닙니다" 하고 말하여, 가오종이 그녀를 황후로 세울 생각을 굳혔다. 마침내 655년 10월 13일에 가오종은 "독살 음모를 했다"는 죄명으로 왕황후와 샤오숙비를 폐하여 서민으로 내리고 옥에 가두었다. 7일 후에 가오종은 우소의를 황후로 만드는 조서를 내고 강력하게 반대하고 있던 주쉬량을 탄주도독潭州都督으로 좌천했다. 11월 초순에 황후가 된 우소의는 "뼈까지 취하게 해 주마"고 하면서 감금했던 왕씨와 샤오씨를 곤장 백 대를 치고 사지를 잘라 술독에 던져 넣었다. 두 사람이 여러 날을 술독 속에서 울부짖다가 절명했다. 특히 샤오씨는 "다시 태어나면 고양이로 변신해서 우소의를 쥐로 만들어 잡아먹어버리겠다"고 저주하면서 죽어갔기 때문에 그 뒤로 궁중에 고양이를 기르지 않게 되었다.

황후가 된 우저톈武則天은 몸이 약한 가오종을 대신해서 수렴정치를 행했다. 귀족 정치 집단을 혐오한 우저톈은 재능과 충성을 중심으로 낮은 신분이라도 능력이 있는 자를 등용했다. 뒷날인 660년에 신라의 청원을 받아들여 백제 토벌의 군사를 일으킨 것은 사실인즉 우저텐이 결정한 것이었다. 이때보다 훨씬 뒤인 690년에 우저텐이 스스로 황제가 되어 나라 이름을 조우周로 고쳤다가 705년에 당의 중종中宗에게 양위하여 일시나마 당을 중절시킨 일까지 있었다.

우저텐이 황후가 되던 655년에 야마도에서는 코도구孝德텐노의 뒤를 이어 상황皇祖母尊으로 있던 타까라히메寶皇女[192]가 다시 황위에 등극했다. 사이메이텐노齊明天皇였다. 황태자 나까노오오에中大兄가 계속해서 국정을 맡아 텐노를 보필했다. 나까노오오에가 코도구 텐노를 바로 승계하지 않은 것은 7세기 중엽 야마도 정치사의 커다란 수수께끼이다. 그는 죠메이텐노舒明天皇의 둘째 아들로 그 동생이 오오시아마大海人[193]로 기록되어 있으나, 실은 오오시아마가 그의 형이었기 때문에 형보다 먼저 보위에 오를 수가 없었다는 설, 친누이인 하시히도間人와 정분이 난 것이 당시의 도덕관으로는 사람들에게 받아들여지지 않았기 때문이라는 설, 어머니가 백제 무왕武王의 딸이어서 야마도의 황통을 제대로 계승하지 못했기 때문이라는 설 등이 있으나, 아직 어느 주장도 고고학적으로 해명되지 않고 있다. 19세에 어머니 코교구皇極텐노의 황태자가 된 그는 645년으로부터 23년간을 3대에 걸쳐 황태자로 있었고, 중임한 어머니가 붕어한 뒤에도 바로 등극을 하지 못하고 7년을 보낸 것을 보면 야마도 황실에 대단히 복잡한 사정이 있었던 것으로 추측된다. 그

---

[192] 타까라히메宝皇女 또는 財姬 : 아메토요天豊 타까라財 이까시히타라시重日足 히메노姬 스메라미꼬도天皇, 기기紀記의 37대 사이메이텐노齊明天皇(594~661년, 655~661년 재위).

[193] 오오시아마大海人 : 기기의 40대 텐무텐노天武天皇(673~686년 재위).

러나 황태자로 있으면서 그가 이루어놓은 업적은 대단했다. 소가노이루카蘇我入鹿를 암살하는 일에 주동이 되었던 그는 다이카大化의 개신改新으로 불리는 많은 개혁을 주도했다. 또한 동북의 에미시蝦夷를 여러 번 정벌하고 회유해서 야마도 왕조의 세력권을 확장했고, 코도구孝德텐노의 아들인 아리마有間 황자를 함정에 빠뜨려서 역모로 몰아 숙청했다. 무엇보다도 힘든 일을 한 것은 백제가 멸망한 뒤의 부흥활동을 직접 지원한 일이었다.

사이메이텐노齊明天皇 시절에는 한반도와의 왕래가 어느 때보다도 빈번했다. 655년 7월 11일에 북쪽의 에미시蝦夷 99명과 동쪽의 에미시蝦夷 95명 그리고 백제의 사신 150명에게 향응을 베풀었다. 이어서 656년인 사이메이 2년[194] 8월 8일에 고구려에서 달사達沙 등을 보내어 조공을 했는데, 사절의 규모가 81명이나 되었다. 이에 대하여 야마도에서도 9월에 고구려로 답사를 보냈다. 아스카飛鳥의 오까모도岡本에 대궐을 신축 중에 있었기 때문에 고구려, 백제, 신라의 사절들을 곤색의 천막을 쳐서 접견할 때도 있었다. 658년 6월에 당의 셰린귀薛仁貴가 요동에서 고구려와 전투를 벌였다. 7월에 야마도는 사문沙門 지쓰智通와 지다쓰智達를 신라 선편으로 당에 보내어 현장법사玄奘法師[195]에게서 인도의 고승 무성無性의 가르침을 배우게 했다. 야마도는 다시 659년 4월과 769년 3월에 아베

194 사이메이 2년 : 서기 656년, 신라 무열왕 3년, 고구려 보장왕 15년, 백제 의자왕 16년.
195 현장법사玄奘法師(~664년) : 법상종의 시조. 인도에 가서 많은 경전을 가지고 와서 번역함. 삼장법사라고도 함.

노히라후阿倍比羅夫를 동북지방에 파견하여 에미시蝦夷를 토벌해서 지배권을 확대했다.

7월 3일에 쇼킨게小錦下[196] 사카히베坂合部, 다이센게大仙下 쓰모리津守를 당으로 보내면서 동북방의 에미시蝦夷 남녀 두 명을 데리고 가당의 가오종高宗에게 진상했다. 가오종이 에미시의 사는 곳, 생활방식 등을 물으면서 신기하게 여겼다. 이때의 견당사遺唐使는 두 척의 배에 분승해서 7월 3일 나니하의 미쓰노우라三津浦를 출발해서 쓰구시의 오호쓰大津까지 한 달, 다시 백제의 남쪽 섬을 거쳐 장난江南의 귀주括州와 저장浙江을 거쳐 뤄양洛陽으로 들어갔다. 야마도의 사신이 다른 어떤 변방의 사신보다 잘생겼다고 했는데, 마침 뤄양에 화재가 나자 모함을 당해 귀양 갈 뻔했다가 가까스로 모면했다. 당에서는 "중국이 내년에 반드시 해동을 정복할 것이라, 너희들 야마도의 사신은 동쪽으로 돌아가지 못한다"고 하면서 이들을 서경西京에 유폐했다.

660년인 정월에 김유신이 신라의 최고 관직인 상대등上大等이 되었는데, 이때의 나이가 65세였다. 마침 고구려의 사절 을상乙相 하취문賀取文이 100여 명의 사절단을 이끌고 야마도의 쓰구시筑紫에 왔다가, 5월 8일에 나니하難波까지 들어왔다. 이들은 7월 16일에

---

196 쇼킨게小錦下 : 야마도의 관위冠位, 위계位階 제는 스이고推古 11년 이후로 여러 번 변천해 나갔다. 텐지天智 3년에는 직관織冠 대소大小, 수관繡冠 대소大小, 자관紫冠 대소大小, 금관錦冠 상중하, 청관靑冠의 대산大山 상중하, 소산小山 상중하, 흑관黑冠 대을大乙 상중하, 소을小乙 상중하, 대건大建, 소건小建 등이 있었음.

고구려로 돌아갔다. 이때에 야마도의 나까노오오에中大兄 황태자가 처음으로 물시계를 만들어 시간을 알 수 있게 만들었다.

9월 5일이 되었다. 백제 고관의 심부름으로 사미승沙彌僧 각종覺從이 한반도에서 야마도로 와 황급하게 고했다.

"올 칠월에 신라가 당군과 함께 쳐들어와서 백제를 넘어뜨렸습니다. 군신 모두가 포로가 되어 전멸했습니다. 그리고 서부은솔西部恩率 귀실복신鬼室福信이 임존산任存山197에서 봉기하고, 달솔達率 여자진余自進이 웅진성熊津城198에서 일어나 나라를 다시 세우려고 분전하고 있습니다."

10월이 되자 귀실복신이 좌평 귀지貴智를 보내어 당의 포로 100여 명을 헌납해 왔다. 조정에서는 이들을 오오미近江에 살게 했다가 다시 미노美濃의 두 고을로 이주하게 했다. 복신이 구원을 청하면서 "왕자 여풍余豊을 보내어 주시면 백제왕으로 모시겠습니다" 했다. 텐노가 왕자 여풍을 그의 처자와 숙부 충승忠勝과 함께 귀국하게 했다. 12월 24일에 텐노가 귀실복신이 청한 구원군을 쓰구시로부터 파견하려고 나니하難波 궁으로 가서 군비를 챙겼다. 신라 정벌을 위한 병선을 스루가駿河지방에 명령해서 축조했는데, 까닭도 모르게 밤중에 배가 모두 망가졌다. 사람들이 이번 구원군이

---

197 임존산任存山 : 뒷날의 충남 대흥大興 부근의 산.
198 웅진성熊津城 : 뒷날의 충남 공주公州.

실패할 징조라고 걱정했다. 661년에 백제의 요청에 따라 나까노오오에中大兄 황태자가 구원병을 파견할 것을 결정하고, 사이메이텐노齊明天皇와 함께 쓰구시筑紫로 갔다.

정월 6일에 텐노가 탄 배가 오호구노우미大伯海[199]로 갔다가 다시 배를 돌려 나노오호쓰娜大津[200]로 갔다.

661년 2월에 백제의 유민들이 사비성을 침공했다. 신라의 무열왕이 이찬伊湌 품일品日을 대당장군大幢將軍으로 삼아 문왕文王, 양도良圖, 충상忠常, 문충文忠, 의복義服, 문품文品, 의광義光 등을 거느리고 사비성을 구원하게 했다. 그런데 이들이 구원을 가는 도중에 백제의 복병을 만나 무기와 군량을 많이 잃었다. 왕이 패전한 소식을 듣고 크게 놀라서, 다시 장군 김순金純, 진흠眞欽, 천존天存, 죽지竹旨 등을 파견하여 구원하게 했는데, 이들도 여의치 않아 도중에서 돌아왔다. 왕이 패배의 죄를 논하여 벌을 주었다.

한편, 야마도에서는 텐노와 나까노오오에 태자가 나노오호쓰娜大津에 행궁을 만들었다가 5월에 아사구라朝倉의 신사에 있던 신목神木을 잘라서 궁궐을 짓게 했다. 그랬더니 아사구라 신사의 신이 분노하여 궁전을 파괴하고 도깨비불을 질렀다. 그러자 궁녀와 시종들이 병이 나서 죽어갔다. 7월 24일에 텐노가 아사구라 궁에서

---

199 오호구노우미大伯海 : 뒷날의 오까야마岡山 오호구品久의 바다.
200 나노오호쓰娜大津 : 뒷날의 하까다博多 항.

갑자기 붕어했다. 10월에 들어 황태자가 바다를 건너 텐노의 유해를 아스카飛鳥의 강가로 옮겼다. 황태자는 상복을 입고 정사에 임했다.

661년 5월이 되자 고구려의 장군 뇌음신惱音信이 말갈 장군 생해生偕와 함께 여주驪州의 술산성述山城을 공격했다가, 다시 북한산성으로 와서 포차抛車로 돌을 쏘아 성벽을 부수었다. 신라의 정예병이 모두 백제로 출병한 틈을 타서 신라의 북쪽 성들을 공략한 것이었다. 고구려는 성의 서쪽에 진을 치고, 말갈은 동쪽에 진격하여 열흘 동안 공격을 계속했다. 신라의 성주 동타천冬陀川이 남녀 2,800명의 주민들과 함께 20여 일을 견뎠으나, 점차 성안의 백성들은 공포와 두려움에 떨게 되었다. 군량이 떨어지고 심신이 피로해서 성이 떨어질 지경이 되었는데, 갑자기 큰 별이 적진에 떨어지고 벼락이 치면서 폭우가 쏟아졌다. 고구려군이 겁을 먹어 포위를 풀고 철수했다. 김유신이 성이 포위되었다는 소식을 듣고 말했다.

"사람의 할 일은 다했으니, 하늘이 도와 주실 것이다."

그런 뒤에 절에 들어가서 제단을 쌓고 기도를 했는데, 그 효험이 나타난 것이라고 사람들이 칭송했다. 뒤에 왕이 동타천의 공을 기려 10등 관위인 대나마大奈麻를 제수했다. 6월에 대관사大官寺의 우물물이 피처럼 벌개졌다. 그러자 신라의 왕이 붕어했다. 무열武烈이라 시호하고 태종太宗의 호를 올렸다. 당의 가오종이 왕의 부음을 듣고 뤄청멘洛城門에 나와 애도를 표했다. 쑤딩팡蘇定方과 함께 백제를 평정할 때에 종군하여 큰 공을 세운 신라의 태자 김법민金法敏이 무열왕의 뒤를 이어 왕위에 올랐다. 이이가 신라 30대 문무왕文武王[201]이었다.

마침 당에 들어가서 숙위宿衛하던 왕의 동생 김인문金仁問과 그의 보좌관 사찬沙飡 유돈儒敦이 돌아와서, 당이 쑤딩팡蘇定方으로 하여금 35도道의 수·육군을 이끌고 고구려를 공격하기로 한 것을 알렸다. 아울러 문무왕에게도 군사를 일으켜 당군과 합류하라는 칙명이 내렸다. 비록 상중이지만 이를 어길 수 없다고 생각한 문무왕은 7월 17일에 김유신을 대장군으로 삼고, 김인문, 진주眞珠, 흠돌欽突을 대당장군大幢將軍으로, 천존天存, 죽지竹旨, 천품天品을 귀당총관貴幢摠管으로 삼는 등 모든 장수들을 동원하여 군사를 이끌고 남천주南川州에 도착했다. 류런옌劉仁願도 거느리고 있던 군사를 사비에서 배편으로 혜포鞋浦를 거쳐 남천주로 옮겨왔다. 나당 연합군이 다시 북진하려고 하는데 척후병이 급히 돌아와서 보고했다.

"바로 앞에 백제의 잔당이 있습니다. 옹산성瓮山城에 모여 항거하고 있으니 길이 막혀 더 나갈 수가 없습니다."

보고를 받은 대장군 김유신이 사람을 보내어 이들이 항복하면 모두 살려주겠다고 설득했다. 그러나 백제인들이 한사코 저항한다는 보고를 받고 김유신은 웃으면서 말했다.

---

[201] 문무왕文武王(661~681년 재위) 무열왕의 원자. 어머니는 문명부인文明夫人으로 소판蘇判 김서현金舒玄의 딸이자 김유신金庾信의 둘째 누이.

"궁지에 몰린 새나 곤경에 빠진 짐승은 자신을 구하기 위해서만 싸운다더니 바로 이들을 두고 한 말이군."

깃발을 흔들고 북을 울려 공격을 명했다. 문무왕도 높은 언덕에 올라가서 눈물을 흘리며 격려하니, 군사들이 모두 창칼을 무릅쓰고 돌진했다. 당의 쑤딩팡蘇定方과 투르크의 왕자 지피제리契苾加力가 수륙 양로로 고구려를 침범해서 8월에는 평양성을 포위했다. 그 바람에 백제에 있던 당군이 이동했다. 9월 19일에 문무왕이 웅진의 웅현정熊峴停으로 진군해 총공격을 하여 27일에야 수천 명을 참살하고 항복을 받았다. 왕이 이 전투에서 공을 세운 장교인 총관摠管들에게 그 급에 따라 칼과 창을 하사하고, 그 아래의 사람들은 일품品씩 계급을 올려 주었다. 성이 함락되자, 적의 장수만 처형하고 백성들은 모두 방면했다. 신라에서 논공행상을 하니, 류런엔도 비단으로 공로에 따라 상을 주어 장병을 위로했다.

한편, 상주총관上州摠管 품일品日이 양술성兩述城을 공격하여 천 명을 참살하니, 백제의 달솔 조복助服과 은솔 파가波伽가 사람들을 거느리고 항복해왔다. 문무왕이 조복에게 급찬級飡 벼슬을 주어 고타야군古陀耶郡 대수大守로 삼고, 파가에게는 급찬級飡 벼슬을 주고 전답과 주택 및 의복을 하사했다.

8월에 아즈미노히라후阿曇比邏夫, 가와헤노모모에河辺百枝를 전장군前將軍으로 삼고, 아베노히기다노히라후阿倍引田比邏夫와 모노노베노구마物部熊 등을 후장군後將軍으로 삼은 2군으로 군사를 편성해서 야마도가 백제를 구원하러 나섰다. 9월에 나가쓰長津 궁에서 나까노오오에中大兄 황태자가 백제의 왕자 여풍에게 야마도 관위 가운데 최고인 직관織冠을 수여하고, 여풍과 야마도의 고관 오호노오미고모시키多臣蔣敷의 누이를 결혼시킨 뒤에 군사 5,000명으로 호위하여 본국으로 돌아가게 했다. 여풍이 입국하자, 중 도침道琛과 함께 한산韓山의 주류성周留城에서 군을 지휘하고 있던 귀실복신鬼室福信과 흑치상지黑齒常之가 영접하여 여풍을 백제왕으로 모셨다. 그러자 서북부에 있던 여러 성들이 이에 호응했다. 귀실복신이 백제 군사를 몰고 도성으로 진격해서 당군의 류런옌劉仁願을 포위했다. 당의 가오종이 형세가 급한 것을 듣고 류런귀劉仁軌를 검교檢校 대방군자사帶方郡刺史로 삼아 군사를 인솔해서 신라군과 합세해 류런옌을 구하게 했다. 귀실복신이 이들을 웅진강 입구 두 곳에 울타리를 쳐서 막았으나, 당과 신라의 협공을 견디지 못하고 울타리 뒤로 들어갔다. 울타리에 의지해서 물을 막고 싸우니, 당군 가운데 좁은 다리를 건너오다가 물에 떨어져 죽은 자가 만여 명이나 되었다. 복신 등이 바로 부여 사비성의 포위를 풀고 임존성으로 후퇴했다. 신라군도 군량이 떨어지게 되어 어쩔 수 없이 군사를 물리고 돌아갔다. 그 뒤에 도침道琛은 스스로 영군장군領軍將軍이 되고, 귀실복신은 상잠장군霜岑將軍을 자칭했다. 이들이 각자 많은 무리를 모으니 그 세력이 더욱 커졌다. 도침이 류런귀에게 사자를 보내어 말하게 했다.

"듣자 하니, 당이 신라와 작당하여 우리 백제의 백성을 남녀노

소 가리지 않고 몰살한 후 우리나라를 신라에 준다고 했다. 이러나 저러나 죽임을 당할 바엔 싸워서 죽는 것이 낫지 않은가? 우리는 더욱 뭉쳐서 이 땅을 사수할 것이다."

류런귀가 이들을 회유하기 위해 사람을 보내자, 도침은 이를 잡아 하옥하면서 말했다.

"우리가 일국의 대장인데, 그대가 직접 오지 않고 미관 말직을 보내다니 당치도 않은 일이다."

류런귀가 군사가 적어 류런옌과 합세하여 군사를 쉬게 한 뒤에 가오종에게 글을 올려 신라로 하여금 원군을 더 보낼 것을 간청했다. 이에 신라의 무열왕이 장군 김흠金欽으로 하여금 군사를 거느리고 구원하게 했다. 그러나 고사古泗에서 신라의 구원군이 복신의 공격을 받고 크게 패하여, 김흠은 갈령도葛嶺道로 도망쳐 다시는 나오지 못했다.

도침이 공을 내세워 말을 듣지 않게 되자 귀실복신이 그를 꾀어서 잡아 죽이고 그의 군사를 병합했다. 귀실복신이 류런옌과 계속 싸웠다. 하루는 귀실복신이 사자를 고립무원이 된 류런옌에게 보내어 조롱했다.

"대사大使들은 언제 돌아갈 것인가? 돌아갈 때에는 환송하리다."

10월 29일에 가오종의 사자가 와서 돌아가신 무열왕에게 제사하고, 비단 오백 단을 부의로 바쳤다.

12월에 고구려의 땅이 얼어붙었다. 대동강이 얼자 당의 군사는 십여 길 높이의 운거雲車와 성벽을 무찌르는 충차衝車를 앞세우고 북과 꽹과리를 치면서 강을 건너 진격했다. 고구려의 군사들이 용감하게 싸워서 당의 진지 둘을 빼앗았다. 그런 뒤에 야습에 대비하니, 당의 군사들이 힘이 다하여 탈환하지 못하고 무릎을 안고 울었다.

662년 정월에 당의 사신이 와서 문무왕을 개부의동삼사開府儀同三司 상주국上柱國 낙랑군왕樂浪郡王 신라왕新羅王으로 삼았다.

두 나라의 군사가 합류하여 북진하는데, 고구려를 공격하다가 사수蛇水[202]에서 연개소문淵蓋蘇文에게 크게 파한 당군 가운데 군량이 떨어져 진퇴유곡에 빠진 쑤딩팡蘇定方에게 태감太監 문천文泉을 파견하여 북으로 올라간다는 소식을 전했다. 문천이 돌아와서 복명했다.

"쑤장군께서는 황명을 받들고 바다를 건너 적을 토벌하러 와 상륙한 지 달포가 넘었다 하셨습니다. 그런데도 마마의 신라군이 당도하지 않고 군량의 수송이 제대로 되지 않아 위태롭기 한이 없는 지경이랍니다. 마마께서 조속히 대책을 세워 주시기를 간청하셨습니다."

왕이 여러 신하에게 어떻게 해야 하는가를 물었다.

"마마, 적지에 깊이 들어가서 군량을 운반한다는 것은 대세로

---

202 사수蛇水 : 청천강.

보아 불가능한 일입니다. 거절하셔야 할 것입니다."

"아니, 그렇다고 당의 곤경을 구하지 않으면 도리가 아니지 않은가?"

"그래도 아니 되십니다. 마마, 위험천만입니다."

신하들이 입을 모아 말했다.

"그럼, 어쩐다지? 참으로 딱한 일인지고."

왕은 길게 한숨을 쉬었다. 그때였다. 묵묵히 듣고 있던 대장군 김유신이 한발 앞으로 나섰다.

"마마, 소신이 해 보겠습니다. 마마의 과분한 은총을 받아 외람되게 중책을 맡고 있으니, 나랏일에 목숨인들 못 내어 놓겠습니까? 지금이야말로 늙은 몸이 충절을 다하여야 할 때라고 생각합니다. 소신이 적국에 들어가서 쑤장군을 돕도록 하겠습니다. 마마, 허락하소서."

"공이 해 주시겠소? 노년에 이런 일을 맡으신다니 정말 고맙군요. 공 같이 성스러운 신하가 있으니 무엇을 걱정할 것이오? 이번 일을 성공한다면 공의 공덕은 영원히 잊혀지지 않을 것이오."

문무왕이 자리에서 일어나 김유신의 손을 잡고 눈물을 흘리며 고마워했다.

김유신은 바로 현고감懸鼓坎의 수사岫寺로 가서 목욕재계하고 영실로 들어가 문을 닫고 혼자 앉았다. 며칠 밤낮을 분향하며 기도한 뒤에 영실에서 나온 그는 희색이 만면했다.

"이번 가는 길에 죽지는 않는다."

김유신이 떠나기 전에 왕이 직접 글을 써서 건네어 주었다.

"국경을 넘은 뒤로는 모든 상벌을 마음대로 결정해도 좋다."

김유신은 김인문, 양도 등의 아홉 장군과 함께 2,000여 량의 수레에 쌀 4,000석과 조 2만 2천여 석을 평양으로 수송하는 길을 떠났다. 정월 18일에 떠난 뒤, 길이 얼고 미끄러워 수레가 나가지 못하자, 소와 말에 수레와 군량을 싣게 하고 임진강 하류를 건넜다. 23일에야 칠중하七重河에 도착했다. 강을 건너려는데, 군사들이 모두 두려워하여 감히 먼저 승선하려는 자가 없었다. 김유신이 군사들을 보고 말했다.

"죽는 게 두려운가? 그럼 무엇 때문에 예까지 왔나?"

그러면서 스스로 먼저 배를 탔다. 대장군이 솔선수범을 하는데, 따라가지 않을 자가 없었다. 모두들 그의 뒤를 따라 강을 무사히 건넜다. 고구려의 경내에 깊숙이 들어가게 되니 요격당할 것이 염려되었다. 그래서 큰길을 피하고 좁고 험한 길로 행군하여 산양䔄壤에 도착했다. 이곳에서 야영을 하면서 장병들을 모아 김유신이 연설했다.

"모두들 들어라. 고구려와 백제의 두 나라가 걸핏하면 우리나라를 침략해서 우리의 무고한 백성을 해쳤다. 장정들을 포로로 데려가서 죽였고, 아이들을 사로잡아 노비로 부리기도 했다. 이 어찌 통탄할 일이 아니겠는가? 내가 지금 죽음을 무릅쓰고 이런 어려운 일을 하려는 것은 큰 나라와 함께 두 나라를 멸망시켜 나라의 원수

를 갚으려는 것이다. 천우신조를 빌고 있는데, 여러 장병의 마음이 어떤지 알고 싶어서 이 자리에 섰노라. 적을 무섭게 여기지 않는다면 반드시 성공해서 돌아갈 수 있을 것이나, 적을 두려워한다면 어찌 그들에게 사로잡힘을 면할 수 있으랴? 마땅히 한마음으로 협력해서, 모두 일당백이 되어 나가자. 알겠는가?"

모든 장병이 함께 함성을 질렀다.

"장군의 명을 받들겠습니다. 구차하게 살기를 바라지 않습니다."

마침내 북을 치면서 평양을 향해 출발했다. 도중에 적병을 만나도 역습해서 많은 갑옷과 무기를 빼앗았다. 가는 길에 험한 곳이 많았다. 때마침 날씨가 얼어붙고 인마가 지쳐서 길바닥에 쓰러지는 자가 더러 있었다. 그럴 때마다 김유신은 몸소 이들을 구한 뒤에 말에 채찍을 가하여 앞으로 달려 나갔다. 이를 본 사람들은 감히 춥다는 소리를 입에 담지 못하고 땀을 흘리며 달렸다. 천신만고 끝에 평양에서 멀지 않은 곳에 도착했다. 김유신이 보기감步騎監 열기裂起를 불러 말했다.

"나는 젊을 때부터 그대와 함께 지내면서 그대가 지조와 절개가 있는 사람이라는 것을 알고 있다. 이제 쑤장군에게 우리의 뜻을 전하려고 하나 그 임무를 맡을 사람을 구하기가 어렵다. 쑤장군은 우리가 고생하면서 여기까지 온 것을 모르고, 늦었다고 화를 내며 그대를 처벌할지도 모른다. 그 사람은 원래 성질이 급한 사람이기 때문이야. 그러니 이번의 임무는 목숨을 걸어야 할 수 있는 일이 될지도 모른다. 그런데 그대가 갈 수 있겠는가?"

"장군, 제가 불초하지만 중군中軍의 직함에 있는데, 장군의 심부름도 제대로 하지 못하고 욕을 먹을 수야 없지요. 제가 죽는 날이 새로 탄생하는 날로 생각하고 가겠습니다."

열기가 장사壯士 구근仇近을 비롯한 15명의 장병을 데리고 평양으로 가서 쑤딩팡을 만나 말했다.

"우리 김유신 장군이 군사를 거느리고 군량을 운반하여 이미 가까운 곳까지 당도했습니다."

쑤딩팡이 기뻐하며 편지를 써서 고마움을 표했다. 열기의 복명을 받은 김유신은 군량을 수송하여 양오楊隩에 도착했다. 마침 어떤 노인이 나타나서 고구려에 대한 정보를 자상하게 전했다. 김유신이 사례로 포백을 주어도 노인은 이를 사양하고 종적을 감추었다. 양오에 도착한 김유신이 중국어를 아는 김인문, 김양도와 아들 군승軍勝을 향도로 삼아 당의 진영으로 군량을 싣고 가게 했다. 당의 좌무위대장군左武衛大將軍 쑤딩팡蘇定方이 은 5,700푼, 세포 30필, 두발 30냥, 우황 19냥을 보내어 그 고마움을 크게 표시했다. 당의 군사들이 먹을 것을 얻자 기운을 회복하기 시작했다. 그러나 이것으로는 엄동설한을 넘기기가 힘들었다. 쑤딩팡은 하는 수 없이 당으로 철군할 것을 명령했다.

김양도는 병력 800명을 거느리고 배를 타고 바다를 건너 본국으로 돌아왔다. 나머지 군사들을 거느리고 김유신이 돌아오는데, 고구려의 복병을 만났다. 김유신은 밤중에 여러 마리의 소의 허리와 꼬리에 북과 북채를 매달아서 소가 꼬리를 흔들 때마다 북소리가 울리게 하고, 섶과 나무를 쌓아 불을 질러 연기와 불이 꺼지지 않게 만들었다. 고구려군이 북소리와 셀 수 없이 많은 횃불에 주춤하는 사이, 군사들이 강을 건너서 휴식을 취하게 되었다. 속은 것을 안 고구려군이 다시 추격하여 오자, 김유신은 기다렸다는 듯이 노를 집중적으로 쏘게 해서 적군을 격퇴했다. 결국 가는 곳마다 장병들이 싸워 이기고 고구려의 장군 소형小兄 아달혜阿達兮를 사로 잡고 일만여 명의 머리를 베었다. 문무왕이 승전 소식을 듣고 특별히 사신을 보내어 그 수고를 치하했다. 문무왕이 본피궁本彼宮의 재화와 전장 및 노복을 김유신과 김인문에게 나누어 주며 그 공을 치하하고, 부하 장병들의 전공에 따라 봉읍과 작위를 상으로 주었다.

고구려를 구하려고 야마도의 군사가 백제 개불皆火[203]의 바닷가에 진을 치고 불을 피웠는데, 그 자리가 패이고 명적鳴鏑처럼 소리가 났다. 사람들이 이를 보고 고구려와 백제가 망할 징조라고 수근거렸다. 좌평 귀실복신에게 화살 10만 개, 실 오백 근, 솜 천근, 베 천 단, 무두질한 가죽 천 장, 씨 나락 삼천 말을 야마도가 공급했다. 그리고 야마도는 백제의 왕에게 베 300단을 주었다. 야마도의 군사가 출동하여 주류성周留城[204]을 지키는 바람에 당군이 남쪽

---

203 개불皆火 : 뒷날의 전라북도 부안扶安.

국경을 침범하지 못하고, 신라군이 서쪽으로 더 나오지 못했다. 5월이 되자 대장군 아즈미노히라후阿曇比邏夫가 군선 170척을 거느리고 백제로 들어가 여풍이 왕위에 오르는 것을 도왔다. 12월이 되어 백제왕이 좌평 귀실복신과 에치노다구쓰朴市田來津를 보고 말했다.

"이곳 소류성은 전답에서 멀고 농사를 짓지 못하는 곳이라 방어에는 적합하나, 오래 있으면 식량을 대지 못해 굶주리게 될 곳이다. 남쪽의 피성避城은 김제金堤평야의 강물이 있고, 논으로 둘러싸인 기름진 땅이다. 평지라 하지만 이곳만한 곳이 있을 것인가? 도읍을 옮기는 것이 좋겠다."

에치朴市가 말렸다.

"피성과 적진은 하룻밤 거리에 있습니다. 너무 근접해 있으니 위험합니다. 굶주림은 견딜 수 있으나, 패망하면 돌이킬 수 없게 됩니다. 지금 적군이 함부로 오지 못하는 이유는 소류성이 험한 산세를 의지하기 때문에 지키기 쉽고, 공격하기가 어려워서입니다. 평지로 내려가서 무엇으로 지킬 수 있겠습니까?"

왕은 간언을 듣지 않고 피성으로 옮겼다.

662년 7월에 신라에서 이찬 김인문을 당에 파견하여 방물을 바쳤다. 8월에 백제의 잔적들이 내사지성內斯只城에서 준동하기에 흠순欽純 등 열아홉 장수를 보내어 토벌했다. 이때에 대당총관大幢摠管

---

204 주류성周留城 : 금강 하류의 산성. 소류성疏留城이라고도 함. 임존과 함께 백제 유신의 근거지.

진주眞珠와 이천利川의 남천주南川州총관 진흠眞欽이 꾀병을 부리며 국사를 등한히 하는 것을 왕이 알고 이들과 그 일족을 멸하였다. 다음 해 정월에 경주慶州의 남산신성南山新城에 창고를 짓고, 부산성富山城을 뒷날의 부산釜山에 축성했다. 흠순과 천존이 계속해서 백제의 여러 성을 공격하여 수천 명을 참살했다. 2월이 되자 신라의 문무왕文武王이 백제의 거열居列, 거홀居忽, 사평沙平, 덕안德安의 네 성을 공격해서 빼앗았다. 그러고 나니 피성은 신라의 진지와 너무 가까워서 위험했다. 부득이 백제왕 여풍은 다시 도읍을 소류성으로 옮겼다. 4월에 당이 신라를 계림대도독부鷄林大都督府로 정하고, 왕을 계림주대도독鷄林州大都督으로 삼았다. 당은 한반도를 수중에 넣은 것으로 생각한 셈이었다.

5 백강白江의 전투와 야마도 세력의 축출

당군이 귀실복신의 무리를 웅진의 동쪽에서 크게 무찌르고, 윤
성尹城, 대산책大山柵, 사정책沙井柵 등을 차지해서 군사를 나누어 지
키게 했다. 귀실복신이 진현성眞峴城에 백제군을 모아 험준한 산세
와 강을 방패 삼아 지키고 있는데, 밤중에 신라군이 성으로 육박하
여 해자에 널판자를 걸치고 건너서 새벽녘에 성안으로 침입하여
800여 명을 죽이고, 군량미를 공급할 수 있는 길을 뚫었다. 류런옌
이 계속 원군을 요청하자 당의 가오종이 우위위장군右威衛將軍 순런
슈에이孫仁帥로 하여금 40만 대군을 이끌고 덕물도德勿島를 거쳐 웅
진성熊津城으로 향하게 했다.

이보다 한 달 전인 3월에 야마도는 전, 중, 후의 삼군 편성으로 2

만 7천 명을 동원해서 신라를 공격했다. 지휘관으로는 전장군前將軍으로 카미쓰게노上毛野와 하시히도間人, 중장군中將軍으로 고세노카무사끼巨勢神前와 미와三輪, 후장군後將軍으로 아베노히케다阿倍引田와 오호야께大宅 등이 맡았다. 5월에 이들이 백제왕 여풍을 부여의 동남쪽에 있는 석성石城에서 알현했다. 여풍은 야마도에 있을 적부터 가까이 지내던 장군들이라 이들을 반가이 맞으면서 말했다.

"제장은 들으시오. 사실은 그동안 좌평 귀실복신이 마음대로 군사를 혹사하고 횡포를 부리고 있다오. 공이 많던 도침道琛을 죽여 군왕처럼 행세하니 걱정을 많이 하고 있소."

귀실복신은 점점 기고만장해져서 백제왕 여풍을 괄시하기 시작했다. 6월에 귀실복신은 백제왕과 사이가 벌어지게 되어 그를 시해할 음모를 꾸미며 병을 칭탁하고 굴 속에 누웠다. 백제왕이 문병차 오면 이를 엄습하여 죽일 생각이었다. 그런데 그런 음모를 백제왕이 알게 되었다. 백제왕이 친히 심복과 함께 귀실복신을 덮쳤다. 이들은 귀실복신이 반역을 했다고 하며 손바닥에 구멍을 내고 가죽 끈으로 꿰어서 묶었다. 그래도 결심을 하지 못한 백제왕이 신하들을 모아 물었다.

"복신의 죄는 이미 드러났도다. 어떻게 하는 것이 좋은가?"

달솔達率 집득執得이 말했다.

"이런 나쁜 놈은 용서해서는 안 됩니다."

귀실복신이 집득에게 침을 뱉으며 욕했다.

"썩은 개새끼."

왕이 그의 목을 베어 소금에 절여두었다가 뒤에 효수했다.

백제왕 여풍이 고구려와 야마도에 사자를 파견하여 구원을 청했다. 당의 순런슈에이孫仁師가 류런옌과 합세하여 구원군을 중도에서 막아 크게 격파했다. 여러 장수들이 가림성加林城이 수륙 양로의 요충이라고 이를 먼저 공략하자고 했으나, 류런귀는 견고한 가림성을 공략하느니 보다 평지에 있는 한산韓山의 주류성周留城을 공격하는 것이 낫다고 주장해서, 주류성으로 진격했다. 이 성만 수중에 넣으면 다른 백제의 여러 성은 절로 항복할 것이라는 속셈도 있었다. 별도로 류런귀와 두수앙杜爽 그리고 백제의 항장降將 부여륭이 수군 7,000명을 거느리고 웅진강에서 백강白江으로 나와서 육군과 합세하여 주류성으로 향했다. 8월 13일에 백제왕이 자기편의 장수를 베었다는 첩보를 받고 신라의 문무왕文武王이 김유신, 김인문, 천존, 죽지 등 38명의 장수를 거느리고 두릉豆陵, 윤성尹城을 함락시키고 주류성에서 당군과 합류했다. 백제왕이 이런 사정을 알고 여러 장수를 보고 말했다.

"들자니 야마도의 구원군 대장 이호하라노기미廬原君가 만여 명의 군사를 이끌고 바다를 건너오고 있다고 한다. 모든 장수들은 이를 맞아 합심하여 싸워야 할 것이다. 짐도 친히 백강白江으로 가서 그들을 맞으리라."

당의 군선 170척이 백강에 진을 쳤다. 8월 27일에 야마도의 수군과 당의 수군이 처음으로 충돌해서 야마도가 패하여 후퇴했다. 당의 수군이 진용을 가다듬고 지키려는 모습을 보고, 백제의 왕과 야마도의 장수들이 풍향과 기상을 살피지 않고 군사들의 왕성한 기세만 믿고 결정했다.

"저들이 지키고만 있다. 돌격해라. 다 부숴라. 돌격 앞으로."

천 척이 넘는 야마도의 군선이 백강을 거슬러 다투어 진격했다. 그러다가 모래톱에 걸려 배가 주저앉았다. 백제의 정병들이 강기슭으로 올라가 배를 지켰다. 그러자 신라의 날랜 기병들이 당군과 함께 뭍에 오른 백제군을 격파했다. 당의 군사가 좌우에서 야마도의 배를 엄습했다. 삽시간에 야마도 진용이 무너졌다. 불화살을 피하다가 물에 빠져 죽는 자, 칼과 노를 맞아 피를 토하고 죽는 자, 그 수를 헤아릴 수 없게 되었다. 네 번을 크게 싸워 야마도가 패하여 400여 척의 군선이 불타고 침몰했다. 배를 돌려서 빠져나오고 싶어도 밀집된 데다가 역풍이라 옴짝달싹할 수가 없었다. 군선이 타는 불꽃과 시커먼 연기가 하늘을 가렸다. 강물이 온통 피에 젖어 빨갛게 변했다. 야마도의 장수들이 하늘을 우러러 한탄하면서 이를 악물고 싸웠으나, 기울어진 전세를 만회할 수가 없어 죽어갔다. 마침내 주류성이 함락되었다. 9월 8일의 일이었다. 백제왕 여풍은 부하 몇 명만 거느리고 몸을 빼어 고구려로 도망쳤다. 왕숙 충승忠勝과 충지忠志 등은 무리를 거느리고 항복하고, 백제의 여러 성이 모두 귀순했다. 백제의 잔당만이 아니라 야마도의 왜인들도 이때에 항복하여 포로가 되었다. 문무왕이 왜인의 장수에게 말했다.

"우리와 너희 나라는 바다를 사이에 두고 오랜 동안 화친을 맺어 왔다. 무슨 까닭에 오늘날 백제와 함께 우리를 공격했는가? 포로가 된 너희들을 죽이지 않고 석방할 것이니, 돌아가서 왜왕에게 말하라. 다시는 침범하지 말라고."

왜인들이 혼비백산하여 남쪽으로 달아나서 백제 최남단의 호례성弖禮城205으로 몰려갔다. 왜인들과 함께 백제인들도 처자를 거느리고 호례성에 모였다. 모두들 백제가 망했으니 조상의 산소에 다시 갈 수가 없게 되었다고 울면서 배를 타고 야마도로 떠났다. 663년 가을인 9월 25일의 일이었다. 이들은 그 뒤에도 여러 차례 무리를 지어 야마도로 건너갔다. 665년에 백제의 백성 남녀 400여 명이 오오미近江国 카무사끼神前郡로 이주했고, 669년에는 700여 명이 가마후蒲生郡로 이주했다. 이때에 도주한 백제의 중신 가운데에는 좌평 귀실복신의 일족인 달솔 귀실집사鬼室集斯나 좌평 여자신餘自信, 달솔 목소귀자木素貴子 등이 있었는데, 각각 그 직위에 따라 야마도의 관위와 관직을 받았다. 귀실집사는 야마도 조정에서 다섯 번째 관위인 쇼김게小錦下에 교육을 담당하는 후미쓰카사노가미學職頭를 맡았다. 지금도 일본에는 귀실신사鬼室神社가 있어서 그의 묘지를 관장하고 있다. 이런 백제의 유민들은 야마도 조정에서 관직을 맡거나, 북 규슈의 해안 축성에 참가하고, 근기와 관동지방의 땅을 개척하는 일에 종사했다.

---

205 호례성弖禮城 : 뒷날의 전남 풍성군 오성면 부근.

모든 성들이 항복을 하는 가운데에도 임존성任存城만이 백제의 장수 지수신遲受信이 지켜서 항복하지 않았다. 문무왕이 이를 공격하다가 성공하지 못하고, 11월 4일에 군사를 거두어 서울로 돌아왔다. 이번 싸움의 공을 논하여 김유신에게 밭 500결結을 하사하고, 기타 장졸들에게는 공의 정도에 따라 상을 내렸다.

664년 정월에 김유신이 69세가 되어 나이가 많다 하여 모든 관직을 그만두기를 청했다. 문무왕이 이를 허락하지 않고, 궤장几丈을 하사했다. 궤장을 받는다는 것은 조정에 드나들 적에 지팡이를 짚을 수 있고, 임금의 앞에 의자를 놓고 앉을 수 있는 궁중 최고의 대우였다.

순런슈에이孫仁師와 류런옌劉仁願이 군사를 거두어 돌아갔다. 가오종이 류런귀로 하여금 군사를 이끌고 남아서 지키게 하며, 부여륭扶余隆을 웅진도독으로 임명하고, 신라와 화친을 맺고 백성을 거느리라고 조서를 내렸다. 다음 해 8월에 부여륭이 웅진성에 당도하여 신라의 문무왕과 흰 말을 잡아 천신 지기에 제사 지낸 뒤에, 그 피를 마시며 서로 동맹할 것을 맹서하고 그 서약서를 철판에 새겨 백제와 신라의 종묘에 바쳤다. 그러나 류런옌과 류런귀가 귀국하니, 부여륭은 신라를 이기지 못하고 당의 서울로 돌아갔다. 신라가 백제의 옛 땅을 점령해 나가자 부여륭은 백제로 돌아오지 못하고 당에서 죽었다. 한편, 백제를 정복한 당唐은 부여의 동남리東南里에 있는 정림사에 오층 석탑을 세워서, 탑신의 한 끝에 커다란 전서체篆書體로 대당평백제국비명大唐平百濟國碑銘이라 새기고, 네 면에 해서

체로 당이 백제를 정복한 것을 기록하며 그 위업을 칭송했다. 소위 평제탑이었다. 주로 쑤딩팡을 비롯한 당과 신라 양군의 장수들의 공과 당의 황제를 송덕한 글을 새겨서 기념한 것이었다.

마침내 야마도는 한반도로 나갈 발판이 없어지고 대당과 신라 연합국의 위협 대상이 되었다. 668년에 고구려마저 멸망하자 나까노오오에 황태자는 대마도, 이끼, 북 규슈의 각지에 방루와 성을 쌓고, 봉화대를 설치하여 외적의 침범에 대비했다. 그러면서 수도를 야마도 최대의 호수인 비와꼬琵琶湖 주변의 오오쓰大津로 옮기고 호족에게 자치권을 주어 환심을 사면서 국토방위 중심으로 체제를 재정립했다. 그는 그 뒤로도 수년간 텐노의 자리를 비워두고 국정을 관장하다가 668년에 텐노가 되었다. 텐지텐노天智天皇였다. 그는 관위의 수를 26계階로 늘려서 한반도에서 망명한 귀족들을 수용했고, 백제 왕자 부여용扶余勇을 나니하에 살게 하면서 백제왕 선광왕善光王이라 칭하게 했다.

6 고구려의 멸망

"아버님, 상처가 어떠십니까? 날씨가 더워지고 있는데, 상처가 도지면 큰일 납니다. 약재를 계속해서 드셔야 합니다."

대막리지大莫離支[206] 연남생淵男生이 문후를 드렸다.

"대막리진가? 너무 걱정하지 말라. 이 정도에 쓰러질 애비가 아니니라. 그보다도 당이 계속해서 우리를 공격하고 있는데, 방비를 잘하고 있느냐?"

아들에게 대막리지의 자리를 물려주고 태대막리지太大莫離支가 된 연개소문이 침상에서 몸을 일으키며 물었다.

"당 타이종唐太宗이 죽은 지도 16년이나 되었습니다. 그런데도

---

[206] 대막리지大莫離支 : 고구려의 최고 관직. 군권과 정권을 장악함. 막리지, 대막리지, 태대막리지가 있음. 최초로 연개소문이 대막리지에 오름. 중국의 병부상서와 중서령을 겸한 것과 같음.

벌써 다섯 차례나 당군이 침략해 왔습니다. 금상의 14년 2월에 귀단수貴湍水[207]에서 요수를 건너온 당의 잉주도독榮州都督 청밍전程名振과 좌위중랑左衛中郞 쑤딩팡蘇定方이 우리 군사 천여 명을 죽이고, 성의 외곽과 마을을 불태우고 돌아간 뒤로 한때는 우리의 수도 평양까지 포위했다가 돌아가지 않았습니까? 소자가 5년 전에 압록강에서 크비허리契苾何力와 싸워서 3만 명의 사상자를 내는 바람에 큰일 날 뻔한 것을 아버님께서 구해 주셨습니다. 아버님께서 사수蛇水[208]에서 당의 팡샤오타이龐孝泰와 그의 아들 열세 명을 때려잡으신 바람에 쑤딩팡이 평양성의 포위를 풀고 물러가지 않았습니까?"

연남생은 그때의 일이 생각난 듯 분한 마음으로 목소리가 떨렸다.

"그랬지. 네가 압록수에서 크비허리한테 당한 것이 9월이었지. 쿨럭 쿨럭. 콰악. 퇴"

연개소문이 기침을 하다가 가래를 뱉으며 숨을 몰아쉬었다.

"그렇습니다. 당의 가오종高宗이 좌위대장군左衛大將軍 크비허리에게 4만 4천여 명을 주어 평양을 포위했고, 좌무위대장군左武衛大將軍 쑤딩팡을 평양도행군총관平壤道行軍摠管으로 삼아 수륙으로 침공해 와서, 패강浿江과 마읍산馬邑山을 떨어뜨리고 평양성을 포위한 것이 8월이었으니, 벌써 넉 달 전의 일이 되었군요. 당나라 놈들이 이젠 우리 강토를 제집 드나들듯이 하고 있습니다."

---

207 귀단수貴湍水 : 만주신성滿洲新城 서남.

208 사수蛇水 : 뒷날의 청천강淸川江.

연남생은 안타까운 마음을 가눌 수가 없었다. 연남건이 옆에 있다가 말했다.

"형이 압록수만 지켰어도 이렇게 무참하지는 않았을 텐데."

"뭐라고? 네가 감히 이 대막리지를 비난하려 드는가?"

형제간에 언성이 거칠어지자, 연개소문이 고함을 질렀다.

"너희들이 다툴 땐가? 그래서야 나라꼴이 되겠나? 콜록콜록. 어떤 일이 있더라도 형제간에는 다투지 말아야 한다. 어흠. 알겠느냐?"

그러나 그의 목소리는 이미 기세가 한풀 꺾여 있었다. 예순셋을 넘긴 노인인데다가 묵은 상처가 도지고, 지병인 해소가 심해져서 기진맥진한 상태였다. 두 사람은 고개를 숙이고 인사한 뒤 병실을 나왔다.

당나라는 종전과 다른 전략으로 고구려를 괴롭혔다. 먼저 수군을 강화하여 라이주萊州를 기지로 삼아 고구려의 수군을 기습하기를 거듭했다. 천 수백여 척이 넘는 대 선단으로 파상공격을 가하니 차츰 고구려의 막강했던 수군이 무너지고, 황해의 제해권이 당나라로 넘어갔다. 그러는 한편, 당의 육군은 잉주榮州에 대규모 군단을 설치하고, 645년의 안시성 전투 이후로 여러 차례 압록강과 청천강을 넘나들었고, 한때 평양성을 포위한 적까지 있었다. 고구려는 잦은 병란에 농사지을 기회를 잃고, 점차 식량과 무기는 부족하게 되었다. 계속된 소모전은 상대적으로 국력이 모자라는 고구려에 병력과 자원의 고갈을 가져왔다. 군사와 물자가 넉넉한 당나라는 보급로를 위협받지 않고 단단대령單單大嶺의 천리장성으로 된 고구려의 방어선을 돌파해서 남쪽까지 침투할 수 있었다.

시름시름 앓던 연개소문이 마침내 666년 5월에 향년 63세로 죽었다.[209] 보장왕 25년의 일이었다. 아비의 장례를 치른 뒤에 대막리지 연남생淵男生이 아우인 남건男建과 남산南産을 불러 말했다.

"두 아우는 들으시오. 내가 북부와 서부를 순방해 보아야 하겠소. 서쪽의 당이 우리를 엿보고 틈만 있으면 쳐들어올 기세니, 먼저 서쪽의 여러 성을 돌아보아야 하겠소. 아우들은 평양성에 남아서 대왕마마를 모시고 만사에 소홀함이 없도록 챙겨 주시오."

"대막리지, 염려 말고 다녀오십시오. 저희들이 힘을 다해 형님이 안 계신 동안 잘 챙겨 보겠습니다."

연남생이 군사를 데리고 북부와 서부의 여러 성을 순찰하러 떠났다. 그가 평양성 문을 나서는 것을 배웅하고 돌아온 연남건에게 연남산이 걱정스러운 얼굴로 말했다.

"형님, 어제 신성信誠 스님이 말하기를 대막리지가 우리를 죽일 것이라 했어요. 형님이 사사건건 대막리지에게 대드는 것을 못마땅해 한대요. 이번 순시에서 돌아오면 바로 우릴 제거할 거라는데요. 형님 어떡하지요?"

"그럴 리가 있는가? 대막리지는 우리와 피를 나눈 형제가 아닌가? 아우는 그런 허튼소리에 귀를 기울이지 말거라. 아마 당나라

---

209 연개소문의 사망에는 3가지 설이 있는데 신채호의 657년과 『삼국사기』에서의 666년, 그의 묘지명에 기록되어 있는 665년 등이 있다.

나 신라의 첩자들이 그런 식으로 우리 형제를 이간질하는 것일 게다. 신성을 보면 내가 야단칠 것이야. 입을 함부로 놀리지 말라고."

"그렇지만 만사 불여튼튼입니다. 형님. 우리도 남부와 동부의 군사를 모아 도성을 지키는 것이 좋겠습니다."

"군사를 동원해서 도성을 지키는 것은 대막리지도 부탁한 것이니 좋을 것이다. 아우가 사자를 남부와 동부의 욕살들에게 보내어 도성을 지킬 군사를 보내라고 하시오."

그런데 이것이 화근이 되었다. 북부를 거쳐 서부의 여러 성을 돌아보고 있던 남생에게 파발이 왔다. 평양에 있던 승려 신성이 보낸 것이었다. 떠날 적에 도성의 소식을 전하도록 당부했던 터라, 신성이 보낸 파발은 도성의 동정에 대하여 일일이 적은 보고서를 연남생에게 전달했다. 촘촘히 적힌 글을 읽어나가던 연남생의 얼굴빛이 홱 변했다.

"아니 이럴 수가 있나? 남부와 동부의 군사들이 평양으로 오다니. 아무래도 자세한 내용을 더 알아봐야겠다. 어서 사람을 시켜 내 아들 헌충獻忠에게 보내어라."

연남생은 밀사를 연헌충에게 보냈다. 그런데 이 사자가 평양성에 들어가다가 성을 지키던 연남건의 부하에게 붙잡혔다.

"너, 어떤 놈이냐? 수상하구나. 당의 첩자가 아닌가? 어서 이놈의 몸을 뒤져 보자. 밀서가 있을지 모른다."

수문장이 사자의 몸을 직접 뒤지더니 허리춤에 꼬깃꼬깃 숨겨 둔 밀서를 발견했다.

"헌충이 보아라, 도성에 군사들이 동원되고 있다고 하는데 무슨 연유인지 조사해서 알려라."

대막리지의 지시였다. 수문장은 이것을 연남건에게 보고했다. 밀서를 읽던 연남건의 눈에 핏기가 돌았다.

"신성의 말이 맞구나. 대막리지가 우리를 의심하고 있어. 그렇지 않고는 우리에게 물어야 할 일을 헌충에게 밀사를 보내어 알아볼 리가 없지."

그 길로 군사를 보내어 헌충을 체포해 국문을 했다.

"헌충아, 네가 대막리지의 밀명을 받아 우릴 해치려고 했지. 이실직고해라. 그러면 네 목숨만은 살려 주마."

연남건의 서슬이 시퍼렇게 되었다. 그러나 헌충은 모르는 일이라며 억울하다고 외쳤다.

"숙부, 조카를 이렇게 욕보이다가 아버님이 오면 어떻게 하실 것이오. 억울한 일이오. 나는 모르오."

"실토를 안 하는구나. 말을 할 때까지 매우 쳐라."

그런데 헌충이 급소를 맞더니 외마디 소리를 지르고 기절을 했다. 얼마 뒤에 헌충은 숨을 거두고 말았다. 실로 생각 밖의 일이 벌어진 것이었다. 연남건은 죽일 생각까지는 없었는데.

연남생이 국내성國內城 근처로 왔을 때에 평양에서 일어난 변고를 들었다. 그러자 얼마 지나지 않아 연남생에게 평양성으로 돌아오라는 왕명이 전달되었다. 연남생은 골똘히 생각에 잠겼다. 지금 돌아가면 아우들에게 당할 것이 아닌가? 자기가 인솔한 군사의 수가 평양에 모인 군사에 비하여 턱없이 모자라 이제는 평양으로 돌아갈 수 없게 된 것을 안 연남생은 왕명을 거역하고, 국내성에 머물렀다. 연남건이 스스로 막리지가 되어 군사를 일으켜 형을 토벌하러 나섰다. 연남생은 국내성을 나와 무리를 이끌고 말갈과 거란의 군사와 함께 당나라에 귀부했다. 그는 아들 연헌성淵獻誠을 당으로 보내어 이런 사정을 호소했다.

666년 6월의 일이었다. 그렇지 않아도 호시탐탐 고구려를 칠 궁리를 하고 있던 당의 가오종과 즈톈우후則天武后가 이런 좋은 기회를 놓칠 리가 없었다. 가오종이 연헌성을 우무위장군右武衛將軍으로 삼고 보도를 주며 말과 수레와 비단을 하사했다. 그러는 한편, 크비허리契苾何力로 하여금 군사를 이끌고 연남생을 돕게 했다. 8월이 되자 고구려의 보장왕이 연남건을 막리지로 정식 임명하고, 내외병마사內外兵馬事로 군권마저 관장하게 만들었다. 한 달 뒤 당의 가오종은 연남생에게 특진特進 요동도독遼東都督 겸 평양도안무대사平壤道按撫大使의 벼슬을 주고, 현토군공玄莵郡公에 봉하면서 장안에 집을 주어 살게 했다.

12월이 되자 가오종이 리즈李勣를 요동도행군대총관遼東道行軍大摠管 겸 안무대사按撫大使로 삼고 크비허리契苾何力를 부대총관副大摠管으로 임명하여 허베이河北 여러 주의 세수와 자원을 모두 동원해서 수륙 양로로 고구려를 침공할 준비를 하라고 지시했다. 그동안 형제간의 알력을 해소시키려고 애쓰던 연남생의 숙부 연정토淵淨土는 자기의 노력이 수포로 돌아가고 장차 대 전란이 일어나게 될 것을 예측하고 12성, 763호, 3,543명을 거느리고 신라에 항복했다. 신라왕이 연정토와 그의 부하 24명에게 의복과 양식 그리고 집을 주어 도성과 지방의 부성府城에 살게 했다. 당의 가오종이 7월에 칙령을 내려 신라로 하여금 당이 고구려를 치는 일을 도우라 했다. 667년 8월에 신라의 문무왕은 대각간大角干 김유신으로 하여금 30명의 장군과 삼만여 명의 군사를 거느리고 한성정漢城停210에 가서 대총관 리즈를 기다리게 했다.

마침내 667년 9월이 되었다. 만반의 준비를 갖춘 리즈는 심양瀋陽의 동북방에 있던 신성新城을 공격했다. 리즈는 643년에 타이종太宗을 모시고 고구려를 침공한 이후로 벌써 수십 번을 고구려와 싸워온 역전의 명장이었다. 그래서 그는 고구려의 급소를 정확하게 읽을 줄 알았다. 신성은 고구려 서쪽 끝의 요충으로, 이곳을 먼저 얻지 못하면 다른 성을 공략하기가 쉽지 않다는 것을 잘 알고 있는 리즈는 이번 전투의 초전을 신성 공략으로 장식했던 것이다. 그런데 나라가 망하려면 그렇게 되는 것인지, 고구려 내부에서 당나라에 빌붙는 자가 속출하게 되었다. 신성은 웬만해서는 함락되지 않는 요새였는데도, 당군이 공격하자 성안에 있던 사부구師夫仇라는 자가 성주를 포박하고 성문을 열고 나와 항복하고 말았다. 리즈가 크비허리로 하여금 신성을 지키게 했다. 그러자 근방의 16개 성이

---

210 한성정漢城停 : 뒷날의 경기도 광주廣州.

당군에 항복했다. 얼마 뒤에 연남건이 신성에 있던 당군을 급습한 것을 좌무위장군左武衛將軍 세런귀薛仁貴가 격퇴했다. 잉주營州도독 가오칸高侃이 금산金山에서 고구려군을 요격하다가 크게 패했는데, 고구려군이 승세를 타고 북으로 추격하다가 세런귀의 군사와 부닥쳤다. 격전 끝에 5만여 명의 사상자를 내고 고구려군이 물러서면서, 남소성南蘇城을 비롯한 세 성을 당에게 내주었다. 세런귀는 연남생과 함께 평양으로 향했다.

한편, 궈다이펑郭待封이 수군을 거느리고 평양으로 향했다. 그런데 리즈가 병참을 맡긴 별장別將 핑스벤馮師本의 수송선이 부서지는 바람에 군량을 대어주지 못하여 궈다이펑의 군사가 굶주리게 되었다. 궈다이펑이 리즈에게 그 사정을 호소하기 위해 시를 써서 보냈다. 기밀을 지키기 위해 시의 형식을 취한 것인데, 이 글을 읽은 리즈가 격노했다.

"군사가 급한데 한가롭게 시 따위를 보내다니. 이를 참형에 처해야겠다."

마침 곁에 있던 유엔완칭元萬頃이 그 뜻을 해석하여 리즈가 군량과 병기를 보내도록 조치했다.

고구려군이 압록강을 굳게 지키니, 당군이 견디지를 못했다. 부관副管 학추준郝處俊은 안시성에 있다가, 고구려의 군사 3만 명이 엄습한 것을 격퇴시켰다. 당이 백제의 옛 도읍 웅진에 파견했던 장수인 류런옌劉仁願이 12월이 되자 문무왕에게 대장군의 기와 부절을 전하면서, 고구려 정벌을 원조하라는 당 황제의 칙령을 전했다.

668년 원단이 되었다. 당의 가오종은 우상右相 류런귀劉仁軌를 요동도부대총관遼東道副大摠管으로 삼고, 학추준郝處俊과 신라 장수 김인문金仁問을 부관으로 삼아 리즈 대총관을 돕게 했다. 신라의 문무왕은 원기元器와 연정토를 당나라로 보냈는데, 연정토는 당에서 돌아오지 않았다. 류런귀가 당항진黨項津에 도착하는 것을 문무왕이 각간角干 김인문金仁問으로 하여금 맞게 했다. 2월에 리즈는 고구려의 부여성을 쳤다. 셰런귀가 겨우 3,000명의 군사를 거느리고 부여성을 치려고 하자, 여러 장수들이 그 수가 적다고 만류했다. 셰런귀는 "군사는 수가 중요한 것이 아니고, 용병을 잘해야 한다"고 하면서 선봉이 되어 부여성을 함락시켰다. 부여성이 함락하자 부여천 변의 40여 성이 모두 항복했다. 가오종의 특명을 받은 시어사侍御史 거안종賈言忠이 요동 전선을 시찰하고 돌아왔다. 거안종이 아뢰었다.

"폐하, 이번에는 반드시 이길 것입니다. 옛날에 구려의 죄를 물었을 때에 우리가 이기지 못한 것은, 그들이 단합해서 틈을 보이지 않았기 때문입니다. 이번에는 남생과 그의 아우들 사이가 벌어져서 싸우게 되었습니다. 우리의 도움을 청하러 온 남생이 구려의 구석구석을 알아서 가르쳐 주니, 우리가 적정을 미리 손바닥에 둔 듯이 알 수 있답니다. 게다가 우리의 장수들은 충성심이 지극하고, 군사들의 사기 또한 충천입니다. 구려의 비기秘記에 전하기를 '80

대장이 900년이 안 되어 멸망시킨다'고 했다 합니다. 고씨가 구려라는 나라를 세워 한나라에서 독립한 지 지금이 900년이고, 이즈 총관의 나이가 80세이니, 구려가 망한다는 참언입니다. 구려에서는 백성들이 굶주리다가 서로 약탈을 일삼고 있습니다. 그래서 땅은 거칠어지고, 이리와 여우의 무리들이 성안으로 드나들고 있다합니다. 심지어 두더지가 방에 구멍을 뚫고 들어와 인심을 소란하게 하고 있으니, 이보다 더한 기회가 있을 수 없는 지경입니다."

연남건이 군사 오만 명으로 부여성을 구원하려다가, 리즈와 설하수薛賀水에서 만나 격전 끝에 삼만여 명의 사상자를 내고 패퇴했다. 리즈가 승세를 몰아 대행성大行城으로 진군하는데, 혜성이 동북 하늘에 나타났다. 사람들이 "고구려가 곧 멸망할 징조다" 하고 수군거렸다.

6월 21일에 신라의 문무왕은 대각간 김유신을 대당대총관大幢大摠管으로 삼고, 김인문金仁問, 흠순欽純, 천존天存, 문충文忠 등 30 명의 장수들을 거느리고 당의 군영으로 향했다. 마침 김유신은 풍병이 있어서 서울에 머물러 있게 했다. 7월 16일에 한성주에 행차하여 당의 대군과 합세하여 평양성을 포위할 것을 지시했다. 신라의 군사들은 평양으로 가는 도중인 사천蛇川의 벌판에서 고구려의 군사를 만나 대아찬大阿飡 김문호金文顥 등이 대파했다. 9월이 되었다. 대행성에서 이긴 리즈가 여러 길로 진군하던 군사들을 모아 압록책에 이르렀다. 고구려군의 저항을 물리치고 다시 200리를 나아가서 욕이성辱夷城을 함락시키고, 근처 여러 성의 항복을 받아가며 평양성에 이르렀다. 크비허리가 이보다 먼저 군사를 이끌고 평양성에 다다랐는데, 9월 21일에 신라군이 당의 대군과 합세하여 평양성을 포위하고 공격했다. 당과 신라의 군사가 평양성을 한 달 넘게 공격했다. 그러자 신라의 날랜 기병 600명이 선봉이 되어 평양성문을 부쉈다. 이어서 당군이 쇄도했다. 고구려의 보장왕이 연남산淵南産과 장수 98명에게 백기를 들려 당의 대총관 리즈에게 보내어 항복을 청했다. 리즈가 보장왕을 예의를 갖추어 맞아 들였다. 그러나 연남건은 따로 성의 일각을 차지하여 성문을 닫고 계속해서 반항했다. 싸울 때마다 모두 패한 연남건은 군사를 신성에게 맡겼다. 그런데 신성이 소장小將 오사烏沙, 요묘饒苗와 짜고 리즈에게 내응하기로 음모했다. 닷새 만에 신성이 성문을 열어 리즈의 군사들을 받아들이니, 당군은 성에 올라 북을 울리고 소리를 지르며 불을 놓아 태웠다. 연남건이 자살하려다가 성공하지 못하고, 왕과 함께 포로가 되었다. 10월에 리즈는 보장왕과 왕자 복남福男, 덕남德男과 연남건, 연남산 및 기타 대신들과 백성 20만 명을 몰고 당으로 돌아갔다. 신라 측에서는 각간角干 김인문金仁問과 대아찬大阿飡 창조주滄助州가 수행원을 거느리고 따라갔다. 문무왕은 이때에 한성을 출발하여 평양으로 향하는 도중이었는데, 당군이 귀국한다는 소식을 듣고 한성으로 돌아왔다.

당의 수도에 개선한 리즈가 보장왕 등을 타이종太宗의 능인 샤요릉昭陵에 끌고 가서 예를 올리고, 군용을 갖추어 개선 행진을 해서 이들을 대묘大廟에 바쳤다. 12월에 가오종이 한유언전含元殿에서 잡혀온 고구려왕과 대신들을 접견하고, 이들이 본래 역심을 품었던 것은 아니라고 하면서 모두 용서하고, 보장왕을 정3품正三品인 사평태상백司平太常伯211 원외동정員外同正으로 삼고, 연남산은 사재소경司宰少卿, 신성은 은청광록대부銀靑光祿大夫, 연남생은 우위대장군으로 삼았다. 연남건은 끝까지 항거했기 때문에 쓰촨泗川의 치엔주黔州로 귀양을 보냈다. 그리고 가오종은 리즈 이하 당나라의 유공자들에게 관직과 상을 차등 있게 내렸다. 당에서는 고구려의 5부, 176성, 69만여 호를 나누어 9도독부, 42주, 100현으로 개편하고, 평양에 안동도호부安東都護府를 두어 통치하기로 결정했다. 고구려의 장수 가운데 이번 일에 공이 있는 자들을 뽑아 도독, 자사, 현령으로 삼아, 당나라 사람들과 함께 정치에 참여하게 하였고, 가오종은 총관摠管 셰런귀薛仁貴를 검교안동도호檢校安東都護로 삼아 군사 2만 명을 거느리고 통솔하게 하였다.

---

211 사평태상백司平太常伯 : 뒷날의 공조상서工曹尙書.

7 신라와 당의 싸움

당은 신라를 돕는다면서 백제와 고구려를 멸망시킨 자리에 도호부都護府를 설치하고, 그 아래에 도독부都督府나 기미주羈縻州를 설치하면서, 원주민을 장관으로 임명하여 자치권을 주어 통치했다. 완전한 지배체제를 갖춘 것도 아니고, 책봉册封을 한 것도 아닌 절충 방안을 택한 셈이었다. 당은 640년에 천산북로天山北路에 안시安西도호부를 설치한 것을 비롯하여, 외 몽골을 지배하는 안베이安北, 내 몽골의 선우單于, 만주와 한반도의 안둥安東, 베트남 등 남해 제국을 지배하는 안난安南을 거의 10년 간격으로 설치해 나가다가, 701년에 천산북로天山北路의 비에딩北庭에 도호부를 설치해서 이들 주변 구역의 이민족을 간접 지배하는 체제에 들어갔다. 668년에 고구려를 멸망시킨 뒤에 바로 평양에 안둥安東도호부를 설치했으

나, 신라가 세력권을 확대해 나가는 데에 밀려서 도호부를 요동반
도로 이전시켰다. 신라는 백제와 고구려의 옛 강토를 장악하려는
당을 축출하기 위해서 고구려, 백제의 유민과 함께 크고 작은 전투
를 치렀다.

669년 2월 21일에 문무왕이 교서를 내렸다.

"선대왕이 계실 때부터 백제와 고구려를 대항해서 많은 전투를
해왔다. 그들이 서쪽과 북쪽에서 수시로 우리 신라의 강토를 침공
해서 백성들을 괴롭혔다. 그래서 선대왕께서는 몸소 당나라까지
가셔서 군사를 빌려 이들을 물리치셨으나, 백제만 멸망시키고는
돌아가셨다. 과인이 유지를 받들어 싸움을 계속하여, 이제는 북쪽
의 고구려마저 멸망시켜 태평성세를 열게 되었다. 많은 장병들이
이 일에 참여했기에 각자 그 공에 따라 포상을 했다. 그러나 죄를
지어 하옥된 사람들은 그 혜택을 받지 못하고 있으니, 참으로 애석
한 일로 생각한다. 이에 오역죄五逆罪를 범했거나, 사형 받을 죄를
지은 자 이외에는, 죄의 경중을 따지지 않고 모두 석방하여 천하를
통일한 기쁨을 함께 나누고자 한다. 죄를 지어 벼슬을 잃은 자는
복직시키고, 도적질을 한 자는 사면할 것이며, 빚을 진 사람은 갚
는 기일을 연장해 주고, 흉년으로 수확을 못한 사람은 이자도 면제
해 주도록 하여라. 그리하여 다들 용기를 갖고 다시는 범법을 하
지 않도록 해야겠다. 이런 일을 금후 한 달 이내에 실시하도록 하
여라."

오역죄는 어머니를 죽인 죄, 아버지를 죽인 죄, 성자阿羅漢를 죽

인 죄, 부처의 신체에 상처를 입혀 출혈시킨 죄, 불교 교단을 파괴하고 분열시킨 죄를 말하며, 이 일을 저지른 자는 무간지옥無間地獄에 떨어져서 영원히 구제받지 못하게 된다고 했다. 불교의 여덟 개 지옥 가운데 가장 밑바닥에 있는 지옥인 무간지옥은 아비지옥阿鼻地獄이라고도 하여 무한한 고통을 겪게 하는 곳이다.

웅진과 평양에 와 있던 당의 군사들과 신라의 장병들 사이에 충돌이 잦아지자 당의 장군들이 본국에 줄줄이 신라를 비방하는 글을 올렸다. 심지어 대총관 리즈李勣 같은 사람도 신라가 고구려를 정벌하는 일에 공헌한 일이 없다고 모함했다. 그러니 신라로서는 이를 해명할 필요가 있었다. 669년 5월에 먼저 급찬 기진산祇珍山을 보내어 당이 구하고 있던 자석磁石 두 상자를 바치게 했다. 그런 뒤에 각간 김흠순金欽純과 파진찬 김양도金良圖를 당으로 파견하여 사죄하게 했다. 김흠순은 김유신의 동생으로 일찍 화랑이 되었고, 인덕이 있으며 신의가 높아 크게 존경을 받아온 사람이었다. 황산벌에서 백제의 계백에게 네 번이나 패했을 때에, 아들 반굴盤屈을 시켜서 용맹하게 싸우다가 죽게 하여 전세를 돌린 적이 있는 비정한 장수이기도 했다. 그 뒤 백제 유민의 반란을 토벌했고, 고구려 정벌에서도 대당총관大幢摠管이 되어 큰 공을 세웠다. 이어서 고구려의 유민을 포섭하여 당나라와의 항쟁을 지도하다가, 문무왕이 나당 양국 간의 대립을 완화시킬 특사로 그를 파견하게 되었다. 잘못하면 목숨이 날아갈 위험한 일인데도 그는 서슴지 않고 나섰다.

그와 함께 떠난 김양도는 백제 정벌에 공을 세워 5등관인 대아찬이 되었던 사람이다. 당나라 장수 쑤딩팡蘇定方이 백제 땅을 식읍으로 주겠다고 했을 때에 이를 사양했는데, 고구려 정벌 때에 김유신을 도와 출전해 평양성에서 당의 리즈를 도와 큰 공을 세웠던 사람이다. 어릴 적에 귀신에 씌여 말을 못하다가, 부처님의 힘으로 귀신을 쫓고 말을 할 수 있게 되었다는 전설의 주인공이었다. 당으로 건너간 이들이 당 가오종高宗의 화를 어느 정도는 무마한 듯했다. 그러나 다음 해 봄에 김흠순은 귀국할 수 있었지만, 김양도는 670년에 감옥에서 죽어 순국하고 말았다. 당은 신라가 왕의 마음대로 백제의 토지와 유민을 거두어들인 것을 못마땅해 한 것이었다.

웅진도독 류런옌劉仁願이 사비성에 몰려온 백제 잔당을 막지 못하여 고전하다가, 김유신에게 전법을 지도 받아서 물리친 일이 있었다. 그래서 다음 해에 당의 가오종高宗이 사신을 파견하여, 김유신을 봉상정경奉常正卿 평양군개국공平壤郡開國公으로 책봉하고, 식읍 2,000호를 하사했다. 665년 8월에 문무왕이 각간 김인문과 이찬 천존天存으로 하여금 당나라 칙사 류런옌劉仁願의 참석 하에 웅진에서 백제의 부여륭扶餘隆과 동맹을 맺게 했다. 이어서 666년에는 당의 가오종이 칙서로 나마奈麻 벼슬에 있던 유신의 장자 삼광三光과 천존의 아들 한림漢林을 좌무위익부중랑장左武衛翊府中郎將으로 임명하고, 당의 황궁을 수비하는 업무를 맡게 했다.

668년 6월에 김유신이 풍병이 나서 왕은 그를 서울에 머물러 있게 한 일이 있는데 김흠순이 왕에게 아뢰었다.

"김유신 대장군이 함께 가지 않으면, 큰일을 당해낼 수 있을지 몰라 염려됩니다."

왕이 답했다.

"공들 세 사람은 국가의 보배다. 만약 모두가 적국의 싸움터로 나가면, 돌발 사건이 있을 때에 나랏일을 돌볼 사람이 없지 않겠는가? 그래서 유신공을 남겨두어 대비하는 것이다. 이리하면 만사 튼튼하여 뒤를 걱정할 일이 없게 될 것이다."

흠순은 김유신의 아우이고 인문은 생질이라, 왕의 분부를 거역할 까닭이 없었다. 그러나 왕을 모시고 출발하려니 걱정이 앞서서, 두 사람이 김유신을 찾아가서 물었다.

"소장들이 재간이 없는 터에 대왕을 모시고 위험한 전장으로 가려고 하니 걱정이 앞섭니다. 어떻게 하면 될지 가르쳐 주소서."

"대체로 장군이 되면 국가의 간성이고, 임금의 손발이 되는 것이다. 그리고 싸움이란 실지로 투입되는 병력과 무기에 따라 판가름이 나는 법. 위로 천시를 얻고, 아래로는 지리를 얻으며, 가운데로는 인심을 얻으면 반드시 이길 수 있을 것이다. 지금 우리나라는 충절과 신의로 살고 있는데, 백제는 오만하여 멸망했고, 고구려도 교만에 차서 위태롭게 되었다. 우리의 올바름으로 그들의 그릇됨을 치는 것이니, 충분히 뜻을 이룰 수 있을 것이다. 하물며 당나라 같은 대국이 합세하고 있으니, 싸움에 나가서 게으름을 피우지 않고 그저 부지런히 움직이기만 하면 되느니라."

간곡한 가르침을 받은 두 사람은 김유신에게 절하면서 말했다.

"모든 가르침을 받들어 실수함이 없도록 하겠습니다."

왕의 명령으로 신라군의 여러 총관들은 사천蛇川의 들에서 고구려군과 부닥쳐 크게 격파했다. 9월 21일에 모든 군사들이 당의 대군과 합세해서 평양성을 포위하고 이를 함락시켰다.

문무왕이 고구려를 멸망시키고 돌아오는 길에 남한주南漢州에서 여러 신하에게 말했다.

"옛날에 백제의 명농왕明穠王212과 재상 넷을 고리산古利山에서 사로잡아 그들의 야심을 꺾은 것이 유신의 조부, 각간角干 김무력金武力 장군이었다. 유신의 부친 김서현金舒玄 장군은 양주良州213총관으로 있으면서 여러 번 백제와 싸워 그들의 예봉을 꺾어서 백성들이 편히 농사를 지을 수 있게 했다. 지금 유신은 이러한 할아버지와 아버지의 업적을 이어받아 사직을 지키는 충신이 되었다. 밖으로 나가서는 좋은 장수가 되고, 안으로 들어와서는 어진 재상이 되니, 그 공적이 참으로 위대하다. 삼대에 걸쳐서 나라를 위해 진충보국하니, 국가의 흥망이 바로 이 집안에 의존한다고 할 것이다. 이번에 보상하려고 하는데 어떻게 하는 것이 마땅한가?"

모든 신하들이 아뢰었다.

"참으로 대왕의 말씀이 옳으십니다. 대왕의 뜻대로 하소서."

668년 10월 22일에 서울로 돌아온 신라의 문무왕은 전투에 참

---

212 명농왕明穠王(서기 523~554년) : 백제 25대 성왕聖王.
213 양주良州 : 대량주大梁州라고도 함. 뒷날의 합천陜川.

가한 장병들에게 논공행상을 했다. 김유신에게 태대각간太大角干이라는 최고의 직위를 주고, 김인문을 대각간으로 삼고, 그 밖의 이찬과 장군들을 각간으로 승진시키고, 소판蘇判 이하는 모두 벼슬을 한 급씩 올려 주었다.

특히 사천蚘川 전투에서 큰 공을 세운 본득本得과 평양성 전투에서 고구려의 군주軍主 술탈逑脫을 죽인 박경한朴京漢 그리고 평양성 대문 싸움에서 제일 큰 공을 세운 선극宣克의 세 사람에게 일길찬一吉湌214의 벼슬과 조租215 일천 석石을 주었다.

668년에 당의 가오종高宗이 김유신에게 그의 공적을 치하하는 조서를 주고, 당나라에 다녀가라고 일렀으나 김유신은 가지 않았다.

당에서는 신라를 어떻게든지 제압할 생각으로 있었다. 그래서 이 해 겨울에 사신을 보내어 신라 최강의 무기인 쇠 뇌를 만드는 기술자인 사찬沙湌 구진천仇珍川을 데리고 갔다. 당의 황제가 구진천으로 하여금 쇠뇌를 만들게 했다. 그런데 구진천이 만든 쇠뇌를 쏘아보니, 30보 밖에 나가지 않았다. 황제가 물었다.

"너희 나라에서 만든 쇠뇌는 1천 보를 나간다고 들었는데, 지금 것은 겨우 30보밖에 나가지 않는다. 그 이유가 무엇인가?"

"목재가 좋지 않기 때문입니다. 신라의 목재로 만든다면 될 수 있을 것입니다, 폐하."

---

214 일길찬一吉湌 : 신라 17등급 가운데 7등급이 되는 관위.
215 조租 : 율령律令에 따라 토지를 대상으로 부과하는 곡물로, 벼.

황제는 사신을 보내어 목재를 대도록 요청했다. 문무왕이 곧바로 대나마 복한福漢을 보내어 목재를 바쳤다. 황제는 즉시 쇠뇌를 개조하게 하였다. 그러나 개조한 것도 60보 밖에 나가지 않았다. 황제가 그 이유를 다시 물었다. 구진천은 "저도 그 이유를 알 수 없습니다. 아마도 바다를 건너올 때 습기가 배어들었기 때문인 듯 합니다"라고 대답했다.

황제가 구진천이 고의로 그러는 것이라고 의심하여 중죄로 다스리겠다고 으름장을 놓았으나, 구진천은 끝까지 자신의 기술을 모두 발휘하지 않았다. 결국 신라의 최강 무기인 쇠뇌는 신라만이 쓸 수 있게 보전되었다.

당시의 기병은 병력의 중심이었다. 그래서 말을 기르는 우리는 대단히 중요한 역할을 했다. 신라 전체에 174개 소의 우리를 두었는데, 김유신이 6개 소, 김인문이 5개 소, 각간 7명이 각각 3개 소, 이찬 5명과 소판 4명이 각각 2개 소, 파진찬 6명과 대아찬 12명이 각각 1개 소씩을 관리하고, 별도로 말 우리를 관리하는 관청에 22개 소, 궁중에 10개 소의 우리를 짓고, 나머지는 적당하게 나누어 관리하게 했다.

670년 3월이 되어 이찬 설오유薛烏儒를 시켜서 고구려 태대형太大兄 고연무高延武와 함께 정병 1만 명을 거느리고 압록강을 건너서 북진하게 했다. 4월 4일에 이들이 개돈양皆敦壤에 이르러 말갈병과 싸워 크게 이겼다. 마침 당나라 군사가 말갈을 도와 반격해오는 바람에 신라군은 철수하고 말았다. 6월이 되자 고구려의 수림성水臨

城 사람 대형大兄 검모잠劍牟쏙이 유민을 거느리고 궁모성窮牟城으로부터 패하浿河의 남쪽까지 진출해서, 마침 그곳에 있던 당나라의 관리와 중 법안法安을 죽이고 신라로 들어왔다. 이들이 서해의 사야도史冶島에서 고구려왕의 서자 안승安勝을 만나서 한성으로 맞아들여 임금으로 추대했다. 검모잠이 소형小兄 다식多式을 문무왕에게 보내어 읍소했다.

"멸망한 국가를 일으키고 끊어진 대를 잇는 것은 대의에 맞는 일입니다. 우리나라의 선왕은 왕도를 지키지 못하여 멸망했으나, 신들은 본국의 귀족 안승을 맞아 임금으로 모시기로 했습니다. 신라 같은 큰 나라의 제후로서 영세토록 충성을 다하겠으니 도와주소서."

문무왕이 이들의 청을 받아들여 김마저金馬渚[216]에서 살게 했다.

7월이 되자 왕이 일길찬—吉飡 수미산須彌山을 보내어 안승을 고구려왕으로 봉하면서 지시했다.

"왕자 안승을 고구려왕으로 봉한다. 주몽왕 이래 800년이 가깝도록 대를 이어온 터에, 남건과 남산 형제에 이르러서 골육 간에 불화가 생겨 나라가 멸망하고 사직이 무너져서, 백성이 혼란하여 마음을 의지할 곳이 없게 되었다. 공은 외로운 몸을 이웃나라에 맡겨서 그 고생이 말이 아니게 되었다. 선왕의 정통 후사는 오직 공뿐이니, 제사를 맡을 사람이 따로 누가 있겠는가? 일길찬 수미산을 파견하여 공을 고구려왕으로 봉하는 것이니, 공은 마땅히 유

---

216 김마저金馬渚 : 뒷날의 익산益山.

민들을 거두어 영원한 이웃나라로 형제처럼 신라를 공경하고 섬길 것이니라."

그러면서 멥쌀 2천 석과 갑옷을 입힌 말 한 마리, 능라 비단 5필, 명주 10필, 면포 15칭秤을 보냈다. 안승과 검모잠은 얼마 뒤에 황해도로 진출해서 옛 대방 지역을 장악했다. 그리고 신라와 협조해서 당나라를 몰아내는 데 힘을 합했다. 안승의 힘이 강해지자 두 사람 사이에 의견 충돌이 생겨서, 안승이 검모잠을 죽이고 완전히 신라에 투항했다. 왕이 다시 안승을 보덕왕報德王으로 책봉하여 684년까지 신라 국내에서 여생을 보내게 했다.

왕이 백제의 유민들이 다시 배반할 것을 걱정해서, 대아찬 유돈儒敦을 당의 웅진도독부에 보내어 화친할 것을 요청했다. 그러나 웅진도독부에서는 신라의 회유책에 응하려 들지 않고, 웅진도독부사마熊津都督府司馬 니군禰軍을 보내어 신라의 눈치를 살폈다. 왕이 당의 음모를 알아차리고 니군을 붙들어 돌려보내지 않았다. 곧이어 군사를 일으켜서 웅진도독부와 합세한 백제 유민을 토벌하게 했다. 품일品日, 문충文忠 등이 63성을 공격해서 함락시키고 그곳의 사람들을 내지로 옮겼다. 이어 다른 장수들이 19성을 공격하여 9천 명을 참살하고 많은 병기구를 노획했다. 12월에 야마도가 히노모도日本로 나라 이름을 고쳤다고 알려왔다. 그들은 "해뜨는 곳이 가까워서 해의 근본, 히노모도로 이름한다"고 했다.

671년 정월에 백제 유민을 공격하다가 웅진 남쪽의 전투에서 신라의 당주幢主 부과夫果가 전사했다. 말갈 군사가 와서 설구성舌口城

을 포위했다가 물러가는 것을 신라의 군사가 공격하여 3백여 명을 목 베어 죽였다. 당나라 군사가 백제 유민을 구원하러 온다는 말을 듣고, 대아찬 진공眞功을 보내어 옹포甕浦를 수비하게 하였다.

6월에 문무왕은 장군 죽지竹旨 등에게 군사를 주어 백제의 가림성加林城을 공격하게 했다. 그때 마침 당나라 군사와 석성石城에서 전투가 벌어져서 5천 3백 명의 머리를 베었으며, 백제 장군 둘과 당나라 과의果毅217 여섯을 포로로 잡았다.

---

217 과의果毅 : 종4품 무관직. 과의도위果毅都尉는 군부軍府의 부장관으로 절충도위折沖都尉와 함께 군사를 통솔함.

8 셰런귀薛仁貴와 문무왕의 설전

7월 26일에 대당총관 셰런귀薛仁貴가 임윤淋潤 법사 편으로 문무왕에게 편지를 보내어 왔다. 그 내용은 장황했으나 요지는 다음과 같았다.

"선왕이 우리 당나라에 와서, 서쪽과 북쪽의 강적을 막기에 힘이 모자라니 군사를 내어 도와달라고 했습니다. 60노구를 무릅쓰고 왔기에, 우리 황상께서 불쌍히 여기시고 그가 요청하는 것을 기꺼이 들어주시면서 기일을 정하여 대규모의 군사를 동원해 바다와 육지에서 전투를 시작했습니다. 두 분이 가신 뒤, 수십 년이 흘러서 지금의 황상과 왕이 선대의 뜻을 잇게 되었습니다. 이는 우리 당을 위한 것이 아니라 오로지 신라에 이익이 되는 것인데도, 우리는 신의를 지키기 위하여 계속해서 신라를 지원했습니다. 이제 강적들을 숙청하고 그 병사와 말과 재물을 왕이 차지하게 되었습니다. 그러니 왕은 마땅히 헛된 욕심을 버려야 할 것입니다. 그런데도 왕은 지금 평안한 국가의 기반을 버리고, 원칙을 지키는 정책을 싫어하여, 멀리는 황상의 명령과 가까이는 선친의 말씀을 어기며, 천시를 업신여기고, 이웃 나라와의 우호 관계를 깨뜨리면서, 한구석의 궁벽한 작은 땅에서, 집집마다 군사를 징발하고 해마다 전쟁을 일으키고 있습니다. 그래서 젊은 과부가 곡식을 나르고, 어린아이로 하여금 밭을 갈게 하는 구차한 지경에 이르고 있습니다. 지금 왕은 충성과 배반의 두 가지를 한 몸에 지녔으니, 어찌 스스로 편안할 수 있겠습니까?

선왕과 왕이 확고한 터전을 마련하게 된 것은, 모두 우리 황상께서 염려해 주신 결과입니다. 그래서 선왕과 왕이 번갈아 책명을 받았고, 스스로 신하임을 일컬어 왔던 것입니다.

한편, 고구려의 안승은 아직도 나이가 어리며, 패망 후의 마을과 성읍에는 주민이 반이나 줄어 자신의 거취를 정하지 못하고 있어서, 왕의 직위를 감당할 수 없는 사람입니다.

본인은 휘하의 병선으로 북쪽 해안을 순시하게 하면서도, 예전에 받은 신라의 고통을 불쌍히 여겨서 차마 병사를 풀지 않았는데, 왕은 도리어 외부의 원조를 믿고 나와 대적하려 하니, 이것이 어찌 된 일입니까?

황상께서는 멀리서 신라와 고구려가 꾸미는 일을 듣고도, 이를 염려할지언정 믿지 아니하시고, 마침내 본인에게 명령하여 이곳에 와서 자세한 사유를 알아보게 하신 것입니다. 그러나 왕은 본인이 온 사정을 묻지도 않았고, 술과 고기를 보내어 우리 군사를 먹이지도 않았으며, 그저 군사를 숨겨 우리를 적대하고 있습니다. 사방에서 운집한 우리의 군사들이 많은 병선을 몰고 가서, 험한 곳에 진지를 쌓고, 왕의 땅을 개간하여 밭을 갈게 된다면, 이는 왕에게는 치유할 수 없는 병이 될 것입니다. 전쟁에 지친 병사들로 하여금 평화의 노래를 부르게 한다면, 잘못된 일도 단번에 바로 잡을 수 있을 것이니, 왕은 이런 사정을 밝히고 우리와의 관계를 명백히 정리하여 사방에 알리십시오. 본인은 직접 황상으로부터 위임을 받았으니, 이제 보고문을 작성하여 상주할 것입니다. 그리하면 반드시 모든 일이 해결될 것인데, 왕은 왜 초조하여 스스로 복잡하게 소동을 부립니까? 옛날에는 충의를 다하다가 이제는 역신이 되었으니, 처음의 좋은 관계가 나중에 와서 나빠진 것이 유감이며, 근본은 같았는데 말단이 달라진 것이 원망스럽습니다. 왕은 마음이 밝고 풍신이 준수하니, 겸손한 자세로 당나라에 순종하는 마음을 갖도록 하십시오. 그러면 왕통도 바뀌지 않고 이어질 것이니, 이러한 행운을 선택하고 복을 받아들이는 것이 바로 왕의 정책이 되어야 할 것입니다. 삼엄한 군진 사이로 사절이 내왕하니, 이제 스님 임윤에게 편지를 맡겨 몇 가지 본인의 의견을 말씀드립니다."

요는 당나라가 신라를 도왔는데, 어찌하여 신라가 고구려 유민과 짜고 당나라를 공격하려 하는가 하는 비난과 힐책이었다. 그러나 문무왕의 생각은 달랐다. 셰린귀에 대한 왕의 답서를 요약하면 다음과 같았다.

"선왕께서 정관貞觀 22년에 입조하여 태종太宗 문황제文皇帝의 은혜로운 조칙을 직접 받았다. 그 조칙은 다음과 같았다.

'짐이 지금 고구려를 치려는 것은 너희 신라가 고구려와 백제 사이에 끼어서 번번이 침해를 받아 편안한 날이 없는 것을 가련히 여기기 때문이다. 짐은 산천과 토지를 탐내는 것이 아니고, 재물과 자녀도 이미 충분한지라, 두 나라를 평정하면 평양 이남의 땅은 모두 신라에게 주어 우리 당과 왕래하는 길이 편하도록 만들 것이다.'

그렇게 말씀하시면서 군사를 동원하는 기일을 정해 주셨다. 신라의 백성들이 이 말씀을 전해 듣고 모두 기뻐하며 집집마다 준비를 하며 동원되기를 기다렸다. 그러나 대업이 끝나기도 전에 선대 황제께서 먼저 세상을 떠나시고 지금의 황상이 보위에 오르면서, 선대 황제의 은혜가 이어져 지난 적보다 더욱 많은 은덕을 입었다. 황상께서 선대 황제의 뜻을 이루지 못한 것을 유감으로 생각하시어 대군을 동원하셨다. 당시에 선왕은 늙고 힘들어 행군에 참여하지 못할 형편이었으나, 은혜를 생각하여 억지로 국경까지 나가셨다. 그리고는 과인으로 하여금 대당군을 영접하게 하셨다. 우리 두 나라의 군사들이 힘을 합해 진격하여 백제의 수도를 평정하게 되었다. 그 뒤에 당나라는 군사 1만을 머물게 하고, 우리나라도 군사 7천을 두어 웅진을 지키게 했다. 당나라의 대군이 돌아간 뒤에, 백제의 유신 귀실복신이 백제의 유민을 모아 사비성을 포위하여 거의 함락할 뻔 한 것을 과인이 군사를 거느리고 달려가서 위급함을 구원했다. 이때에 군량을 수송하여 1만 명의 당나라 군사들을 기아선상에서 구출했다. 귀실복신의 무리가 점차 커져서 강의 동쪽을 침탈하자, 웅진의 당나라 군사 1천 명이 가서 공격하다가 몰살당하는 참변이 일어났다. 구원 요청으로 아우성을 하기에, 전염병으로 군마를 징발할 수 없는 형편에 있던 우리가 가까스로 군사를 모아 주류성을 포위했다. 강성해진 백제 잔비들의 공격을 이기지 못하고 우리가 철수하자, 남쪽 지방의 여러 성들이 귀실복신에게 복속하게 되어, 귀실복신이 다시 사비성을 포위하면서 웅진으로 가는 길을 막았다. 이 바람에 웅진에서 소금과 된장이 떨어져 고초를 겪는 것을 우리 신라의 건장한 청년들이 적진을 뚫고 구원했다.

6월에 선왕께서 돌아가셔서 장례를 끝내고 상복도 미처 벗지 못했는데, 황상의 칙서가 내렸다. 평양으로 군량을 운반하라는 것이었다. 그런데 웅진에서도 전령이 와서 사비성이 고립되어 위태롭다고 하기에, 평양보다 먼저 웅진을 구해야 한다고 생각한 과인은 칙사로 와 있던 함자도총관含資道摠管 류드민劉德敏과 의논하여 우선 웅산성을 점령하고, 웅진으로 가는 길을 뚫었다. 12월이 되어 웅진의 군량이 떨어졌다. 웅진과 평양에 모두 군량을 대어야 하기 때문에, 웅진에는 노약자를 보내고 평양에는 건장한 장병이 가도록 했다. 웅진이나 평양이나 엄동설한의 수송 길은 험난하기 비길 데가 없어서, 많은 사람들이 동상에 걸리거나 피곤에 지쳐서 쓰러져 갔다. 피곤한 가운데 적이 공격해 오면 이를 맞아 싸워서 이기니, 천우신조가 없었으면 이루어낼 수 없는 일이었다. 작은 나라인 신라가 웅진과 평양 두 군데의 군량을 책임지고 공급하다보니, 군사들은 극도로 피로하고 소와 말은 모두 죽어서, 농사지을 시기를 놓치게 되었다. 자연히 흉년이 들게 되어 비축한 양식도 없어졌으니, 우리 신라의 백성들은 풀뿌리를 캐어 연명하게 되었다. 그런데도 웅진의 당나라 군사들에게는 식량이 남아돌았다. 그들의 옷이 해지면 신라의 백성들이 철마다 옷을 지어 보내 헐벗지 않게 돌보았다. 이렇게 1만 명의 군사가 4년 동안이나 신라의 식량을 먹고, 신라의 의복을 입고 지냈다. 비록 안동도호安東都護 류런옌劉仁願을 비롯한 당나라 장병들이 중국 땅에서 났으나, 그 피와 살은 모두 신라의 것이 된 셈이다. 당나라의 은혜가 대단하다고 하지만, 신라가 바친 충성과 희생도 결코 가볍게 넘길 것이 아니다.

용삭龍朔 3년[218]에 총관 순런수에이孫仁師가 군사를 거느리고 와서 사비성을 구원할 때에, 신라의 군사도 참전해서 주류성에 이르렀다. 백강의 전투에서 왜선 일천 척을 무찌르자 주류성은 사기를 잃고 항복했다. 이때에도 신라의 정예 기병들이 당나라군의 선봉이 되어 강가의 적진을 격파한 것이 싸움에 이길 수 있는 계기가 되었다. 아직 북쪽의 임존성이 항복하지 않았는데도, 당나라에서는 백제를 평정한 뒤에는 모두가 함께 맹약을 하게 되어 있다고 하면서, 칙령으로 백제와 신라의 경계를 정한다고 했다. 우리 신라는

---

[218] 용삭龍朔 3년 : 서기 663년, 신라 문무왕 3년, 고구려 보장왕 22년.

간사하고 변덕이 심한 백제를 믿지 못한다고 거절했으나, 다음 해에 다시 엄한 칙령이 내려서 부득이 취리산就利山에 단을 쌓고 칙사류런엔 앞에서 피를 머금으면서 산하를 두고 맹약했다. 앞으로 이곳을 경계로 하여 양쪽의 백성들이 저마다 생업을 경영하도록 한다는 것인데, 우리 신라의 피의 대가는 어디서 찾는다는 말인가?

요동을 공격하고 고구려를 칠 때에도 억울한 일이 한두 번이 아니었다. 건봉乾封 2년219에 대총관 영국공英國公 리즈李勣가 요동을 공격한다고 하기에 과인은 한성주로 군사를 몰고 갔었다. 신라의 군사가 단독으로 작전해서는 안 되겠기에, 세 번이나 정탐을 보내어 당나라 군사의 형편을 알아보게 했다. 아직 평양에 당군이 도착하지 않았다는 보고에 우리는 고구려의 칠중성七重城을 공격하기로 했다. 칠중성이 거의 함락될 즈음에 영국공의 사자가 와서 공격을 중단하고 평양으로 병기와 군량을 공급하라는 명령을 전해왔다. 그래서 포위를 풀고 군사를 모아 행군하여 수곡성에 도착하니 당나라 군사가 이미 돌아갔다고 하여, 부득이 우리도 회군했다. 그런데 우리가 아무 일도 하지 않았다고 하니, 어찌 이런 말이 있을 수 있는가?

해가 바뀌어 대감 김보가金寶嘉를 시켜서 대총관의 명령을 받아오도록 했는데, 신라의 군사를 평양에 집결시키라는 것이었다. 5월에 신라군과 당나라 군사, 거란 군사 등 모두가 사수에 집결했다. 그때에 남건이 성을 나와 결전을 하려고 했다. 신라 군사가 선

---

219 건봉乾封 2년 : 서기 667년, 신라 문무왕 7년, 고구려 보장왕 26년.

봉이 되어 고구려의 큰 진용을 격파하여 평양 성중의 기세가 꺾였다. 그러자 대총관이 신라의 정예 기병 6백 기를 뽑아 성문으로 쳐들어가서 마침내 평양이 함락 되었다. 어언 9년이라는 세월이 지나 신라의 인력 소모가 크게 있었으나, 우리는 두 나라를 모두 정벌하여 누대에 걸친 소망을 이룬 것이다. 그러니 나라는 충성을 다한 은혜를 입어야 하고, 백성들은 힘을 다한 상을 받아야 할 것이다. 그런데도 대총관은 신라의 공적을 폄하했다. '신라가 군사 동원의 기일을 지키지 않았으니, 반드시 조치해야 한다'고 말하거나, '신라는 이번 일에 아무 공이 없다'고 말하니, 신라의 군사들은 낙심하고 두려워하게 되었다. 공을 세운 장군들은 모두 기록해서 당나라의 서울에 보고하는데, 오직 신라에 대해서만 아무런 공이 없다고 전하니, 그런 장군들이 돌아와서 문책을 할까 봐 백성들은 공포에 떨게 되었다.

그뿐이 아니다. 원래 비열성卑列城은 신라의 땅인데, 고구려가 30여 년 전에 빼앗아 갔다. 그런 것을 신라가 회복하여 백성들을 이주시키고 관리하고 있는데, 당나라는 이 성을 다시 빼앗아서 고구려에 돌려주었다. 번번이 신라를 저버리는데, 이와 같은 억울한 일을 당하면서도 우리는 결코 당나라를 배반하지 않았다. 지난번에는 백제가 맹약했던 경계 표시를 바꾸고 월경해서 우리의 백성들을 데리고 가서 숨겨 놓고는 돌려주지 않았다.

당군이 배를 수리하면서 백성을 불안하게 만드는 소문이 떠돌았다.

'왜를 정벌한다고 하지만 사실은 신라를 치려는 것이다.'

한편, 우리 신라의 한성도독 박도유朴都儒를 백제의 여인으로 유혹해서 신라의 병기를 훔쳐 주 하나를 습격하려 한 것을 우리 측에서 미리 알아내어 박도유를 참수하여 무사했던 일이 있었다. 모두 당군이 우리를 이간질해서 공격하려던 것이 아니면 무엇이란 말인가?

함형咸亨 원년220 6월에 고구려가 모반하여 당나라의 관리를 모두 죽였기에, 우리가 바로 군사를 출동하면서 웅진도독부에 알렸더니, 사마司馬 니군禰軍이 와서 서로 인질을 교환하자고 했다. 신라와 백제가 서로 불신하기 때문이라 했는데, 백제는 인질 교환에 찬성하는 척 해 놓고 밤이 되면 성에서 나와 우리를 공격했다. 7월에 당나라에 갔던 신라 사신 김흠순이 귀국해서 말하기를 장차 경계를 확정하여 백제의 국토는 백제로 돌려줄 것이라 했다. 삼사 년 사이에 땅을 주었다가 다시 빼앗기를 되풀이 하니, 천지개벽을 한 것도 아닌데 어찌 이럴 수가 있는가? 우리 신라의 백성들이 크게 실망하면서 떠들고 있다.

'신라와 백제는 누대에 걸친 철천지원수인데, 지금 백제의 정황을 보면 따로 한 나라를 세우려는 꼴이다. 이러다가 보면 백 년 뒤에는 우리 자손들이 그들에게 먹히게 될 것이다. 신라가 한 나라인데, 두 쪽이 되어서야 되겠는가? 한집안으로 만들어 영원히 후환이 없도록 해야 할 것이다'라고.

---

220 함형咸亨 원년 : 서기 670년, 신라 문무왕 10년.

작년 9월에 이런 사실을 상세히 적어 사신을 보내어 황상에게 알리려고 했는데, 바다에서 풍랑을 만나 되돌아왔다. 그 뒤에도 몇 번이나 사신을 파견하려 했으나 풍랑과 한기가 심하여 아직까지 상주를 올리지 못했는데, 우리가 모반한다고 모함을 당했다. 이번에 사자 임윤이 전하는 편지를 보고 총관이 풍파를 무릅쓰고 바다를 건너온 것을 알았다. 마땅히 예를 갖추어 총관을 맞고, 술과 고기를 내어 대접해야 할 것이나, 거리가 멀어서 그리하지 못했다. 부디 괘씸하다고 하지 말라. 총관의 글을 보면 신라가 반역한 것처럼 되어 있는데, 이는 우리의 본뜻을 오해한 것이니 걱정스럽고 놀라울 따름이다. 우리가 한 일을 더 자세히 말하면 변명이 많다고 할 것 같고, 그렇다고 입을 다물고 있으면 당나라가 잘못 판단하여 불행한 결과를 초래할 것 같아 억울한 사정을 대략이라도 말하고 반역할 뜻이 없음을 적는다.

당나라가 사신을 보내어 그 까닭을 알아보지도 않고, 수만의 군사를 파견하여 우리 신라를 정복하려 드니 참으로 슬픈 일이로다. 병선이 푸른 바다를 덮고 강의 어귀에 뱃머리를 잇대어 웅진에 이르러 우리 신라를 공격하니, 이런 참변이 어디 있겠는가? 백제와 고구려를 평정할 때에는 손발과 같이 부리고, 야수와 같은 적을 멸망시킨 지금은 토사구팽兎死狗烹으로 삶아 먹는 사냥개로 삼는가?

총관은 영웅의 기상을 받고 태어났으며, 장수와 재상이 될 고귀한 자질을 갖추고 있어, 일곱 가지 덕을 겸비하고 풍류를 섭렵하였으니, 천벌을 주더라도 함부로 죄 없는 자를 다스릴 사람이 아닐 것이다. 황상의 군대를 출동시키기 이전에 총관은 먼저 그 이유를 알아보았어야 할 것이다. 이번 편지로 우리가 배반하지 않음을 해명하니, 부디 총관은 깊이 생각하여 황상에게 실상을 정리해서 상주하라.

계림주鷄林州 대도독大都督 좌위대장군左衛大將軍 개부의동삼사開府儀同三司 상주국上柱國 신라왕新羅王 김법민金法敏 알림."

문무왕은 그동안에 억울하게 몰렸던 신라의 고충을 단호하고도 자상하게 해명하면서, 당나라의 일방적인 조치를 강력하게 항의했다. 그러면서 소부리주所夫里州를 부여에 설치하고, 아찬 진왕眞王으로 하여금 도독을 삼아 지키게 했다.

9 당나라의 후퇴와 한반도의 통일

671년 9월이 되자 당나라의 장군 가오칸高侃이 오랑캐 군사 4만을 거느리고 평양에 도착하여 도랑을 깊이 파고 보루를 높이 쌓은 뒤에 대방帶方을 침범했다. 10월 6일에는 신라군이 당나라 수송선 70여 척을 공격하여 낭장郎將 칸얼따허우鉗耳大侯와 군사 백여 명을 사로잡았다. 당군의 장병들 중에 익사한 자가 셀 수 없을 만큼 많았다. 이 싸움에서 급찬級湌 당천當千의 공로가 으뜸이라 사찬沙湌으로 승진시켰다. 백제의 잔당은 당나라의 후원을 믿고 계속해서 신라에 대항했다. 672년 정월에 왕은 군사를 파견하여 백제의 고성성古省城과 가림성加林城을 쳐서 일승일패를 했다.

7월에 가오칸이 군사 1만을 거느리고 리진싱李謹行의 3만 군사와 함께 평양에 와서 여덟 곳에 진영을 짓고 주둔했다. 그 뒤 한 달 사이에 이들이 평양성 부근의 한시성韓始城과 마읍성馬邑城을 함락시키고, 백수성白水城에서 500보 거리가 되는 곳까지 진출했다. 신라군이 고구려의 유민과 함께 이를 맞아 싸워서 수천 명의 목을 잘랐다. 당군과 함께 말갈의 군사들이 석문石門221의 들판에 진영을 세웠다. 문무왕이 장군 의복義福과 춘장春長을 보내어 대방帶方의 평야에 포진하게 했다. 이때에 신라군에는 장창을 든 부대가 있었다. 이 부대가 당병 3,000여 명을 만나서 포로로 잡아 신라 대장군의 본영으로 압송했다. 이를 보고 신라의 각 부대는 장창부대만 따로 포진하게 해서 혼자 공을 세워 큰 상을 얻게 하니, 우리는 후방에서 쓸데없는 헛수고만 하게 되었다 하면서 대열을 분산하고 말았다. 이를 보고 당군이 말갈과 함께 신라군을 급습했다. 이 싸움에서 신라의 장군 대아찬 효천曉川과 의문義文을 비롯한 많은 장수들이 전사했다. 마침 김유신의 아들 원술元述이 비장裨將으로 참전하고 있었는데, 패전 속에 이를 만회하려고 죽음을 무릅쓰고 돌진을 시도했다. 그런데 그의 부하 담릉淡凌이 앞을 막으며 말했다.

"대장부가 죽기는 어렵지 않습니다. 죽을 곳을 찾는 것이 어렵습니다. 이기지 못한다면, 살아서 후일을 도모하는 것이 좋습니다."

"무슨 소리. 남자로서 구차히 삶을 구걸하겠느냐? 싸움에 지고 목숨을 구했다면, 장차 무슨 낯으로 우리 아버님을 뵌단 말이냐?"

원술이 뿌리치고 적진으로 달려 들어가려고 말에 박차를 가했

---

221 석문石門 : 황해도 서흥瑞興 일대.

다. 그러나 담릉은 한사코 말고삐를 잡고 놓지 않았다. 옥신각신하다가 함께 후퇴하고 말았다. 원술이 상장군上將軍을 따라 무이령蕪荑嶺으로 빠져나왔다. 당군은 신라군을 끝까지 추격했다. 이때 거열주居烈州222 대감으로 있던 일길간一吉干 아진함阿珍含이 나섰다.

"상장군, 공들은 달아나시오. 나는 이미 일흔이 되었으니 살면 얼마나 더 살겠소? 오늘이야말로 내가 죽을 날이오."

말이 끝나자 그는 적진으로 돌격하여 싸우다가 죽었다. 이를 보고 그의 아들도 아비를 따라 적진으로 돌격하다가 전사했다. 가까스로 난전에서 빠져나온 상장군이 서울로 돌아왔다. 문무왕이 패전의 보고를 받고 김유신에게 물었다.

"군사들이 패하여 돌아왔는데, 어찌하면 좋겠소?"

"당군의 힘을 당할 수 없어서 패한 것이니, 우선 장병들로 하여금 각자 진영으로 돌아가서 단단히 수비하라고 하는 것이 좋겠습니다. 다만, 소신의 자식인 원술이 왕명을 욕되게 하였고 가훈을 어겼으니, 참형에 처하소서."

김유신은 세속오계世俗五戒의 하나인 임전무퇴臨戰無退를 철통처럼 믿고 부하들을 독려하던 사람이었다. 그런데 아들이 싸움에 져서 돌아왔으니, 천하에 이보다 부끄러운 일이 없었다. 격전 속에서 장렬하게 전사했다고 보고 받았다가 멀쩡하게 살아온 것을 보고, 김유신은 하늘을 우러러보며 한탄을 했다. 왕이 말했다.

"원술은 비장밖에 안 되는데, 유독 그만을 중형에 처한다는 것

---

222 거열주居烈州 : 뒷날의 경남 거창.

은 불가한 일이오. 방면하리다."

원술이 부끄러움을 이기지 못하여, 아버지를 만나지도 못하고 산속으로 숨었다. 뒷날 김유신이 죽자, 원술이 어머니를 만나러 왔다가 크게 꾸중을 들었다.

"여인에게는 삼종의 의가 있다. 그래서 이미 과부가 된 내가 아들을 따르는 것은 마땅한 일이다. 그러나 원술과 같은 놈은 내 남편의 아들 노릇을 못했으니, 난들 어찌 그 어미가 되겠느냐?"

어머니가 끝내 만나주지 않으니, 원술이 눈물을 흘리며 태백산으로 들어갔다. 몇 해가 지나서 675년에 당군이 양주楊州의 매소성買蘇城을 공격해 왔을 때에, 원술이 참전하여 적을 섬멸하고 큰 공을 세웠다. 그러나 어머니는 그를 용서하지 않았다. 마침내 원술은 신세를 한탄하여 벼슬을 그만두고 세상을 비관하며 일생을 숨어 살았다. 일설에는 그가 일본으로 건너갔다고 했다.

웅진도독부가 본국에 호소하여 군사를 내어 신라를 공격하므로, 문무왕은 당의 황제에게 알리지도 않고 군사를 내어 이를 토벌했다. 당의 황제가 문책하자, 문무왕은 급찬 원천原川 등을 사신으로 보내어 사죄했다. 이때의 사죄문에는 "죽을 죄를 지었습니다" 하고 몸을 낮추어 납작 엎드린 비굴한 내용이 가득했다. 신라는 그동안 사로잡은 낭장郎將 칸얼따허우鉗耳大侯, 웅주도독부사마 니군禰軍 등과 군사 170명을 돌려보내고, 은 3만 3,500푼과 동 3만 3,000푼, 바늘 400매, 우황 120푼, 금 120푼, 40승 포 6필, 30승 포 60필을 바쳤다. 이런 식의 싸움과 사과 사절의 파견은 그 뒤에도 여러 번 있었다. 당나라에서는 문무왕에게 내린 관작을 박탈했다가 다시 수여했다.

673년 봄에 하늘에 이상한 별이 나타나고 지진이 있었다.

문무왕이 이를 걱정하자 김유신이 말했다.

"지금의 이상한 일들은 그 원인이 노신에게 있습니다. 국가의 재난이 아니니 근심하지 마소서."

"만약 그렇다면 과인은 더욱 근심이 되는 바이오."

문무왕은 도리어 김유신의 건강을 염려했다.

6월이 되었다. 김유신의 집으로부터 군복을 입고 병장기를 갖춘 수십 명의 군사가 나와서 갑자기 행방이 묘연해졌다.

사람들이 걱정하는 것을 보고 김유신이 말했다.

"이는 몰래 날 보호하던 음부의 수호신 병사들이 나의 복이 다한 것을 보고 가버린 것이다. 곧 내가 죽게 될 것이다."

이런 일이 있은 지 십여 일이 지나서 김유신이 병이 들어 자리에 누웠다. 문무왕이 문병을 왔을 때에 김유신이 눈물을 흘리며 말했다.

"신은 대왕의 팔다리가 되어 일하다가 지금에 이르렀습니다. 그런데 신의 병이 이처럼 심해지니, 오늘 이후로는 두 번 다시 용안을 우러러볼 수가 없게 될 것 같아 안타깝기 한이 없습니다."

문무왕이 울면서 말했다.

"과인은 경이 있으므로 고기가 물을 얻은 것처럼 생기가 있었는데, 경이 돌아가게 된다면 우리 신라의 백성은 어찌 되고, 사직은 또 어떻게 되겠소."

김유신이 말했다.

"신은 어리석고 불초합니다. 그러니 신이 어찌 홀로 국가를 위해 공적을 세울 수 있겠습니까? 다만, 어지신 대왕께서 신을 쓰시면서 전혀 의심하지 않고 믿고 맡겨 주셨기에, 대왕을 도와서 조그마한 공을 이룰 수 있었습니다. 밝으신 대왕의 지도 아래 삼한이 통일되었고, 백성들이 두 마음을 갖지 않고 살 수 있게 되었습니다. 아직은 태평성대를 완성하지 못했으나 소강상태는 되었다고 봅니다. 신이 역대 왕실의 치적을 살펴보니, 모두 그 처음에는 정사를 잘 못하는 분이 드문데, 나중에는 정치를 잘 하는 분이 적어서 누적된 공적을 일조에 망쳐버리게 됩니다. 정말로 통탄할 일입니다. 전하께서는 만사에 성공하기가 쉽지 않다는 것과, 이루어 놓은 것을 지키는 것도 어렵다는 것을 아셔야 합니다. 그래서 일을 잘 하려면 소인을 멀리하고, 군자를 가까이 하셔야 합니다. 그리고 조정에서는 아래위로 화합하게 하시고, 백성들을 안정시키십시오. 그러면 어떤 환란도 일어나지 않을 것입니다. 국가대업이 무궁하게 이어간다면, 신은 죽어도 한이 없겠습니다."

왕이 울면서 그의 권고를 받아들일 것을 약속했다.

7월 1일에 김유신은 거처하던 집의 안방에서 79세로 돌아갔다. 문무왕이 부고를 듣고, 대성통곡하면서 비단 1,000필과 벼 2,000석을 부의로 보내어 장사에 쓰도록 했다. 그리고 군악대 백 명을 내어 주악하게 하고, 경주의 금삼원金山原에 장사하게 했다. 뒤에 이곳에 공적비를 건립하고 민호民戶를 정하여 분묘를 돌보게 했다. 김유신의 아내 지소부인智炤夫人은 머리를 깎고 비구니가 되어 김유신의 명복을 빌었다. 문무왕이 그녀에게 벼 일천 석을 해마다 드려서 김유신의 공적에 보답했다. 지소부인은 무열왕의 셋째 딸이자 문무왕의 여동생이었다. 지소부인과의 사이에 아들 다섯과 딸 넷을 두었는데, 장자가 이찬 삼광三光이고 그 다음이 소판 원술元述, 셋째가 해간海干 원정元貞, 넷째가 대아찬 장이長耳, 막내가 대아찬 원망元望이었다. 따로 서자로 아찬 군승軍勝이 있었다. 뒤에 흥덕왕 10년인 835년에 김유신은 순충장렬純忠壯烈 흥무대왕興武大王으로 추존되었다.

고구려의 유민들은 신라가 당을 축출하려는 것을 계속해서 도왔다. 본격적인 나당 전쟁은 670년 3월에 설오유薛烏儒가 이끈 신라군과 태대형太大兄 고연무高延武가 이끈 고구려 유민군이 힘을 합하여 압록강을 건너 북진할 때에 시작되었다고 할 수 있다. 671년 4월의 석성石城 싸움에서 신라군이 당군 5,300명을 몰살한 뒤, 672년 1월에 가림성에서 공격해온 당군을 격퇴했다. 7월에는 가오칸과 리진싱이 이끄는 4만 명의 당군을 평양 근처에서 물리치고, 673년 2월에는 호로하瓠盧河[223]를 건너서 칠중성七重城[224]을 공격해온 류런귀劉仁軌를 격퇴했다. 674년이 되자 왕이 고구려의 유민을 계속해

---

[223] 호로하瓠盧河 : 뒷날의 예성강.
[224] 칠중성七重城 : 뒷날의 적성積城.

서 거두어들이고 백제의 옛 땅을 점령해서 군사를 보내어 지키게 하니, 당의 가오종이 크게 화를 내어 왕의 관작을 다시 삭탈하고, 마침 당의 장안에 있었던 왕제 김인문을 신라왕으로 삼아 귀국하게 했다. 그런 뒤에 류런귀를 계림도대총관으로 삼고, 리비李弼와 리진싱李謹行을 부관으로 삼아 신라를 공격하게 했다. 675년 2월에 류런귀가 칠중성에서 신라군을 파하고 돌아가자, 가오종이 리진싱으로 하여금 안동진무대사를 삼아 일대를 순무하게 했다. 문무왕이 사신을 파견하여 많은 공물을 바쳐 사죄하니, 가오종이 이를 용서하고 왕의 관작을 회복시켰다. 김인문은 신라왕을 그만두고 임해군공臨海郡公으로 다시 봉해졌다. 675년 9월에 신라군이 셰런귀薛仁貴의 수군을 소부리주의 기벌포伎伐浦에서 22회나 싸워서 1,400여 명의 목을 자르고, 병선 40척과 전마 천 필을 얻고 격퇴시켰다. 9월 29일에 리진싱이 20만의 군사로 매초성買肖城에 주둔한 것을 신라군이 공격하여, 전마 3만 389필과 3만여 명분의 병기를 거두는 대승을 했다. 이 밖에도 여러 곳에서 크고 작은 전투가 벌어졌는데, 신라는 한편으로 싸우면서 다른 한편으로는 사신을 장안으로 보내어 방물을 바치고 무마하는 양면 작전으로 나갔다. 신라는 10여 년간을 당나라와 싸워서, 당나라 세력을 한반도에서 물리치는 데에 성공했다. 681년 7월 1일에 문무왕이 돌아갔다. 그 유언에 따라 동해로 나가는 어귀에 있는 큰 바위 위에 그를 수장했다. 왕은 다음과 같이 유언했다.

"과인은 전쟁하는 시대에 서북으로 정벌하여 강토를 정하고, 배반하는 무리를 평정했다. 전쟁에 기여한 모든 사람에게 상을 주고 관작을 골고루 주었다. 병기를 녹여 농구를 만들게 하고, 백성들에게 부역을 덜게 하여 살림이 넉넉해지도록 힘썼다. 나는 풍상을 견디다가 드디어 고질을 앓게 되었다. 그러나 복이 가고 이름이 남는 것은 예나 지금이나 한가지이니, 어떤 유한이 있겠는가? 태자로 하여금 과인의 관 앞에서 왕위를 계승하게 하라. 종묘의 주인 자리는 잠시라도 비워 두어서는 안 되는 법이다. 그리고 과인의 장례는 검소하게 치르도록 하라. 과인이 죽어 열흘이 되는 시점에 의식에 따라 화장하고, 보통의 복례를 치르도록 하라. 모든 세금의 급하지 않은 것은 폐하도록 하고, 율령의 격식도 불편한 것이 있으면 고치도록 하여라."

신라는 고구려나 백제에 비하면 동쪽에 치우친 약소국가였다. 원래 몽골 초원을 떠난 혁거세의 조상들이 한반도에 들어왔을 때에는 인구가 10만 정도 밖에 안 되었다. 북한강 상류에 정착했다가 진한으로 남하하면서, 원래의 기마민족 특성이 농경민으로 변했다. 진한을 평정한 파사니사금 때의 인구는 50만을 약간 웃돌았다. 2세기 후반의 아달라니사금 시절에는 2만 8천 명의 대군으로 한강 유역을 공격했는데, 이때의 인구는 백만에 이르렀을 것으로 추정된다. 이 뒤에 한동안 백제에게 서부 경남을 중심으로 많은 땅을 빼앗겨서 인구가 줄었다가, 6세기 지증왕 때에 200만으로 불었고, 가야를 접수한 법흥왕 때에 4백만 가까이가 되었다. 이 인구는 7세기가 되어서도 일할 정도의 증가 선에서 그친다. 신라의 전성기에 수도인 서라벌의 인구가 17만 8,936호였다고 삼국유사에 나와 있으니, 1호당 5인으로 계산하면 90만 명 정도가 된다. 콘스탄티노플, 바그다드, 장안과 함께 당시 세계 4대 도시의 하나가 되는 셈이다. 그러나 이것은 신라가 통일을 완수한 뒤의 얘기이다.

구당서에 의하면 고구려는 평양성이 함락되고 보장왕이 항복했을 때에, 170성에 69만 7,000호라고 했다. 호당 5명이면 350만 명 정도가 된다. 수십 년간에 걸친 쉬隋와 당唐과의 전쟁에서 희생된 사람을 생각하더라도 400만 명이 약간 못 되는 인구였다. 여기에 우군으로 말갈이 힘을 합했다. 백제는 쑤딩팡蘇定方이 의자왕을 포박했을 때에, 5부 37군에 200개의 성, 76만 호의 큰 나라였다. 380만의 인구로 고구려보다 약간 많다. 여기에 백제의 동반 세력이 된 동남의 일본 인구가 600만 정도였으니, 이의 반 정도가 백제를 도왔다고 생각하면 백제의 영향권에 있던 사람의 수는 칠백만 명에 이른다. 이런 나라들과 적대관계로 살아나가야 할 신라는 해마다 어디서인가 전쟁이 일어나게 되어 있었다.

한반도의 동남쪽을 차지하고 있던 신라가 자기보다 큰 세력인 백제나 고구려를 이기고 한반도를 통일하게 된 힘은 어디에서 나온 것일까? 첫째는 호국불교의 영향을 들 수 있다. 원광법사의 세속오계를 중심으로 간단하고 명확한 행동지침을 신라의 청소년층이 공유하고 있었다. 신라는 화랑도를 중심으로 멸사봉공의 정신에 기초하여 국력을 함양해 나갔다. 법흥왕의 율령제정과 불교공인으로 국가의 제도와 호국정신의 확립이 촉진되면서, 서라벌과 가야의 무인들이 하나로 힘을 합했다. 또 하나 간과해서는 안 되는 일은 신라의 영역에 거대한 제철단지와 야금능력이 조성되고 있었던 일이다. 도끼야와 미리내를 중심으로 신라에는 많은 제련 제철 단지가 형성되어 무기와 농기구의 개발력이 높았다. 특히 가야의 철정은 한반도 전체의 통화 구실을 할 정도로 그 질이 보장되어 있었다. 셋째가 국제 정세를 꿰뚫어 보고 대처할 수 있는 능력을 신라의 지도층에서 갖고 있었다는 점을 들 수 있다. 김춘추로 대표되는 외교활동은 종횡무진이었다. 일본이나 고구려에 가서 지원을 요청하고, 뜻대로 되지 않자 멀리 서쪽으로 당나라에까지 가서 원군을 요청하여 뜻을 이루게 되었다. 당시의 국제관계는 중원에서 대륙을 통일한 당을 중심으로 움직이고 있었는데, 그 세력을 우군으로 삼을 수 있도록 온갖 수단을 동원했다. 마지막으로 이런 김춘추의 활동을 뒷받침한 국론의 통일을 가야를 중심으로 한 무장세력이 뒷받침하고 있었다. 그 중심에 김유신이 있었다. 김춘추나 김유신은 같은 핏줄의 민족이 여러 나라로 갈라져서 밤낮으로 전투를 벌여 민생을 도탄으로 빠지게 하는 일을 마땅치 않게 생각했다. 이들은 전란을 없애고, 마음 놓고 잘 살 수 있는 환경을 마련하는 일에 뜻을 모았다.

상대적으로 고구려는 수백 년간 계속된 서쪽과 북쪽의 다른 민족과의 전란에서 국력을 소모했고, 마지막에는 독재자 연개소문이 후계자를 육성하지 못하고 그의 자식들 간의 권력투쟁으로 내분이 일어나서 멸망을 자초하게 되었다. 백제 또한 초기의 성공에 취한 의자왕이 환락에 빠지고, 충신을 배척하고 인척들 중심으로 권력을 나누다가 민심마저 이탈하여 나라를 잃게 되었다. 그러다 보니 마침내 문충, 성충, 계백의 세 충신 가운데 계백만이 남아서 외침에 대항할 수밖에 없는 비참한 지경에 떨어지고 말았다. 백제는 동남에서 지원해 온 일본군도 소용이 없을 정도로 허약해져서 자멸하게 된 셈이다.

당은 677년인 의봉儀鳳 2년에 보장왕에게 요동도독을 맡게 하여 조선군왕朝鮮郡王으로 봉하고, 요동으로 가서 백성을 어루만지게 했다. 그리고 안동도호부를 신성新城으로 옮기게 했다. 그런데 보장왕이 말갈과 함께 반란을 꾀하다가 미수에 그치게 되자, 소환 당하여 공주邛州에서 죽었다. 그 뒤에 보장왕의 손자 보원을 조선군왕에 봉했다가, 699년에 보장왕의 아들 고덕무高德武를 안동도독으로 임명하여 그곳의 주민들을 무마하게 했으나, 이미 대세는 돌이킬 수가 없게 되었다.

당나라가 신라를 제압하지 못한 데에는 많은 원인이 있었다. 첫째는 서방의 티베트 고원에 있던 투번吐蕃과 칭하이靑海의 투유훈吐谷渾과의 분규로 많은 군사를 그곳으로 투입해야 했다. 셴비에鮮卑 무룽부慕容部의 일족인 이들은 한때 실크로드를 통한 국제무역을 통제한 적도 있었다. 581년에 쇠는 보기병 수만 명을 보내어 투유훈을 공격하여 왕을 추방하고, 그곳에 괴뢰정부를 세웠다. 쇠양디隋煬帝도 몇 번이나 원정군을 보내어, 투유훈을 공략해서 시하이군西海郡 등을 이곳에 설치했다. 635년에 리징李靖을 대총관으로 삼아

대군을 보내어 정복하자, 투유훈은 동서로 분열 되었다. 당에서는
이들을 회유하기 위해 황제의 딸인 공주를 투유훈 왕에게 출가시
켰다.

티베트의 투번왕조 또한 요동지방에서 이주한 셴비에鮮卑 타바
부拓拔部 출신이 만든 왕조였다. 라사의 남동에서 일어난 왕조로
641년에 당의 공주인 원청文成공주를 왕비로 맞은 뒤로, 장안에 귀
족의 자제를 유학시켜 당의 군사와 행정제도를 배워서 국가체제
를 갖추어나갔다. 663년에 투번왕조吐蕃王朝는 투유훈을 정벌하고,
670년에 당 안시安西의 주요 도시 네 곳을 공격해 점령하여 실크로
드를 지배하게 되었다. 티베트를 지배하는 투번왕조의 공격으로
투유훈이 멸망하자, 당의 가오종은 10만 대군을 인솔한 셰런귀薛仁
貴를 보내어 투번을 공격하게 했는데, 투번은 40만 대군으로 칭하
이호青海湖 남쪽의 따비천大非川에서 이를 맞아 싸워 크게 이기고 말
았다. 다시 678년에 당의 중서령中書令 리징샨李敬玄이 인솔한 18만
의 대군을 투번이 격퇴했다. 680년에 원청공주가 죽은 뒤에 다시
싸움이 시작되어 692년에 당나라가 안시의 네 도시를 빼앗았다.
이처럼 서역에서 전쟁이 계속된 것이 당나라가 신라를 제압하는
일에 집중하지 못하게 된 한 요인이 되었다. 서쪽만이 아니었다.
요동 이동에서도 당의 세력은 각종 반란에 시달려서 신라만을 챙
길 사정이 못 되었다.

고구려가 멸망한 뒤에 고구려의 유민 가운데 3만여 명을 당이
잉주營州225로 강제 이주시켰다. 690년에 당의 우즈톈武卽天이 즉위

하자 내정에 혼란이 일어났다. 마침 고구려와 마찬가지로 강제로 이주를 하게 되었던 결안족契丹族의 이진충李盡忠이 잉주 도독을 살해하고 반란을 일으켰다. 이에 잉주로 강제 이주 당했던 고구려의 대조영大祚榮과 말갈 출신의 걸사비우乞四比羽가 이진충을 도와 고구려의 부흥을 기도했다. 그런데 갑자기 투르크가 당나라 편을 들고 참전하여, 이진충이 패배하고 걸사비우도 죽고 말았다. 많은 고초를 겪은 끝인 698년에 대중상大仲象과 대조영大祚榮 부자가 이 유민들을 인솔해 동모산東牟山에서 진국震國을 세웠다. 이들은 뒤에 발해渤海로 나라의 이름을 바꾸었다. 신라가 천신만고 끝에 당의 군사를 축출한 뒤에는 이 발해와 신라가 만주와 한반도를 둘로 나누어 통치하게 되었다. 남북조 시대의 시작이었다.

고구려의 일부 유민은 바다를 건너서 일본으로 갔다. 이들은 무사시武藏, 나가노長野 등지에 정착했다. 지금도 이 지역에는 고구려의 일본식 명칭인 고마高麗(狛, 巨麻 등으로도 씀)가 여러 곳에 유적과 함께 남아 있다.

역사는 되풀이 되게 마련이다. 반만년의 역사를 통하여 알 수 있는 것은 큰 나라도 백성을 소홀히 하고 정치를 문란하게 하면 망하게 되고, 아무리 작은 나라라도 백성들 모두가 뜻을 모아 산업을 일으키고 국방에 힘쓰면 나라를 온전하게 지킬 수 있는 법이라는 진실이다.

　　　　　　　　　　　　　　　　　　　　　　　　─ 대미大尾 ─

225 잉주營州 : 뒷날의 랴오닝遼寧성 자오양朝陽시.

맺음말

언젠가는 외국어로 번역되기를 바라면서, 이 소설의 큰 배경을 영어로 적어 본다.

(The Root of my Family)

I was born in Tokyo, Japan. My father was a businessman with a scholarly background of Chinese classics but my mother was converted to a Christian. I came to Korea when I was three years old with my mother, who became a primary school teacher at Yangbo, Hadong, Kyoung-Nam, Korea. When I was six, I returned to Tokyo. During World War II, our family took refugee to Korea and at the age of ten I had to come back with my parents to Yangbo again. As a result of moving back and forth between Tokyo and our home county, not only I learned both Korean and Japanese but also I was greatly influenced by the both cultures.

While I was growing up, I spent most of my leisure in reading histories of Korea, Japan, China and then the Western countries, and later my reading has been extended into religious books and literatures.

The founder of my family, Kim of Kimhae, was King Soo-ro (?~199). He had founded the kingdom of Karak-Kaya (Kumkwan-Kaya, Kuyakook)(42~562) in the southeast region of Korean peninsula in 42 A.D. His seven sons were said to have crossed the straits to Kyushu of Japan to become rulers in Himuka(Hyuga) after his eldest son's enthronement. The second and third sons had succeeded Queen Huh's family of Kimhae, the spouse of King Soo-ro, who was said to have come from east India. The eldest of the seven immigrants to Himuka was said to be Ninigino-mikoto, the grand father of the first emperor Jinmu of Japan, and has been worshipped as the main god of Kirishima shrine in Miyazaki prefecture, Kyushu, Japan.

Priests Takahashi of Kirishima Shinto shrine, emphasized this legend to my uncle, who had visited the shrine with fifteen relatives in 1998, saying that Koreans and Japanese were close neighbors and had sprung out from the same root. The land inhabited by Ninigino-mikoto and his brothers was called "Nana-Kuma-no-Sato, (Village of seven bears)" because of the legend with seven princes. The genealogical records of Kim family of Kimhae describing this legend were prohibited from circulation by Japanese authorities on June 29, 1915. This was five years after Japan annexed Korea as her colony. Even the thought of Koreans sharing the same genealogical root with Japanese imperial house was a blatant blasphemy to Japanese.

Dr. Andrew C Nahm of Western Michigan University also hinted the possibility of Japanese influence in his book, Korea Tradition & Transformation. He wrote that "only Pyonhan did not become a unified state, this region shrank as Paekche to the north and west and Shilla to the east robbed its territories. However, in 43 A.D., its twelve tribal units were consolidated into six states, each assuming the name of Kaya(Karak). Two Kaya states, one in Kimhae and another in the Koryong area, maintained a balance of power in the former Pyonhan area. Evidently, some non-Han people had migrated into the Kaya region either from south China or from northern Kyushu in Japan during the subsequent centuries and Chinese sources indicate that some people in that area had tattoos on their bodies and practiced a twice-burial system."

In those days, shamanism prevailed. The legendary tales on the foundation of the countries of Korea and Japan had dealt with the struggles between two lines of people, at one side heavenly descendents and the other bear-adorers. And this king Soo-ro, the founder of Kimhae Kim family, was said to be coming from the heaven in a gold cage, hinting he was a drifter from abroad. Kim means gold in Korean and a bear in ancient languages, Gom in Korean and Kuma in Japanese.

People of Kaya made weapons and farming appliances with iron and had grown to one of the most powerful tribes in the region at that time. Iron swords, armors, horse gears and terra-cotta ceramic images with similar figures have been found in the ancient tombs of Kaya and west Japan. If the tombs of Japanese ancient emperors were allowed to excavate, more proofs of similarity between ancient Koreans and Japanese could be found.

From two million to eighteen thousand years ago, China, Korea, Japanese Islands, Sakhalin and Siberia were connected by land to each other. Naumann elephants and deer with big antlers haunted in the area. About thirty thousand years ago old mongoloids appeared and had gradually spread throughout the northeast Asia. The climate of the world had changed to be cold or warm in turn throughout the glacial age. About thirteen thousand years ago the temperature went up to melt the ice and the sea level had gone so high that the straits of Tsushima and Tsugaru had been created, separating Japanese islands from the continent. New mongoloids with flat faces and shorter limbs appeared about five to ten thousand years ago. They expanded very rapidly as they acquired the skills of survival in the cold lands, inventing bows, sleighs, strings to bind and then learning to farm crops.

It is said that a heavenly descendent, Hwanung had married a lady of tribes with bear totem and gave birth to Tankoon, the founder of the first Korean kingdom in 2333 B.C. Because of the geological connection to the continent, Korea has been invaded by such heart-land people and countries as Kija(Chi-tsu in Chinese)(1120 B.C.), Woman(195 B.C.), Emperor Wu of the Han dynasty of China(109 B.C.), Sui(612), Tang(643) Khitan(993) and Jurchens(1028), Mongols(1231), Wae(Rim-Land people, 1592) and Ching(1636). (The years in parenthesis are the first year of invasion by each tribe or country.) Pirates from Japan and China had frequently been plundering the south coasts of the peninsula.

As a result, Chinese cultures and religions including Confucianism, Taoism and Buddhism has been influencing Korean culture so much that Korean families adopted such Chinese names as Kim, Lee, Park, Choi and so on and most of them had been converted to either Confucianism or Buddhism. It was only in eighteenth century that Christianity was introduced and succeeded to convert many people into Christians.

About two thousand years ago, the new mongoloids had become most powerful people in Korea and Kyushu, Izumo and Kinki of Japan. According to the birth myth of Shilla, Kaya and Yamato-Wa, two currents of people had been moving between Korea and Japan to form clans or unions of clans. One of them were northern current represented by King Suk(昔) of Shilla who became the 4th king of Shilla and whose descendant had been abdicated of his throne and said to have gone to Izumo to become the ruler there. Susanaono-mikoto, a younger brother of Amaterasu-Oomikami the Goddess of the Sun in Takamanohara, Japan, had been governing the west part of Japan called Izumo with efficient steelworks and strong warriors with iron weapons. Amaterasu was the empyreal progenitor, a daughter of Izanagino-mikoto and Izanaminomikoto who were the creators of the Japanese World. Park Byungshik(Thomas B. Park 1930~2009), a well-known linguist of Ancient Korean and Japanese Languages, has asserted that Susanaono-mikoto(another name being Sukunahiko, Suku昔 na=land hiko=man) was the names of the fourth king of Shilla, Suk Talhae(昔tal=land hae=man), who came to Shilla through Kaya from Izumo, Japan in 18 B.C. and the sixteenth king of Shilla who went back to Izumo after having been chased by Kim Namul, the bear-adorer.

The other current was that of Kaya people headed by the descendant of the fourth generation of King Soo-ro whose Japanese name was Ninigino-mikoto, a grand son of Amate-rasu, going down to Takachiho, Kyushu, Japan to govern the region. Park has also asserted the old languages of Kaya and Japan to be sharing most of grammars and etymologies.

According to Kazuro Hanihara, a Japanese historian, the Japanese population in 300 B.C. was only 75,800. Taking this number as all of aborigines and applying 0.2% of annual compound increasing rate, the population of aborigines would have reached to 560,000 by 700 A.D. 0.2% was more than double of the average increasing rate in the same millenium stated in McEvedy and Jones report(1978). As the total number of Japanese in 700 A.D. was estimated 5,399.800 persons, almost 89.6% of them were guessed to be immigrants, mostly coming from Korea.

According to Nihon-Shoki(Japanese History published firstly in 720), Samkook-Saki(History or Three Kingdoms, 1145) and Samkook-Yusa(Anecdota of Three Kingdoms, 1285) there had been lots of traffics between Japan and Korean countries such as Kokuryo, Shilla, Paekche and Kaya from 300 B.C. through 700 A.D. Princes like Kaya's seven princes, Chunilchang(天日槍, Amenohiboko), Kim Choonchu(King Mooyul of Unified Shilla, 654~661), Poongjang(King Poong after the fall of Paekche) were most popular among those who had been sent to help the ruling families of Japan. The most prominent immigrants to Japan were Jinmojin(眞毛津) who introduced dress making to Japan in 403, and Wangin(Wani, 王仁) who had brought Chinese letters and classics to Japan and started teaching how to read and write. Engineers to construct such civil infrastructure as reservoirs and waterways and to build temples, statues, and palaces had also been brought into Japan mainly from Paekche and in some cases from Kokuryo or Shilla. Painters, physicians, pharmacists, Chinese Classics Instructors, administrative staffs, military commanders, and

Buddhist monks had also migrated into Japan. For almost five hundred years these people contributed to the creation and development of Japanese culture.

Paekche Kings and Yamato Emperors were relatives closely intermarried. At the fall of Paekche in 660, Japanese were mobilized to fight with Paekche against Shilla-Tang Allied Forces at River Paekchon in the middle part of west Korea.

The people in Korea and Japan had been helping each other until Shilla's unification of three kingdoms in Korea. After the unification, Japan had closed her door tightly for a while and began developing a unique tradition and culture of its own, trying to communicate directly with China. The cooperative attitude of Korea and Japan changed to confrontation. The hostility might have been caused by frequent invasion of Shilla by Yamato-Wa. According to Samkook-Saki (Histories of Three Kingdoms), the capital city of Shilla had been attacked or taken into siege for several days almost every spring until the year of unification. After the unification, Shilla became so stronger that Japanese imperial court had to move its capital from Nara to Ahumi(Oomi) near the lake Biwa in fear of the assaults by Shilla.

The six volume historical novels of "Hwan-Dan Descendants"

deal with the heroes and heroines in the Far East through the 7th century AD. They are intended to explore the causes of their rise and falls. Although written in Korean at present, proper translations into other languages including English will be attempted soon or later to induce readers to understand the Far East more profoundly.

■ 참고자료 및 문헌

저자/편자, 문헌 제목, 출판사, 출판년도 순
검색엔진/web-page/블로그, 주소 순

- 鎌田正 외, 漢詩名句辭典, 大修館書店, 1992년
- 鹿島 昇, 倭와 日本建國史, 新國民社, 1997년
- 駒田信一, 常石茂 편, 중국의 고사와 명언 500선, 平凡社. 1980년
- 金富軾, 三國史記, 明文堂, 1993년
- 金廷鶴 외, 加耶史論, 고려대학교 한국학연구소, 1993년
- 김태식, 미완의 문명 7백년, 가야사, 푸른역사, 2002년
- 魯成煥, 古事記, 예전, 1990년
- 다할 편집실, 한국사 연표 (북한, 세계사 포함), 다할 미디어, 2003년
- 鹿島 昇, 倭와 日本建國史, 新國民社, 1997년
- 武光誠, 古事記, 日本書紀를 아는 事典, 東京堂出版, 2003년
- 朴炳植, 야마도 渡來王朝의 秘密, 三一書房, 1998년
- 白石柱 편저, 우리나라 전란사(상, 중, 하), 원민, 2006년
- 부산대학교 한국민족 문화연구소, 한국 고대사 속의 가야, 혜안, 2001년
- 부산일보, 日王家의 뿌리는 伽倻王族, 새學說로 再照明하는 韓日 古代史, (부산 일보 연재, 崔性圭, 東京支社長), 1991년2월20일~12월27일
- 寺尾善雄, 中國, 名言의 知惠, 三笠書房, 1990년
- 杉山正明, 遊牧民이 본 世界史, 日本經濟新聞, 1997년
- 三浦佑之, 古事記를 여행하다 , 문예춘추, 2005~2007년
- 尙學圖書, 言語硏究所, 中國 名言名句의 辭典, 小學館, 1989년
- 兒玉幸多, 標準 日本史年表, 吉川弘文館, 1989년
- 역사와 여행, (기마민족 왕조 대 특집), 秋田書店, 1982년 11월
- 李基白, 韓國史新論, 一潮閣, 1989년

- 李丙燾, 三國遺事, 明文堂, 1992년
- 李瑄根, 大韓國史1, 11, 新太陽社, 1973년
- 이일봉, 실증 한단고기, 정신세계사, 2003년
- 李鍾旭, 新羅骨品制研究, 一潮閣, 1999년
- 李弘稙 編 國史大事典 知文閣 1965년 3월 개정1판
- 林範植 저 필사본 "화랑세기"를 통해 본 화랑사花郎史 ; 2004년 8월 도서출판 동과서
- 笠原一男, 地圖, 圖錄, 年表 日本史, 山川出版社, 1989년
- 장상철, 장경희 편저, 새로 쓴 국사사전, 교문사,1999년
- 前田富祺, 日本語源大辭典, 小學館, 2005년
- 田中史生 著 倭国と渡来人吉川弘文館より2006年11月19日
- 止善會, 金海金氏三賢派大同譜(券首), 기종족보사, 1992년
- 止善會, 金海金氏三賢派大同譜(總編), 기종족보사, 1992년
- 진종구 지음, 임진강주편 고구려 城을
- 崔在錫, 百濟의 大和倭와 日本化過程, 一志社, 1997년
- 坂本太郎 외, 日本書紀1~5, 岩波書店, 1997년
- Derik Mercer, Chronicle of the world, Ecam publications, 1989년
- Geoffrey Barraclough, Atlas of world history, Times Book, 1989년
- the National Geographic Society, People and places of the Past, the National Geographic Society, 1983년
- The People's Republic of China 지도, China Cartographic Publishing House, 1989년
- 廣辭苑/研究社新英和/新和英中辭典, 세이코 전자공업주식회사, 1996년
- 엘리트영한, 한영, 새국어사전, 옥편, 카시오 EX-K2500, 2003년
- 동아메트로일한/한일사전, 샤프 Electronic Dictionary RD-6200, 2000년
- 世界帝国の形成』谷川道雄,　講談社現代新書452　新書東洋史2　中国の歴史2 1977年
- 『隋唐帝国』布目潮渢・栗原益男、講談社学術文庫、1997年

- 『世界史体系 中国史2 三国〜唐』山川出版社 1996年
- 『隋唐帝国と古代朝鮮』礪波護, 中央公論社 1997年
- 『隋唐の国際秩序と東アジア』金子修一, 名著刊行会 2001年
- 『新撰姓氏録の研究 本文篇』：佐伯有清, 吉川弘文館, 1962年
- '일본 고대사 문제점의 새로운 규명' [일본학] 24집 : 홍윤기, 동국대 일본학연구소 발행 논문집, 2005.12 年
- '百濟王. 聖王は欽明天皇'：小林惠子1991 年
- 『絢爛たる世界帝国：隋唐時代』気賀沢保規, 講談社 2005年 『中国の歴史』06
- 『新撰姓氏録の研究』全10卷、佐伯有清, 吉川弘文館 1981年~
- 田中卓著作集9『新撰姓氏録の研究』国書刊行会 1996年

검색엔진/web-page/블로그, 주소

- 김유신 : 위키백과 — 우리 모두의 백과사전
- 김유신 : 두산백과사전 100.naver.com/100.nhn?docid=31860&from=kin_body -
- 김춘추 : 두산대백과사전 http://mtcha.com.ne.kr/king/sinra/king29.htm
- 김춘추 : Wikipedia.
- 蘇我入鹿：フリー百科事典『ウィキペディア(Wikipedia)』
- 신라 태종무열왕:위키백과 — 우리 모두의 백과사전
- 唐：フリー百科事典『ウィキペディア(Wikipedia)』
- 易姓革命：フリー百科事典『ウィキペディア(Wikipedia)』
- 玄武門の変：フリー百科事典『ウィキペディア(Wikipedia)』
- 房玄齡：フリー百科事典『ウィキペディア(Wikipedia)』
- 杜如晦：フリー百科事典『ウィキペディア(Wikipedia)』
- 영류왕：위키백과 — 우리 모두의 백과사전.
  http://enc.daum.net/dic100/contents.do?query1=b15a3192a
- 茅渟王:フリー百科事典『ウィキペディア(Wikipedia)』
- 皇極天皇:フリー百科事典『ウィキペディア(Wikipedia)』

- 山背大兄王: フリー百科事典『ウィキペディア(Wikipedia)』
- 藤原鎌足: フリー百科事典『ウィキペディア(Wikipedia)』
- 大唐故左光禄大夫蒋国公屈突府君墓誌銘劉文静: フリー百科事典『ウィキペディア(Wikipedia)』
- 高野新笠: フリー百科事典『ウィキペディア(Wikipedia)』 역사와 신화의 경계: 권선철, KINGWOOD, TEXAS, UNITED STATES http://gudaragouri.blogspot.com/2008/12/32-emperor-jomei.html
- 武寧王: フリー百科事典『ウィキペディア(Wikipedia)』
- 間人皇女: フリー百科事典『ウィキペディア(Wikipedia)』
- 天智天皇: フリー百科事典『ウィキペディア(Wikipedia)』
- 吐谷渾: フリー百科事典『ウィキペディア(Wikipedia)』
- 吐蕃: フリー百科事典『ウィキペディア(Wikipedia)』
- 吐蕃王朝: フリー百科事典『ウィキペディア(Wikipedia)』
- 武即天出典: フリー百科事典『ウィキペディア(Wikipedia)』
- 연개소문 - 위키백과, 우리 모두의 백과사전 ko.wikipedia.org/wiki/연개소문
- 연남건: 위키백과 ― 우리 모두의 백과사전
- 朦朧塔_百度百科:baike.baidu.com/view/607093.htm 34K 2009-3-29 - 百度快照
- 朦朧塔: 百科全书 www.chinavalue.net/wiki/showcontent.aspx? ... 37K 2009-2-2 - 百度快照
- 天策上将: 维基百科, 自由的百科全书 zh.wikipedia.org/wiki/天策上将
- 박노자의 거꾸로 본 고대사 〉내용 2008년07월16일 제719호 박노자 오슬로 국립대 교수·한국학
- www.weblio.jp/content/推古天皇 -キャッシュ
- 舊唐書 http://www.hoolulu.com/zh/25shi/16jiutangshu/t-index.htm
- 卷九 征伐第三十五(凡十三章)书名: 贞观政要 作者: 吴兢 http://guoxue.baidu.com/page/d5eab9dbd5fed2aa/36.html
- 초기 신라의 인구변화: 一道安士, http://www.histopia.net/zbxe/8396 2005.05.14

- '7世紀 日本人口
  http://www.nilim.go.jp/lab/bcg/siryou/tnn/tnn0162pdf/ks016204.pdf#search
  ='
- 昆支 : - 차석찬의 역사창고 홈으로 -
  mtcha.com.ne.kr/koreaman/bagjai/man6-gonji.htm - 4k -
- 화랑도의 역할과 그 영향 국사 :
  2007/10/27/http://blog.naver.com/korea8358/10023330610
- 百濟 威德王代 王興寺의 創建과 背景 梁起錫, The Foundation and its
  Background of Wanghueng-sa during the reign of King Widuk, Baekje,
  文化史學 第31號, 2009. 6
- 高麗, 新唐書 卷二百二十 列伝第一百四十五
  http://www001.upp.sonet.ne.jp/dassai/shintoujo/kourai/kourai_gen.htm
- 舊唐書卷一百九十九上 列傳第一百四十九上 東夷 百濟
  http://www.geocities.jp/intelljp/cn-history/old_tou/kudara.htm
- 武即天 : 返回百度百科首頁 http://baike.baidu.com/view/2225.htm?fr=ala0
- 唐太宗李世民与苏北朦胧宝塔 止木 http://www.suqian.gov.cn/sqgk/syl02.htm
- 遼史 拾遺卷十三 錢塘厲鶚撰 志第二
- 邪馬台国大研究・ホームペ゚ージ／ 歴史倶楽部 －韓国の旅・百済の旅－／ 武寧王陵
  (宗山里古墳群)
- 백운산 김유신 기도원 www.icantour.co.kr/tour5/tour_29.htm -
- 부여군 http://www.buyeo.go.kr/
- 강소성(江蘇省) 숙천시(宿遷市) 자치정부에서 운영하는
  장산삼림공원(嶂山森林公园) 홈페이지
  [http://www.people.com.cn/GB/32306/33232/5763658.html]
  [http://wachli.51.net/company/wachli/html/9jia006.html]
- 土佐國土佐郡 朝倉神社 http://www.genbu.net/data/tosa/asakura_title.htm

- 張儉：舊唐書列傳第三十二 許敬宗 李義府 少子湛 新唐書列傳第一百四十八奸臣 f Ι 回blog首頁 Ι 舊唐書列傳第三十三 程務挺 張士貴 趙道興 新唐書列傳第十七.三十六
- 百済の武王(薯童)物語の歴史的背景—大分県三重町・APUと韓国との地域交流の展望—韓国圓光大学 羅 鐘宇教授(文学博士)
- 新唐书/卷001舊唐書卷一维基文库, 自由的图书馆
- 二十五史(簡体中国語/繁体中国語)
- 『旧唐書』卷五十七 列伝第七「劉文静伝」
- 『新唐書』卷八十八 列伝第十三「劉文静伝」
- 『旧唐書』卷五十九 列伝第九「屈突通伝」
- 『新唐書』卷八十九 列伝第十四「屈突通伝」
- 裴寂：维基百科, 自由的百科全书
- 『隋書』卷五 帝紀第五「恭帝紀」
- 『北史』卷十二 隋本紀下第十二「恭皇帝紀」
- 《旧唐书》, 薛居正等, 中华书局, ISBN 7-101-00319-2
- 《新唐书》, 欧阳修等, 中华书局, ISBN 7-101-00320-6
- 『旧唐書』卷五十九 列伝第九「屈突通伝」
- 『新唐書』卷八十九 列伝第十四「屈突通伝」
- 『旧唐書』卷五十五 列伝第五「劉武周伝」
- 『新唐書』卷八十六 列伝第十一「劉武周伝」
- 『旧唐書』卷五十一 列伝第一「高祖太穆皇后竇氏伝」
- 『新唐書』卷七十六 列伝第一「太穆竇皇后伝」
- 『旧唐書』卷六十七 列伝第十七「李勣伝」
- 『新唐書』卷九十三 列伝第十八「李勣伝」
- 大唐故左光禄大夫蒋国公屈突府君墓誌銘
- 화랑 김유신의 검술과 인품(2) - 한양대학교 체육학과 교수 이진수
- 김유신의 말 : 코리아타임스 2008/06/25

- 제 34 회 〈왜 신라에만 여왕이 있었나〉 - 방송 1999. 7. 3 -
  http://www.kbs.co.kr/history_old/review_txt/990703.txt
- 김유신 統一大業의 비밀-세계제국 唐과 決戰, 民族의 보금자리를 세운
  「民族史의 제1 人物」 - 조갑제
- 史苑1-5 (논문)喜田貞吉, 1925, 「大唐平百濟國碑に關する疑問」
- 민족사 2대 쾌거, 신라통일·대한민국 건국 - 프리존뉴스 2008년 2월 24일자

환단의 후예 6 (人-2권)

초판 1쇄 발행일 • 2010년 5월 25일

지 은 이 • 김영태
펴 낸 이 • 박영희
편   집 • 이선희 · 김미선
교정·교열 • 이은혜
책임편집 • 강지영
표   지 • 강지영
삽   화 • 김진수
펴 낸 곳 • 도서출판 어문학사
         132-891 서울특별시 도봉구 쌍문동 525-13
         전화: 02-998-0094 / 편집부: 02-998-2267
         팩스: 02-998-2268
         홈페이지: www.amhbook.com
         e-mail: am@amhbook.com
         등록: 2004년 4월 6일 제7-276호

인 지 는
저 자 와 의
합 의 하 에
생 략 함

ISBN 978-89-91956-27-8 04900
정 가 • 13,000원